Ich

Werner Siefer, Diplom-Biologe, arbeitet seit mehreren Jahren als Redakteur im Ressort Forschung und Technik des Nachrichtenmagazins *Focus.* Seine Spezialgebiete sind Hirnforschung, Life Sciences, Evolution, Anthropologie und Archäologie.

Christian Weber, Politologe, ist ebenfalls Wissenschaftsredakteur beim *Focus.* Seine Spezialgebiete sind Psychologie, Psychiatrie, Verhaltensforschung und Gesellschaftswissenschaften.

Werner Siefer,
Christian Weber

Ich

Wie wir uns selbst erfinden

Campus Verlag
Frankfurt/New York

Bibliografische Information der Deutschen Bibliothek:
Die Deutsche Bibliothek verzeichnet diese Publikation in der Deutschen
Nationalbibliografie. Detaillierte bibliografische Daten sind im Internet
über http://dnb.ddb.de abrufbar.
ISBN-13: 978-3-593-37676-9
ISBN-10: 3-593-37676-8

Das Werk einschließlich aller seiner Teile ist urheberrechtlich geschützt.
Jede Verwertung ist ohne Zustimmung des Verlags unzulässig. Das gilt
insbesondere für Vervielfältigungen, Übersetzungen, Mikroverfilmungen
und die Einspeicherung und Verarbeitung in elektronischen Systemen.
Copyright © 2006 Campus Verlag GmbH, Frankfurt/Main
Umschlaggestaltung: Hißmann, Heilmann, Hausweg
Satz: Fotosatz L. Huhn, Maintal-Bischofsheim
Druck und Bindung: Freiburger Graphische Betriebe, Freiburg
Gedruckt auf säurefreiem und chlorfrei gebleichtem Papier.
Printed in Germany

Besuchen Sie uns im Internet: www.campus.de

Inhalt

Vorwort: Warnung vor Nebenwirkungen 7

1. **Das zerbrechliche Selbst** 9
   Die psychiatrische Klinik als philosophische Anstalt

2. **Kleine Geschichte des Ichs** 35
   Unsere Vorfahren wurden klüger und lernten symbolisches Denken

3. **Wissenschaftler in Windeln** 61
   Babys entdecken die Welt und sich selbst

4. **Baustelle Ich** 78
   Wie wir unsere Persönlichkeit zimmern

5. **Ich kann auch anders** 102
   Mode, Musik und soziale Identität als Inszenierung

6. **Erfundene Erinnerungen** 125
   Das Gedächtnis fabuliert von der Geschichte unseres Lebens

7. **Der automatische Mensch** 173
   Wieso unsere Freiheit nicht grenzenlos ist

8. **Die Illusion, jemand zu sein** 195
   Neurowissenschaftler und ihre Suche nach dem Selbstbewusstsein

9. Himmel im Hirn 267
Die mystische Antwort auf das Ich-Problem

10. Was aber sollen wir tun? 291
Leben mit der Ich-Krise

Literatur 297

Register 302

Warnung vor Nebenwirkungen

Wer bin ich?
 Seit wir Menschen denken können, treibt uns diese Frage um. Immer noch gilt der Befehl, welcher vor 2500 Jahren als Inschrift den Apollo-Tempel in Delphi zierte: »Erkenne dich selbst!« Religionsstifter und Gurus, Wissenschaftler und Philosophen versprechen, uns bei der Suche nach unserem Ich, nach unserem Selbst, nach dem Kern unserer Persönlichkeit anzuleiten und uns dann zu helfen, unser wahres Ich zu seinem adäquaten Ausdruck zu bringen.
 Wer bin ich, warum bin ich so und nicht anders? Auf diese uralten Fragen gibt unser Buch Antworten. Es ist eine Reise zum Mittelpunkt des Menschen, zu unserem Selbst. Dorthin, wo ein jeder nicht mehr ist als nur noch ein Ich. Doch Vorsicht! Dieser Ort heißt Nirgendwo. Und diesmal ist das keine besonders kitschige Phrase aus einem deutschen Schlager.
 Denn: Sie sind Niemand! Kein Ich, nirgends. Sie erfinden sich, jetzt, in diesem Augenblick, da Sie diesen Text lesen. Hinter Ihren Augen ist ein Nichts. Das glauben Sie nicht? Eine Unverschämtheit, so etwas zu behaupten?
 Dann lesen Sie doch weiter! Aber sagen Sie später nicht, wir hätten Sie nicht gewarnt. Sich mit seinem Ich zu beschäftigen, kann das Leben gründlich verändern. Und noch können Sie umkehren. Hören Sie doch einfach auf, nach Ihrem Ich zu suchen. Weigern Sie sich, herausfinden zu wollen, wer sie eigentlich sind.
 Nun?
 Sehen Sie, es geht nicht. Niemand kann das: Nicht wissen wollen, naiv bleiben, sich nicht wundern. Gelangweilt die Schultern zucken und sich abwenden, wenn jemand uns diese eine scheinbar naive und

doch besonders hintergründige Frage stellt: Wer bist du eigentlich? Kann sich jemand dieser Diskussion entziehen? Ein buddhistischer Mönch vielleicht.

Wir nicht. Wir fahnden neugierig nach den Bestimmungsgründen des Ichs, und zwar so vernünftig, wie es nur geht. Wir besuchen und befragen zahlreiche deutsche und internationale Forscher – Psychiater, Psychologen, Soziologen, Ethnologen und Kulturwissenschaftler, Philosophen und Religionswissenschaftler und natürlich und vor allem die Neurowissenschaftler. Diese haben mit ihren neuen Verfahren, trickreichen Experimenten und tiefen Vorstößen in den Kosmos unter unserer Schädeldecke maßgeblich ausgelöst, worüber wir hier Bericht erstatten: die Revolution unseres Wissens vom Ich.

Kapitel I
Das zerbrechliche Selbst
Die psychiatrische Klinik als philosophische Anstalt

Es war nur eine kleine Blutung im Gehirn des 51-jährigen, britischen Bauarbeiters, Ex-Sträflings und Heroinsüchtigen Tommy McHugh, aber eine Revolution für sein Ich, eine Herausforderung für die Wissenschaft und überhaupt eine ziemliche Unverschämtheit. McHugh saß gerade auf dem Klo, als er den stechenden Kopfschmerz spürte. Im Kernspintomografen der Notfallaufnahme des Fazakerley Hospitals in Liverpool entdeckten die Ärzte ein geborstenes Aneurysma. Eine Arterie war geplatzt und hatte zwei Blutgerinnsel in seinem Vorderhirn verursacht, nichts Besonderes also, klinischer Alltag. Die Ärzte klammerten die Arterie mit einem Metallclip ab, bei den üblichen neuropsychologischen Tests konnten sie keine größeren Ausfälle finden. Der Patient hatte anfangs lediglich Schwierigkeiten, sich die linke Gesichtshälfte zu rasieren. Nun ja. Zehn Tage später schickten ihn die Ärzte nach Hause. Dort geschah ein kleines Wunder.

Künstler durch Hirnschlag

Zwei Wochen nach der Notoperation begann McHugh plötzlich, Notizbücher mit Gedichten und Versen zu füllen, nicht gerade Shakespeare, aber interessant. Etwa:»I meet me / He is okay / Yet I am wary of me / He is confused by me / I think of him.« Wenig später fing er an zu zeichnen, füllte Hunderte von Blättern mit Bleistiftskizzen seltsam asymmetrisch geformter Gesichter und Figuren. Und als die ihm nicht mehr reichten, bemalte er mit bunten Pastellkreiden die Wände seiner Wohnung. Früher waren die Tattoos auf seinen Oberarmen der einzige Zugang McHughs zur bildenden Kunst gewesen. Mittlerweile ist aus dem nach eigener Einschätzung einst jähzornigen und aggressiven Schläger ein obsessiver Künstler geworden, der bekundet, seine weiblichen Seiten entdeckt zu haben. Er ist ein Mensch geworden, der ununterbrochen kreativ ist, zehn Stunden lang ohne Pause malt oder knetet und zumindest auf regionaler Ebene als Künstler Anerkennung gefunden hat und in Galerien ausstellt.

»Es ist wie ein Ausbruch des Ätna«, erläutert McHugh mit rastloser Stimme, während er im gerippten Unterhemd an seinem Arbeitstisch voller Tonfiguren im Wohnzimmer werkelt, die Wände mit seinen Werken tapeziert, dazwischen eine Reproduktion von van Goghs Selbstbildnis mit abgeschnittenen Ohr. »Ich fange einfach mit irgend etwas an, mache es fertig, räume es zur Seite, gehe weiter und mache vielleicht einen Tonkopf. Ich beendige den und gehe und spiele mit einem Stein, komme zurück und mache ein anderes Bild, setze mich hin und schreibe ein Gedicht, stehe auf und mache einen Schmetterling aus Vogelfedern.« Ob ihm das nicht unheimlich sei? Tommy grinst: »Was auch immer in meinem Hirn passiert ist, ich finde es absolut fantastisch!« Noch nie habe er sich so gut gefühlt. »Mein Leben ist 100 Prozent besser geworden.«

Doch was bedeutet es eigentlich für unser Selbstverständnis als Menschen, wenn eine minimale Verletzung im Gehirn eine Persönlichkeit umstülpen kann? Was bleibt von unserer Identität, wenn der fehlgeleitete Fluss von ein paar Kubikzentimetern Blut in grauer Gehirnmasse binnen Sekunden mehr ausrichtet, als die meisten Erziehungsberechtigten oder Mitmenschen in Jahren erreichen – sei es zum Guten oder zum Schlechten?

Es gibt andere Beispiele: An der Universität Zürich etwa beschäftigt sich eine Forschungsgruppe um die Neuropsychologin Marianne Regard mit Menschen, die nach einer Hirnschädigung ihre Impulskontrolle verloren haben. Zu ihren Untersuchungspersonen gehört zum Beispiel ein Junge, der einige Wochen nach einer Hirntumoroperation zum zwanghaften Ladendieb mutierte. In Fachkreisen als bahnbrechend gilt die Studie, mit der Regard vor wenigen Jahren die Existenz des so genannten Gourmand-Syndroms nachwies. Die 36 Studienteilnehmer hatten unvermittelt eine lodernde und andauernde Leidenschaft für Feinschmeckeressen entwickelt, auch wenn sie bis dahin zur Pizza- und Burger-Fraktion gehört hatten. Regard entdeckte, dass fast alle der 36 Betroffenen zuvor einen Gehirntumor, einen epileptischen Anfall oder sonstigen hirnorganischen Schaden in der rechten vorderen Gehirnhälfte erlitten hatten. Besonders eindrücklich war der Fall eines Journalisten, der sich bereits im Krankenhaus vehement über die schlechte Kost beschwerte. Nach der Entlassung wechselte er dank seines verständnisvollen Arbeitgebers vom Politik-Ressort zur Restaurantkritik, wo er seitdem über exotische Spezialitäten und Feinschmeckertempel berichtet statt über die Gipfeltreffen der Mächtigen. Vielleicht sollte man sich ihn als glücklichen Menschen vorstellen.

Welches ist das wahre Ich?

Was aber bleibt dann von unsere Identität? Hat der Feinschmecker-Journalist jetzt eine verborgene Berufung entdeckt oder hat er schlicht die Persönlichkeit geswitcht? Welches ist das wahre Ich des Tommy McHugh: jenes, das er bis zu seinem 51. Lebensjahr besaß oder das neue Künstler-Ich? Oder ist er im Kern der Gleiche geblieben? Was ist der harte Kern des Ich? Aus welchem Stoff besteht er? Und wo genau sitzt er?

Es sind Fragen, die zumindest die nachdenklichen Menschen der westlichen Welt seit Jahrhunderten umtreiben. »Erkenne dich selbst!«, forderte angeblich eine Inschrift am Eingang des Apollo-Tempels in Delphi bereits vor fast 3000 Jahren. Immer noch studieren Menschen Philosophie oder Theologie, begeben sich auf lange Fahrten nach Asien, befragen Gurus, kaufen schlechte Bücher oder waten in den Sümpfen der Esoterik, um sich selbst zu finden und dann zu verwirklichen. Als harre da irgendwo im Kopf etwas auf seine Entdeckung. Dabei wären wir schon sehr viel weiter bei der Erkundung dieser Fragen, wenn sich mehr Philosophen rechtzeitig in die neuropsychologischen Kliniken und Nervenheilanstalten getraut hätten. Dort finden sich die Patienten und Krankenakten, die vor allem eines belegen: Unser Selbst ist eine komplexe und zerbrechliche

Konstruktion – ganz entgegen der intuitiven Annahme, das Ich sei das unzerstörbare Gravitationszentrum unserer Persönlichkeit. Vor allem aufgrund der Erfahrungen mit Opfern von Autounfällen, Schlaganfällen, Demenzen und bizarren Genen unterscheiden Wissenschaftler heutzutage verschiedene Dimensionen des Ichs. Unterschiedliche Netzwerke im Gehirn sind demnach dafür zuständig, dass wir uns als Mittelpunkt unserer Erfahrungswelt wahrnehmen und den Eindruck haben, unsere eigenen Gedanken und Gefühle zu erleben sowie zu kontrollieren. Jeweils bestimmte Neuronen – die Nervenzellen des Hirns – sorgen für das Bewusstsein, dass wir uns an einem bestimmten Ort – und nicht gleichzeitig woanders – befinden oder geben uns die Möglichkeit, über unser Ich nachzudenken. Auch unsere Erinnerungen sind in begrenzten Hirnarealen gespeichert und konstituieren derart unser autobiografisches Ich: Was bliebe von uns ohne Erinnerungen? Ja, selbst unser Körper-Ich, also das Gefühl, dass wir im richtigen Körper stecken, ihn vollständig wahrnehmen und kontrollieren, ist eine Hirnleistung. Selbst diese kann gestört sein.

Typisch und relativ häufig ist bei Rechtshändern die Verleugnung der linken Körperhälfte nach schwerem Schlaganfall in der rechten Hirnhälfte. Diese Kopplung besteht, weil im symmetrisch aufgebauten Denkorgan die rechte Hemisphäre vor allem die linke Körperhälfte steuert – und umgekehrt. Deshalb leiden Schlaganfallpatienten oder Patienten mit Schädel-Hirn-Trauma häufig an teilweisen oder vollständigen Lähmungen der jeweils entgegengesetzten Körperhälfte. Dabei sind Läsionen der rechten Hälfte meist gravierender, weil die linke Seite weniger Ausfälle kompensieren kann. Schon im Normalbetrieb kümmert sich nämlich die rechte Hälfte um beide Seiten des von den Sinnesorganen wahrgenommenen Raumes, während die linke Hälfte eher einseitig orientiert ist.

Die fehlende Hälfte der Welt

Das Erstaunliche ist nun, dass Patienten mit Schlaganfallschäden in der rechten Hirnhälfte besonders häufig ihre Behinderung bestreiten.

So genannte Neglect-Patienten ignorieren schlicht eine Hälfte der Welt, obwohl ihre sonstigen geistigen Fähigkeiten intakt sind. Am Mittagstisch essen sie nur die rechte Hälfte des Tellers auf, sollen sie das Ziffernblatt einer Uhr zeichnen, endet der Tag um sechs Uhr abends. Menschen an der linken Seite ihres Krankenbettes nehmen sie nicht wahr. Es geht dabei nicht nur um verloren gegangene Fähigkeiten. Ein Schlaganfallpatient mit Wortfindungsproblemen etwa ist sich seines Handicaps in aller Regel bewusst und nimmt Hilfe dankbar an. Ein Neglect-Patient dagegen ist felsenfest davon überzeugt, dass ihm gar nichts fehlt.

Der Wunsch des Gehirns, ein intaktes Ich zu haben, kann so weit gehen, dass es selbst schwerste Beeinträchtigungen ignoriert. Neurologiedozenten erzählen gern vom »Antons Syndrom«, bei dem die Betroffenen ihre Blindheit bestreiten und frei konfabulierend erzählen, was sie gerade so sehen. So spiegelt das Gehirn auch dem Neglect-Patienten vor, er habe ein intaktes Körper-Ich, die Einwände mögen noch so handfest sein wie der eigene linke Arm.

Der Neurologe und Psychiater Todd E. Feinberg vom Beth Israel Medical Center in New York hat einen Dialog mit seiner Patientin Sonya aufgezeichnet, einer Musikerin und gebürtige Wienerin in den Siebzigern. Sonya war ins Krankenhaus eingeliefert worden, nachdem ein Schlaganfall große Teile ihres vorderen rechten Scheitellappens zerstört hatte. Sie litt unter einem ausgeprägten Neglect ihrer linken, nach dem Vorfall gelähmten Körperseite. Feinberg beschreibt, wie er Sonyas linken Arm in ihr rechtes Blickfeld hebt.

Feinberg: »Was ist das?«
Sonya: »Eine Hand.«
Feinberg: »Eine Hand? Wessen Hand?«
Sonya: »Nicht meine!«
Feinberg: »Es ist nicht Ihre? Woher wissen Sie das?«
Sonya: »Nun, es ist einfach nicht meine.«
Feinberg: »Sind Sie sicher?«
Sonya: »Hmm ...«

In manchen Fällen geht das Gehirn noch weiter und redet seinem Ich ein, die fremde Hand aus der linken Körpersphäre gehöre jemand anderem, dem behandelnden Arzt oder dem verstorbenen Ehemann: ein Gespräch Feinbergs mit seiner Neglect-Patientin Mirna:

Feinberg: »Wie war das mit den Händen Ihres Ehemanns? Hatten Sie die Hände Ihres Ehemannes?«
Mirna: »So war es.«
Feinberg: »Erzählen Sie, was passiert ist.«
Mirna: »Er ließ sie hier.«
Feinberg: »Er überließ sie Ihnen?«
Mirna: »Er wollte sie nicht haben.«
Feinberg: »Okay. Also, überließ er sie Ihnen in seinem Testament?«
Mirna: »Er ließ sie hier wie seine Kleider.« (*weinerlich*)
Feinberg: »Also waren sie im Haus? Erzählen Sie mir davon.«
Mirna: »Bis zum nächsten Tag. Sie waren es gewohnt, auf meine Brust zu fallen. Ich sagte: ›Ich muss sie los werden.‹«
Feinberg: »Hmm.«
Mirna: »So tat ich es dann.«
Feinberg: »Was machten Sie?«
Mirna: »Tat sie in den Müll.«
Feinberg: »Sie taten sie in den Müll?«
Mirna: »Ja ... vor zwei Tagen.«
Feinberg: »Wo sind sie jetzt?«
Mirna: »Immer noch im Müll ... eine schwarze Hand mit einer Plastikhülle ... Sie werden sie dort finden. Aber seien Sie vorsichtig ... die Nägel sind sehr lang ... und sehr scharf. Wie kommt es eigentlich, dass die Nägel von toten Händen wachsen?«

Aus einer schwarzen Komödie des Geistes scheint das so genannte »Alien Hand Syndrome« (AHS) zu stammen, das vor allem bei Beschädigungen des Corpus callosums entstehen kann, dem dicken Balken aus 200 Millionen Nervenfasern, der linke und rechte Hirnhälfte verbindet. Vor allem bei schwersten Epilepsien, die auf Medikamente nicht ansprechen, durchtrennen Chirurgen auch heute noch diesen Balken – mit häufig guten Erfolgen. Der Nachteil: In extrem seltenen Fällen macht sich infolge der Operation die nichtdominante Hand selbstständig, bei Rechtshändern also die linke Hand. Sie entzieht sich der willentlichen Kontrolle des Ichs. Heute weiß man, dass es auch bei manchen Unfallverletzungen und degenerativen Hirnkrankheiten zu diesem Syndrom kommen kann.

Entfremdete Hände

Der Neurologe C. Miller Fisher vom Massachusetts General Hospital der Harvard Medical School hat über Jahre die wenigen soliden klinischen AHS-Fallberichte zusammengetragen. Sie sind bizarr genug: Da gibt es eine Patientin, die mit der rechten Hand die Haustür öffnet, woraufhin die linke Hand sie wieder zustößt. Hatte sie Durst, füllte sie sich ein Glas Wasser – und leerte es wieder aus. Ein 27-jähriger Epilepsiepatient schaffte es nach einer Callosumsektion drei Jahre lang nicht, ein Brot zu toasten, weil seine Hände gegeneinander arbeiteten. In einem weiteren tragikomischen Fall zog der Patient mit der einen Hand seine Hose hoch, die andere zog sie wieder runter.

Manchmal konkurrieren die beiden Hände auch nur darum, den gleichen Befehl auszuführen. Fisher zitiert einen weiteren Fall, wo sich eine Patientin beklagt, dass ihre zwei Hände »miteinander kämpfen«. Wenn sie etwa einen Brief entgegennehme, würden beide Hände versuchen, ihn zu nehmen und zu öffnen, manchmal zehn Minuten lang. Ihr Familie beobachtete, wie ihre linke Hand eine Bluse aus dem Schrank nahm, während die rechte Hand sich für eine andere entschied. Sie steckte ihren linken Arm in die eine Bluse und den rechten Arm in die andere, während die linke Hand versuchte, die Wahl der rechten Hand wieder auszuziehen – und umgekehrt. Fisher weist darauf hin, dass es sich bei diesen Konflikten nicht um eine Unentschiedenheit des wachen Geistes handelt. Die Betroffenen wollen mit ihrer – in der Regel – rechten Hand eine bestimmte Handlung ausführen, aber die linke Hand fuhrwerkt ihnen dazwischen. Es stellt sich eine irritierende Frage: Wer steuert die Hand?

Es geht nicht um ein Zittern oder einfache motorische Bewegungen, sondern um komplexe Handlungsabläufe, die normalerweise von einem Ich geplant werden müssen. Was steckt hinter einem der gruseligsten Alien-Hand-Fälle, der aus der wissenschaftlichen Literatur bekannt ist? Der damals weltbekannte deutsche Neurologe

Kurt Goldstein berichtete bereits 1908 über eine 57-jährige Frau, die in seine Praxis kam und sich über ihre nach ihrer Meinung »besessene linke Hand« beschwerte. »Bei einer Gelegenheit«, so Goldstein, »griff die Hand nach ihrem Genick und versuchte, sie zu erwürgen, sie konnte nur mit Gewalt davon abgehalten werden.« Eine Autopsie nach ihrem Tod zeigte, dass sie mehrere Schlaganfälle erlitten hatte, auch der Corpus callosum war beschädigt.

Andere Autoren schreiben gar von AHS-Fällen, wo unwillkürlich Lebensgefährten angegriffen werden. Der kognitive Neurowissenschaftler Michael Gazzaniga vom Dartmouth College im amerikanischen Hanover etwa berichtet von einem Patienten, der ein ernstes Problem mit seiner gewalttätigen linken Hand hatte: »Einmal griff er mit seiner linken Hand seine Frau und schüttelte sie gewaltsam, während die rechte seiner Frau zur Hilfe kam und versuchte, die angreifende linke Hand unter Kontrolle zu bringen.« Bei anderer Gelegenheit spielte der Forscher mit seinem Patienten in dessen Hinterhof ein Wurfspiel, als dieser mit seiner linken Hand zu einer Axt griff, die an der Hauswand stand. »Da es höchstwahrscheinlich war, dass die aggressivere rechte Hirnhälfte die Kontrolle übernahm, verließ ich diskret die Szene – ich wollte nicht das Opfer für den Testfall sein, welche Hirnhälfte die Gesellschaft dann bestrafen oder exekutieren würde.« Man kann sich nicht wirklich wundern, dass manche dieser Menschen sich am liebsten von ihren Gliedmaßen trennen würden.

Per Amputation zum Ich

George Boyer, ein pensionierter Architekt aus New York, berichtete, es sei ein warmer, sonniger Septembermorgen gewesen, als er in Florida auf einem Rasenstück gesessen, sein Gewehr genommen und sich in den rechten Oberschenkel geschossen habe. Die Explosion habe das Bein beinahe abgerissen und ihn über und über mit Blut und Muskelgewebe bespritzt. »Das ist gut«, habe er da gedacht. Dann habe er zum Handy gegriffen und den Notruf 911 gewählt. Glücklicherweise gelang es den Chirurgen nicht, das Bein des Architekten zu retten. Heute sagt Boyer, er lebe seit dem Vorfall »glücklich und zufrieden wie nie zuvor« als geachteter Mitbürger seiner Gemeinde. Die Nachbarn rühmen seine Marmeladenbrote. Was zähle ein verlorenes Bein, wo sein Ich gerettet sei? Man kann nicht sagen, dass Architekt Boyer an einem weit verbreiteten Problem litt. Es gibt nicht viele Menschen, die sich freiwillig amputieren lassen wollen. Psychiater und Psychologen streiten derzeit noch, ob sie diese so genannten »Body Integrity Identity Disorders« (BIID), also Identitätsstörungen der Körperintegrität, überhaupt in ihren offiziellen Diagnosekatalog der psychischen Krankheiten aufnehmen sollen. Doch dabei geht es eher um taxonomische Probleme. Ein Blick ins Internet zeigt die Existenz des Problems, es genügt, unter dem Stichwort »wannabes« zu googlen – so nennen sich die Menschen mit Amputationswünschen in Abgrenzung zu den »Pretenders«, die sich mit abgebundenen Gliedmaßen oder im Rollstuhl auf die Straße begeben und nur so tun, als seien sie amputiert, und den »Amelos«, die sich zu Menschen mit abgetrennten Gliedmaßen vor allem sexuell hingezogen fühlen.

»Kann denn endlich jemand sagen, wie ich ein Bein loswerde«, fragt im entsprechenden deutschen Fachforum ein »Joern«, »nahezu dem Wahnsinn verfallen, weil sich mir keine Möglichkeit aufzeigt, wie ich endlich einen oder beide Unterschenkel loswerde.« Zumindest, was »Zehen-, Finger- und sogar Vorderfußamputationen« angehe, könne sich »DAK-amp« vorstellen, »dass der Tattoo-Fritze an der Ecke so etwas gegen ›Sonderhonorar‹ machen würde«.

Das Tragische an diesem Wunsch ist, dass er sich bei vielen Menschen womöglich als fatal erweisen kann. Er beruht auf der intuitiv zwar naheliegenden, neurobiologisch aber irrigen Annahme, unser Körpergefühl stecke uns tatsächlich vor allem in Armen, Beinen, in den Knochen oder Haut. Tatsächlich aber findet alles, was wir wahrnehmen und spüren, im Hirn statt. Nicht immer bekommt dieses sofort mit, dass ein Körperteil fehlt. Deshalb leiden bekanntlich fast alle Amputierten zumindest zeitweise unter Phantomschmerzen, spüren also leidvoll die Existenz von Gliedern, wo doch eigentlich nur noch leerer Raum ist. Besonders ausgeprägt sind Phantomschmerzen bei verlorenen Händen und Füßen, bei Daumen, Zeigefinger und großem Zeh, also jenen Extremitäten, die besonders viel Platz für ihre Repräsentation auf der Hirnrinde benötigen. Amputierte berichten, dass sie an ihren Phantomfingern und -füßen manchmal sogar noch das Drücken ihrer alten Eheringe und Schuheinlagen spüren.

Die Freuden des Phantompenis

Selten ist es allerdings so, dass die Erinnerung an verloren gegangene Körperteile kompensiert oder gar Lust bereitet. Immerhin berichtet C. Miller Fisher, der bereits erwähnte Sammler neurologischer Sonderfälle der Harvard Medical School, über einen Patienten mit virtuellen Lustgefühlen. Dem Betroffenen, einem erfolgreichen Geschäftsmann, war im Alter von 44 Jahren wegen eines Karzinoms der Penis restlos amputiert worden. Als er 20 Jahre später wegen anderer Beschwerden wieder beim Neurologen vorsprach, erzählte er beiläufig, dass er seit seiner Operation regelmäßig Erektionen erlebe, etwa dann, wenn er hübschen jungen Frauen begegne. Sein Phantompenis habe gewohnte Größe und Aussehen und vermittle ihm normale sexuelle Gefühle. »So real war die Erfahrung, dass der Betroffene noch nach 20 Jahren regelmäßig die Lage der Dinge prüfte, mit Hand und Auge«, berichtet verwundert Neurologe Fisher.

So irritierend derartige Störungen im Körper-Ich sein mögen, sie bedrohen jedoch noch nicht die Wahrnehmung als denkendes Ich. »Wannabes« und Amputierte mögen sich unklar darüber sein, wo ihr gefühlter Körper anfängt oder endet, doch sie zweifeln nicht an der eigentlichen Existenz ihres Ichs. Zumindest die visuelle Wahrnehmung ihres Körpers gelingt ihnen, ihr Gesicht erscheint ihnen vertraut. Nicht alle haben so viel Glück.

Als Wolfgang L. eines Morgens aus unruhigen Träumen erwachte, kam eine fremde Frau in sein Schlafzimmer und fragte ihn nach seinen Frühstückswünschen. Die Stimme kam ihm vertraut vor, die Person musste seine Ehefrau sein. Verstört ging L. ins Badezimmer. Im Spiegel blickte ihm ein unbekanntes Gesicht entgegen. Doch als er mit den Augen zwinkerte, tat es das Gesicht ebenfalls. Und als er zum Rasierapparat griff, verschwanden auch die Bartstoppeln aus dem Gesicht der anderen Person. Als er diese ansprach, hörte er seine eigene Stimme aus seinen Lippen entweichen. Der Fremde, kein Zweifel, musste er selber sein.

Es dauerte eine Weile, bis die Ärzte seinen Zustand diagnostiziert hatten. Der damals 69-jährige L. litt unter Prosopagnosie, zu Deutsch: unter Gesichtsblindheit. Zur Diagnose hatte ihm ein Neurologe unter anderem drei Porträtaufnahmen gezeigt und ihn gebeten, mitzuteilen, welche der Personen ihm freundlich, welche eher abweisend erscheine. L. antwortete, dass die Frau in der Mitte am freundlichsten blicke, während er die zwei anderen Männer als eher neutral empfinde. L. war schwer erschüttert, als ihm der Arzt mitteilte, dass alle drei Fotos ihn zeigten: den Untersuchenden.

Vermutlich hatte ein kleiner Infarkt in den Sehzentren beider Hirnhälften L.s Fähigkeit zerstört, Personen allein aufgrund ihrer Gesichter zu erkennen. In besonders schweren Fällen – so eben wie bei L. – können Prosopagnosiepatienten nicht einmal mehr ihr eigenes Gesicht auf Fotos oder im Spiegel erkennen.

Dabei erscheint es nur auf den ersten Blick bizarr, dass sich in der Reinform der Prosopagnosie die Wahrnehmungsstörung tatsächlich auf Menschengesichter beschränkt. Blumenkästen, Marmeladengläser, Autos, Bäume, ja sogar Krawatten, Hüte, Schnurrbärte, Lockenwickler können diese Patienten eindeutig erkennen. Sie brauchen keinen Blindenstock, keine Brille, keine Augenlaser-OP. Sie laufen lediglich durch die Welt, als hätten sie sich in ein surrealistisches Bild verirrt, wo die Menschen graue, eiförmige Gesichtsmasken tragen. Neurowissenschaftler finden das nicht weiter aufregend: Sie haben seit vielen Jahren nachgewiesen, dass das Gehirn die visuelle Wahrnehmung auf viele verschiedene Neuronenverbände verteilt. Manche sind für Farben zuständig, andere für Bewegungen oder Formen, und natürlich gibt es auch solche für Menschengesichter: Was könnte auch wichtiger sein für das soziale Tier, das wir Menschen sind, als die anderen Selbste eindeutig über ihre Gesichter zu identifizieren? Klar, dass diese Neuronen auch beschädigt sein können.

Kreativ kompensieren

Typisch aber für das Ganzheitsbedürfnis unseres Ichs ist es, dass es diese Defizite so schnell wie möglich überspielt. L. beschreibt selber, wie er lernte, Menschen anhand von Sekundärmerkmalen zu identifizieren, an Haarstil oder Garderobe. Deshalb freute er sich besonders auf Wiederholungen der alten Krimiserie *Inspektor Columbo*, deren Protagonist an seinem ausdauernd getragenen, senffarbenen Staubmantel, der schwarzen Krawatte, der wallenden Mähne und dem Zigarrenstumpen auch für einen Prosopagnosiker relativ leicht zu erkennen ist

Gerade wegen der Fähigkeit des Gehirns zu kompensieren vermuten manche Wissenschaftler, dass – im Gegensatz zur erworbenen – die ebenfalls existierende angeborene Form der Prosopagnosie weiter verbreitet sein könnte, als man bislang dachte. Schließlich kamen Farbenblinde zumindest vor den Zeiten der Verkehrsampel ganz gut durchs Leben und ahnten häufig gar nichts von der Buntheit der Welt ihrer Mitmenschen. Ebenso könnte es sein, das Menschen mit angeborener Prosopagnosie von Kindesbeinen an gelernt haben, ihr Gegenüber an Kleidung, Stimme, Haarfarbe und -schnitt, Schmuck und Gang zu erkennen. Solche gesichtsblinden Kinder fallen in Schule und Kindergarten häufig nur auf, weil sie länger brauchen, um ihre Mitschüler kennen zu lernen, ihre Lehrer bei einer zufälligen Begegnung in der Fußgängerzone nicht grüßen oder einen Spielkameraden nach dessen Besuch beim Friseur erst mal nicht wiedererkennen. Schwierigkeiten haben diese Menschen vor allem dann, wenn sie zur Bundeswehr eingezogen werden: Kurzhaarschnitt und Uniformen machen alle Identifizierungsbemühungen zunichte.

Die Ärztin Martina Grüter aus Münster hat aufgrund solcher Vermutungen erstmals mit Diagnosefragebögen unter anderem an Schulen nach Prosopagnosiefällen geforscht. Das dramatische Ergebnis: Unter 729 Familien fand sie 11, in denen die Wahrnehmungsstörung vererbt wird. Erwiese sich diese Zahlen in weiteren Studien als repräsentativ, so würde das bedeuten, das die Prävalenz der Prosopagnosie bei über 1 Prozent liegt! In Deutschland liefen demnach knapp eine Million Menschen herum, für die sich Gesichter

manchmal nicht mehr unterscheiden als ein Kieselstein vom anderen. Immerhin:»Alle Betroffenen sind sozial gut integriert, und vielen ist es gelungen, ihre Prosopagnosie auch vor dem eigenen sozialen Umfeld zu verbergen«, berichtet Grüter.»Sie waren sich des Problems selber nicht bewusst.«
Echte Schwierigkeiten bekommen allerdings diejenigen, die unter den bizarren Syndromen der so genannten wahnhaften Missidentifikationen leiden: Die Betroffenen können zwar Gesichter klar erkennen, erliegen aber dem Wahn, dass sich jemand anderes dahinter verberge. 1923 hatte der französische Psychiater Joseph Capgras erstmals das nach ihm benannte Symptom beschrieben. Die 53-jährige Madame M. war damals in seine Praxis gekommen und hatte sich beschwert, dass Betrüger ihren Ehemann und ihre Kinder ersetzt hätten! Ihr Mann sei ermordet worden, und bis zu 80 verschiedene Schwindler würden ihn abwechselnd ersetzen. Für ihre Tochter stünden gar 2000 Doubles bereit. Nach und nach entdeckte M. auch ausgetauschte Polizisten, Hausmeisterinnen, Ärzte, Krankenschwestern und Nachbarn. Capgras diagnostizierte M. als psychotisch.

Probleme mit ausgetauschten Ehemännern

In einer Gesprächsaufzeichnung des bereits erwähnten New Yorker Neurologen Todd Feinberg wird deutlich, wie sich das Capgras-Syndrom von der Prosopagnosie unterscheidet. Anders als der Gesichtsblinde kann nämlich ein Capgras-Patient ein Gesicht ganz genau erkennen, er zweifelt nur an dem Ich hinter dem Gesicht. Feinberg berichtet von der 80-jährigen Alzheimerpatientin Louise, die trotz beginnender Gedächtnisprobleme völlig normal war, gepflegt und adrett. Sie hatte keinerlei seltsame Ansichten außer der festen Überzeugung, dass ihr Ehemann Murray wohl ausgetauscht worden sei.

Louise: »Ich ertappte mich selbst dabei, wie ich mir ein Bild anschaute, das wir haben ... ein Bild, im Wohnzimmer, von mir und meinem Ehemann. Und ich holte mir das Bild und schaute es mir an ... und schaute mir das Gesicht an, um zu sehen, ob

	da eine Nasen- oder Mundform war oder irgendetwas, was anders aussah und ich nicht erkennen kann. Ich kann es auf dem Bild nicht sehen.«
Feinberg:	»Sie können keinerlei Unterschied zwischen dem Foto und dem Gesicht sehen.«
Louise:	(*zustimmend*) »Nein, nein.«
Feinberg:	»Sie sehen identisch aus?«
Louise:	»Sie sehen identisch aus.«
Feinberg:	»Also, wenn Sie auf das Bild gucken, fühlen Sie, dass er das auf dem Bild ist. Aber wenn Sie ihn ansehen ...«
Louise:	»Ich bekomme das Gefühl ... dass er nicht wirklich so aussieht, wie Murray ausgesehen hätte ... viele Jahre früher.«
Feinberg:	»Sieht nicht so aus, wie Murray viele Jahre früher ausgesehen hätte. Nun, haben Sie jemals den Eindruck, es gäbe zwei von ihnen?«
Louise:	»Ja, habe ich ... Hatte ich in der Nacht, wenn ich alleine war. Als ich diese Gefühle hatte, ich hatte das Gefühl, dass da zwei von ihnen sind. Und das ist sehr bedrohlich, sodass ich nicht lange darüber nachgedacht habe.«
Feinberg:	»Oh je. Aber Sie haben dieses Gefühl, dass da zwei Murrays sein könnten? Aber wenn Sie ihn sehen und Sie haben das Gefühl, dass er es nicht ist, dachten Sie jemals, dass der andere Murray anderswo sein müsste?«
Louise:	»Ich hatte gedacht, weil ich mir manchmal Sorgen gemacht habe, dass er irgendwo draußen im Regen steht ... er ist allein ... und niemand kümmert sich um ihn ... und er hat nur sich. Und ich hab mir sehr große Sorgen gemacht.«

In seltenen Fällen kann sich das Capgras-Syndrom auch auf die eigene Person beziehen. William Hirstein und Vilaynur S. Ramachandran vom Brain and Perception Laboratory der University of California in La Jolla berichten in einer Fallstudie über den 30-jährigen Brasilianer D. S., der nach einem Verkehrsunfall drei Wochen im Koma gelegen und im folgenden Jahr seine kognitiven Fähigkeiten weitgehend wiedererlangt hatte. »Als wir ihn das erste Mal sahen, schien er ein aufgeweckter und ziemlich intelligenter junger Mann zu sein, der nicht offensichtlich hysterisch, ängstlich oder betrübt war«, berichten die Neurowissenschaftler. Allerdings war D. S. der Ansicht, dass sein Vater ein Doppelgänger sei. »Er sieht exakt wie mein Vater aus, er ist es aber wirklich nicht. Er ist ein netter Kerl, aber er ist nicht mein Vater, Doktor«, erklärte D. S. Was die beiden erfahrenen Forscher aber wirklich wunderte, dass D. S. selbst an seinem eigenen Bild zweifelte, als die Forscher es ihm vorlegten: »Das ist ein anderer D. S. der identisch aussieht wie ich, aber er ist nicht ich – er hat einen Schnurrbart.«

Interessanterweise kann sich das Capgras-Syndrom auch auf unbelebte Dinge ausdehnen. So berichtet der Gerontopsychiater David N. Anderson aus Liverpool von einem 74-jährigen Mann, der Stein und Bein schwor, dass über 300 Dinge aus seiner Wohnung ausgeräumt und durch nahezu identisch wirkende Dubletten ersetzt worden seien, darunter Wilkinson-Rasierklingen, eine Bohrmaschine und Unterwäsche. Im Computertomografen fand sich beim Patienten ein Hirntumor mit fünf Zentimetern Durchmesser.

Tatsächlich weiß man heute, dass viele psychische und neurologische Störungen Capgras-Syndrome und andere wahnhafte Missidentifikationen auslösen können. Nach verschiedenen Studien leiden 3 bis 4 Prozent der schizophrenen Klinikpatienten und zumindest zeitweise bis zu 30 Prozent der Alzheimerpatienten unter derartigen Symptomen. Auch innere Krankheiten, Drogensucht und Infektionen wie Aids oder Tuberkulose sowie fehlgeschlagene medizinische Behandlungen werden gelegentlich dafür verantwortlich gemacht.

Vor diesem Hintergrund finden die typisch psychoanalytischen Erklärungsmodelle solcher Identitätsstörungen heute nur noch wenig Anklang. Gerade weil sich der Capgras-Wahn häufig auf enge Verwandte bezieht, vermuteten die Erben Sigmund Freuds nämlich das Walten des Ödipuskomplexes: Die Erfindung des Doppelgängers sei eine Reaktion auf unbewusste inzestuöse Wünsche. Hirstein und Ramachandran hatten diese Theorie schon mit dem trockenen Hinweis erledigt, dass es dokumentierte Fälle gibt, »wo Capgras-Patienten glaubten, dass ihr Schoßhund durch ein Duplikat ersetzt worden sei«.

Fremde Freunde am Krankenbett

Plausibler und gestützt durch Untersuchungen an realen, beschädigten Hirnen ist eine andere Hypothese, die auch wesentlich von Ramachandran vorangetrieben wurde. Demnach entstehen das Capgras-Syndrom und andere wahnhafte Missidentifikationen immer dann, wenn wegen einer Schädigung in bestimmten Hirnregionen eine »Dissoziation zwischen kognitivem und affektivem Erkennen einer Person, eines Gegenstandes, einer Situation vorliegt« und zugleich die Fähigkeit zur Realitätsprüfung eingeschränkt ist. So formuliert es der Psychiater Michael Rentrop von der Technischen Universität München. In anderen Worten: Etwa beim Capgras-Syndrom erkennt der Betroffene das vertraute Gesicht eines Angehörigen, verspürt aber nicht das sonst damit verbundene Gefühl der Nähe und Vertrautheit. Um diesen Widerspruch aufzulösen, nimmt das Gehirn an, es habe einen Doppelgänger vor sich.

Umgekehrt führt ein überstarkes Gefühl bei nicht bekanntem Gesicht zu dem Wahn, hinter fremden Gesichtern würden sich in Wahrheit gute Freunde – oder Feinde – verbergen. Dies ist in der Tat der Fall beim so genannten Frégoli-Syndrom. Die Betroffenen erklären zum Beispiel die Ärzte und Schwestern in ihrem Krankenzimmer schlicht zu Familienmitgliedern und freuen sich über die große Anteilnahme der Verwandtschaft.

Die Verwirrspiele des Hirns sind nicht wirklich lustig. Der Münchener Psychiater Rentrop verweist auf eine Studie, die bei 80 untersuchten Fällen von wahnhafter Missidentifikation 50 Fälle verzeichnete, in denen die Betroffenen mit Fäusten oder Messern auf die vermeintlichen Doppelgänger losgingen. Welcher Frau wollte man es verdenken, wenn sie jenen Roboter oder CIA-Agenten angreift, der ihrer festen Überzeugung nach ihren Ehemann beseitigt und ersetzt hat?

Noch viel tiefer geht der philosophische Skandal: Die neurologischen Schauergeschichten zeigen natürlich auch, dass unseren größten Gewissheiten nicht zu trauen ist. Wir können uns selbst unserer eigenen Identität nicht sicher sein, wie der Capgras-Patient D. S. gezeigt hat. Und wenn man Pech hat, hält man sich gleich für jemand ganz anderes. Ein Team um die Neuropsychologin Nora Breen vom

Royal Prince Alfred Hospital in Sydney etwa hat vor kurzem einen ganz speziellen Fall von Intermetamorphose vorgestellt. Bei dieser Störung glauben die Patienten normalerweise, dass sich ein bestimmter Mensch körperlich und geistig in einen anderen verwandelt hat. In diesem Fall glaubte die Patientin das von sich selbst. Roslyn Z., eine 40-jährige Frau, hatte die wahnhafte Überzeugung, sie sei ein Mann. Zum Untersuchungszeitpunkt glaubte sie, sie sei ihr Vater, doch gelegentlich pflegte sie zu sagen, sie sei ihr Großvater, berichtet Breen.»Sie reagierte nur auf seinen Namen, und sie unterschrieb mit seinem Namen.« Wenn sie nach ihrer Biografie befragt wurde, erzählte sie stimmig aus dem Leben ihres Vaters. Der folgende, gekürzte Auszug stammt aus einem Gesprächsprotokoll mit Roslyn Z., das Breen publiziert hat. Während des ganzen Gesprächs saß Roslyns Mutter Lil neben ihr.

Arzt: »Können Sie mir Ihren Namen sagen?«
Roslyn: »Douglas.«
Arzt: »Und Ihren Familiennamen?«
Roslyn: »B.«
Arzt: »Wie alt sind Sie ungefähr?«
Roslyn: »Etwas über sechzig.«
Arzt: »Etwas über sechzig. Und sind Sie verheiratet?«
Roslyn: »Nein.«
Arzt: »Nein. Waren Sie verheiratet?«
Roslyn: »Ja.«
Arzt: »Wie hieß Ihre Frau?«
Roslyn: »Ich kann mich nicht erinnern. Lil.«
Arzt: »Lil. Und haben Sie Kinder?«
Roslyn: »Vier.«
Arzt: »Und wie heißen sie?«
Roslyn: »Roslyn, Beverly, Sharon, Greg.«

Roslyn Z. steht vor einem Spiegel und betrachtet ihr eigenes Spiegelbild.

Arzt: »Wenn Sie in den Spiegel dort blicken, wen sehen Sie?«
Roslyn: »Dougie B.« (*der Name ihres Vaters*)

Arzt: »Wie sieht dieses Spiegelbild aus?«
Roslyn: »Seine Haare sind unordentlich, er hat einen Vollbart, und seine Augen sind ganz matt.«
Arzt: »Ist das denn ein Mann oder eine Frau?«
Roslyn: »Ein Mann.«
Arzt: »Wie alt ist Dougie?«
Roslyn: »Etwas über sechzig.«
Arzt: »Und sieht das Spiegelbild, das Sie gerade ansehen, aus wie eine Person, die etwas über sechzig ist?«
Roslyn: »Ja.«

Philosophische Zombies

Wahrhafte philosophische Zombies sind Patienten mit Cotard-Syndrom, benannt nach dem französischen Psychiater Jules Cotard. Sie sind der festen Überzeugung, sie seien tot. Meist verbunden mit einer schweren Depression, berichten sie, ihnen sei ihr Herz oder Hirn verrottet. »Ich habe kein Blut mehr«, erklärte ein 59-jähriger Patient, ein anderer bittet, »begraben zu werden«, denn er sei »ein Leichnam, der schon stinkt«. In einer viel zitierten neueren Studie berichten die Autoren Andrew W. Young und Kate M. Leafhead von einem jungen Mann, der bei einem Motorradunfall in Schottland eine Hirnverletzung erlitt und danach über Gefühle klagte, nicht real und tot zu sein. Als ihn seine Mutter nach seiner Entlassung aus dem Krankenhaus in Edinburgh nach Südafrika mitnahm, war er überzeugt, in der Hölle angekommen zu sein – nicht umsonst sei es so heiß. Er sei an Blutvergiftung oder Aids gestorben, vielleicht auch an einer Überdosis einer Gelbfieberimpfung. Eigentlich, so glaubte er, befinde er sich in Schottland, während er sich »den Geist der Mutter ausgeborgt« habe, damit sie ihm die Hölle zeige.

In schweren Fällen bestreiten Cotard-Patienten sogar, dass sie überhaupt existieren. »Wenn Descartes einen Cotard-Patienten darauf hinweisen würde, dass er selbst es ist, der seine eigene Nicht-Existenz denkt, dann würde dies – nach allem was wir wissen – nicht zu einer Revision dieser Überzeugung führen«, kommentiert der Bewusstseinsspezialist Thomas Metzinger von der Universität Mainz, einer der wenigen deutschen Philosophen, die sich ernsthaft mit den neuen Herausforderungen der Neurowissenschaft beschäftigen und – das werden spätere Kapitel zeigen – zu unerwarteten Einsichten kommen.

Zu Beginn seiner Analyse steht die Einsicht, dass unser Ich keinen angeborenen Kern hat, sondern ein zerbrechliches Konstrukt ist, das ständig im Gleichgewicht gehalten werden muss. Störungen sind gar nicht so selten, wie die bislang besprochenen extremen und exotischen Syndrome vielleicht vermuten lassen. Identitätsstörungen sind nach Ansicht einer zunehmenden Anzahl von Psychiatern zentral bei der Entstehung der Schizophrenie. An dieser psychischen Störung erkranken in Deutschland immerhin 1 Prozent der Bevölkerung zumindest einmal im Leben – und das heißt meist: für viele Jahre oder für immer.

Bislang waren sich Psychiater uneinig, ob man die Vielzahl der Erscheinungsformen der ausgeprägten Schizophrenie überhaupt sinnvoll unter dem Dach einer Diagnose vereinen kann, zu sehr scheinen sich die Symptomatiken zu unterscheiden. Paranoisch Schizophrene leiden vor allem unter den so genannten »positiven Symptomen«: Wahnvorstellungen und akustischen Halluzinationen. Beim so genannten desorganisierten Typus dominieren gestörte Gedankenabläufe, Affekte und Antrieb. Der Betroffene redet wirr durcheinander, bricht ohne erkennbaren Anlass in Lachen oder Weinen aus. Die im klinischen Sprachgebrauch »negativen Symptome« dominieren das Veralten katatoner Schizophrene: Sie bewegen sich seltsam, ziehen sich zurück und vernachlässigen ihr Äußeres. Wieder andere Schizophrene lassen sich in diese Kategorien gar nicht einordnen.

Eine größere Einheit in der Diagnose lässt sich dagegen erzielen, wenn man die frühen, präpsychotischen Phasen der Schizophrenie anschaut. Der Psychiater Josef Parnas vom Center for Subjectivity Research an der Universität Kopenhagen etwa hat nach einer Analyse der bestehenden Literatur und nach eigenen Studien die These aufgestellt, dass im Ursprung der meisten Störungen des schizophrenen Formenkreises Störungen der Selbstwahrnehmung stehen.

Am Kopenhagener Hvidore Hospital untersuchte das Team um Parnas in einer Pilotstudie bei 19 Schizophrenen die Vorgeschichte ihrer Erkrankung. Alle Patienten berichteten über fundamentale und alarmierende Änderungen der Selbsterfahrung, fast alle beschwerten sich über Probleme, diese Änderungen zu begreifen und zu beschreiben. Zudem beschäftigte sich die große Mehrheit der Gruppe mit metaphysischen, übernatürlichen und philosophischen Fragen.

Leben in der dritten Person

Ein laut Parnas typischer Fall aus der Studie war der des 21-jährigen Hilfsarbeiters Robert, der über ein Jahr lang vor Ausbruch der Krankheit feststellte, er fühle sich schmerzhaft von der Welt abgeschnitten, als sei er nicht mehr völlig präsent und lebendig. Zugleich habe er den Eindruck, als beobachte er sein Innenleben von außen. »Mein Leben in der ersten Person ist verloren gegangen und durch eines in der dritten Person ersetzt worden.« Wenn er zum Beispiel der Musik aus seiner Stereoanlage zuhöre, habe er den Eindruck, ihr fehle die übliche Fülle, »als sei irgend etwas falsch mit dem Klang«. Er probiere dann mit den Reglern herum, aber ohne Erfolg: Er beobachte seine eigenen sensorischen Prozesse, statt sie zu erleben. »Der Patient fühlt eine innere Leere, das Fehlen eines nicht bezweifelbaren inneren Kerns, der normalerweise konstitutiv für sein Bewusstseinsfeld ist und entscheidend für seine Subsistenz.«

»Ich bin nicht länger in meinem Körper, er ist jemand anderes«, klagt ein anderer Studienteilnehmer. »Ich höre meine Stimme sprechen, doch die Stimme scheint woanders her zu kommen.« Wenn er irgend etwas tue, dann habe er das Gefühl, dass er seine Aktionen als Zeuge beobachtet, ohne wirklich beteiligt zu sein. »Ich laufe wie eine Maschine; es scheint mir, dass nicht ich es bin, der läuft, spricht oder mit seinem Stift schreibt.« Ein junger Patient rätselt über die körperlichen Grenzen des Ichs. Er grübele »über diesen flüssigen Übergang zwischen mir und der Welt: Er muss aus einer Mischung von Luftmolekülen, Schweißtropfen und winzigen Hautfetzchen bestehen.«

Selbst die eigenen Gedanken kommen den Prä-Schizophrenen nach und nach abhanden. Psychiater Parnas zitiert aus einer klassischen Studie aus dem Jahre 1909, die ihm immer noch treffend erscheint: Manchmal wache der Patient auf in der Nacht und fragt sich: »Denke ich? Da hier nichts ist, dass beweisen kann, dass ich denke, kann ich nicht wissen, ob ich existiere.« So, glaube der Patient, habe er kurzerhand den bereits erwähnten klassischen Aphorismus von René Descartes (»Ich denke, also bin ich«) vernichtet.

Diese Berichte aus den Phasen vor dem vollen Ausbruch des Wahns sind psychiatrisch und philosophisch insofern spannend, weil die Betroffenen noch reflektieren können und Ich-Bewusstsein haben. Sie merken aber, wie es ihnen langsam abhanden kommt. Oder: Sie gewinnen reale Einsichten, die dem Alltagsverstand verschlossen bleiben – und verzweifeln daran. Louis A. Sass von der Rutgers University in den USA kommentiert: »Phänomene, die normalerweise als Bestandteil des Selbst wahrgenommen werden, werden zu Objekten eines fokussierenden und objektivierenden Bewusstseins.« Wenn dann noch die eigene Selbstwahrnehmung (self-affection) geschwächt ist, so Sass, gerät die Symptomatik der Schizophrenie erst recht ins Rollen. Die irritierenden Erfahrungen bewirken den Fortgang der Geistesstörung. Es ist, zugespitzt betrachtet, eine erschreckende These: Die tiefere Einsicht in die Konstruiertheit des Ichs treibt Menschen in den Wahnsinn. Das Erwachen der Vernunft gebiert Ungeheuer.

Schneidende Gefühle

Manchmal allerdings kann die Lösung vom Ich auch eine Rettung sein.

Besuch in der Psychiatrischen Universitätsklinik Lübeck, Borderline-Station, eine weitläufige, grüne Anlage, wo Amseln pfeifen und Eichhörnchen hüpfen. Die Station gehört zu den wenigen Einrichtungen in Deutschland, die sich auf die Behandlung von Borderlinern spezialisiert hat. Die Betroffenen leiden unter einer schweren Persönlichkeitsstörungen. Binnen Minuten und ohne nachvollziehbaren Anlass können sie in schwarze Depression abtauchen oder in heftigen Wutanfällen explodieren. In der Welt der Borderliner fehlen Zwischentöne, eine Sache ist schwarz oder weiß, ein Mensch gut oder böse. So gewaltig sind die Emotionsattacken, dass viele sich mit so genannten Dissoziationen schützen, ihren Geist wegschicken, sodass ihnen ihr Körpergefühl verloren geht: Arme oder Beine werden taub. Bis ein Schnitt sie in die Wirklichkeit zurückholt.

Wenn die Lübecker Stationsleiterin Valerija Sipos Besuchern die Krankheit erklären will, schiebt sie eine Kassette in den Videorekorder und zeigt ein Interview, das sie mit einer 27-jährigen Patientin geführt hat, einer freundlichen, etwas unsicheren jungen Frau mit blaugrünen Augen, die sich ihre Arme – so erzählt Sipos – »brutalst verletzt« habe.

Sipos: »Was ist bei Ihnen der typische Auslöser für eine Selbstverletzung?«
Patientin: »Wenn ich Fehler mache, wenn etwas schief läuft oder ein trauriger Gedanke kommt. Wenn ich mich nicht leiden mag.«
Sipos: »Wann ist es besonders schlimm?«
Patientin: (*lächelt unsicher, bedeckt ihr Gesicht mit den Händen*) »Weiß nicht. Ich denke, wenn ich nicht richtig anwesend bin. Das ist eine Sache, die mir Angst macht.«
(...)
Sipos: »Was bedeuten für Sie dissoziative Zustände?«
Patientin: »Manchmal erscheint mir alles fremd und verschoben. Ich habe den Eindruck, dass einzelne Körperteile nicht mehr zu mir gehören oder irgendwie pelzig sind. Das ist sehr beängstigend.«
Sipos: »Gibt es auch Dissoziationen, die Sie als hilfreich erleben?«
Patientin: »Es erleichtert Alltagssituationen. Wenn ich zu viel Angst habe, kann ich so automatisch abschalten.«

Die Entfernung vom Ich dient also manchmal dem eigenen Selbstschutz. Dies passt auch zu der Annahme der psychiatrischen Forschung, dass mindestens jeder zweite Borderliner als Kind traumatische Erfahrungen gesammelt hat, meist sexuell missbraucht worden ist. Diese frühen psychischen Verletzungen scheinen neben einem angeborenen impulsiven emotionalen Temperament der wichtigste Risikofaktor zu sein.

»Es ist eine ganz normale Reaktion auf verrückte Zustände«, beharrt Anna K. beim Gespräch in einem Bistro am Münchner Hauptbahnhof, eine 30-jährige Sozialpädagogin mit kurzen blonden Haaren und Zöpfchen. Den Pullover hat sie über die Unterarme gezogen. Leise, aber entschieden sagt sie: »Ich wehre mich dagegen, von einer Krankheit zu sprechen.« Nein, über Details möchte sie nicht sprechen. Und dann steigt sie doch mit leisen Sätzen einen Abgrund hinab. »Meine Mutter hat mich seit der Geburt mit Medikamenten vergiftet, Münchhausen-by-proxy-Syndrom, kennen Sie das? Mein Vater hat mich seit dem vierten Lebensjahr sexuell missbraucht, vor zwei Jahren hat er sich erhängt. Ich bin die Normalste in der Familie.« In ihrer schlimmsten Zeit nahm sie sich mit einer Spritze derart viel Blut ab, dass sie alle vier Wochen eine Transfusion brauchte. Es spricht für eine Persönlichkeit von ungewöhnlicher Stärke, dass Anna es dennoch geschafft hat, ihrem Ich eine neue Zukunft aufzubauen. Nicht jeder bewältigt ein solches Grauen allein mit seiner Persönlichkeit.

Es sind fast immer die gleichen Geschichten von Vergewaltigung und roher Gewalt. Die Autorin Holde-Barbara Ulrich beschreibt in der Wochenzeitung *Die Zeit* den Fall der 45-jährigen Giovanna, die als Kleinkind von ihrem Großvater vergewaltigt wird: »Sie sieht das spitze blutige Messer vor seinem Bauch. Ihr ist eiskalt. Sie kann die Kälte nicht länger ertragen, und von dem Messer würde sie sterben. Sie muss sich verstecken. Irre vor Kälte, rollt sie sich ein. Ganz in sich zurück. Eine winzige, warme Murmel. Schmerz, Angst, Einsamkeit – eingerollt. Fest verpackt. Nichts mehr spüren.

Giovanna ist fort im Unbewussten. Ein anderes Wesen nimmt ihren Platz ein – die *Steinerne Blume*. Schmerzfrei, gefühllos, gefügig. Sie spürt Opis Messer nicht, als es in sie eindringt. Das Erlebnis des Schmerzes ist nicht in ihr.«

Manchmal, so sagt die dazugehörende Theorie, überlebt ein Kind solchen wiederholten Horror nur, wenn es seine Identität aufspaltet und mehrere Bewusstseinszentren ausbildet. Vor allem dann, wenn die engsten Bezugspersonen, häufig die Eltern, die Täter oder billigenden Mitwisser sind, kann ein Kleinkind seine Seele nur retten, wenn es fantasiert, dass nicht ihm, sondern einer anderen Person die Gewalt angetan hat. Es ist eine psychodynamisch rationale Reaktion, denn so kann das Kind seine Beziehung etwa zur Mutter aufrechterhalten, ohne wahnsinnig zu werden: Ein Kind kann nicht verstehen, dass die gleiche Person, die ihm nach all seinen Instinkten Schutz und Vertrauen schenken soll, ihm schwersten Schaden zufügt. Dabei geht es nicht um vorübergehende Fantasien. Viele Psychotraumatologen nehmen an, dass auf diese Art tatsächlich in einem Hirn zwei oder viele autonome Selbste mit unterschiedlichen Charakterzügen und Erinnerungen entstehen können, die noch nicht einmal voneinander wissen müssen. Dieses Phänomen ist allerdings zu unterscheiden von so genannten autoskopischen Halluzinationen, bei denen etwa Epileptiker oder Menschen in Extremsituationen wie bei der Besteigung eines Himalaja-Achttausenders einen Doppelgänger vor sich sehen.

Ich bin viele

Obwohl dieser ursprünglich »Multiple Persönlichkeitsstörung« genannte Zustand seit Jahrzehnten in den psychologischen Diagnosekatalogen verzeichnet ist, die Therapie also von den Krankenkassen bezahlt wird, ist die Diagnose auch unter Psychiatern umstritten. Nachdem sich noch Anfang der neunziger Jahre die einfühlsamen Reportagen über MPS-Fälle in den Medien häuften, setzte Ende des Jahrzehnts eine massive Welle der Kritik ein. Es fanden sich Belege, dass die berühmteste Fallgeschichte, der Report über die 16 Persönlichkeiten von »Sybil«, aufgezeichnet von der US-Psychoanalytikerin Cornelia Wilbur und der Autorin Flora Rheta Schreiber, zu großen Teilen eine Fälschung war. Es häuften sich Berichte, wonach Therapeuten ihren Klienten eine Multiple Persönlichkeitsstörung nur eingeredet hätten. MPS also nur eine wenig begründete Modediagnose?

Mittlerweile ändert sich die Situation wieder. Wenig beachtet wurde in der Diskussion, dass Fehl- oder Modediagnosen noch keinen systematischen Einwand gegen das Konzept begründen. Mit der Umbenennung des Krankheitsbildes in »dissoziative Identitätsstörung« im Diagnosekatalog machten die Psychotraumatologen klar, dass man sich eine multiple Persönlichkeit nicht unbedingt als eine Art Kasperletheater im Kopf vorstellen müsse. Wirklich neuen

Input in die Diskussion liefern mittlerweile die neuen bildgebenden Verfahren.

»One brain, two selves« übertitelte ein Team um die biologische Psychiaterin Simone Reinders von der niederländischen Universität Groningen einen Aufsatz, den sie im Dezember 2003 in der Fachzeitschrift *NeuroImage* veröffentlichten. Die Forscher hatten elf Frauen mit der Diagnose dissoziative Identitätsstörung mehrmals Texte vorgelesen, die das jeweils erlebte Trauma zum Inhalt hatten. Im Positronen-Emissions-Tomographen (PET) zeigten sich dabei Unterschiede, je nachdem in welchem Persönlichkeitszustand die Patienten sich jeweils befanden: Das erzählte Trauma löste Aktivität in bestimmten emotionalen Zentren des Hirns aus, wenn gerade die erste Person dominant war, die tatsächlich das Trauma erlebt hatte. Hatte dagegen das zweite Ich die Oberhand, empfanden sie das Gehörte nicht mehr als selbst erlebt, entsprechend wurden andere Hirnregionen aktiv.

Bereits 1999 hatten ein Team um Guochuan Tsai und Don Condie in der *Harvard Review of Psychiatry* eine Einzelfallstudie veröffentlicht. Mittels fMRI (funktioneller Kernspintomographie) untersuchten sie das Gehirn der MS-Patientin Marnie. Die Mittdreißigerin konnte kontrolliert in einen Zustand wechseln, der von einem gefühlten 8-jährigen weiblichen Selbst namens Guardian erlebt wurde. Auch bei diesem so genannten Switch konnten die Forscher beobachten, wie jeweils unterschiedliche Erinnerungsspeicher aktiviert wurden. Dies sind zumindest harte Hinweise, dass das Phänomen der vervielfachten Persönlichkeit nicht einfach eine Erfindung der Patienten sein muss.

Auf juristischer Ebene hat die psychiatrische Diskussion auch in Deutschland bereits begonnen. Als im Sommer 2002 die 24-jährige Berufsschülerin Daniela K. aus Wuppertal gemeinsam mit ihrem Verlobten wegen gemeinschaftlichen Doppelmordes an ihrer Mutter und ihrem Stiefvater angeklagt wurde, verneinte sie ihre Schuld und verwies auf ihr zweites Ich »Sabrina«. Diese harte, obszöne, aggressive Frau habe eigentlich das Messer geführt. Das Gericht unterstellte der Angeklagten, sie führe ein Schauspiel auf und entschied auf lebenslänglich. Die Frage wird wiederkommen: Wie ist es juristisch zu werten, wenn die psychiatrischen Gutachter in einem neuerlichen Mordfall tatsächlich einem Neben-Ich die Schuld zuschieben? Muss man dann die ganze Ich-Schar einsperren?

Der neue Blick ins Ich zeigt Abgründe. Er belegt, dass unsere größten Gewissheiten auf einem zerbrechlichen Boden stehen. Der Mainzer Bewusstseinsphilosoph Thomas Metzinger ist nachdenklich geworden: »Unsere Verletzlichkeit auf der Ebene des Geistes ist mir sehr deutlich geworden: Nur ein kleiner Hirnschlag und alles kann sich in vollkommene Verwirrung oder eine einzige Agonie verwandeln. Ohne eigene Schuld kann jedem von uns, auch jungen Menschen, jederzeit so etwas passieren, da kann man Verwandte nicht mehr als Verwandte erkennen, kriegt plötzlich Hassattacken oder Zwangsgedanken. Wir entdecken Tatsachen über uns selbst, die viele vielleicht gar nicht gerne wahrhaben möchte.«

Wir müssen uns dringend eine Frage stellen: Wieso haben wir dann überhaupt ein Ich?

Kapitel 2

Kleine Geschichte des Ichs

Unsere Vorfahren wurden klüger und lernten symbolisches Denken

Die Reise zum Ich des Menschen beginnt in Afrika, seiner Heimat. In den trockenen Savannen im Osten des riesigen Kontinents, rund um die dortigen Seen und in den Auwäldern entlang der Flüsse entstanden vor Millionen von Jahren seine Vorfahren. Auf der anderen Seite der riesigen Landmasse, in den tropischen Regenwäldern des Westens, lebt noch heute der tierische Bruder des Homo sapiens: der Schimpanse.

Nussknacker im Urwald

Christophe Boesch machte sich als junger Mann im Alter von 28 Jahren auf diesen Weg. Er zog mit seiner Frau Hedwige in eine einsame Hütte inmitten des Taï-Nationalparks an der Elfenbeinküste und studierte mit ihr zusammen unsere wild lebenden tierischen Vettern. Zunächst lebten die beiden Schweizer Forscher als ein Paar, nach sechs Jahren, als ihre beiden Kinder geboren waren, als eine moderne Kernfamilie von Affenmenschen neben einer Sippe scheuer Menschenaffen – Frauen, Kinder und Heranwachsende, die mit ihren Anführern auf der Suche nach Nahrung durch den Wald zogen. Das Zuhause der Forscher war so, wie es für viele nicht einmal vorstellbar wäre: ohne Strom und fließendes Wasser, umgeben von riesigen Bäumen, zwischen denen Elefanten, Leoparden, Schlangen und Spinnen hausten. Andere Familien würden sich noch in ihren Träumen vor einer solchen Wohnlage ängstigen. Für die Boeschs war das Leben abseits von Gameboy, Garage, Vorgarten und Mobiltelefon die Erfüllung. »Es war der reinste Luxus«, erklärt

Hedwige rückblickend. Zusammen verbrachten sie zwölf Jahre im Wald der Schimpansen.

Zunächst blieb es allerdings bei dem bloßen Versuch, die haarigen Primaten zu beobachten. Denn anfangs bekamen sie die scheuen Tiere kaum zu Gesicht. Die Affenmenschen hörten gleichwohl, wenn die Menschenaffen in der Nähe waren. Ein lautes Klopfen etwa, wenn eine Horde mit Steinen Nüsse knackte. Oder das Rascheln von Laub, wenn sie vor den neugierigen Zweibeinern Reißaus nahm. Hatten die haararmen Weißen Glück, gewahrten sie die Rücken der Schimpansen oder deren Hinterteile. Dann blieb ihnen nur, deren Hinterlassenschaften unter die Lupe zu nehmen: zersplitterte Nussschalen oder die Schlagsteine ihres unaufgeräumten Mittagstisches im Urwald. Das war ein Glück, denn das Studium dieses Nussknackerverhaltens wurde zu einer ihrer ersten Aufgaben.

Fünf Jahre dauerte es, bis die Gemeinschaft der Affen und ihre Anführer den Besuchern aus der fremden Welt mehr Nähe gestattete. Die Zähigkeit der Boeschs zahlte sich aber aus. Mit der Zeit lernten sie nicht nur, die Individuen zu unterscheiden und ihre Eigenarten sowie Marotten zu erkennen. Ihnen gelangen Beobachtungen, die von einmaliger Bedeutung dafür sind, wie wir Menschen uns selbst und unsere nächsten biologischen Verwandten verstehen. Die Boeschs gewahrten, wie junge Schimpansen über Jahre hinweg bei ihrer Mutter in die Schule gehen, um die ausgefeilten Werkzeugtechniken und andere Besonderheiten ihrer Sippe zu erlernen. Die Menschenaffen besitzen eine eigene Kultur, deren Kenntnisse sie an die nächste Generation weitergeben – keinen anderen Schluss erlauben die Daten, welche die Boeschs von ihren Feldstudien mit nach Hause brachten. Beide arbeiten heute am Max-Planck-Institut für evolutionäre Anthropologie in Leipzig, Christophe als Direktor der Abteilung Primatologie.

In einer Lichtung des Taï-Regenwalds fand sich regelmäßig eine Horde Schimpansen ein, um Coula-Nüsse zu knacken, die ähnlich aussehen wie Walnüsse. Besonders geschickt sind erwachsene Tiere darin, einen geeigneten Stein oder ein Aststück als »Hammer« zu wählen sowie eine aus dem Boden herausstehende breite flache Wurzel eines Baumes als »Amboss«. Mit sorgfältig dosierten Schlägen öffnen sie die harten Nüsse geschickt, ohne dabei die Kerne zu zermalmen. Haben sie eine Hand voll Schalen zertrümmert und den Inhalt verspeist, ziehen sie in die unmittelbare Umgebung und lesen die nächste Portion auf. Den Stein jedoch legen sie dabei nicht aus der Hand. Die Werkzeuge sind begehrt, weil geeignete Hämmer mit der richtigen Härte im Urwald sehr schwer zu finden sind. Die Jugendlichen, Auszubildende im Nussknackergewerbe, beherrschen den Trick noch nicht so richtig. Sie probieren immer wieder verschiedene Werkzeuge aus und verändern die Schlagposition. Die Kleinsten der Gemeinschaft, die Vorschüler, sitzen bei der Mutter, sehen aufmerksam zu und versuchen, ein paar Krümel zu ergattern.

Das ganze Jahr über sammeln und knacken die Schimpansen Nüsse und decken so einen Teil ihres Nahrungsbedarfs. Fünf verschiedene Nussarten wachsen im Wald, alle sind zu unterschiedlichen Zeiten reif. Es lohnt sich also für die Tiere, sich intensiv mit dem Erschließen dieser reichen Nahrungsquelle zu beschäftigen. Und offenbar haben sie bereits über viele Generationen hinweg praktische Erfahrungen mit dem Nussknacken gesammelt. Als Boesch, Jahrgang 1951, in der Küche der Schimpansen zusammen mit einem Archäologen den Spaten ansetzte und dort grub, fanden sie Sensationelles: Die Marodeure des Urwalds und ihre Altvorderen hatten sich seit mindestens 900 Jahren an einer Lichtung eingefunden, um sich schlagend und knackend den Bauch voll zu schlagen, wie Splitter geborstener Steine belegten. »Noch vor kurzem hätte niemand einem Menschenaffen dergleichen zugetraut«, schreibt Boesch zusammen mit einem Kollegen in einem Fachartikel. »Würde ein Anthropologe später diesen Ort aufsuchen, hielte er die zurückgelassenen Geräte vielleicht für Spuren einer primitiven menschlichen Kultur.« Funde behauener Steine markieren die ersten greifbaren Anfänge der Karriere des Menschen als Kulturwesen, die vor 2,5 Millionen Jahren ins Rollen kam, und zwar im trockenen Osten des afrikanischen Kontinents.

In der Affenschule

Besondere Aufmerksamkeit verdient die Art, wie die Schimpansen das Wissen um die Tricks beim Nussknacken an die nächste Generation weitergeben. Entscheidend dafür sind die Mütter. Sie teilen über Jahre hinweg die geöffneten Nüsse mit ihrem Nachwuchs und belohnen deren erste eigene Knackversuche jeweils mit einer leckeren Knabberei. Sammeln sie in der Umgebung weitere Nüsse, lassen sie den Hammer oft bei den Kleinen am Amboss zurück, damit diese sich mit den Utensilien beschäftigen können – auch auf die Gefahr hin, dass sich ein anderer das Werkzeug schnappen könnte. Manchmal helfen die Mütter nach und versorgen ihren Nachwuchs mit einem geeigneten Hammer oder einer Nuss, die sich voraussichtlich gut aufschlagen lässt. Gelegentlich greifen sie selbst bei Fortgeschrittenen noch ein, wenn diese auf scheinbar unüberwindliche technische Hürden stoßen – die Parallelen zur Schule des Menschen sind frappierend.

Boesch beobachtete zwei Fälle, in denen die Mütter ihren Kindern klar demonstrierten, wie ein Problem zu überwinden sei. So hatte ein fünf Jahre altes jugendliches Weibchen Schwierigkeiten mit ihrem Hammer, da dieser eine unregelmäßige Form aufwies. Die auszubildende Nussknackerin suchte eine Lösung, indem sie die Position veränderte und verschiedene Stellungen der Nuss auf der Unterlage ausprobierte. Die hartschalige Nahrung erwies sich jedoch weiterhin als sperrig – man kennt das. Als die Mutter das drohende Scheitern bemerkte, nahm sie der Tochter das Schlaginstrument aus der Hand, drehte es im Verlauf einer Minute ganz langsam und vor deren Augen in eine Stellung, die sich am besten zum Aufschlagen eignete. Dann hub sie mit dem Stein in genau jener Schlagposition auf die Nuss ein, knackte einige und gab schließlich das Gerät der Tochter wieder zurück. Schlichtes Vormachen und Nachahmen ist also eine der wichtigsten Elemente der Schimpansen-Lehre.

Die Karriere von einem blutigen Anfänger zu einem Könner lässt sich, Boesch zufolge, in drei Phasen kategorisieren. Anfangs ist der Nachwuchs noch vergleichsweise unbeholfen und tut sich schwer, die Elemente dieses Nahrungserwerbs überhaupt richtig zu verstehen. Typische Fehler liegen darin, ein Schlaginstrument einzusetzen, das nicht geeignet ist, etwa eine Hand, einen unpassenden Hammer, oder es fehlt die feste Unterlage, also der Amboss. Im Alter von drei Jahren erreichen die Heranwachsenden eine zweite Phase, wenn sie die Beziehungen zwischen den Komponenten zu verstehen beginnen. Dann machen sie eigentlich schon alles richtig; sie stellen Nuss, Hammer und Amboss passend zusammen, und auch die Technik stimmt. Allerdings mangelt es ihnen noch an ausreichend Kraft, um die harte Schale der Nüsse zu spalten. Die dritte Phase beginnt, wenn die Muskeln der Schimpansen stark geworden sind. Innerhalb von zwei Jahren machen sie dann durch wiederholtes Üben rasante Fortschritte und erreichen bald die Effektivität von Erwachsenen – jedenfalls für die relativ leicht zu öffnenden Nüsse. Doch erst im Alter von zehn Jahren ist aus einem Novizen ein erfahrener Nussknacker geworden, der sein Wissen wiederum an andere weitergeben kann. »Dieses Verhalten«, so fasst es Boesch zusammen, »ist Ausdruck einer regelrechten Schimpansenkultur.«

Brüder: Schimpansen und Menschen

Diese Entdeckung hat auch für unser Selbstbild weit reichende Folgen. Denn womöglich liegen die Wurzeln unserer eigenen Fähigkeit zur Kultur und zur Weitergabe von Traditionen viel weiter zurück als jene 2,5 Millionen Jahre, die dem Alter der ersten Steinwerkzeuge entsprechen. Die Fähigkeit zur Kultur und zur Verwendung von Werkzeugen war womöglich schon dem gemeinsamen Vorfahren von Mensch und Schimpanse zu eigen, der irgendwann vor sechs bis acht Millionen Jahren in Afrika lebte. Natürlich besitzen die Menschenaffen keine Sprache, keine Kunst, keine Flugzeuge, keine Heiratssitten und keine menschlichen Tischmanieren. Doch sie müssen, wenn sie vor Herausforderungen stehen, das Rad nicht immer neu erfinden, sondern kumulieren Wissen, indem sie es an die nächste Generation weitergeben.

Brüsk ablehnen werden diese Erkenntnis nur Ideologen, die zwischen den beiden Arten eine »goldene Barriere« errichten, wie es der US-Evolutionsbiologe Stephen Jay Gould genannt hat. Damit meinte Gould die Tendenz mancher Menschen, eine Grenze zu ziehen zwischen unsereins und allem anderen, was da so unter Sonne und Mond im Staube kriecht oder an Lianen schwingt – auch wenn dafür eine objektive Rechtfertigung nur schwer zu finden ist.

Dass der Mensch in Wahrheit auch nur ein Tier ist, wird nirgendwo so deutlich wie im Erbgut. Ein Zoologe von einem fremden Stern würde kaum zögern, den Menschen als dritte Schimpansenart zu identifizieren: neben dem Zwergschimpansen oder Bonobo aus Zaire und dem Pan troglodytes mit seinen drei Unterarten. Wie der Vergleich des Genoms ergeben hat, teilen Homo und Pan etwa 98,77 Prozent aller Erbanlagen. Umgekehrt sind Schimpansen mit dem Menschen näher verwandt als etwa mit dem Gorilla oder dem Orang-Utan. Das heißt, nicht etwa der Mensch ist verschieden von allen anderen Tieren, darunter die Schimpansen. Sondern Mensch *und* Schimpanse *und* Bonobo sind verschieden vom Rest der Tierwelt, weil die Bibliothek mit den Bauanleitungen für einen Schimpansen und einen Menschen so gut wie identisch ist. Was die rund sechs Milliarden Bewohner des Globus von den wenigen in den Wäldern verbliebenen Schimpansen und Bonobos allerdings unterscheidet, sind die aktiven und benutzten Gene. Also, um im Bild der Bibliothek zu bleiben: die aufgeschlagenen und gelesenen Bücher. Die Molekularbiologen entdeckten besonders gravierende Unterschiede bei der Genaktivität.

So werden im Gehirn des Menschen zu rund 8 Prozent andere Proteine produziert, was wohl mit seinen höheren kognitiven Fähigkeiten zusammenhängt (viele Gene dienen dazu, Proteine herzustellen). Der andere große Unterschied betrifft die Hoden. Hier fanden Wissenschaftler eine zu mehr als einem Drittel veränderte Proteinausstattung. Svante Pääbo, Boeschs Kollege in Leipzig, erklärt dies mit dem deutlich voneinander abweichenden Sexualverhalten von Mensch und Schimpanse. Die Weibchen haben mit sehr vielen Männchen nebeneinander Geschlechtsverkehr, was unter diesen zu erhöhter Spermienkonkurrenz führt. Sie sind gezwungen, viele Samenfäden in einem großen Ejakulat zu produzieren, um die Hinterlassenschaft des Vorgängers mit seinen Erbanlagen gleichsam zu verdünnen oder auszuwaschen.

Äußerlich sichtbar ist diese evolutionäre Strategie am Ausmaß der Hoden. Die Produktionsstätten des Samens sind bei Schimpansen etwa so groß wie ein Tennisball. Ihr erigierter Penis dagegen hat mehr das Aussehen eines roten Buntstiftes. Dies ist jedoch weder niedlich noch lächerlich, sondern erfüllt den von der Evolution zugedachten Zweck: möglichst viel Samen in die Vagina des Weibchens zu übertragen. Auch sonst ist in sexuellen Dingen bei Schimpansen einiges anders: Geschlechtsakte werden oft öffentlich verübt, sie sind Ausdruck und Folge von Macht. Um ihre Dominanz zu demonstrieren, stellen die höchstrangigen Alpha-Männchen ihren erigierten Penis zur Schau.

Nach Ameisen bohren oder sie angeln?

Ist der Schimpanse also, von einigen Unterschieden im Verhalten abgesehen, ein Werkzeugnutzer und -macher? Ein noch nicht fertiger Homo faber, der im Begriff ist, den Weg zu gehen, den auch die Vorfahren der Menschen vor Jahrmillionen beschritten haben, nämlich Werkzeugkulturen zu entwickeln und schließlich in ferner Zukunft die Raumfahrt, die Herztransplantation und das Internet?

Die Antwort auf diese Frage ist natürlich hypothetisch, weil sie die Voraussicht der Zukunft erfordern würde. Andererseits ist nicht wirklich klar ersichtlich, welche Bedeutung die Kultur bei den Schimpansen gewinnen wird. Denn nicht alle Mitglieder der Art Pan troglodytes üben sich zum Beispiel in dem Verhalten, Nüsse mit Werkzeugen zu knacken. Dies tun nur die Schimpansen in Westafrika und auch dort nur im westlichen Teil des Regenwaldes der Elfenbeinküste und in zwei angrenzenden Gebieten. Andere Schimpansen setzen auf andere Techniken, soll heißen: So wie sich unter den Menschen die indische von der europäischen Kultur unterscheidet, jeweils anderen Gebräuchen, Sitten, Strategien, Stärken, Schwächen und Gesetzen folgt, so unterscheidet sich auch das Alltagsleben von Schimpansen in den verschiedenen Regionen ihres Lebensraumes.

Boesch und sein Kollege Andrew Whiten, der an der schottischen University of St. Andrews lehrt, stellten nach einer Umfrage unter ihren Feldforscherkollegen – darunter die beiden weltberühmten Pioniere Jane Goodall und Toshisada Nishida von der Kyoto University in Japan – eine Art Katalog der Schimpansenkultur zusammen. Darin beschrieben sie im Detail die wesentlichen Charakteristika im Verhalten der verschiedenen Pan-Populationen, vom Werkzeuggebrauch bis hin zu den unterschiedlichen Formen der Kommunikation und der sozialen Gepflogenheiten. In der Summe umfasst die Zusammenstellung insgesamt 151 Beobachtungsjahre und 39 Verhaltensmuster.

Neben dem Nussknacken ist – laut diesem Katalog – das zweite Paradebeispiel kulturell geprägten Handelns das Fangen von Termiten oder Ameisen, einer Nahrung, die reich an Proteinen und Energie ist. Nicht selten benutzen die Tiere dafür irgendein Instrument, mit dem sie in den Bau der Insekten bohren und anschließend davon die Beute abfressen, ein Verhalten, das die Forscher »Angeln« nennen. Die Umsetzung dieses Benehmens kann stark variieren. Ein hungriger Schimpanse kann dafür einen Grashalm oder ein Stöckchen verwenden, die »Angel« kann je nach Region kürzer, länger, dünner oder dicker sein und aus weicherem oder härterem Material bestehen. Aber eine Gruppe macht es immer auf eine, nämlich auf ihre eigene, tradierte Weise. Auch die Art, wie die Menschenaffen die Insekten in den Mund bringen, variiert. Manche knabbern die Beute wie einen Schaschlikspieß direkt vom Zweig ab. Andere ziehen die Angel in einer raschen Bewegung durch die Hand und werfen dann den Snack in den Mund.

Die unterschiedlichen Gebräuche gestatten den Forschern gar, die Herkunft eines Individuums einer bestimmten Region oder Kultur zuzuordnen – gleichsam wie einen Clan von Schotten am Muster des Rocks. Ein Beispiel dafür ist das *Leaf-Clip*-Verhalten: Ein Schimpanse steckt sich ein hartes Blatt in den Mund und zerreißt es geräuschvoll in Stücke, ohne jedoch etwas davon zu essen. Trotz 40 Jahren Beobachtung registrierten die Ethologen dieses Verhalten nie im Gombe-Nationalpark in Tansania (hier hatte Goodall Anfang der sechziger Jahre mit ihren Studien begonnen). Drei andere Populationen führen den Leaf-Clip indes aus, doch hat er überall eine andere Bedeutung. Im Taï-Park an der Elfenbeinküste leitet das Blätterzerreißen ein Imponiergehabe ein, nämlich das Brusttrommeln. Im Bossou-Wald (Guinea) soll das Verhalten zum Spielen animieren. Und in Mahale (ebenfalls Tansania) machen die Männchen mit Hilfe der dabei erzeugten Geräusche auf sich aufmerksam und umwerben so ein paarungswilliges Weibchen. Man kann sich vorstellen, welchen Kulturclash Schimpansen erlitten, könnten sie ihre jeweiligen Zeitgenossen in den anderen Wäldern besuchen – wie ein Europäer in einem orientalischen Basar.

Ein weiteres kulturell geprägtes Verhalten ist das Lausen und der anschließende Umgang mit den gefundenen Parasiten. Wenn ein Schimpanse einen Schmarotzer findet, frisst er ihn normalerweise, doch zuvor manipuliert er ihn – wie, das differiert beträchtlich von Region zu Region. In Gombe reißen die Tiere einen Ast mit ein paar Blättern ab, stapeln diese sorgfältig übereinander und platzieren den Parasiten oben auf. Schließlich zerdrücken sie das Tierchen mit den Nägeln beider Daumen und essen es. Die Schimpansen in Mahale rollen den Schmarotzer längs in ein Blatt ein, trennen mit einem Daumennagel ein Stück ab, wie wir das bei einem Kuchen machen würden, und fressen das Stück dann. Manchmal wickeln sie danach weitere Parasiten in dasselbe Blatt und wiederholen den Vorgang. In Taï hingegen legen die Affen das ergriffene Tier auf den Unterarm und schlagen mit der Spitze des Zeigefingers darauf, bis es zerquetscht ist. Anschließend wandert es in den Mund. Jedes Verhalten ist typisch für die jeweilige Region.

Auch Gorillas und Krähen wurden dabei beobachtet, Werkzeuge zu benutzen. Populationen von Walen einer Art scheinen sich sowohl in unterschiedlichen Gesängen zu üben als auch abweichende Methoden zur Nahrungsbeschaffung einzusetzen. Bei Singvögeln beobachteten Forscher verschiedene Gesangsdialekte. Von japanischen Makaken weiß man, dass sie Süßkartoffeln vor dem Verspeisen waschen. Doch als Wesen, das sich virtuos aus dem Werkzeugkasten der Natur bedient, nimmt der Schimpanse eine Sonderstellung ein.

In einem kontrollierten Experiment konnte Andrew Whiten zusammen mit einer Kollegin gar aufzeigen, wie die Tiere lernen und eine neu erworbene Fähigkeit anschließend an die anderen Mitglieder ihrer Sippe weitergeben. Die Forscher instruierten hochrangige Weibchen entweder in einer »Bohr-« oder einer »Hebetechnik«, mit der sie an einem Apparat Futter besorgen konnten. Zurück in der Gruppe zeigten die Tiere den anderen, wie mit dem Verteiler umzugehen ist, und diese imitierten gefügig die Technik der jeweiligen

Anführerin, sogar dann, wenn sie nur »zufällig« das Verfahren beobachteten.

Dieses Experiment widerlegt Einwände mancher Experten, was Schimpansen tun, hätte mit Kultur nicht viel gemein, sei vielmehr bloße Tradition. Der Gelehrtenstreit ist ohnehin so sinnvoll, wie die Frage, ob Hühner fliegen können. Unbestritten ist, so Christophe Boesch, dass unsere Veranlagung, Kultur zu erschaffen, nicht aus dem Nichts heraus in die Welt kam: »Die geistigen Voraussetzungen dafür könnten aus einfacheren Anfängen, aus Vorstufen entstanden sein und somit sehr frühe Wurzeln haben. Vorstellbar ist zumindest, dass unter anderem soziales Lernen, ähnlich dem der Schimpansen, unseren Vorfahren erlaubte, die ersten Steinwerkzeug-Kulturen zu schaffen.«

Die Lust auf rote Früchte

Alles, was uns ausmacht, und vieles von dem, was wir als typisch menschlich ansehen, hat tiefe und sehr weit in die Vergangenheit reichende Wurzeln. Evolutionsbiologen sprechen von Entwicklungstendenzen, die sich oft über Äonen ausdehnen. Zum Beispiel ist das Gehen auf zwei Beinen zwar erst bei den Hominiden vollständig ausgeprägt und man kann, wie viele Forscher dies tun, über die zahlreichen möglichen Ursachen rätseln, warum dies für sie von Vorteil war: geringerer Energieverbrauch beim Gehen, weniger Strahlungsaufnahme von der Sonne, über das Gras in der Savanne spähen zu können, tiefer im Wasser waten zu können, die Geschlechtsmerkmale herzeigen zu können – um nur einige Beispiele zu nennen. Doch ist unter den Baum bewohnenden Affen die Tendenz schon uralt, den Schwerpunkt der Fortbewegung stärker auf die Hinterbeine zu verlegen. Ohne auf diese Entwicklungen aufzubauen, hätten die Hominiden nicht – um im Bild zu bleiben – den letzten Schritt tun können und sich aufrichten.

Diese in ihrer Konsequenz revolutionäre Neuentwicklung schied uns vor sechs bis acht Millionen Jahren von unseren Brüdern im Urwald. Die umfangreichen Umbauten am Skelett- und Muskelsystem öffneten unseren Vorfahren eine neue Welt. Die Hände wurden von dem lähmenden Kompromiss befreit, gleichzeitig Aufgaben der Fortbewegung und des Hantierens wahrzunehmen. Sie konnten sich spezialisieren, um Steinwerkzeuge nicht länger nur gelegentlich zu benutzen und selten zu manipulieren (wie der Schimpanse), sondern sie verlässlich herzustellen und die Kenntnisse davon an die nächste Generation weiterzugeben. Statt den Körper zu stützen, können diese Hände heute Lieder auf einer Trompete spielen oder einen Text auf der Computertastatur tippen.

Die Fähigkeit, rote Farben wahrzunehmen, hatte für die Linie, die zum Menschen führte, eine besondere Bedeutung. Kleine, pelzige, in Bäumen lebende Affen haben vor 30 bis 50 Millionen Jahren begonnen, sich für reife Früchte zu interessieren. So wurde der Rezeptor im Auge, der rote Farbe analysieren kann, zu einem nützlichen Gut, denn rote Früchte befinden sich im Stadium der Reife und enthalten viel Zucker, sprich Energie. Das klingt genauso banal wie belanglos, doch bei genauer Analyse hat eine Lebensweise als Fruchtfresser im Wald gravierende Konsequenzen: Fruchtfresser sind klüger.

Wer von Obst lebt, hat Vorteile, wenn er genau weiß, wann und wo im Wald welche Ernte gerade fällig ist – im Gegensatz zu Blattfressern, die fast überall die Hand ausstrecken und zugreifen können. Jede über das Normalmaß hinausgehende Denkkapazität, speziell das räumliche und zeitliche Gedächtnis betreffend, bringt folglich enorme Vorteile mit sich. Kann sich ein Individuum den Standort und den Reifezeitpunkt von Fruchtbäumen merken, wird es in einer Gruppe einen höheren sozialen Rang einnehmen, mehr Sexualpartner haben und mehr Nachkommen zeugen. So, wie sich die erbliche Anlage zur Fähigkeit, Rot zu sehen, in einigen Generationen von einem Wesen über die ganz Gruppe verteilt, wird sich auch die ursprünglich bei einen Individuum ausgebildete Merkfähigkeit nach einigen Jahrgängen immer weiter in der Sippe und womöglich sogar darüber hinaus ausbreiten. Und während dies passiert, werden wieder andere Individuen geboren, die durch Zufall ein noch besseres Gedächtnis für die süßen, roten Früchte haben und die Bäume, an denen sie hängen. Diese sind als Erwachsene darum als Sex-Partner erfolgreicher und so fort. Auf diese Weise funktioniert die Evolution, wenngleich die tatsächlichen Verhältnisse weitaus komplizierter sind.

Vergleichende Studien an heute lebenden Affen haben tatsächlich Belege erbracht, dass die Lebensweise als Fruchtfresser große Auswirkungen auf die Ausbildung der geistigen Fähigkeiten urzeitlicher Waldbewohner hatte. Je mehr sich eine Affenspezies auf Früchte verlegt und je größer ihr Streifgebiet ist, umso beträchtlicher ist auch das Volumen ihres Gehirns, speziell der Großhirnrinde – selbst wenn die Werte um Effekte der Körpergröße korrigiert wurden (größere Tiere wie ein Elefant haben zwangsläufig ein voluminöseres Gehirn, woraus nicht automatisch folgt, dass sie klüger sind als kleine Tiere, etwa eine Maus). Das Gehirn des Homo sapiens, heute lebender Vertreter dieses Trends, ist etwa sechsmal so groß wie das eines Säugetieres vergleichbaren Gewichts, dreimal so groß wie das eines Schimpansen und rund doppelt so groß wie das eines Urmenschen vor 2,5 Millionen Jahren. Am meisten geweitet ist dabei das Volumen des Großhirns, Sitz der meisten höheren kognitiven Funktionen. Blattfresser unter den Primaten, wie zum Beispiel der Gorilla, besitzen hingegen ein im Vergleich kleineres Denkorgan. Um die Zellulose zu zerlegen, ist dafür der Darm größer, was dazu führt, dass solche Tiere sehr groß und schwer sind.

Verführerische rote Früchte waren also in der Ur-Ur-Ahnengalerie des Menschen einer der Auslöser dafür, den Trend zu einer höheren Gehirnmasse und besseren geistigen Fähigkeiten zu setzen. Damit war zwar eine neue ökologische Nische besetzt, nämlich die der Intelligenz, diese Strategie war aber auch mit gehörigen Nachteilen verbunden. Denn Nervenzellen, die Träger der Denkprozesse, benötigen ungeheuer viel Energie. Das menschliche Gehirn stellt zwar nur 2 Prozent der Körpermasse dar, ist aber für rund 20 Prozent des verbrauchten Grundumsatzes verantwortlich. Es ist dasjenige Gewebe, das am meisten Energie verbrennt – egal, ob es sich im Schlaf- oder Wachzustand befindet. Zum Vergleich: Bei Schimpansen und Makaken liegt der entsprechende Wert bei 9, bei Elefanten gar nur bei 3 Prozent.

Noch extremer ist der Energiebedarf des Denkorgans bei Babys und Kleinkindern. Das sich entwickelnde und lernende Gehirn konsumiert bei körperlicher Ruhe die Hälfte der aufgenommenen Kalorien. Daran lässt sich ersehen, vor welchen Herausforderungen unsere mütterlichen Vorfahren standen, wenn sie täglich genug Milch oder anderes Essbares für die Heranwachsenden bereitstellen wollten. Ein weiterer Nachteil entstand aus dem Umstand, dass dem Größenwachstum des Gehirns eines Hominiden-Babys vor der Geburt natürliche Grenzen gesetzt waren. Aufgrund der Spezialisierungen für den aufrechten Gang konnte die Natur den Geburtskanal der Frauen nicht beliebig vergrößern, sodass sie einen Gutteil der Gehirnentwicklung auf die Zeit nach der Schwangerschaft verlegen musste. Die Kinder kamen damit unfertig auf die Welt und bedurften einer im Vergleich mit anderen Säugetieren viel längeren und intensiveren Phase der Fürsorge.

Wie die Ernährung das Denken bestimmt

Die Strategie des kognitiven Wettrüstens war also nicht ohne Tücken. Wenn diese nicht dazu führte, dass tatsächlich mehr Nahrung beschafft werden konnte, barg sie ein höheres Risiko des Scheiterns – den Hungertod, weil man sich den Luxus eines leistungsfähigen Gehirns und der damit verbundenen Handikaps leistete. Beim Denken muss etwas Zählbares herauskommen, sonst ist es ein Minusgeschäft – diese Regel haben nicht etwa die Kapitalisten erfunden, um die Intellektuellen zu ärgern, sondern die Natur.

Kein Wunder, dass Schimpansen ihre überlegenen geistigen Fähigkeiten im Urwald voll ausspielen und davon rücksichtslos Gebrauch machen. Im Taï-Regenwald an der Elfenbeinküste zum Beispiel jagen sie auch Tiere, häutsächlich Stummelaffen. Doch um die kleinen Kletterer hoch in den Kronen des Urwalds zu erwischen, ist die Zusammenarbeit zwischen verschiedenen Männchen – die Weibchen beteiligen sich nicht an der Jagd – erforderlich, eine ausgetüftelte Strategie und deren schonungslose Umsetzung. Ein Jäger zu sein, ist den Tieren jedoch nicht in die Wiege gelegt, sondern erfordert eine lange Lehrzeit. Im Alter von zehn Jahren werden Jungtiere erstmals auf Jagdausflüge mitgenommen, 20 Jahre benötigen sie, um alle

Tricks und Finten kennen zu lernen, die einen guten Waidmann ausmachen. Mit 35 Jahren ist ein begabtes Individuum selbst zu einem Strategen geworden, der eine Gruppe auf einen Beutezug führt.

Die Schimpansen schlüpfen bei der Jagd in verschiedene Rollen: Zunächst lokalisieren Kundschafter die Beute, während sich andere in einen Hinterhalt legen. Wie bei einer Treibjagd übernimmt ein Tier die Aufgabe, die Stummelaffen vor sich her zu hetzen, während andere darauf achten, dass sie die richtige Richtung einschlagen, indem sie ein Ausscheren durch seitliches Abschirmen verhindern. Wenn die Falle zuschnappt, haben die Stummelaffen kaum eine Chance. Manchmal gelingt es den Schimpansen, ihre Beute bereits oben in den Bäumen zu erwischen, manchmal stürzen die Tiere zu Boden, wo dort stationierte Posten die Hatz aufnehmen und sich schließlich auf die Affen stürzen.

Was dann folgt, ist nicht schön anzusehen, und Jane Goodall, die erstmals in den siebziger Jahren davon berichtete, schockierte mit ihren Beobachtungen die Öffentlichkeit: Die Schimpansen reißen die Affen meist brutal in Stücke und fressen sie teils bei lebendigem Leib. Strengen Regeln ist allerdings unterworfen, wer wie viel von der Beute bekommt. Nicht Alter oder Rangordnung sind hierfür allein entscheidend, sondern die Rolle, die einzelne Tiere innehatten, um das Halali zu einem Erfolg zu führen. Grundsätzlich bekommen Unbeteiligte wenig oder nichts von der Beute, wobei auch Ausnahmen beobachtet wurden. In einer Gruppe unterhielt ein Alpha-Männchen ein – wie es den Forschern schien – ausgeklügeltes Bestechungssystem, indem es das erbeutete Fleisch mit denjenigen Gruppenmitgliedern teilte, die es unterstützt hatten oder von denen es Unterstützung erwartete.

Keine Frage, die Art der Nahrungsbeschaffung prägt das Denken eines Lebewesens. Der Zusammenhang gilt auch im Umkehrschluss: Wer auf eine derart planende und vorausschauende Weise jagt, der muss die Perspektive der Beute verstehen, sich in ihre Lebenswelt hineinversetzen können. Er verfügt also zumindest über eine einfache Vorstellung davon, wie sich ein Wesen in einer gegebenen Situation verhalten wird, welche Absichten und Pläne es möglicherweise verfolgt. Das lässt zum einen auf die Fähigkeit zur Vorausschau schließen, zum anderen auf die Fähigkeit zur Perspektivübernahme, was in der Fachsprache der Philosophie des Geistes *Theory of Mind* genannt wird: Man erstellt eine Theorie davon, was im Kopf eines anderen vorgehen mag – ob man damit Recht hat, kann man ja in den seltensten Fällen sicher wissen. Wir werden dem Begriff in den folgenden Kapiteln noch öfter begegnen, denn was Schimpansen zumindest in Ansätzen können, nämlich denken, was ein anderer denkt, hat der Mensch zur Meisterschaft weiterentwickelt. Kaum eine Situation in unserem Alltag ist zu bewältigen, ohne dass wir vorwegnehmen, was andere wohl wollen, wünschen, planen oder tun werden. Die Theory of Mind ist jedoch, und das ist wichtig, nicht das Monopol des Menschen. Ebenso wenig wie der Mensch das einzige Wesen ist, das strategisch geplante Jagden unternimmt. Der Mensch wurde mit anderen Worten nicht deswegen Mensch, weil er ein guter Jäger war.

Behaarte Rechner und Lügner

Selbst auf die Befähigung zur Mathematik kann der Homo sapiens nicht allein stolz sein. Schimpansenforscher berichten, dass ihre Studienobjekte ein zumindest rudimentäres Verständnis des Rechnens besitzen und etwa wissen, welche Mengen mehr oder weniger als drei Elemente enthalten. Festmachen können die Wissenschaftler das daran, unter welchen Umständen die Tiere in der Natur sich auf eine Auseinandersetzung mit Männchen aus anderen Streifgebieten einlassen. Die Regel dafür ist ganz einfach: Treffen drei oder mehr Schimpansen einen einzelnen Nachbar, so töten sie ihn. Selbst in Versuchen ließ sich ein solches Verhalten provozieren. Spielten die Forscher vom Tonband die Ruf eines Fremden ein, blieben Gruppen von weniger als drei Schimpansen still und ruhig, Gruppen von drei oder mehr dagegen erwiderten den Ruf, stürmten in die Richtung des Lautes und bereiteten sich auf einen Angriff vor.

Niemand sollte indes den Eindruck gewinnen, die Schimpansen seien gleichsam die Fleisch gewordene Version der bösen, weil animalisch-hemmungslosen Seite der menschlichen Seele. Unsere tierischen Vettern besitzen zahlreiche Mittel der Versöhnung, derer sie sich nach einem Streit bedienen: Sie reichen sich die Hand, umarmen, küssen oder lausen sich gegenseitig. Andere Beobachtungen belegen, dass sie Waisenkinder adoptieren und sich um sie kümmern. Sie kooperieren bei der Jagd und bei Angriffen von außen. Manche Individuen bilden aus Freundschaft Koalitionen, welche den Partnern zur Macht verhelfen und ein Leben lang halten können. Die Bonobos leben in weitgehend friedfertigen Gemeinschaften, offenbar weil sie es verstehen, sich mit Sex gegenseitig zu besänftigen, und zwar Weibchen wie Männchen untereinander als auch zwischen den Geschlechtern – mehr von dieser animalischen Seite würde sich gewiss auch mancher Homo sapiens wünschen. Grundsätzlich kennen unsere Vettern im Wald auch den Unterschied zwischen Lüge und Wahrheit. Manche Primaten sind in der Lage, zu erkennen, wie ihre Handlungen andere Individuen auf eine falsche Fährte locken können. Das erlaubt ihnen, andere zu manipulieren, und zwar auf ein Ziel hin, das ihnen selbst zum Vorteil gereicht.

Die Protokollbücher der Feldforscher sind voll von Episoden derart lügender, manipulierender und tricksender Affen. Meist geht es den Vorgängern des florentinischen Schriftstellers Niccolò Machiavellis (1469–1527) um Vorteile beim Nahrungserwerb, beim Sex oder der Rangordnung. Ein älterer Pavian zum Beispiel zettelte mit Vorliebe Streit unter den Anführern seiner Gruppe an. Den anschließenden Tumult nutze er, um sich aus dem Staub zu machen und die Weibchen zu begatten. Die Taktik verhalf ihm dazu, genauso viel Nachwuchs zu zeugen wie die Bosse.

Betrug findet sich bei allen Primaten. Ein Berggorillaweibchen verheimlicht, dass sie Futter entdeckt hat, indem sie beginnt, sich das Fell zu putzen – das Signal für den Rest der Gruppe, doch ruhig weiterzugehen, es sei nichts Besonderes los. Anschließend holt sie sich eine leckere Mistel in einer Baumkrone. Sogar die Gegentäuschung beherrschen die Herrentiere, wie der holländische Verhaltensforscher Frans de Waal vom Yerkes Primatenforschungszentrum in Atlanta bei Tieren im Gehege beobachten konnte. So sollte ein Schimpanse am Futterplatz Bananen bekommen, die ihm in einer Metallbox serviert wurden. Just als er die Früchte holen wollte, näherte sich ein anderer Schimpanse. Darauf wendete sich der erste ab, setzte sich und tat so, als ob nichts wäre. Der Hinzugekommene spielte mit, erweckte den Anschein, als würde er darauf hereinfallen, trollte sich, versteckte sich aber hinter einem Baum. Als der erste glaubte, die Luft sei rein, und sich über die Bananen hermachen wollte, kam der zweite hinter seinem Baum hervor und schnappte sich die Mahlzeit.

Was zeichnet dann den Menschen aus, wenn auch manche Primaten das für soziale Wesen so entscheidende »Ich-weiß-was-du-denkst«-Spiel beherrschen? Ganz einfach: Der Homo sapiens ist um einiges besser darin, indem er die Spekulationen weitertreiben kann. Studien des britischen Evolutionspsychologen Robin Dunbar ergaben, dass der Mensch durchschnittlich über fünf Stufen wechselseitige Vermutungen über die Gedanken des Gegenübers einbeziehen kann. Das ist so, als würde jemand folgenden Satz sagen (die jeweilige Denkebene ist in Klammern angegeben): »Angenommen (1), dass du glaubst (2), dass ich will (3), dass du denkst (4), dass ich die Absicht habe (5)...« Während der Mensch also fünf solcher Stufen beherrscht, so Dunbars Charakterisierung, sind es bei den Primaten zwei und bei den Affen eine – doch ist diese Vermutung in der Praxis nur schwer zu überprüfen.

Es verwundert angesichts ihrer ausgeprägten sozialen (und damit auch unsozialen) Intelligenz kaum, dass sich einige der Primaten im Spiegel erkennen – der umstrittene, für viele Forscher gleichwohl wichtigste Test für das Bewusstsein des eigenen Selbst. Übergaben Wissenschaftler Schimpansen einen Spiegel, fingen sie nach kurzer Zeit an, sich selbst in den Mund zu blicken oder andere Körperteile zu untersuchen, die ihnen ansonsten verborgen blieben. Wurden sie anästhesiert, um ihnen einen Fleck ins Gesicht zu malen, versuchten die Tiere die Markierung beim Blick in den Spiegel wegzuwischen. Ähnlich verhalten sich Bonobos und Orang-Utans. Gorillas hingegen erfüllen die menschlichen Erwartungen beim Spiegeltest nicht, ähnlich wie Affen.

Wie Arbeiten von Frans de Waal ergaben, betrachten Kapuzineraffen ihr Spiegelbild weder wie einen Fremden noch wie sich selbst, ihre Reaktion liegt irgendwo dazwischen. Die Weibchen sind entspannter, als sie es etwa einem unbekannten Individuum gegenüber wären. Die Männchen zeigen rivalisierendes Verhalten, aber nicht so ausgeprägt wie gegen einen Konkurrenten. Auch manche Wale und Delphine finden einen Spiegel so interessant, dass sie ausgiebig mit ihm spielen. Das bedeutet: Was für die geistigen Fähigkeiten der Menschen gilt, gilt auch für die der Primaten und aller anderen Tiere. Sie bauen auf eine evolutionäre Entwicklung auf, die weit vor ihrer Zeit begann, sich also schwächer ausgeprägt auch bei Tieren findet, die weniger kognitive Fähigkeiten besitzen.

Warum der Mensch klüger wurde

Die Steinzeit ist die längste von den Menschen und seinen unmittelbaren Vorfahren erschaffene Kulturepoche. Sie begann vor 2,5 Millionen Jahren in Afrika und endete vor circa 4000 Jahren, als der Mensch gelernt hatte, Metall zu bearbeiten. Die Millionen von Jahren benötigten die Hominiden, um zu lernen, wie Steine immer feiner zu behauen sind, sodass sie schließlich fein ziselierte, scharfe, harte oder spitze Messer, Hacken, Schaben oder Speere herstellen konnten. Anfangs benutzten sie die Instrumente nicht etwa zur Jagd, sondern, wie viele Anthropologen glauben, um Aas in der Savanne möglichst schnell zu zerlegen. Vermutlich preschten sie im Trupp auf ein verendetes Tier zu, schnitten es mit den Steinmessern und -schabern rasch in Stücke, zertrümmerten die Knochen und holten sich so die für das Gehirn so wichtige energiereiche Nahrung: Fette und Proteine.

Vor diesen Urzeiten begann eine entscheidende Entwicklung, die den Menschen und seine Gesellschaft bis heute prägt. Nicht länger nur die Natur definierte die Auswahlkriterien, an die sich anpassen musste, wer überleben wollte. Die vom Menschen mehr und mehr selbst gestaltete Lebensumwelt bestimmte seine Evolution. Die Fähigkeit, die Artefakte aus Stein stets weiter zu verbessern und optimal an ihren Gebrauch anzupassen, wurde so selbst zu einem Kriterium des Überlebens. Gefragt war handwerkliches Geschick, planerisches Denken, Werkstoffintelligenz. Wer mehr davon besaß, erhöhte seinen materiellen Erfolg und konnte folglich mehr Nachkommen hinterlassen – vom höheren Ansehen ganz zu schweigen.

Kurzum, die Tendenz zu mehr Intelligenz und besserer Gehirnleistung, die in der Evolution schon seit Millionen von Jahren zu verzeichnen war, beschleunigte sich regelrecht, und zwar durch sich selbst. Denn indem der Mensch Werkzeuge herstellte, schuf er erst eine Umwelt, in der sich die Ingenieurskunst entfalten konnte. Die Fachleute sprechen von einer biokulturellen Evolution des Menschen, und niemand würde bezweifeln, dass sie nur funktionierte, indem das bereits erworbene Wissen kontinuierlich von einer Generation an die nächste weitergegeben wurde.

Abzulesen ist diese Entwicklung zum einen an der Gehirngröße des Homo sapiens, die im Vergleich zum Schimpansen das dreifache Volumen umfasst. Zum anderen daran, dass der Gebrauch von Werkzeugen, die Manipulation der Natur nach eigenem Gutdünken, die Hominiden erstmals in die Lage versetzte, sich von ihrer angestammten Umwelt zu trennen. Die auf zwei Beinen laufenden Werkzeugmacher verließen zum ersten Mal in ihrer Geschichte Afrika, ihre Relikte fanden sich in Asien (auf der Insel Java) und datieren rund zwei Millionen Jahre zurück. Auch nach Europa gelangte dieser wanderlustige Urmensch, dem die Forscher den Namen *Homo erectus* verliehen, etwa: der aufgerichtete Mensch. Er hinterließ Spuren in Georgien (Fundstätte von Dmanisi, 1,8 Millionen Jahre alt), in Spanien (als Homo antecessor, Atapuerca-Höhle, 800 000 Jahre alt) und in Thüringen (Bilzingsleben, 400 000 Jahre alt) und wurde schließlich zum Vorfahren des Neandertalers. Fossilien dieses ersten, an die rauen Bedingungen des nördlichen Klimas angepassten und folglich mit weißer Hautfarbe ausgestatteten Europäers fanden Bauarbeiter 1856, also vor 150 Jahren, im Neandertal bei Mettmann, zwischen Düsseldorf und Wuppertal gelegen.

Immer wieder gibt es unter den Experten ausgiebige Diskussionen darüber, zu welchen Kulturleistungen der Homo erectus fähig war. Klar ist, dass er wohl das Feuer kannte und kontrollieren konnte, die frühesten sicheren Belege dafür sind 500 000 Jahre alt. Auch war er so geschickt, Wurfspeere aus Fichtenholz zu schnitzen, deren ballistische Eigenschaften denen kaum nachstehen, die bei modernen Olympischen Spielen geschleudert werden. Die 400 000 Jahre alten Wurfgeräte kamen bei Ausgrabungen in Schöningen (Niedersachsen) zutage und lassen zusammen mit dem Fund eines Jagdlagers darauf schließen, dass der Urmensch Großwild, wie etwa Herden von Wildpferden, erfolgreich nachstellte. Womöglich war der Homo erectus sogar imstande, Wasserfahrzeuge zu konstruieren, um damit von Asien aus, sich von Eiland zu Eiland durch die indonesische Inselwelt hangelnd, die nahen Küsten Australiens zu erreichen. In Asien sind viele Anthropologen gar der Meinung, dass die dortige heute lebende Bevölkerung aus dem Homo erectus hervorgegangen ist.

Doch dies ist genauso umstritten wie die Frage, ob dieser Wanderer bereits einfache Formen religiöser Gefühle besaß – wovon zum Beispiel Dietrich Mania überzeugt ist. Der Paläontologe aus Jena hat in Bilzingsleben in mehrjähriger Kleinarbeit einen Siedlungsplatz dieses Urmenschen am Ufer der Wipper, eines Nebenflusses der Unstrut, ausgegraben. Die Stelle gilt als einer der wichtigsten vorgeschichtlichen Fundstätten Europas. Ein gepflastertes Areal interpretiert Mania als Kultplatz, einen Knochen mit mehreren Ritzungen führt er als Beleg an, dass diese Bewohner des damals tropischen Kontinents an eine höhere, jenseitige Macht glaubten. Beweisbar sind diese Auslegungen allerdings nicht – trotz der vorbildlichen Arbeit Manias.

Die Ausgräber der menschlichen Vergangenheit plagt ein großes Problem, wollen sie Gedanken, Fertigkeiten oder gar den Glauben unserer Vorfahren dingfest machen. Von den Ideen, moralischen Regeln oder gar Talenten, die einst in den Köpfen unserer Altvorderen herumspukten und die ihre Eigenarten ausmachten, ist nichts übrig geblieben. Überzeugungen versteinern nicht, um die Äonen nach dem Tod eines Individuums zu überdauern. Die ersten eindeutigen Belege für den Gebrauch einer schützenden Hütte (gebaut aus Stoßzähnen von Mammuts) sind 20 000 bis 30 000 Jahre alt und somit schon sehr eindeutig dem Homo sapiens zuzuweisen. Früheste Hinweise auf Begräbnisse fanden sich in der Shanidar-Höhle im Norden Iraks und datieren vermutlich 60 000 Jahre zurück (die Altersangabe ist nicht ganz sicher). Zur Ruhe gebettet fanden sich dort mehrere Individuen von Neandertalern verschiedenen Alters. In einer Grube entdeckten die Ausgräber gar Unmengen an Pollen, woraus sie eine mit Blüten und Blumen bunt geschmückte Begräbnisstätte folgerten. Spuren ausgeheilter Verletzungen bilden ein Indiz, dass die Gemeinschaft sich womöglich um geschwächte Mitglieder kümmerte, folglich sozialen Zusammenhalt kannte.

Für manche Wissenschaftler bildet Shanidar daher ein wichtiges Argument dafür, dass Neandertaler ein Bewusstsein ihrer selbst besaßen und sich darüber Gedanken machten, was mit ihnen nach dem Tode passieren würde. Aber wer weiß, vielleicht folgten diese kraftvollen und stämmigen Hominiden auch nur einer dumpfen Vorstellung von Hygiene oder bemerkten, dass verwesende Leiber unter der Erde sie durch ihren Geruch nicht mehr belästigten? Oft lässt sich nach derartigen Funden ein pragmatischer Zweck rekonstruieren, den die Hominiden verfolgt haben mögen. Dies würde bedeuten, dass die Urmenschen nicht etwa höhere geistige Fähigkeiten entwickelt, sondern schlichtweg den nächstliegenden Missstand abgestellt hätten. Wie zutreffend solche Einwände sind, kann und darf jeder selbst beurteilen.

Symbolisches Denken: wie das Ich in die Welt kam

Dass Urmenschen, die ausgefeilte Instrumente herstellten und bei der Jagd vermutlich in verschiedene Rollen schlüpften, keine differenzierende Sprache zur Kommunikation besaßen, erscheint fast unmöglich. Ein solcher Pirschtrupp sollte zumindest in der Lage sein, das Zielobjekt zu benennen, sich auf die anzuwendende Strategie zu einigen, einzelne Mitglieder anzusprechen und ihnen verschiedene Aufgaben zuzuweisen. Geht anschließend etwas schief, sollte auch diese Information für die Gruppe verfügbar gemacht werden. Weiter darf man annehmen, dass irgendeiner auf die Idee verfiel, auf sich selbst zu deuten, wenn es etwa um den Part ging, den er selbst einzunehmen gedachte. Dass das Konzept des Ich sich in den Köpfen Werkzeugherstellender, jagender, planender, streitender, lügender, sich versöhnender und ihr eigenes Ende fürchtender Urmenschen ausbreitete, davon ist auszugehen. Allein, wann das war, lässt sich genauso wenig festmachen, wie, ob es sich um einen Homo erectus, einen Neandertaler oder einen Homo sapiens gehandelt haben könnte, der erstmals »Ich«

meinte und schließlich so sprach. Selbst diese Reihenfolge ist unter den Forschern umstritten: ob die Menschen zunächst etwas dachten und anschließend einen Begriff dafür erfanden oder umgekehrt. Sprache versteinert ebenso wenig wie etwa die romantische Liebe. Und Relikte einer einfachen Piktogramm- und Keilschrift tauchen erst mit dem Erscheinen der frühen Hochkulturen in Mesopotamien, heute Irak, vor rund 6 000 Jahren auf.

Auf eine elegante Umgehung dieser Regel stießen Anthropologen allerdings, als sie die Innenseiten versteinerter Hominidenschädel untersuchten. Die verschiedenen Gebiete der Großhirnrinde sind dort als Abdrücke auf dem Schädelknochen zu sehen. Zu ihrer Überraschung entdeckten die Anthropologen den Hirnabdruck der hauptsächlich für Sprache zuständigen Regionen (sie heißen *Broca-* und *Wernicke*-Areal) nicht nur beim Homo sapiens, sondern auch beim Homo erectus. Philip Tobias von der Witwatersrand University in Johannesburg (Südafrika) hat daraus geschlossen, dass unsere Vorfahren schon vor zwei Millionen Jahren sprechen konnten. Analysen des komplett erhaltenen, genau 1,53 Millionen Jahre alten Skeletts eines jugendlichen Homo erectus widersprachen dieser Auslegung. Der Brustkorb des beim Dorf Nariokotome am Turkana-See (Kenia) in einen Sumpf gefallenen 11- bis 12-jährigen Jungen sei noch nicht gebaut gewesen, um Sprache zu produzieren. Die Muskeln und Knochen seien nicht so konstruiert, dass das Individuum feine, kurze und schnelle Töne zur Verständigung hätte hervorbringen können.

Angesichts der unklaren Beweislage bei der Fahndung nach dem Ursprung der Sprache gehen Wissenschaftler der Frage nach, wann wohl unsere Vorfahren erstmals Symbole verwendeten. Nur wenn der Mensch gedanklich so weit war, Gegenstände oder Laute mit einer Bedeutung zu belegen, welche diesen auf den ersten Blick nicht innewohnte, nur dann sind die Voraussetzungen für eine Sprache erfüllt – so die weithin anerkannte Argumentation. So könnten beispielsweise Gesten, einfachen Lauten oder auch Gegenständen per Konvention ein Sinn zugewiesen worden sein. Symbolisches Denken gilt demnach als eine Art des Bewusstseins, das über das unmittelbare Hier und Jetzt hinausreicht und auf ein Verständnis von Vergangenheit und Zukunft schließen lässt. Mit abstrakten Zeichen zu kommunizieren ist die Voraussetzung von Kreativität, Kunst, Musik, Sprache, Mathematik, Wissenschaft und Schrift.

Uneinigkeit herrscht allenthalben darüber, was als Symbol anzusehen ist: die Ritzungen im 400 000 Jahre alten Knochenstück von Bilzingsleben? Säuberlich gebohnerte, 70 000 Jahre alte Ahlen aus Südafrika? 90 000 Jahre alte kleine polierte Perlchen aus dem Kongo, für die sich kaum ein Zweck außer dem des persönlichen Schmucks denken lässt? Die Tierbilder eines steinzeitlichen Marc Chagall in der Chauvet-Höhe in Frankreich, etwa 35 000 Jahre alt? Oder die Figur eines Löwenmenschen aus Elfenbein sowie eine Flöte aus Knochen, 30 000 bis 40 000 Jahre alt, die in den Höhlen der Schwäbischen Alb gefunden wurden? Diese Beispiele zeigen das Spektrum der Werke auf, die der Homo sapiens und seine Ahnen produzierten und wie sie Urzeitforscher aus heutiger Sicht interpretieren. Der Knochen von Bilzingsleben hat es schwer, als Beleg für abstraktes Denken durchzugehen, während es im Angesicht der wunderbaren Höhlenmalereien von Chauvet kaum einer bezweifelt, dass es sich hier um den Beginn der Kunst handelt. Und wenn von persönlichem Schmuck die Rede ist, so darf man dies getrost als erstes Signal eines neuen Gedankens in der Menschheitsgeschichte werten: einem Ich, das sich vor dem anderen hervorheben will.

Die meisten Prähistoriker würden den Zeitraum vor 30 000 bis 50 000 Jahren wählen, in dem die Hominiden erstmals kognitive Fähigkeiten entwickelt hatten, wie sie die heutige Bevölkerung beherrscht – auch wenn es frühere Belege für Kunstfertigkeit gab. Manche sprechen gar von einer »kreativen Explosion«, die sich in dieser Zeit ereignete. Mit gutem Grund, denn während zuvor die Hominiden über die Äonen des Paläolithikums hinweg nichts als Steine klopften – zwar alle 100 000 Jahre ein Stück gewandter und dosierter, aber grundsätzlich doch stoisch gleich –, sieht es so aus, als erschiene um die genannte Zeit plötzlich und wie mit einem großen Knall das Feine, das Ziselierte, das Grazile und das Persönliche, also der Bezug auf das Selbst.

Noch weiß niemand, ob es tatsächlich so war oder ob die Fundlage den kreativen Big Bang nur vortäuscht. Doch US-Archäologe Richard Klein von der Stanford University führt bereits eine Ursache für die auflodernde Kreativität an: Seiner Meinung nach machte eine Mutation im Erbgut, welche die Verdrahtung der Nervenzellen im Gehirn veränderte, die damaligen Menschen klüger, wendiger, ideenreicher. Den entscheidenden Sprung siedelt Klein wohlgemerkt innerhalb der Art Homo sapiens an, und nicht etwa in zwei biologisch klar getrennten Menschengruppen. Waren Individuen dieser einen Spezies zuvor noch recht langweilig und kurzfristigen Bedürfnissen verpflichtet, herrschte nach der genetischen Renovierung ein moderner Geist, wie er auch bei der heutigen Weltbevölkerung anzutreffen ist – es wurden also Köpfe geboren, die grundsätzlich in der Lage waren, die Relativitätstheorie zu formulieren, wenn es denn Newton, Galilei oder Aristoteles schon gegeben hätte. Die Hypothese hat mehrere Haken, einer ist aber besonders gravierend: Klein weiß nicht, welche Gene sich in der vermuteten Weise verändert haben könnten und ob es die Mutation überhaupt je gab. In dem komplizierten Netzwerk des Gehirns kann sich eine einzelne Mutationen oder einige wenige kaum einmal so auswirken, dass aus einem Knaben, der nicht bis drei zählen kann, ein Einstein wird. Ein solcher Zufall grenzte schon fast an ein Wunder – was wiederum nichtbiologische Mächte ins Spiel brächte.

Einem Kandidaten, der vielleicht für den großen Denkschub in der Steinzeit verantwortlich war, gewiss aber das Kleinsche Prinzip illustriert, ging Svante Pääbo aus Leipzig nach. Es handelt sich dabei um das so genannte »Sprach-Gen« FOXP2. Die verkürzende Bezeichnung geht auf eine Londoner Familie mit dem Decknamen KE zurück, die massive Schwierigkeiten beim Sprechen hat – und zwar über drei Generationen hinweg. Betroffenen will die korrekte Grammatik nicht so recht gelingen, ständig rutschen ihnen die Zeiten durcheinander und auch die korrekte Aussprache geht ihnen nur mit Anstrengung über die Lippen. Mitunter verstehen sich Mitglieder der KE-Familie nicht einmal untereinander. Seitdem Genetiker aus Oxford entdeckten, dass allen Sprachbehinderten ein Defekt in jenem Gen gemeinsam ist, streiten sich die Gelehrten, ob FOXP2 mehr ein Intelligenz- oder ein Sprachgen ist. Klar scheint, dass das Stück DNA einen Kontrollposten im Erbgut besetzt, von dem aus es die Aktivität vieler anderer Gene reguliert. Dies würde immerhin erklären, warum ein Defekt dort Auswirkungen auf ganz unterschiedlichen Gebieten haben kann.

Der Evolutionsgenetiker Pääbo brachte den Disput mit seinen Recherchen um einiges voran, denn er untersuchte die Geschichte dieses rätselhaften Gens. Demnach hat der 715 Basenpaare kurze Abschnitt in den 70 Millionen Jahren seit der Trennung der Vorfahren von Maus und Mensch nur drei Änderungen erfahren. Zwei davon ereigneten sich in den letzten sechs bis acht Millionen Jahren, als sich Mensch und Schimpanse auseinander entwickelten. Dies legt nahe, dass FOXP2 eine wichtige Rolle bei der Evolution der Hominiden spielte.

Vergleiche verschiedener heute lebender Populationen ergaben zudem, dass die neueste Version des Gens sich sehr schnell ausgebreitet hat – womöglich weil sein Besitz einen enormen Vorteil mit sich brachte. Dieser bestand mutmaßlich darin, das Verständnis und die Produktion von Sprache massiv zu verbessern, wie dies aus dem Negativen heraus bei den Defekten der Londoner KE-Familie zu beobachten war.

Pääbos Daten zufolge ereignete sich die letzte Mutation in FOXP2 vor circa 100 000 Jahren und damit just zu dem Zeitpunkt, als der moderne Homo sapiens Afrika verließ und sukzessive den gesamten Globus besiedelte. Als Cromagnon-Mensch tauchte er vor rund 40 000 Jahren im Süden des heutigen Frankreichs auf. Die entscheidende Triebkraft dieser Expansion war vermutlich ein ausgefeiltes Kommunikationssystem, wie es auch heute existierende Sprachen darstellen, so Pääbo. Hat er Recht, bedeutet dies, dass nicht primär die technologischen Innovationen, sondern die besser vernetzte soziale Gemeinschaft den Homo sapiens in die Lage versetzte, die Herausforderungen im kühlen Klima Europas und Nordasiens zu meistern: das Wir. Auf die wichtige Rolle, welche die Kommunikation und das Miteinander für den Menschen spielen, werden wir noch öfter stoßen.

Die FOXP2-Forschungen stützen die Vorstellung, wonach uns das Talent zur Sprache biologisch in die Wiege gelegt ist und dass wir alle sozusagen mit einem fest verdrahteten Sinn für die Syntax zur Welt kommen – wenn es im Erbgut nicht zu Fehlern kommt. Womöglich umfasste die erste Population der begabten Sprecher nur wenige tausend Individuen. Wenn diese, was anzunehmen ist, ein gemeinsames Idiom besaßen, so hieße dies, dass sich alle heute existierenden rund 6 000 Sprachen aus dieser Ur- oder Protosprache entwickelt hätten. Ein reizvolle Vorstellung, deren Wahrheitsgehalt Linguisten schon lange nachgehen und für die sie immer wieder Belege ermitteln.

Das vertraute »Papa« könnte demnach eines der frühesten Wörter gewesen sein, das Menschen vor vielleicht 50 000 Jahren in die Welt krakeelten. Das jedenfalls glauben französische Wissenschaftler. Sie untersuchten 1 000 Idiome aller 14 großen Sprachfamilien und stellten fest, dass das simple Doppel-Pa in mehr als 700 davon bekannt war. Als erstaunlich erwies sich zudem, dass die Bedeutung von »Papa« weitgehend konsistent ist: In 71 Prozent der Sprachen bedeutet es Vater oder einen männlichen Verwandten der väterlichen Linie.

»Dafür«, erklärt Pierre Bancel von der Société d'Etudes Linguistiques et Anthropologiques in Paris, »gibt es nur eine Erklärung: Das Wort ›Papa‹ hat einen gemeinsamen Ursprung.« Die Bezeichnung für den männlichen Erzeuger wäre demnach eine der ältesten Vokabeln einer möglichen Proto- oder Ursprache.

Gut möglich also, dass die Cromagnon-Väter und -Mütter vor 50 000 Jahren ähnlich verzückt waren wie heutige Eltern, wenn ihre Kinder sie erstmals ansprachen – oder ein Gebrabbel von sich gaben, das dies zumindest erhoffen ließ.

Kapitel 3
Wissenschaftler in Windeln
Babys entdecken die Welt und sich selbst

Isabella hat ein kleines, hübsches Mondgesicht. Auf ihrem winzigen Körper sitzt ein etwas zu großes Köpfchen, in dessen Gesicht sich pralle runde Pausbäckchen wölben. Jeder Augenaufschlag scheint das sieben Monate alte Mädchen Mühen zu kosten, und so wackelt sie unkoordiniert, statt sich kontrolliert zu bewegen. Isabella erweckt so nicht den Eindruck, auch nur irgendetwas zu kapieren, was um sie herum passiert, wären da nicht ihre wachen Augen und die einem Fernsehstudio ähnelnde Umgebung Das Kind sitzt vor einem Videoschirm mit einem Eye-Tracker, wie er zum Beispiel Marktforschern dient, die Wirkung ihrer Werbefilme zu diagnostizieren. Das Gerät hält fest, wie sich die Augen des niedlichen Saugnapfs in jedem Moment bewegen. Mehrere Kameras in dem dezent mit taubenblauen Vorhängen ausgekleideten Raum übertragen außerdem das wirr wirkende Hampeln des Babys ins Nebenzimmer. Dort, abgetrennt durch einen halbdurchsichtigen Spiegel und schallisoliert, ist eine Art Regie aufgebaut: mehrere Bildschirme, ein Pult mit Reglern, Aufzeichnungsgeräte, ein helfender Techniker, der dafür sorgt, dass dies alles funktioniert.

»Schau mal!«, fordert die Stimme aus dem Lautsprecher die in Windeln verpackte Probandin auf. Doch das wäre gar nicht nötig gewesen. Ganz gespannt ist der kleine Körper im Kindersitz plötzlich, als Isabella den eingespielten Videofilm verfolgt; ihre Augen sind blau, klar, wach, lebendig und voller Neugier. Die Mutter hockt unterdessen auf einem Stuhl daneben und passt auf, dass es dem Kind gut geht. »Schau mal!«, ruft die Anweisung vom Band erneut und leitet so vor dem immer noch konzentriert blickenden Säugling den zweiten Durchlauf derselben Szene ein: Zwei erwachsene Frauen, die mit einem kleinen grünen Modellauto aus Plastik spielen, indem sie es einfach auf dem weißen Tisch entlangschieben. Am Steuer des Autos sitzt ein gelber Bär. Das geht ein paarmal so, bis sich Isabella langweilt. Das ist daran zu erkennen, dass sie der Vorführung nicht mehr folgt und sich Neuem zuwendet. Zwei andere kurze Versuche schließen sich an, und nach nicht einmal zwei Minuten ist der Einsatz als Versuchskind vorbei. Im Nebenraum ist das Video fertig. Sein Titel: Die sieben Monate alte Isabella und wie sie lernt, die Welt zu verstehen. Die Regie führte die Entwicklungspsychologin Gisa Aschersleben vom Max-Planck-Institut für Kognitions- und Neurowissenschaften im Münchener Stadtteil Schwabing. Der Zwei-Minuten-Streifen wird für das Kind und seine Eltern ein hübsches Andenken, zusammen mit einer »Ich-war-dabei!«-Urkunde fürs Spielzimmer sowie dem Dank, dass die Kleine »bei der Erforschung der kindlichen Entwicklung geholfen« hat. Wie das ging, das ist ihr jetzt nicht bewusst und das wird sie auch in einigen Jahren nicht mehr wissen – sie hat einfach verwendet, was die Biologie ihr an Werkzeugen mitgegeben hat.

Lernen, die Welt zu verstehen

Die Details der ungeheuerlichen kindlichen Lernfähigkeit entziehen sich auch den Psychologinnen der Max-Planck-Kinderstudie. Gemeinsam mit ihren Helfern sitzen sie oft stundenlang über der Auswertung von Videofilmen, die etwa die Interaktion von Mutter und Kind zeigen, damit ihnen auch Kleinigkeiten des komplexen Miteinanders nicht entgehen. Die Zeitlupen und Wiederholungen ermöglichen, das zu erfassen, wofür der naive Beobachter keinen Blick hat. Was wie eine heimelige Szene aussieht, die täglich und vielfach auf zahllosen Spieldecken stattfindet und die wir alle zu kennen glauben, ist für ein Baby ein Turbo-Lehrgang im Menschwerden. Es heißt, in den ersten Lebensjahren lerne ein Kind mehr als jemals später im Leben. Wenn das richtig ist, dann geht es unauffällig vor sich: Schnell sind die Blicke, mit denen der Säugling abschätzt, ob ihm seine Mutter etwas Interessantes anbietet, rasch ist ein Dino zur Seite geworfen, wenn aus einer Spieluhr eine Melodie erklingt. Kurz wird geguckt, wie Mama das daraus erklingende Lied auffasst und sich ein seliges Lachen über das Gesicht ausbreitet. Solche Interaktionen übersehen Erwachsene meist.

In zahlreichen Labors rund um den Globus wollen Psychologinnen (neben einigen Psychologen) wissen, wie Kinder in solchen unscheinbaren Interaktionen mit der Mutter lernen. Wie sie das Rätsel dessen knacken, was eine Sache ist, ein Tier, ein Mensch, die Mama oder der Papa. Oder wie sie den Unterschied zwischen Hund und Katze erkennen und das Wesensmerkmal einer Bewegung herausfiltern im Gegensatz zu einer Handlung, was nicht einfach ist, denn es setzt das Konzept einer darin liegenden Absicht voraus. Gisa Aschersleben und ihre Gruppe untersuchten wie sich bei Kindern das Verständnis ihrer eigenen Handlungen entfaltet und welche Rolle dabei die Beobachtung der Handlungen von Vorbildern einnimmt. Und schließlich: Woher und ab welchem Alter weiß das Kind, dass sein Gegenüber ein Wesen ist wie es selbst, ein Mensch, der fühlt und für sich Wünsche hegt? Wie lernt es, ein Ich zu sein, diese Vorstellung zu denken und endlich auch zu sagen? Und wie wird es selbst ein Mensch mit dem Bewusstsein seiner selbst, mit der Fähigkeit zu planen, in die Zukunft zu denken sowie eine eigene Lebensgeschichte aus dem eigenen Gedächtnis zu erzählen?

Kniffelige Fragen, die auch für Fachfrauen und Laien erst einmal gar nicht so einfach zu beantworten sind. Die Babys aber saugen die in unserem täglichen Tun versteckten Regeln heraus, memorieren sie und nehmen sie zur Grundlage ihres eigenen Handelns. Wie intensiv und früh Babys lernen, konnte Andrew Meltzoff von der University of Washington in Seattle Ende der achtziger Jahre belegen, indem er seine Videokamera einpackte, in die Neugeborenenabteilung eines großen Krankenhauses seiner Heimatstadt zog und die Fachwelt »schockierte« – so sagen das seine Kollegen – mit dem, was er einfing.

Der Entwicklungspsychologe machte sich zum Hanswurst. Der damals junge Mann streckte Neugeborenen, mit Erlaubnis der Eltern und Ärzte, die Zunge heraus, spitzte die Lippen oder öffnete vor ihnen den Mund zu einem O. Gleichzeitig filmte er, wie die im

Mittel sechs Wochen alten Babys auf die Kindereien dieses Großen mit dem Lockenkopf reagierten. An der Universität ließ Meltzoff das Material von einem Kollegen auswerten, um nicht etwa durch eigene vorgefasste Urteile die Resultate zu verfälschen. Heraus kam eine Sensation, die eine Wende in der Entwicklungspsychologie einleitete: Die Kinder konnten die Mienenspiele des kühnen Wissenschaftlers problemlos nachahmen – selbst der jüngste Teilnehmer der Studie, der gerade einmal 42 Minuten auf der Welt war, schürzte seine Lippen und streckte tapfer die Zunge heraus. Die winzigen Probanden konnten die Grimassen sogar bis zu 24 Stunden später wiederholen. Meltzoffs erste Studien wurden mehrfach und in verschiedenen Kulturkreisen bestätigt. Damit stand fest, dass bereits ein winziges Baby ein Gedächtnis besitzt und die Fähigkeit, auf seinem eigenen Gesichtchen das zu imitieren, was es in einem anderen sieht – obwohl es noch viel zu klein ist, um sich selbst im Spiegel zu erkennen oder eine tiefere Vorstellung seiner selbst zu haben.

Neugeborene galten bis dahin als »lebendiges Gemüse – Karotten, die nur schreien können« (Meltzoff) und die nach der Geburt mit nichts als Schlafen, Essen und dem Beschmutzen von Windeln beschäftigt sind. Selbst Jean Piaget (1896–1980), Gründervater der Entwicklungspsychologie, hatte geglaubt, dass Neugeborene nur einfache Reflexe besäßen. Nach Meltzoffs Arbeiten setzte ein Umdenken ein. In dem Buch *The Scientist in the Crib* (in zahmer Übersetzung *Forschergeist in Windeln*), das Meltzoff zusammen mit seiner Ehefrau Patricia Kuhl, selbst anerkannte Expertin für Sprachentwicklung in Seattle, und der Kollegin Alison Gopnik von der University of California in Berkeley verfasste, entwickelten die drei Wissenschaftler eine neue Theorie der intellektuellen Fähigkeiten von Kindern in den ersten Lebensjahren.

Bereits bei der Geburt, so das amerikanische Expertentrio, besitzt ein Kind eine Vermutung darüber, wie die Menschen und die Welt beschaffen sind. Diese eingebaute Starthilfe besteht nicht nur aus einfachen Reflexen oder Reaktionen auf Reizen, sondern beinhaltet komplexe Vorstellungen und Hypothesen. Auch wenn Neugeborene nahezu rund um die Uhr auf Betreuung angewiesen sind, so erfasst ihr sich entwickelndes Gehirn ihre Umgebung doch mit faszinierender

Präzision. »Wir können die Welt von Anfang an verstehen, das Wichtige auswählen und wissen, was wir zu erwarten haben«, erklärt das Trio. Daraus folgt auch, dass ein Mensch keineswegs wie ein unbeschriebenes Blatt zur Welt kommt, wie viele immer noch glauben. Wie kleine Wissenschaftler, so beschrieben es Meltzoff, Gopnik und Kuhl, erkunden Kinder ihre Umgebung und stellen dabei immer neue Theorien über deren Zusammenhänge auf – mit den Erwachsenen als Lehrmeister.

»Babys sammeln fortlaufend Daten und werfen überholte Annahmen über Bord, die nicht mehr den neuen Erkenntnissen entsprechen. Derart hypothetisieren sie sich in die Zukunft hinein und sind als Erwachsene schließlich ganz anders als zu Beginn«, führt Gopnik aus. »Das ist sehr aufregend und geht weit über die traditionellen Vorstellungen des Lernens hinaus. Wir beginnen gerade erst zu verstehen, welche Mechanismen in den klugen Köpfchen am Werk sind«, so die Psychologin über ihre Idee, die das Trio die »Theorie«-Theorie nannte.

Das Wortspiel ist treffend, denn die Forschergruppe um Meltzoff sieht sich mit den Kindern in einem Boot, da sie selbst nichts anderes macht, als Theorien darüber aufzustellen, wie die kindliche Wahrnehmung funktioniert. Und agieren wir nicht alle das Leben lang so wie Wissenschaftler? Stellen wir nicht Vermutungen darüber an, welcher nächste Schritt der richtige ist, und korrigieren unsere Haltung, wenn sie uns offensichtlich nicht weiterbringt, falls wir dazu angesichts unseres Alters noch in der Lage sind? Der Unterschied zu Kindern besteht nur darin, dass bei ihnen alles schneller geht und sie ergebnisoffen und unvoreingenommen durch den Tag stolpern und sich Beulen holen.

Mit dem ersten Atemzug zeigen die kleinen Schreihälse zum Beispiel eine Vorliebe für alles, was vom Menschen kommt – eine Eigenart, die uns ein ganzes Leben lang nicht mehr verlässt. Sie können einzelne menschliche Gesichter und Stimmen von anderen Klängen oder Objekten unterscheiden und favorisieren die Signale ihrer eigenen sozialen Gruppe. Innerhalb weniger Tage fokussieren sie sich dann auf einen inneren Kreis. Sie erkennen vertraute Gesichter, Stimmen oder Gerüche wieder und wenden sich diesen Reizen bevorzugt zu. Um den siebten Monat herum zeigen sie das typische »Fremdeln«, lassen sich von Unbekannten nicht mehr auf den Arm nehmen und bevorzugen den unmittelbaren Betreuerkreis. Mit neun Monaten identifizieren sie in Stimmen Freude, Traurigkeit oder Zorn und können zuordnen, welcher Gesichtsausdruck mit welchen Gefühlsäußerungen einhergeht.

Einjährige besitzen bereits eine von Grund auf überarbeitete Version der Beschreibung ihrer Situation. Sie beginnen zu verstehen, dass sich die Handlungen, Gefühle und Wahrnehmungen anderer Menschen auf eine äußere Welt richten können. Sie blicken dahin, wo andere mit dem Finger zeigen und betrachten nicht etwa die gereckten Gliedmaße – solche für jeden Erwachsenen einfach zu verstehenden Gesten erfordern ein gehöriges Maß an Abstraktionsvermögen. Es sei hier angemerkt, dass es sich bei den Altersangaben um durchschnittliche Werte handelt. Die individuellen Entwicklungsstufen können variieren, was natürlich ist und Eltern zunächst keinen Anlass zur Sorge bieten muss.

Mit 18 Monaten beginnen die Kinder schließlich einzusehen, dass ihre eigenen Gefühle und Wünsche von denen anderer abweichen können, wie eine Studentin Gopniks belegte. Die angehende Psychologin zeigte Babys je zwei Schalen mit Nahrung. Ein Gefäß enthielt Goldfisch-Kräcker, das die Kleinen liebten, das andere rohen Brokkoli, den sie verabscheuten. Vor den wachen Augen der Kinder verkostete die Versuchsleiterin beide Speisen und gab jeweils durch den Gesichtsausdruck zu erkennen, welche ihr schmeckte. Daraufhin hielt sie die Hand auf, um so anzuzeigen, dass sie gerne etwas abhätte.

Was würden die Kinder ihr nun reichen? Was ihnen selbst am besten schmeckte oder was der Erwachsenen sichtlich gemundet hatte? Die Entscheidung erwies sich als vom Alter der Babys abhängig: Mit 14 Monaten waren sie noch der einhelligen Überzeugung, dass alle Goldfisch-Kräcker lieben mussten, und boten der Studentin das Gebäck an, unabhängig von deren gezeigter Vorlieben. Durchschnittlich vier Monate später war es ihnen klar geworden, dass andere Menschen andere Wünsche haben können als sie selbst. Sie offerierten fortan auch Brokkoli, obwohl sie selbst das Gemüse hassten.

Die Fortschritte in der Entwicklungspsychologie sind vor allem Techniken zu verdanken, die das Arbeiten mit Kindern erlauben, ohne sie fragen zu müssen, was sie denken und fühlen. Für die Psychologen ist die beobachtbare Aufmerksamkeit der entscheidende Gradmesser dafür, ob Babys ein Konzept beherrschen oder nicht. Das Interesse eines Kleinkindes sinkt, wenn die Psychologen ihm einen Vorgang wiederholt zeigen, und es weniger lange hinschaut. Ändert sich der Ablauf, steigt die Aufmerksamkeit ebenso wie die Blickdauer.

Sind die Kleinen gelangweilt, wenn ein Ball hinter einer Wand verschwindet und als Ente auf der anderen Seite wieder hervorkommt, verstehen sie das Prinzip noch nicht, dass sich ein gleichförmig bewegtes Objekt nicht plötzlich verändern kann. Finden sie die Situation merkwürdig und beginnen zu suchen, wo der Ball geblieben sein mag, haben sie einen Begriff davon, dass hier etwas nicht mit rechten Dingen zugegangen ist. Ein anderes Beispiel ist ein Spielzeugauto, das sich auf ein anderes zu bewegt. In der ersten Szene stößt das erste Objekt das zweite an und dieses rollt los. Dies akzeptieren zehn Monate alte Babys. Kommt das zweite in Bewegung, ohne angestoßen worden zu sein, betrachten die Kleinen den Vorgang länger als üblich, weil für sie etwas daran nicht stimmig ist. Auch Babys glauben nicht an Zauberei.

Was sich bewegt, zieht die Blicke bereits von Neugeborenen unwiderstehlich an. Mit drei bis vier Monaten schauen die Kinder dahin, wo sie ein bewegtes Objekt als nächstes erwarten können, wenn es hinter einem Hindernis verschwunden war. Aber erkennen sie auch, wenn ein Objekt sich selbst bewegen kann und das andere nur bewegt wird, erfassen sie den Unterschied zwischen Aussehen und Verhalten? Die Entwicklungspsychologin Sabine Pauen von der Universität Heidelberg ging dieser Frage nach und erprobte an Kindern verschiedenen Alters das »Tier-Ball-Paradigma«. Dabei wird den Probanden ein Spiel zwischen einem Fantasietier und einem Ball vorgeführt, die umeinander rollen und häufig die Geschwindigkeit und die Richtung wechseln. Wer gilt nun in den Augen des Beobachters als Verursacher der Bewegung? Ab dem Kindergartenalter geben die Versuchsteilnehmer zu Protokoll, »das Tier spielt mit dem Ball«, »das Tier schiebt den Ball« oder »das Tier will den Ball fressen«. Als

Auslöser der Bewegung gilt also das Tier, das ein pelziges Fähnchen als Körper besitzt, mit einer Kugel am Vorderteil, auf die zwei Augen und ein Mund gemalt sind.

Das »Ein-Tier-bewegt-sich-von-selbst«-Konzept beherrschen auch schon sieben Monate alte Säuglinge. Bleiben nach dem gemeinsamen Tollen beide Objekte in einer anderen Ecke liegen, blicken die Kleinstkinder gespannt auf das vermeintliche Tier, »vermutlich, weil sie von seiner Reglosigkeit erstaunt sind und erwarten, dass es sich gleich wieder bewegen wird«, urteilt Pauen. Fehlt jedoch an dem »Tier« entweder das Fell oder das Gesicht, so bleibt die beobachtende Reaktion der Babys aus. Ergreift eine Hand sowohl Ball als auch »Tier« und bewegt sie wie im ersten Versuch, betrachten die Kleinen die Spielzeuge etwa gleich lang, wenn sie anschließend in der Ecke liegen – sie schreiben der Hand die verursachende Wirkung zu.

Max-Planck-Psychologin Gisa Aschersleben untersuchte in ihrem Münchener Baby-Lab, inwieweit die Forscher in Windeln verstehen, ob eine Aktion zufällig erfolgt ist oder ob der Handelnde damit ein Ziel verfolgte – eine auch für Erwachsene mitunter gewichtige wie schwer zu entscheidende Frage. Sie präsentierte Babys auf einer Bühne, wie ein menschlicher Handrücken wiederholt eines von zwei Spielzeugen berührte, einen Turm oder eine Ente, und sie um einige Zentimeter verschob. Als sich die klugen Probanden daran gewöhnt hatten, vertauschte Aschersleben die Position der Spielzeuge. Die Hand kam anschließend erneut hinter einem Behang hervor und verrückte den Turm oder die Ente. Es zeigte sich, dass die Kleinen im Alter von sechs Monaten interessierter wurden, wenn sich das Ziel der Aktion änderte, die Hand also ein neues Spielzeug verrückte. Blieb das Ziel identisch (das heißt: gleiches Objekt, nur die Bewegung änderte sich), interessierte das die Säuglinge nicht weiter. Die Babys erfassen in diesem Alter folglich bereits, ob eine Handlung beabsichtigt war. Blieb die Verrückung des Objektes jedoch aus, interpretierten die Kinder die Bewegung als zufällig und nicht zielgerichtet. Dies bedeutet, dass eine Handlung dann als absichtlich eingestuft wird, wenn sie einen Effekt hervorruft.

Die sieben Monate alte Isabella nahm an einer Studie teil, bei der es darum ging, ob Kinder die Handlungen anderer zur Grundlage für die Planung eigener Aktionen verwenden. Zeigte ihr die Versuchsleiterin, dass eine große gläserne Taste rot leuchtet und einen Ton von sich gibt, im Gegensatz zu einer stummen grünen, dann nutzte sie diese Information, um die Handlung nachzuahmen. Allerdings sind Kinder im Alter von 9 bis 11 Monaten darin schon um einiges zielstrebiger. Sie drücken zuerst und am schnellsten die Taste mit dem Effekt. Die Kinder vermögen demnach Regeln aus der scheinbar verwirrenden Vielfalt der Handlungen zu extrahieren, die sie tagtäglich beobachten. Zudem erwählen sie diese zum Vorbild ihres eigenen Tuns. »Eltern sollten im Hinterkopf behalten, dass ihre Kinder schon im ersten Lebensjahr sehr viel mehr von ihrem Handeln verstehen, als sie ihnen vielleicht zutrauen«, rät Aschersleben zum Umgang mit dem kompetenten Säugling.

Das erste Mal »ich« sagen

Das Alter von 18 bis 24 Monaten bringt gravierende Veränderungen im geistigen Erleben der Kinder. In ihrem Gehirn erwacht zusehends ein neues Prinzip, das ihr Erleben grundsätzlich verändert: das Ich.

Die Kinder neigen nun vermehrt dazu, ihre eigenen Handlungen und ihr eigenes Erscheinungsbild mit anderen zu vergleichen, sie entwickeln einen Bezug zu sich selbst und schließlich Selbstbewusstsein. Aber genauso entfaltet sich in ihnen ein Gefühl für die Haltungen anderer. Ihnen wird klar, dass auch die Mitmenschen Absichten, Motivationen und Gefühle besitzen, und sie nutzen dieses Bewusstsein mehr und mehr auch im sozialen Miteinander.

Äußerlich erkennbare Parallele dieser Entwicklungen ist, dass die Kinder sich nun im Spiegel wieder erkennen. Dies konnte der Psychologe Jens Asendorpf von der Humboldt-Universität in Berlin zusammen mit einem Kollegen belegen. Die Forscher luden 114 etwa 19 Monate alte Kinder zum paarweisen Spielen ein und baten die Eltern, ihnen beim ersten Naseputzen unauffällig einen blauen Fleck unter das rechte Auge zu malen. Als die Versuchsteilnehmer sich anschließend wie zufällig in einem Spiegel sehen konnten, versuchte rund die Hälfte, den Fleck im eigenen Gesicht wegzuwischen – nicht etwa im Spiegelbild. Auf die Frage, wer da zu sehen sei, antworteten sie entweder mit ihrem Namen oder mit dem entscheidenden Wörtchen, »ich«.

Präsentiert man den Kindern in diesem Alter Fotos, zeigen sie ebenfalls bereits die typische Reaktionen eines selbstbewussten Lebewesens: scheues Lächeln, Vermeiden des Blickkontaktes, Berührungen des eigenen Körpers. Mit 22 Monaten schließlich erkennen sie sich auf Bildern selbst und können sich darauf korrekt identifizieren.

Es ist kein Zufall, dass das Erwachen des Selbst mit einer emotionalen Reifung einhergeht. Wie Doris Bischof-Köhler aus München zeigte, entwickeln Kinder in dieser Lebensphase erstmals Mitgefühl. Die Entwicklungspsychologin analysierte, wie Kleine reagieren, wenn anderen Kindern das Spielzeug kaputtgeht. Ab 18 Monaten versuchten sie zu helfen, Jüngere waren dagegen verwirrt oder blieben ungerührt.

Für Eltern ist diese Zeit besonders anstrengend. Mit zwei Jahren probieren die Kinder mit unbändiger Zielstrebigkeit aus, wie die Erwachsenen reagieren. Sie ziehen nicht an der Tischdecke, weil sie nicht wissen, dass das Geschirr auf dem Boden zerdeppert, sondern weil sie als sture Experimentatoren in Windeln das Verhalten der Mama studieren wollen. Wer könnte den Mini-Professoren böse sein, wenn sie nach dem Nervenzusammenbruch unbeholfen streichelnd Trost spenden?

Bis heute haben die Wissenschaftler das konkrete Wie dieses Ich-und-die-Welt-Programms nicht durchschaut. Es beginnt am Ende in der vierten Woche, nachdem sich der männliche Samen und die weibliche Eizelle vereinigt haben, um in das Abenteuer einer neuen Biografie zu starten. Zu diesem frühen Zeitpunkt formt sich beim Embryo das *Neuralrohr*, eine schlauchartige Einfaltung, aus dem später das Nervensystem hervorgehen wird. Das Vorläufergewebe untergliedert sich rasch in verschiedene Abschnitte, am vorderen Ende bilden sich Bläschen, die das Gehirn entstehen lassen, aus dem schlauchartigen Hinterteil wird das Rückenmark. Atemberaubend ist die Geschwindigkeit, mit der neue Neuronen heranwachsen. Da das Gehirn bei der Geburt bereits die endgültige Zahl von hundert Milliarden Neuronen enthält, müssen in einer neunmonatigen

Schwangerschaft durchschnittlich pro Minute 250 000 Nervenzellen hervor sprießen. Tatsächlich liegen die Wachstumsraten bedeutend höher, denn der größte Teil der Nervenzellen ist nach der Hälfte der Schwangerschaft bereits produziert. Die Fabrikationsrate dürfte im Mittel also bei über einer halben Million Neuronen pro Minute liegen, das macht 8 300 jede Sekunde.

Grundlegend für die Funktion des Gehirns ist nicht nur die Herstellung der Nervenzellen, sondern ihre Verknüpfung untereinander. Die massenhafte Bildung der Kontaktstellen oder im Fachbegriff *Synapsen* startet zwar noch vor der Geburt, findet aber zu großen Teilen im ersten Lebensjahr statt und setzt sich in manchen Hirnbereichen bis ins zweite Lebensjahr fort. Auch bei diesem Prozess ist die Natur ein Geschwindigkeitsweltmeister: Bis zu 1,8 Millionen Synapsen formen sich pro Sekunde teils während der Schwangerschaft und teils nach der Geburt, um auf dem Höhepunkt gegen Ende des ersten Lebensjahres den Wert von einer Billiarde Kontakte zu erreichen, eine Zahl mit 15 Nullen. Der astronomische Vergleich: Die vermutete Zahl der Sterne im Universum hat 22 Nullen.

Kommt das Baby zur die Welt sind die Neuronen in kompletter Anzahl vorhanden und auch die Architektur ihrer Fernverbindungen ist angelegt. Der Augennerv projiziert in die visuellen Zentren des Gehirns, die sensorischen und motorischen Nerven transportieren die Signale von der Haut oder in die Muskeln. Das Baby kann folglich strampeln, nimmt die Wärme, den Geruch und die Stimme der Mutter wahr sowie ihr Lächeln und reagiert auch sonst sehr aktiv auf Geräusche. In den folgenden Monaten bilden die Nervenzellen weiter massiv lokale Fortsätze aus, an denen neue Kontaktstellen entstehen. Wie Schösslinge im Frühjahr im Garten, wächst im Gehirn eines Neugeborenen ein dichtes Netz an Nervenfortsätzen mit Verknüpfungen untereinander heran.

Jedoch ist das daraus entstehende Geflecht noch zu wahllos geknüpft, die Verbindungen zu wenig exakt, um Aufgaben reibungslos und effektiv zu lösen. Außerdem mangelt es dem Netzwerk an Schnelligkeit. Die Ursache dafür ist in der fehlenden Isolierung der Kabelverbindungen zu suchen. Im Stirnhirn, einer Regionen, die für das autobiografische Gedächtnis und manche Merkmale der Persönlichkeit verantwortlich ist, dauert die Ummantelung der Leiterbahnen bis zum 30. Lebensjahr. Diese Ausreifung steigert die Nervenleitungsgeschwindigkeit um mehr als das Zwanzigfache.

Mit der Geburt beginnt der Prozess der Feinabstimmung und setzt sich in den folgenden Jahren bis zur Pubertät fort. War die Reifung des Nervensystems bis dahin weitgehend genetisch festgelegt, spielen nun die Erfahrungen des Lebewesens zunehmend eine bestimmende Rolle. Die Sinne des Babys funktionieren, und alles, was es mit ihnen auffängt, nimmt ab sofort nachhaltigen Einfluss auf die weitere Gestaltung des Gehirns. Die Reize aus der Umwelt bilden die Grundlage für einen massiven Ausleseprozess, in dessen Verlauf zwei Drittel aller zuvor geknüpften Kontaktstellen wieder gekappt werden. Ein Ich zu werden, Lernen und Heranwachsen geht also mit einem großen Sterben der Synapsen bei Babys, Kindern und schließlich Jugendlichen einher.

Der Gewebstod im Kopf ist ein ganz und gar vorherbestimmter Vorgang. Welche Kontakte jedoch übrig bleiben, ist nicht festgelegt und hängt mit der Aktivität der Neuronen zusammen, die wiederum von außen beeinflussbar ist. Beschäftigung mit dem Baby, gegenseitiges Anlächeln, Hüpfen auf dem Sofa, Gespräche über seine Erlebnisse, das Erlernen eines Instruments, nur um einige Beispiele zu nennen, lassen die daran beteiligten Kontaktstellen überleben. Bestehen bleiben diejenigen Verbindungen, die benutzt werden. Im Englischen, der Sprache der Naturwissenschaftler, gibt es einen Reimsatz, der den Zusammenhang gut beschreibt:»Neurons wire together if they fire together«: Wenn Nervenzellen zusammen feuern, verdrahten sie sich miteinander. Die Neuronen verhalten sich kaum anders als Menschen: Sie müssen kommunizieren, andernfalls gehen sie zugrunde. In die Sprache der Pädagogik übersetzt, besagt dies: Wie intensiv ein Kind gefördert wird und in welchem Milieu es heranwächst, entscheidet mit darüber, wie und wie gut sein Gehirn funktioniert. Selbstverständlich wachsen im Gehirn auch nach der Pubertät neue Kontaktstellen heran, was den Menschen befähigt, ein Leben lang zu lernen. Doch bei einem Erwachsenen ist der Umbau nicht so grundlegend wie bei einem Heranwachsenden.

Die Schlagwörter vom »kompetenten Säugling« oder dem »Forschergeist in Windeln« mögen zum Glauben verführen, Eltern könnten Kinder in jüngsten Jahren das Lehrbuch der menschlichen Anatomie oder die Planeten des Sonnensystems pauken lassen und ihnen so einen Vorsprung verschaffen. Diesen sei gesagt, dass keine Belege dafür existieren, dass durch eine Förderung über das nötige Maß hinaus ein Mehr an (Lebens-)Erfolg erzielt wird. In den ersten Jahren benötigen Kinder vor allem eine stabile emotionale Bindung, und stabiler als stabil geht nicht. Normalerweise offerieren Babys ohnehin ständig Angebote zur Interaktion, flirten mit der Mutter oder imitieren ihre Handlungen. Sie werden ungehalten, wenn Reaktionen darauf unterbleiben.

Verschiedene Regionen des Gehirns reifen nacheinander aus, sodass in jedem Lebensalter die entwicklungsgerechten Inputs benötigt werden. Man spricht hier von sensiblen Fenstern, während derer bestimmte Signale aus der Umwelt das Gehirn erreichen müssen, andernfalls kann dieses Stadium der Entwicklung nicht korrekt abgeschlossen werden, die Feinverschaltung bleibt aus.

Die kritische Phase des Sehens zum Beispiel liegt zwischen dem vierten und achten Lebensmonat, wenn Babys ihre Umwelt immer deutlicher erkennen lernen. Säuglinge und Kleinkinder, die in der Vergangenheit wegen einer Linsentrübung erst nach dem zweiten Lebensjahr operiert wurden, blieben blind, auch wenn der optische Apparat des Auges nach dem Eingriff funktionierte – das Fenster für die Verkoppelung von Auge und Hirn war unwiderruflich verschlossen.

Die Schritte zum Selbst

Was den verbalen Bereich angeht, so haben Kinder mit zwölf Monaten die Fähigkeit verloren, Laute zu unterscheiden, die in ihrer Sprache keine Rolle spielen – das ist in etwa die Zeit, in der sie anfangen die ersten Worte zu babbeln. Japanische Kleinkinder können die Silben »ra« und »la« nicht mehr auseinander halten, da in ihrer Heimat niemand diesen Unterschied macht. Wird mit einem Kind nicht gesprochen – es gibt neben der Episode um Kaspar Hauser heute noch solche Fälle von Isolation und damit schwersten Kindesmissbrauchs –, muss es mit massiven sprachlichen und emotionalen Beeinträchtigungen leben. Man kann daraus folgern, dass der Spracherwerb wie die gesamte kindliche Entwicklung nur im sozialen Miteinander vorangeht.

Etwa mit dem 18. Lebensmonat umfasst der Wortschatz eines Kindes ungefähr 50 Vokabeln. Das ist zwar nicht viel, doch genug für die Kleinen, um erstmals eine Unterscheidung zu treffen zwischen möglichen und tatsächlichen Begebenheiten. Außerdem fangen sie an, sich in jemand anderen hineinzuversetzen, nehmen Rollen ein, zum Beispiel indem sie sich vorstellen, die Mutter zu sein. Mit 22 bis 24 Monaten, circa einen Monat, nachdem sich die Mehrheit der Kinder im Spiegel selbst erkennen kann, tauchen im aktiven Wortschatz auch die Vokabeln des Selbstbezugs auf: Ich, mir, mich, du oder der eigene Name. In diesem Lebensabschnitt trauen Eltern manchmal ihren Augen nicht, weil ihre Kinder anfangen, Handlungen zu unterlassen, weil sie negative Folgen befürchten. Das autobiografische Gedächtnis, das die Geschichte des eigenen Lebens erzählt, beginnt sich zu formieren und damit endet die Phase der kindlichen Amnesie. Damit sind die ersten Jahre des Lebens bezeichnet, an den wir selbst als Erwachsene keine Erinnerungen haben.

Es ist unter den Forschern umstritten, ob sich bei Kindern zuerst das Konzept vom Selbst bildet, das mit der Reifung des Gedächtnisses schließlich die eigenen Erfahrungen um das Ich herum gruppiert. Oder ob das Umgekehrte der Fall ist: Das autobiografische Gedächtnis lässt im Kreisen um das Ich das Selbst aus seiner Mitte hervorgehen, wie das Auge eines Hurrikans. Wichtiger als diese Unterscheidung ist hier, dass die Entwicklung des autobiografischen Gedächtnisses und die Entfaltung der sprachlichen Eltern-Kind-Kommunikation eng miteinander verwoben sind. Die Tragweite dieses *Memory Talk* haben die Arbeiten der Entwicklungspsychologin Katherine Nelson deutlich gemacht.

Im Alter von zwei Jahren treten die Eltern häufig in einen Erinnerungsdialog mit ihren Kindern ein. Sie reden über zurückliegende Ereignisse und ermuntern die Kleinen dazu, über deren Erlebnisse zu sprechen. Nelson, die bis zu ihrer Pensionierung an der City University of New York tätig war, konnte zahlreiche Belege dafür sammeln, wie die Art und die Intensität des Memory Talk Einfluss darauf haben, wie und was die Kinder später erinnern. Auffällig ist im folgenden kurzen Gespräch über einen gemeinsamen Urlaub am Meer zwischen einer Mutter (M) und ihrer kleinen Tochter (K), das Kollegen von Nelson aufzeichneten, wie Wertungen vorgenommen werden und auf Nachfragen immer neue Details zutage kommen:

M.: »Hat dir die Ferienwohnung am Strand gefallen?«
K.: »Ja. Und im, im, im Wasser hat es mir gefallen.«
M.: »Im Wasser hat es dir gefallen?«
K.: »Und ich bin zum Meer gekommen.«
M.: »Zum Meer bist du gegangen?«
K.: »Ja.«
M.: »Hast du im Wasser gespielt?«
K.: »Und meine Sandalen ausgezogen.«
M.: »Deine Sandalen hast du ausgezogen?«
K.: »Und meinen Schlafanzug ausgezogen.«
M.: »Und deinen Schlafanzug ausgezogen. Und was hast du am Strand angehabt?«
K.: »Mein Heißer-Kakao-T-Shirt.«
M.: »Ah, dein Kakao-T-Shirt, ah ja. Und deinen Badeanzug.«
K.: »Ja. Und mein Kakao-T-Shirt.«
M.: »Sind wir zu Fuß zum Strand gegangen?«
K.: »Ja.«

Die Mütter spielen in den Gesprächen eine wichtige Rolle, indem sie die Aufmerksamkeit des Kindes auf die emotional bedeutenden Ereignisse lenken. Entsprechend scheinen Eltern, die sich sprachlich besonders intensiv und versiert mit dem Nachwuchs beschäftigen, deren Erinnerungskompetenz zu fördern. Auf der anderen Seite verbessert sich mit dem Alter der Kinder die Art, wie sie in solchen Dialogen agieren. Sie erinnern sich an mehr Details und können auch genauer auf Nachfragen antworten. In einer Langzeitstudie mit dreieinhalbjährigen Kindern konnte Nelson nachweisen, dass der Memory Talk generell darüber entscheidet, woran sie sich mit fünf, sechs oder acht Jahren noch erinnern können. Ähnliche Ergebnisse erbrachten Versuche mit Ausstellungsbesuchen. Die Kinder entsannen sich nur der

Exponate und Episoden, über die sie danach mit anderen gesprochen hatten. Dies ist für die Kinder unerlässlich, schließlich strömt den ganzen Tag eine Unmenge an Informationen auf die Heranwachsenden ein. Doch die Gespräche erfüllen noch eine weitere Aufgabe.

Nelson ist der Meinung, dass erst die Erzählstruktur der Dialoge zwischen Eltern und Kind die Erinnerung an das Erlebte und somit das Gedächtnis organisiert. »Das Erzählen gibt einem beliebigen Ereignis zeitliche und räumliche Bestimmung, zentriert es um eine Handlung oder ein Ziel, sieht einen Höhepunkt vor – eine Überraschung, einen Erfolg, ein Versagen, ein Gefühl, eine Moral. Diese Struktur organisiert zugleich die Erfahrung und liefert das Motiv, diese als bedeutsam zu erinnern«, erläutert sie. Der wichtigste Aspekt bei der Etablierung anhaltender autobiografischer Erinnerungen ist in den Augen der Psychologin das Aufbewahren solcher persönlicher Erlebnisse, die für das Selbst eine Bedeutung haben. »Auch dieser Sinn wird gemeinsam konstruiert, weil die Eltern dem Kind eine Perspektive bereitstellen, die es als seine eigene zu übernehmen beginnt oder die, umgekehrt, radikal von der des Kindes abweicht und deshalb abgelehnt wird.«

Im Alter von vier bis viereinhalb Jahren entwickeln Kinder ein Verständnis davon, dass Mitmenschen andere Ideen und Vorstellungen haben als sie selbst. Mit Hilfe eines einfachen Tests lässt sich herausfinden, ob Kinder diese Fähigkeit besitzen: Psychologen zeigen ihnen dazu eine Bonbonschachtel. Die Kleinen öffnen sie mit der Erwartung auf Süßes, doch drinnen liegen zu ihrer Enttäuschung nur Malstifte. Entscheidend ist, welche Erwartungen sie anderen zuschreiben, wenn diese die Dose mit dem unpassenden Etikett erblicken. Werden die Probanden denken, dass andere denken, sie enthalte Süßigkeiten, können sie sich in andere hineinversetzen. Übertragen sie ihren Wissensstand auf andere (das heißt, sie glauben, dass andere glauben, die Dose enthalte Stifte), so sind die Kinder noch zu klein, um zu wissen, was andere wissen können. Die Grenze liegt zwischen vier und fünf Jahren.

Im Zuge des allmählichen sich erweiternden Wissens um das Wissen der Mitmenschen erkennt das Kind beispielsweise den Unterschied zwischen Realität und Traum. Ebenso kann es emotionale

Zustände wie Zorn, Liebe, Glück oder die Existenz von Wünschen anderen zuschreiben. Mit dem Alter von fünf Jahren beginnt langsam, was Katherine Nelson das »kulturelle Niveau des Selbstverständnisses« nennt. Die Kinder nehmen die Geschichten und Mythen ihrer Kultur auf und erlernen die Grundmerkmale des Erzählens: das Verankern in Raum und Zeit, eine Abfolge von Ereignissen, die teils kausal miteinander verbunden sind, ein Höhepunkt und eine Moral. Daraus lassen sich persönliche Ziele formulieren, Erwartungen, die ein Selbst an seine zukünftige Existenz stellt, sein Lebensmodell und seine Karriere. Das alles geht einher mit der fortschreitenden Reifung des Gehirns. Die Nervenfasern umgibt in den verantwortlichen Regionen zunehmend ein isolierender Mantel, wodurch sie Signale schneller verarbeiten.

Katherine Nelson verweist darauf, dass diese Form autobiografischen Erinnerns eine Praxis der europäischen Denktradition ist und die Kinder in die zu erfüllenden Aufgaben einweist: »In den westlichen Gesellschaften sind kulturelle Werte, wie das Verfügen über Macht, über Chancen zur Selbstverwirklichung und Individualität, sehr ausgeprägt, wahrscheinlich ausgeprägter als jemals zuvor. Im Rahmen dieser Vorgaben müssen Kinder ihr eigenes, von den Eltern wie von den Freunden unterscheidbares Selbst entwickeln. So betrachtet, verwundert es nicht, dass das Verfügen über eine spezifische Lebensgeschichte extrem hoch bewertet wird (und zwar von Kindern wie von Erwachsenen), wie auch die gegenwärtig außerordentlich ausgeprägte Konjunktur von Memoiren und Lebenszeugnissen aller Art zeigt.«

Wir werden in den folgenden Abschnitten sehen, ob real ist, was wir als Kind gelernt haben. Und ob die Geschichte wahr ist, die wir von unserem Leben entworfen haben. Sowie endlich, ob das, was wir uns selbst erzählen, tatsächlich um ein reales Ich kreist.

Kapitel 4

Baustelle Ich

Wie wir unsere Persönlichkeit zimmern

Wenn Fotografen den Auftrag bekommen, den Persönlichkeitspsychologen Jens Asendorpf von der Humboldt-Universität zu porträtieren, wissen sie schon, welches Bild sie in die Redaktion bringen sollten. Sie verabreden sich am Eingang des klassizistischen Hauptgebäudes der Berliner Traditionsuni und positionieren den Professor auf der großen Treppe zum ersten Stock, dort, wo in DDR-Zeiten ein unbekannter Handwerker die berühmte 11. Feuerbachthese von Karl Marx in schwarzen Marmor gemeißelt und golden ausgepinselt hat: »Die Philosophen haben die Welt nur verschieden interpretiert; es kommt aber darauf an, sie zu verändern.« Zeitschriftenredakteure finden so etwas witzig.

Sie haben aber auch einen guten Grund dafür. So wie Marx den Bestimmungsgründen gesellschaftlichen Wandels nachspürte, gilt Asendorpf als die deutsche Koryphäe, wenn es um die Entwicklung von Persönlichkeit geht. Und ein bisschen wie jener widerspricht er den alten Autoritäten, die da meinen, die Dinge müssten immer so bleiben wie sie sind: Jens Asendorpf glaubt an die Veränderbarkeit des Ichs bis ins hohe Erwachsenenalter hinein. »Erst in den letzten Jahren hat man erkannt, dass sich der Durchschnitt der Persönlichkeiten erst mit 50 Jahren stabilisiert«, erläutert der Wissenschaftler. Nicht zuletzt deshalb hat er das Kapitel zur Persönlichkeitsentwicklung für die neueste Ausgabe seines Lehrbuches komplett überarbeitet.

Noch vor kurzem waren die meisten Psychologen und Pädagogen überzeugt, dass der Charakter eines Menschen spätestens im dritten Lebensjahrzehnt endgültig festgelegt werde. Ja, eigentlich sei schon mit der Pubertät das Wesentliche gelaufen. Bis weit in die Alltagspsychologie ist die These Sigmund Freuds (1856–1939) und seiner Epigonen gesickert, wonach sich die Persönlichkeit gar in den ersten zwei, drei Lebensjahren herausbildet, dann nämlich, wenn angeblich die erwachende Sexualität der Knirpse in Konflikt gerät mit den eigentlich anders gedachten Beziehungen zu ihren Erziehungsberechtigten. Die Entdeckung, dass Gene Verhalten und Persönlichkeit mit beeinflussen, hat die These von der frühen Charakterbildung eher noch verschärft. Immer noch denken viele Menschen, dass Intelligenz und Fröhlichkeit, Gangstertum und Anfälligkeit für Drogen schlichtweg angeboren seien. Fast alle sind überzeugt, dass die Persönlichkeit zu den Konstanten einer Biografie gehört. Dabei könnte bereits ein Blick in *Tagesschau* und Tagespresse diesen Glauben erschüttern.

Die Frage ist: Wer könnte ich werden?

Die Resozialisierung des staatskritischen Spontis Joschka Fischer zum größten Außenminister aller Zeiten etwa lässt sich ohne Persönlichkeitsbrüche kaum vorstellen. Was ist mit dem einst schrillen Popstar Prince, der neuerdings an den Haustüren von Minneapolis für die Zeugen Jehovas wirbt, was mit Schockrocker Ozzy Osbourne, der seinerzeit auf der Bühne einer Fledermaus den Kopf abbiss und heute als Patriarch einer spießigen US-Familie auf Blümchensofas Hof hält? Soll der kalifornische Gouverneur Arnie Schwarzenegger der gleiche sein wie jenes Muskelmännchen, das einst in der Steiermark posierte? Und was ist mit all den Freunden und Bekannten, die nach Heirat, Scheidung, neuer Liebe, Umzug, Jobwechsel, Auslandsaufenthalt, Drogenentzug oder Psychotherapie erklären: »Ich bin ein ganz anderer Mensch geworden«?

Neue Langzeitstudien und Ergebnisse aus den Forschungslaboren der Neurowissenschaftler widersprechen der Vorstellung, dass der Kern der Persönlichkeit angeboren sei und dann stabil bleibe. Vielmehr zeigen die aktuellen Erkenntnisse über die Plastizität, also die Verformbarkeit des Hirns, dass sich die Nervenzellen des Hirns fast ein Leben lang neu organisieren können, mit Folgen auch für den Charakter. Das heißt umgekehrt, dass es relativ sinnlos ist, wenn Menschen ihr vermeintlich angelegtes Selbst finden oder verwirklichen wollen: Es geht nicht um eine Suche nach einer Bestimmung, vielmehr muss der Mensch in eigener Freiheit bestimmen, was aus ihm werden soll. Die Frage lautet nicht mehr: »Wer bin ich?«, sondern: »Wer könnte ich werden?«. Das Leben ist also eine Baustelle, und jeder kann selbst bestimmen, ob er an seinem Ich beständig weiterarbeitet, gar einen radikalen Umbau wagt oder es mit den Jahren ein bisschen verkommen lässt. Und wie beim Renovieren muss jeder überlegen, ob er anstehende Arbeiten selber bewältigt oder ob er professionelle Hilfe benötigt.

In der Wissenschaft schufen die so genannten »Big Five« die Voraussetzung für diesen Paradigmenwandel. Die »Großen Fünf« sind ein unter Psychologen zwar diskutiertes, aber dennoch weit verbreitetes Koordinatensystem, mit dem sich die Persönlichkeit eines Menschen auf fünf Skalen grob skizzieren lässt: Offenheit, Verträglichkeit, Gewissenhaftigkeit, Extraversion sowie Neurotizismus. Um die feineren Züge zu erfassen, wurden die fünf großen Dimensionen nochmals mittels je sechs Untereigenschaften differenziert. Extraversion setzt sich zum Beispiel zusammen aus: Herzlichkeit, Geselligkeit, Durchsetzungsfähigkeit, Aktivität, Erlebnishunger und Frohsinn. Neurotizismus besteht aus den Dimension Ängstlichkeit, Reizbarkeit, Depression, soziale Befangenheit, Impulsivität und Verletzlichkeit. Ermittelt werden die Ausprägungen der Eigenschaften meist durch Fragebögen, die beim Befragten allerdings eine gewisse Ehrlichkeit voraussetzen. Wohl jeder kann sich denken, wonach mit folgender Aussage gefragt wird: »Ich gehöre zu den Menschen, die auf andere zugehen und den Kontakt mit Menschen genießen.« Es gehört zur Kunst der Persönlichkeitsdiagnostik, zu erkennen, ob der Proband seine Kreuzchen nur so setzt, um sozial erwünschte Charaktermerkmale aufzuweisen. Mit immerhin 241 Fragen glauben Psychologen, in der Regel die zentralen Wesenszüge eines Menschen erfassen zu können.

Entrümpelte Charaktermythen

Die Big Five waren ein Durchbruch, weil sie überhaupt erst vergleichende Persönlichkeitsforschung in großem Maßstab möglich machten, während früher jeder Wissenschaftler mit seinen eigenen Begriffen hantierte. Mit ihrer Hilfe haben Psychologen Mitte der achtziger Jahre die ersten Mythen über die Genese des Charakters entrümpelt: Nur in extremen Fällen – bei geistiger Behinderung oder schwerem Missbrauch – kann der Charakter in den ersten Lebensjahren festgelegt werden. Umweltfaktoren wie der Erziehungsstil der Eltern, die Position in der Geschwisterreihe oder das Fehlen der Mutter in den ersten Jahren haben nur einen begrenzten Einfluss, vorausgesetzt das Kind ist anderweitig gut versorgt.

Das Problem bei den Big Five war lange Zeit, dass die Begründer des Konzepts ausdrücklich nach stabilen Merkmalen suchten und dazu neigten, abweichende Ergebnisse als Messfehler zu interpretieren. Neue große Studien überzeugten allerdings auch die meisten Skeptiker. Eine Metaanalyse der US-amerikanischen Psychologen Brent Roberts und Wendy DelVecchio zeigten der Persönlichkeit im Jahre 2000 erstmals neue Wege. Roberts und DelVecchio nahmen sich 152 Längsschnittstudien vor, an denen mehr als 35 000 Personen teilgenommen hatten, und analysierten die Daten noch einmal. Im Fachjournal *Psychological Bulletin* veröffentlichten sie ihre Ergebnisse: Nicht mit 30 stabilisiert sich die Persönlichkeit, sondern erst mit 50 verfestigen sich die Charakterzüge endgültig. Mit zunehmendem Alter werden Menschen emotional stabiler, zuverlässiger und umgänglicher, allerdings nimmt ihre Offenheit für neue Erfahrungen langsam ab. Nur bei der Extraversion tut sich – im Durchschnitt – wenig.

Aber auch das bedeutet nicht, dass ein Schüchterner immer schüchtern bleiben muss. Es ist ein verbreiteter Interpretationsfehler bei diesen Studien, aus den Durchschnittswerten für eine Altersgruppe auf den Einzelnen zu schließen. Die Daten verschleiern, dass die Hälfte der Menschen ihr Persönlichkeitsprofil im Laufe eines Lebens sehr wohl verändert. Dass die anderen 50 Prozent in sich verharren, liegt vor allem daran, dass sie mit sich zufrieden sind. Viele Menschen wollen sich gar nicht ändern, erklärt der pädagogische Psychologe Werner Greve von der Universität Hildesheim. »Das heißt nicht, dass sie es nicht können.«

Das neue Paradigma bedeutet allerdings nicht, dass das menschliche Hirn eine Computer-Festplatte wäre, die nach Bedarf gelöscht und neu beschrieben werden kann. Es spielt zum Beispiel eine gewisse Rolle, ob wir als Mädchen oder Jungen zur Welt kommen. Nach Jahrzehnten ideologischer Grabenkämpfe bezweifelt kein ernst zu nehmender Forscher mehr, dass sich die Geschlechter von Geburt an auch im Durchschnitt ihrer Persönlichkeitsprofile unterscheiden. Als einer der letzten Nachweise gilt eine gemeinsame Studie von Melissa Hines von City University London und Gerianne Alexander von der Texas A&M University. Die beiden Forscherinnen versorgten eine Gruppe von Jungtieren von grünen Meerkatzen mit Spielzeug: Puppen, Lastwagen und geschlechtsneutralem Dingen wie etwa Bilderbüchern. Tatsächlich bevorzugten die Affenjungs die Fahrzeuge, während die Affenmädchen längere Zeit mit den Puppen spielten. Unwahrscheinlich, dass ideologisch verblendete Affeneltern ihre Kleinen nach gesellschaftlichen Stereotypen erzogen haben. Plausibler ist, dass die Selektionsprozesse der Evolution dazu geführt haben, dass männliche Jungtiere bei menschlichen und nichtmenschlichen Primaten eher zu Spielzeugen greifen, die sich durch den Raum bewegen lassen und mit denen sich balgen lässt. So erlernen sie Fähigkeiten, die sie auch als künftige Jäger und Freier einer Gefährtin nutzen können. Junge Weibchen trainieren mit den Puppen ihre künftige Mutterrolle.

Natürlich sind die Forscher schon längst vom Affen auf den Menschen gekommen und konnten weitere geschlechtsbedingte Persönlichkeitsunterschiede ausmachen. So haben etwa Simon Baron-Cohen und seine Mitarbeiter von der University of Cambridge auf einer Säuglingsstation nachgewiesen, dass sich Mädchen bereits im Alter von einem Tag mehr für andere menschliche Gesichter interessieren als Jungen.

Männer, Frauen und die Mathematik

Mehr eine Frage der kognitiven Fähigkeiten als der Persönlichkeit sind die viel diskutierten, angeblich unterschiedlichen mathematischen Fähigkeiten der Geschlechter, welche manchmal als Grund für die extrem geringe Anzahl von Mathematikprofessorinnen genannt werden. Hier ist die Forschungslage außergewöhnlich gut. Eine Metaanalyse von 259 Studien an über drei Millionen Personen ergab nahezu identische Durchschnittswerte bei den mathematischen Fähigkeiten. Allerdings: Es gibt besonders viele männliche Versager und Hochbegabte! Außerdem gibt es starke Hinweise, dass Männer eine bessere räumliche Vorstellungskraft haben – Evolutionspsychologen würden sagen, weil im männlichen Genpool die räumliche Erfahrung von vielen Jahrtausenden Jagd gespeichert ist. Der akademische Erfolg erkläre sich dann zusätzlich – so der Stand der Forschung – durch das gesellschaftlich bedingte höhere mathematische Selbstvertrauen der Männer. Doch auch hier gilt immer zu bedenken, dass diese Durchschnittswerte nichts aussagen über individuelle Karrieren und Wege.

Dies gilt auch für alle anderen Persönlichkeitsunterschiede zwischen den Geschlechtern, auf die sich die Psychologen derzeit geeinigt haben: Als Lehrbuchwissen gilt demnach, dass Männer eher als Frauen zu offener physischer und verbaler Gewalt greifen, Mädchen neigen zu Beziehungsaggression: Sie arbeiten mit bösen Gerüchten. Männer akzeptieren eher Sex ohne Gefühle und legen bei der Partnerwahl mehr Wert auf Attraktivität, Frauen halten Ausschau nach dem sozialen Status und der Ambitioniertheit ihres künftigen Lebensgefährten. Psychologe Jens Asendorpf warnt jedoch vor Geschlechterstereotypen. Zwar unterscheiden sich bei den beschriebenen Persönlichkeitsmerkmalen die Mittelwerte der beiden Geschlechter, doch würden sich die Merkmalsbereiche weit überlappen. »Meist enthalten sie einen wahren Kern, werden aber unzulässig verallgemeinert oder übertrieben wahrgenommen«, weiß der Psychologe – und gibt ein schönes Beispiel: Wenn man Eltern am Tag nach der Geburt ihres Kindes befragt, schätzen sie es als wesentlich kleiner ein, wenn es ein Mädchen war – auch dann, wenn es sich von einem Jungen weder in Größe noch Gewicht unterscheidet.

Wenn denn Säuglinge die Möglichkeit hätten, sollten sie sich weniger damit beschäftigen, ob sie mit einem Penis oder einer Scheide ausgestattet sind. Wirklich etwas falsch machen können sie nur bei der Wahl ihrer Eltern. Auch wenn die Persönlichkeitspsychologen mittlerweile festgestellt haben, dass diese im Normalfall nur einen begrenzten Einfluss auf die Persönlichkeitsentwicklung ihrer Kinder nehmen, so können sie doch im Extremfall viel zerstören: Wer als Baby oder Kleinkind von seinen engsten Bezugspersonen misshandelt, missbraucht oder extrem vernachlässigt wurde, hat meist ein Leben lang mit den Folgen zu kämpfen.

Mittlerweile gilt als belegt, dass traumatische frühkindliche Erfahrungen die Anfälligkeit für viele psychische Störungen erhöhen.

Erste Hinweise gaben Tierversuche: Ein Team um Charles Nemeroff und Paul Plotsky von der Emory University in Atlanta trennte neugeborene Ratten in den ersten drei Lebenswochen an etwa zehn Tagen jeweils kurz von der Mutter. Die Tiere waren auch als Erwachsene stressanfälliger. Am Beispiel von Hühnerküken und vor allem an Strauchratten erforscht die Neurobiologin Anna Katharina Braun von der Universität Magdeburg seit Jahren, was sich dabei im hirnphysiologischen Detail abspielt.

Die Narben der Kindheit

Die putzigen Pelztiere – optisch eine Art Mischung aus Maus und Zwerghase mit Kulleraugen und großen Ohren – macht ihre Ähnlichkeit zum Menschen zum Objekt der wissenschaftlichen Begierde. Anders als bei den sonst üblichen Laborratten und -mäusen können Strauchratten von Geburt an hören und sehen. Ähnlich wie Menschen verfügen die Tiere über ein komplexes Familien- und Sozialverhalten, selbst die Väter beteiligen sich an der Aufzucht der Jungen. »Aufgrund dieser Eigenschaften lässt sich an Strauchrattenfamilien in idealer Weise der Einfluss der Kind-Eltern-Interaktion auf die Hirnentwicklung beim Säuger studieren«, erläutert Braun. Für die regelmäßig vorbeischauenden Fotografen und Fernsehteams hat die Wissenschaftlerin im Sekretariat des Institutes einen Käfig mit mehreren Strauchratten aufgestellt: ein Fellberg aneinander gekuschelter Tiere, aus denen ein paar freundliche Augenpaare schauen. Es fällt nicht schwer, sich vorzustellen, dass für ein Jungtier die Trennung von der Familie ein Trauma sein muss.

Um die Ergebnisse nicht zu beeinträchtigen, darf der Versuch nur auf Video beobachtet werden: Eine Jungratte sitzt auf ihrem Holzbalken im Käfig, herzzerreißend pfeift sie nach ihrer Mutter, Ohren und Schnurrbarthaare zittern. Das ist der entscheidende Moment: Was passiert jetzt im Gehirn?

»Schauen Sie!« Im abgedunkelten Raum legt Anna Katharina Braun ein Präparat unters Lasermikroskop. Am Bildschirm zeigt sie die Hirnschnitte von Jungtieren, die in ungestörtem Fellkontakt zu ihren Familien aufwachsen durften, und von solchen, die täglich von den Eltern getrennt wurden. Bei letzteren gerät das ganze Gehirn aus den Fugen: Wuchernde Synapsen in bestimmten Hirnregionen zeugen von einer verzögerten Reifung, im limbischen System verändern sich Regionen, die Suchtverhalten, Angst und Aggression beeinflussen. Die Neurotransmitter Serotonin und Dopamin sind aus dem Lot. Das sind Stoffe, die auch bei vielen psychischen Störungen des Menschen aus dem Gleichgewicht geraten.

Nemeroffs Mitarbeiterin Christine Heim, damals am Forschungszentrum für Psychobiologie und Psychosomatik der Universität Trier, konnte bereits 2001 ähnliche Ergebnisse bei Menschen belegen: Sie setzte Frauen, die als Kinder schwer sexuell missbraucht worden waren, einem psychosozialen Stresstest aus: Sie mussten eine freie Rede vor Publikum halten. Schon diese relativ milde Belastung ließ die Stresshormonwerte bei diesen Frauen sechsmal höher steigen als bei einer Kontrollgruppe. »Alle frühen Stressfaktoren sind Risikofaktoren für die Depression«, resümiert Christine Heim. Wenn dann später das Schicksal zuschlägt, die Ehe zerbricht oder der Job verloren geht, setzt sich die Depressionsspirale leichter in Gang als bei anderen Menschen.

Ein Experiment des Lebens ist das Schicksal der verwahrlosten Kinder, die nach dem Sturz des Ceaucescu-Regimes Ende 1989 in rumänischen Waisenhäusern entdeckt wurden – ausgehungert, verdreckt, verstört. Der Londoner Entwicklungspsychologe Michael Rutter verfolgte die Lebensläufe von 111 rumänischen Kindern, die damals nach Großbritannien adoptiert wurden. Die Ergebnisse, die Rutter im Sommer 2004 auf einem Kongress in Berlin vorstellte, sind zwiespältig: Die Kinder erholten sich körperlich schnell, der durchschnittliche IQ stieg dramatisch von 63 auf 107 Punkte – 100 Punkte gelten als normal. »Doch nicht alles war positiv«, gesteht Rutter. »Viele Kinder hatten weiterhin ernsthafte Verhaltensprobleme und taten sich schwer damit, Zuneigung zu ihren Adoptiveltern zu entwickeln.« Solche Studien bestätigen, dass frühe Verwahrlosung oder Missbrauch auch bei menschlichen Kindern zu einem gestörten Sozialverhalten und einer größeren Anfälligkeit für psychische Störungen führt.

Das Genom ist kein Drehbuch

Solche Studien zeigen zugleich, dass die alte Streitfrage nach »nature« (angeborene Eigenschaften) oder »nurture« (durch Umwelteinflüsse wie Erziehung erworbene Eigenschaften) falsch gestellt ist. Ob die Persönlichkeit angeboren oder Produkt der Umwelt ist, lässt sich nicht ausschließend beantworten. Es bringt auch nur einen begrenzten Nutzen, wenn man die Forschungsliteratur durchgeht und feststellt, dass je nach Studie und untersuchtem Persönlichkeitsmerkmal der Einfluss der Gene zwischen 30 und 60 Prozent betragen soll. Bildet man die Mittelwerte der bekannten Studien, so könnten insbesondere schüchterne und neurotische Menschen sich eher mit ihren Genen entschuldigen, während unverträgliche Zeitgenossen ihr soziales Umfeld verantwortlich machen könnten.

Nicht die Gene allein schreiben das Drehbuch fürs Leben. Selbst eineiige Zwillinge, die zusammen aufgewachsen sind und demnach sowohl die genetische Ausstattung als auch viele Erfahrungen teilen, können noch im späten Alter zu unterschiedlichen Charakteren heranwachsen.

»Ich bin eindeutig der offenere von uns beiden«, berichtet etwa der 43-jährige eineiige Zwilling Michael Pajunk. Vor zehn Jahren hat er sein Umfeld radikal gewechselt und ist nach Hamburg gezogen, sein Bruder lebte weiterhin in der Beschaulichkeit von Rotenburg an der Wümme. »Über Jahre haben wir uns kaum gesprochen. In dieser Zeit hat mich die Stadt geöffnet«, glaubt Michael, »ich bin heute oftmals entspannter. Mein Bruder ist noch heute sehr viel zurückhaltender und um Etikette bemüht, obwohl er seit einem Jahr ebenfalls in Hamburg wohnt.« Die Unterschiede aber seien bis heute geblieben, meint Michael. »Das zeigt sich auch bei Kleinigkeiten – mein Bruder hat im Gegensatz zu mir das Rauchen noch nicht aufgegeben, ist deswegen zwei Kilo leichter und sieht etwas markiger aus.«

Völlig irrig sei die Vorstellung, dass ein Gen direkt zu einem bestimmten Verhalten führe, warnt Psychologe Asendorpf von der Humboldt-Universität. Manche Beobachter würden da vorschnell kausale Zusammenhänge stiften, wo doch nur Koinzidenzen herrschen. Er gibt ein Beispiel: »Ob jemand ein Mann oder eine Frau ist, ist abgesehen von extrem seltenen Ausnahmen rein genetisch bedingt. Stricken ist eine Tätigkeit, die in unserer Kultur fast nur von Frauen ausgeübt wird. Also ist Stricken stark genetisch beeinflusst. Das heißt aber nicht, dass Frauen ein ›Strickgen‹ besitzen, das sie zum Stricken befähigt oder motiviert.«

Tatsächlich entsteht Persönlichkeit in einem komplexen Zusammenwirken von Erbgut und Umwelt, wobei sich beide Faktoren gegenseitig beeinflussen. Es sind also nicht einfach zwei Zutaten, die zusammengeschüttet werden. Vielmehr kann eine Umweltveränderung direkt beeinflussen, wie stark das Gen wirkt! Als klassisches Beispiel gilt die Stoffwechselstörung Phenylketonurie: Bei dieser Erbkrankheit verursacht ein Überschuss der Aminosäure Phenylalanin eine massive Intelligenzminderung im sich entwickelnden Gehirn. Hält das Kind jedoch eine Phenylalanin-arme Diät ein und nimmt Medikamente, wird dieser intelligenzmindernde Effekt fast vollständig unterdrückt. Umweltmaßnahmen haben also das Gen ausgeschaltet.

Einem Forscherteam um Avshalom Caspi vom King's College in London gelang es 2002 erstmals, eine derartige Gen-Umwelt-Interaktion auch in der Persönlichkeitsentwicklung bis ins Detail aufzuklären. Die Daten lieferte ein Großexperiment, das seit 1972 im neuseeländischen Dunedin läuft: Dort wurden fast alle Kinder erfasst, die binnen eines Jahres geboren wurden. Gut 1000 Biografien stehen dort seitdem unter wissenschaftlicher Dauerbeobachtung.

Die Studie ergab, dass Männer, die im Alter zwischen drei und elf Jahren misshandelt wurden, nur bei einer bestimmten genetischen

Ausstattung eine deutlich erhöhte Neigung zu antisozialem Verhalten entwickeln: Die 55 Männer, bei denen das so genannte MAOA-Gen eine ungewöhnliche Bauweise aufwies, wurden als Erwachsene dreimal so häufig verurteilt wie die 99 Männer, deren MAOA-Gen normal gebaut war. Auch Hirnphysiologen konnten dieses Ergebnis nachvollziehen. Denn das MAOA-Gen reguliert über Umwege die Ausschüttung von Botenstoffen, so genannten Neurotransmittern, die aggressives Verhalten beeinflussen. Erst das Zusammenwirken von Erbgut und Umwelt führte zum beobachteten Verhalten.

Wir suchen uns unsere Welt

Entsprechend wirken auch bei der nicht pathologischen Persönlichkeitsentwicklung Gen-Umwelt-Interaktionen, die sich manchmal ganz von alleine ergeben. So wird sich ein intelligentes Kind eher in die Bücherei begeben und Bücher lesen, die wiederum seine Intelligenz anregen. Extrovertierte Menschen gehen lieber auf Partys, wo sie sich weiter sozialisieren, Introvertierte bleiben zu Hause und verstärken noch ihre Zurückgezogenheit. »Wir bringen unsere Welt in Harmonie mit unserer Persönlichkeit, indem wir ein Umfeld schaffen, das persönlichkeitsverstärkend ist«, kommentiert Caspi. »Um dich zu ändern, musst du die Welt ändern, die du geschaffen hast.«

Vor allem die Psychotherapieforschung liefert dank der beginnenden Zusammenarbeit mit den Neurowissenschaften seit einigen Jahren die besten Beweise, dass auch Erwachsene sich tatsächlich noch ändern können. Denn letztendlich ist Psychotherapie nichts anderes als Persönlichkeitsveränderung: Wer seine Schüchternheit überwinden will, muss im Prinzip ähnlich vorgehen wie jemand, der gegen seine Depression oder Angststörung ankämpft.

Das Leben ist wie eine Pille

Eigentlich sollte dem Patienten das Blut zwischen den Ohren brausen. Schließlich wurde bei ihm zu Beginn seiner Therapie eine soziale Phobie diagnostiziert – eine psychische Störung, die sich unter anderem in panischer Angst vor öffentlichem Sprechen äußert. Ausgerechnet er soll einen spontanen Vortrag über seine letzte Urlaubsreise halten, während er auf der Bahre eines Computertomographen in der Universitätsklinik von Uppsala in Schweden liegt und ihn acht Unbekannte schweigend fixieren, assistiert von einer aufdringlichen Videokamera. Schon für einen normal ängstlichen Menschen wäre das eine bizarre Situation. Für einen Sozialphobiker sollte es die Hölle sein. Doch im Hirnbild auf dem angeschlossenen Computermonitor leuchtet nur ein schwacher gelber Fleck. Dieser besagt, dass nur wenig passiert, dort, wo sonst die Angst wütet. Weg ist sie, einfach weg.

Das Team um den schwedischen Psychologen Tomas Furmark hatte mit Hilfe der so genannten Positronen-Emissions-Tomographie (PET) bei 18 Angstpatienten die Wirkung eines Medikaments mit der von Verhaltenstherapie verglichen. Dabei war gar nicht so wichtig, dass beide Ansätze gute Erfolge erzielten. Das Besondere dieser im Mai 2002 publizierten Studie besteht darin, dass sie endgültig bestätigt, dass Psychotherapie dauerhaft die biologische Struktur des Gehirns verändern kann. »Furmark zeigt uns die Zukunft der Psychotherapieforschung«, kommentiert Klaus Grawe von der Universität Bern, der die vergangenen Jahre damit verbracht hat, die Neurowissenschaften nach ihrem Nutzen für die Psychotherapie abzuklopfen.

Seiner Ansicht nach belegt die moderne Hirnwissenschaft, dass Lebenserfahrung das Gehirn mindestens genauso stark verändern kann wie eine Pille. Jede psychische Krankheit spiegelt sich demnach in den Neuronen und Synapsen des menschlichen Denk- und Fühlapparats, hervorgerufen durch schlechte Erfahrungen. Umgekehrt folgt aus dem neuen Wissen über die fortdauernde Veränderbarkeit – Plastizität – des erwachsenen Hirns, dass gute Erfahrungen auch heilen können. Grawe stellt den Seelenärzten eine neue Aufgabe. »Sie müssen Spezialisten werden für die gezielte Herbeiführung von Lebenserfahrungen zu therapeutischen Zwecken.«

Er vermutet, dass Erfahrungen in einer optimalen Umwelt sogar eine schlechte genetische Ausstattung manchmal mehr als kompensieren können. Daraufhin deuten zumindest Tierversuche. Stephen

Suomi vom National Institute of Child Health in den USA züchtete Rhesusaffen, die besonders leicht erregbar und störanfällig waren. Die Jungen solcher Risikoaffen ließ er getrennt von ihrer Familie zum Teil von ganz normalen Affenmüttern aufziehen, zum Teil von besonders fürsorglichen Supermüttern.

Das Ergebnis war dramatisch: Die Supermütter machten aus ihren adoptierten Problemkindern die erfolgreichsten Affen überhaupt. »Sie erreichten die höchsten Plätze in der Dominanzhierarchie, waren mutiger, haben mehr erkundet als normale Affen«, berichtet Grawe. »Das genetische Risiko hat sich nicht umgesetzt.«

Solche Ergebnisse stimmen ihn optimistisch. »Etwa die Hälfte unseres Schicksals ist genetisch bestimmt. Das lässt Spielräume.« Selbst schlechte Erfahrungen ließen sich wieder verlernen. »Natürlich gibt es keinen psychischen Radiergummi, man kann nicht einfach löschen«, sagt Grawe. »So, wie man einen Muskel erst wieder aufbauen muss, wenn man wochenlang im Krankenbett gelegen hat, muss man auch für neue synaptische Bahnen üben.«

Einem Sportler hilft es nur begrenzt, wenn er mit seinem Trainer immer nur über die richtige Strategie redet. Ebenso sollte auch ein psychisch Kranker in der Realität trainieren und nach neuen sinnlichen Erfahrungen suchen, die neue Synapsen bahnen. Ein Klaustrophobiker sollte mit Unterstützung seines Therapeuten stundenlang Fahrstuhl fahren, ein Depressiver aktiv nach Resten von Lebensfreude fahnden. So lässt sich auch erklären, wieso etwa so genannte Konfrontationstherapien bei Angststörungen in allen Studien mit die besten Erfolgsraten zeigen. »Nur durch Erfahrung verändert sich das Hirn«, resümiert Grawe trocken.

Es ist eine einfache und plausible Einsicht, die aber ungemein hilfreich ist, wenn man sich verändern will, sei es, um eine psychische Krankheit zu bekämpfen, oder auch nur, um an seiner Persönlichkeit zu feilen. Die Neurowissenschaften geben Hinweise darauf, welchen Therapien oder Veränderungstechniken am ehesten zu trauen ist.

- Psychopharmaka haben nur eine begrenzte Wirksamkeit. Insbesondere Antidepressiva sind zwar unersetzlich etwa bei akuter Suizidgefahr, aber sie verändern nicht dauerhaft das Gehirn. Geschönte Studien der Pharmaindustrie verschleiern mitunter, dass die Rückfallraten hoch sind: Studienabbrecher werden ignoriert, schlechte Daten nicht publiziert, vor allem aber fehlt die Untersuchung der langfristigen Wirksamkeit. Fast alle Experten sind sich einig, dass eine rein medikamentöse Therapie etwa der Depression ein Kunstfehler ist.

- Extreme Kurzzeittherapien wie etwa NLP (Neurolinguistisches Programmieren) insbesondere bei Persönlichkeitsstörungen oder Depressionen hält Grawe für »neurowissenschaftlichen Unsinn«. Er warnt Patienten vor allem davor, in der Euphorie der ersten Behandlungserfolge eine Therapie abzubrechen. »Die Erfolge müssen gefestigt werden.«
- Ebenso seien zentrale Konzepte der Psychoanalyse dubios. Demnach fände die entscheidende Prägung eines Menschen in jener Zeit statt, an die er sich aus biologischen Gründen gar nicht erinnern kann. Es ist unwahrscheinlich, dass ein Klient auf der Couch des klassischen Psychoanalytikers näher zu den Geheimnissen der allerersten Lebensjahre vorstößt, wenig begründet scheint die Annahme, dass Selbsterkenntnis allein einen nachhaltigen Heileffekt habe.
- Prinzipiell versprechen Verhaltenstherapien mehr Heilerfolg als Therapien, in denen nur geredet wird, wie etwa in den Gesprächstherapien und den psychodynamischen Verfahren.

Bedingungen des Wandels

Die grundlegende Einsicht der Therapieforschung lässt sich auf alle Veränderungsprozesse beim Menschen übertragen. Ein anderer Mensch wird man in der Regel nicht durch einen vernünftigen Entschluss und heftiges Wollen, während man zu Hause auf dem Sofa sitzt. In irgendeiner Weise muss man zu neuen Erfahrungen gelangen, die auf einen einwirken können. »In der Regel gibt ein konkreter Anlass den Anstoß, sich zu verändern«, weiß Psychologe Greve von der Universität Hildesheim. Der Herzinfarkt bewegt den Workaholic zu einem kontemplativeren Leben, nach Einlieferung in die Notaufnahme probiert der Alkoholiker es mit Abstinenz, nach einem mystischen Erlebnis macht sich der Agnostiker auf die Suche nach Gott.

Allerdings gibt es kaum mehr als anekdotische Belege, dass ein bestimmtes Ereignis als eine Art Damaskus-Erlebnis auf einen Schlag eine Persönlichkeit verändert. Immerhin: Die US-amerikanischen Psychologen William R. Miller und Janet C'deBaca von der University of New Mexico suchten mit viel Mühe gut 55 Fälle von so genanntem »quantum change«, also einem sprungartigen Wandel. 67 Prozent der Interviewten erklärten, bei ihnen habe sich tatsächlich in kürzester Zeit nach einem einschneidenden Erlebnis die Persönlichkeit geändert. Es waren allerdings häufig Extremereignisse: der Unfall, der einen ambitionierten Athleten bis zum Hals gelähmt hatte; alle Arten von religiöser Umkehr; eine Jugendliche hatte ihre Eltern ermordet in der Wohnung vorgefunden. Es bleibt fraglich, ob diese Erhebung wissenschaftlichen Kriterien genügt, also in diesen Fällen wirklich ein Persönlichkeitswandel oder nur eine Verhaltensänderung stattgefunden hatte, die dann mit der Zeit erst wirkte. Bezeichnend ist, dass die Autoren auch die Abkehr Buddhas vom weltlichen Leben als »quantum change« interpretieren. Dabei brauchte der 29-jährige Prinz doch sieben Jahre harte Erfahrungen, bevor er seinen Wandlungsprozess abgeschlossen hatte und unter dem Feigenbaum in Bodh Gaya die Erleuchtung fand.

Auch gesellschaftliche Krisen können als produktive biografische Störerfahrungen wirken. Kleines Gedankenexperiment: Wie hätte man sich die Persönlichkeit Angela Merkels heute vorzustellen, gesetzt, die Mauer wäre nicht gefallen? Dabei sind sich die Psychologen einig, dass die üblichen kritischen Lebensereignisse nicht überschätzt werden sollten: Die meisten Menschen bewältigen Trennungen und Trauerfälle psychisch besser, als sie selbst es erwartet hatten.

Die Macht der Motivation

Bei Hubert Schwarz, Extremsportler aus Rednitz-Hembach bei Nürnberg, war es dennoch der Klassiker: Elf Jahre hatte er als Jugendpfleger in Latzhosen gearbeitet und Spielaktionen organisiert oder Skifreizeiten, danach in einem Internat gearbeitet. »Ich habe lange in den sicheren Bahnen einer Karriere beim öffentlichen Dienst gedacht«, erinnert er sich. »Und ich war manchmal ein regelrecht schüchterner Mensch, wie so a Fahnderl im Wind.« Da stürzte ihn die Trennung von seiner ersten Frau in eine tiefe Krise, aus der er sich laufend und radelnd befreite. Mit 36 Jahren wurde er Profi, in einem Alter, in dem andere Leistungssportler aufs Altenteil wechseln.

Mittlerweile hat Schwarz mit dem Fahrrad in 80 Tagen die Welt umrundet und in 42 Tagen Australien sowie dreimal radelnd die USA durchquert. Locker sitzt er neben Gerhard Schröder oder Berti Vogts in der Talk-Show und plaudert über Erfolgsstrategien. »Ein wahnsinnig hohes Selbstvertrauen« besitze er heute, versichert Schwarz. »Das hatte ich früher nicht.« Der Mann, der Vorträge vor ein paar Tausend Leuten gehalten hat, traute sich früher kaum, einen Elternabend zu eröffnen: »Da machte ich mir vorher in die Hose.«

Eine starke Motivation kann tatsächlich Berge überwinden und ist unerlässlich, wenn man seine Persönlichkeit stark umbauen möchte. Der Psychiater Robert Spitzer von der Columbia University in New York wurde von den Homosexuellenverbänden heftig kritisiert, als er im Herbst 2003 auf einem Symposium der American Psychiatric Association eine Studie an 200 ehemaligen Schwulen und Lesben vorstellte, die in großer Mehrheit erklärten, dass sie nach einem mitunter mühseligen Wandlungsprozess, zum Teil nach Psychotherapie, mittlerweile guten Mutes heterosexuell lebten. Eigentlich hatte sich die Mehrheit der Forschung gerade dazu durchgerungen, eine starke biologische Komponente bei der Entstehung der sexuellen Orientierung anzunehmen – was gegen eine leichte Wandlungsfähigkeit spräche. Doch womöglich erklärt sich das Ergebnis der Studie gerade mit dem Einwand, den die Kritiker als Schwäche aufführten: Alle befragten Ex-Homosexuellen verstanden sich als ausgesprochen religiöse Menschen. Plausibel wäre es, dass gerade der starke Glaube den Betroffenen den Willen und die Kraft gegeben hat, gegen ihr biologisches Schicksal anzurennen.

»Umgekehrt ist es unmöglich, jemanden gegen seinen Willen zu verändern«, versichert Greve. Deshalb verzweifeln Eltern häufig beim Versuch, wenn sie allein mit Autorität die Persönlichkeitsdimension »Gewissenhaftigkeit« beim Nachwuchs stärken wollen. Deshalb herrscht so große Ernüchterung bei vielen Resozialisierungsprogrammen etwa von Sexualstraftätern, von denen nur wenige aufrichtig motiviert in eine Therapie gehen. Wenig Erfolg versprechen auch die Anstrengungen von Ehepartnern, sich gegenseitig die vermeintlich schlechten Angewohnheiten und Charakterzüge auszutreiben.

Entgegen dem verbreiteten alltagspsychologischen Sinnspruch kann es dagegen durchaus sinnvoll sein, vor Problemen davonzulaufen, um sie zu lösen: »Umzüge und Berufswechsel sind Chancen der Persönlichkeitsentwicklung«, weiß die Entwicklungspsychologin Ursula Staudinger, die als Vizepräsidentin der International University Bremen das Jacobs Center for Lifelong Learning and Institutional Development leitet. »Wenn man sich ändern will, geht das einfacher im neuen Kontext.« Wobei einem Alkoholiker ein Umzug natürlich nur wenig bringt, wenn er dann wieder nur in die nächste Kneipe geht. Ein Umzug in das alkoholfreie Saudi-Arabien wäre dagegen tatsächlich eine Herausforderung für ihn.

Die Rückmeldung der anderen Menschen scheint für die Arbeit am Selbst von besonders großer Bedeutung zu sein. Es ist schwer, sich zu verändern, wenn sich alle Menschen in der Umgebung schon eine feste Meinung gebildet haben: Neue Freunde und Bekannte ermöglichen, sich neu darzustellen und sich damit auch neu zu erfinden. »Dann ist das Potenzial der Veränderbarkeit enorm«, versichert Staudinger. Allerdings sei nicht alles möglich, sekundiert Fachkollege Greve: »Mit 55 kann man noch tanzen lernen, aber nicht jeder hat in diesem Alter das Potenzial zum Flamencotänzer.« Das Ziel müsse realistisch bleiben.

Deshalb ist Vorsicht geboten bei allen Gurus und Trainern, die den Teilnehmern in ein paar Wochenendkursen völlig neue Persönlichkeiten verschaffen wollen. Kein seriöser Anbieter von Persönlichkeitsseminaren verspricht deshalb, neue Menschen zu schmieden. »Wir können nur an Details arbeiten«, betont Sabine Siegl, Coach für Topmanager und Vorsitzende der Sektion Arbeits-, Betriebs- und Organisationspsychologie im Psychologenberufsverband BDP. »Ich hatte etwa den Fall eines Vorstands«, berichtet sie, »der war hoch intelligent, konnte Probleme schnell erfassen und war deshalb gleich dabei, jemandem das Wort abzuschneiden und ihm zu erklären, wie es gemacht wird. Das hat ihn sogar einmal seinen Job gekostet.« Das Coaching habe ihm geholfen, seinen Mitmenschen ruhiger gegenüberzutreten, ohne ihm gleich alle Spontaneität und somit die Freude am Beruf zu nehmen.

Der Weg zu einem anderen, zum besseren Ich ist mühsam, wenige schaffen ihn allein. »Wir müssen uns entwickeln lernen, wie wir schreiben und lesen lernen«, fordert Ursula Staudinger. »Dabei geht es um die Frage: Unter welchen Bedingungen ist persönliches Wachstum möglich?« Die Forschung steckt noch in den Kinderschuhen, aber laut Staudinger gebe es zum Beispiel Hinweise, dass sich Menschen in ihrer Veränderungsfähigkeit unterscheiden. »Die entscheidende Frage ist, wie gewinnt man Selbsteinsicht?« Wichtig sei vermutlich der Faktor Offenheit aus den Big Five, in diesem Zusammenhang also die Bereitschaft, etwa die Rückmeldungen der Umwelt wahrzunehmen und über sich selbst zu reflektieren. Eine gewisse Intelligenz und Kreativität sei notwendig, um sich neu zu denken. Und ja doch, es sei sinnvoll, Romane zu lesen, um in den virtuellen Räumen der Kunst und der Literatur die Möglichkeiten menschlicher Existenz auszuloten.

Training statt Therapie

Staudinger sieht hier eine wichtige neue Aufgabe für Wissenschaft und Pädagogik. In Zukunft, so die Psychologin, sollten sich ihre Kollegen nicht mehr hauptsächlich mit dem Verbinden wunder Seelen beschäftigen: Aus Therapeuten sollen Trainer werden. Immerhin: Bereits jetzt veranstalten Zehntausende Weiterbildungsträger in Deutschland Persönlichkeitstrainings unterschiedlicher Qualität, das individuelle Coaching von Managern ist das Wachstumssegment der Branche, und selbst die Volkshochschulen verzeichnen einen Ansturm von Veränderungswilligen. Doch wenn es nach Staudinger ginge, müssten schon den Schülern die neuesten Erkenntnisse der Sozial- und Verhaltenswissenschaften beigebracht werden. »Lebensmanagement gehört in den Grundlehrplan. Wir müssen leben lernen, wie wir schreiben und lesen lernen.«

Es ist ein ambitioniertes Curriculum. »Es klingt natürlich für Subjekte verheißungsvoll, wenn ihnen vermittelt wird, dass sie ihre Drehbücher selbst schreiben dürfen«, gibt der Münchener Sozialpsychologe Heiner Keupp zu bedenken. Aber die »erforderlichen materiellen, sozialen und psychischen Ressourcen sind oft nicht vorhanden, und dann wird die gesellschaftliche Notwendigkeit und Norm der Selbstgestaltung zu einer schwer erträglichen Aufgabe«.

Die Psychologen vom Max-Planck-Institut für Bildungsforschung in Berlin wollen dieses Problem allerdings nicht lösen, indem sie einen Katalog vorbildlicher Charakterzüge oder Persönlichkeitsmerkmale aufstellen. Optimal wäre es vielmehr, wenn jeder Mensch sein ihm gegebenes Potenzial ausschöpfen würde. Paul Baltes hat dafür das von ihm so benannte SOK-Modell entwickelt: selektive Optimierung mit Kompensation. Wie so häufig in der psychologischen Wissenschaft steht dahinter ein banales, dennoch überzeugendes Konzept, wie man aus einem leider begrenzten Leben am meisten für sich herausholt. Erstens – so Baltes – müsse man aus den vorhandenen Lebensmöglichkeiten diejenigen auswählen, die man umsetzen wolle. Zweitens müsse man optimieren, also geeignete Mittel suchen, um das Gewählte möglichst gut zu tun. Drittens Kompensation: Wenn Mittel wegfallen, sollte man flexibel genug sein, um neue Wege zu suchen, um seine Ziele zu verfolgen. In anderen Worten: »Menschen, die auswählen, optimieren und kompensieren, geht es deutlich besser als solchen, die gleichzeitig auf vielen Hochzeiten tanzen und zwar von Jugend an.«

Schließlich lässt die geistige Schnelligkeit bereits ab dem 25. Lebensjahr nach, gerade junge Erwachsene zwischen 30 und 40 stehen vor der Aufgabe, Familien- und Berufsleben zu vereinbaren. Laut Baltes gehe es denjenigen besser, die sich zuerst ein paar Jahre auf den Beruf konzentrieren und dann auf die Familie – oder umgekehrt. Und je älter man werde, umso wichtiger werde das SOK-Prinzip. Baltes zitiert gern das Beispiel des Klavierspielers Arthur Rubinstein, der zu seinem 80-jährigen Geburtstag von vielen Interviewern gefragt wurde, wie er es denn schaffe, immer noch als Konzertpianist zu brillieren. »Aus seinen Antworten lässt sich das SOK-Prinzip herauslesen«, versichert Baltes. »Er habe sein Repertoire verringert, also eine Wahl getroffen. Außerdem übe er die Stücke mehr als früher. Das ist die Optimierung. Und weil er die ausgewählten Stücke nicht mehr so schnell wie früher spielen konnte, hat er noch einen Kunstgriff angewendet: Vor besonders schnellen Passagen verlangsamte er sein Tempo; im Kontrast erschienen diese Passagen dann wieder ausreichend schnell. Das ist eine Form der Kompensation.«

Der lange Weg zur Weisheit

Wenn alles gut geht im Laufe so eines Lebens und man seine Persönlichkeit immer gut gepflegt hat, könnte im Alter so etwas wie Weisheit kommen, eine Eigenschaft, die den Verlust an geistiger Schnelligkeit mehr als kompensiert. Bereits in ihrer Zeit am Berliner Max-Planck-Institut für Bildungsforschung hatte Ursula Staudinger gemeinsam mit ihrem Mentor Paul Baltes versucht, wissenschaftlich zu definieren, was gemeinhin als »Bestes gelte, was Menschen in ihrer Entwicklung erreichen können«. Weise sei demnach ein Mensch, der die »fundamentale Pragmatik« des Lebens verstanden habe: Das sei jemand, der über Kenntnisse des Kerns des menschlichen Daseins verfüge und urteilen könne, der wisse, wie man ein gutes Leben plant, führt und versteht. Ein weiser Mensch habe ein reiches Faktenwissen und durchschaue, wie es so geht im Leben. Er weiß, dass Werte auch relativ sind, er kann die Wechselfälle des Lebens gegeneinander abwägen.

Staudinger und Baltes gingen gar so weit, dass sie eine »Weisheitsskala« entwickelten. Mit Hilfe eines Fragenkatalogs sollte sich bewerten lassen, wie weise ein Mensch bereits sei. Eine typische Frage aus diesem Katalog lautet: »Ein 15-jähriges Mädchen möchte sofort heiraten. Was soll man ihr bloß raten?« Die spontan naheliegende Antwort, dass dies eine ziemlich bescheuerte Idee sei, erzielt auf der Max-Planck-Weisheitsskala magere drei von sieben möglichen Weisheitspunkten. Als weise gälte laut MPI jemand, der etwa wie folgt räsonieren würde: »Auf den ersten Eindruck scheint es ein echtes Problem zu sein, dass das Mädchen schon mit 15 Jahren heiraten will. Anderseits muss man sich die Umstände ansehen. Es ist möglich, dass sie an einer unheilbaren Krankheit leidet. Denkbar ist auch, dass sie zum ersten Mal verliebt ist. Berücksichtigen sollte man ferner die kulturellen Umstände. So ist es in manchen Kulturkreisen üblich, dass früh geheiratet wird.« Für diese Antwort gäbe es bereits fünf bis sechs Punkte. Nur wenige der befragten 1 200 Menschen im Alter von 25 bis 75 Jahren erreichten diese Schwelle. Weisheit ist kein Altersautomatismus.

Ein wirklich weiser Mensch sei ein Experte fürs ganze Leben, haben die Psychologen mit umfangreichen Befragungen herausgefunden. Er kennt sich aus mit der menschlichen Natur und ihrer lebenslangen Entwicklung, mit Beziehungen, sozialen Normen, kritischen Lebensereignissen und ihren Folgen. Er weiß, wie man sich Ziele setzt, kritische Lebensentscheidungen trifft und mit Konflikten umgeht. Wichtig sei auch, dass er die Themen des Lebens wie etwa Arbeit, Freizeit, Familie, Freundschaft aus der Perspektive einer Lebensspanne überblicken kann. Dabei erkennt er an und toleriert, dass Menschen unterschiedliche Prioritäten und Werte haben. Bei all dem weiß der Weise, dass alles Leben und Entscheiden mit Ungewissheit belastet ist. Er kann damit umgehen.

Schade nur, dass auch nach Ansicht der Max-Planck-Psychologen es wahrscheinlich nur wenige Menschen bis zur Weisheit bringen werden. Denn nur flexible, offene und neugierige Menschen könnten im Laufe ihres Lebens die nötige Erfahrung sammeln. Sie müssten zudem viel Kontakt zu bereits lebensklugen Ratgebern haben, um an deren Vorbild zu lernen. Toleranz für und Interesse an anderen Religionen und Kulturen erweitern den Erfahrungsschatz. Zudem führen potenziell weise Menschen selbst ein Leben, indem sie nach dem Guten für sich selber streben, ohne anderen Schaden zuzufügen.

Durchaus möglich, dass viele Menschen lieber eine Abkürzung wählen.

Der optimierte Mensch

Denn schon längst sind biologische Psychologen dabei, die Neurochemie der Persönlichkeit zu entschlüsseln, in fernerer Zukunft sind gentechnische Veränderungen oder Manipulationen etwa mit elektromagnetischen Mitteln vorstellbar. Bereits jetzt testen Psychiater an vielen Unikliniken Magnetfelder zur Behandlung von Depressionen. In dieser Hinsicht ist ein Zweig der Persönlichkeitspsychologie wieder dort angelangt, wo sie im 2. Jahrhundert nach Christus ihren Anfang nahm. Der griechische Arzt Galen erklärte Persönlichkeitsunterschiede mit der ungleichen Verteilung der vier Säfte: Blut, Schleim, Galle und schwarzer Galle. Biologisch orientierte Psychologen des 21. Jahrhunderts versuchen, unsere Persönlichkeit aus drei Körpersäften zu lesen, genauer: aus drei Neurotransmittern, den chemischen Botenstoffen im Hirn. Ein Mangel an Serotonin hängt zusammen mit Eigenschaften wie Aggressivität, Impulsivität und mangelnder Anpassungsfähigkeit. Dopamin regelt positive Emotionalität, so etwa die Fähigkeit, auf Menschen zuzugehen und die Bereitschaft, Neues zu entdecken. Noradrenalin regelt die negative Emotionalität und dient wahrscheinlich als eine Art Moderator im System der Botenstoffe.

Entscheidend ist die Balance. Eine antisoziale Persönlichkeit unterscheidet sich nicht grundsätzlich von der gesunden, sie basiert nur auf einem extremen Ungleichgewicht zwischen den Transmittersystemen.

Die neuen Forschungsergebnisse könnten zu einer präziseren Diagnostik und zu einer Reform der Big Five führen: Biologische Marker könnten Fragebögen ergänzen.

Manche Forscher arbeiten aber schon längst am Fortsetzungsprojekt. Wäre erst einmal bekannt, wie Neurotransmitter Persönlichkeit formen, ließe sich unser Charakter womöglich gezielt und dauerhaft mit Drogen beeinflussen: Persönlichkeitsveränderung nicht durch Arbeit an sich selbst, sondern durch den schnellen Griff zur Psychopille. Der Markt wäre gigantisch. »Das Ende des Menschen« beschwört bereits der US-amerikanische Politologe Francis Fukuyama und warnt vor einer »kosmetischen Psychopharmakologie«, mit der wir uns »in einen potenziellen moralischen Abgrund begeben« und uns zu »glücklichen Sklaven« machen könnten.

Fukuyamas Katastrophenton klingt weniger schrill, wenn man sich den bereits bestehenden Pharmamarkt ansieht. Das relativ nebenwirkungsarme Antidepressivum Prozac – in Deutschland unter dem Namen Fluctin bekannt – gehört in manchen Suburbs der USA mittlerweile fast schon zu den Grundnahrungsmitteln. In England berichtete vor kurzem die BBC über Befürchtungen von Ökologen, weil sich Prozac-Rückstände im Trinkwasser breit machen und die Nervensysteme der Fische irritieren. GlaxoSmithKline vertreibt das Antidepressivum Paxil (in Deutschland: Seroxat) offiziell als Medikament gegen krankhafte Sozialphobie, de facto schlucken es Millionen Menschen als Mittel gegen Schüchternheit. Paxil hat es in kurzer Zeit unter die zehn umsatzstärksten Medikamente der Welt gebracht. ElyLilly brachte vor kurzem Strattera als erstes Mittel gegen ADHS (Aufmerksamkeitsdefizit-Hyperaktivität-Störung) bei Erwachsenen heraus, eine Störung, über deren krankhaften Wert man streiten kann. Mondafinil (in Deutschland: Vigil) wurde als Medikament gegen die exotische Schlafstörung Narkolepsie entwickelt, mittlerweile nutzen es alle möglichen Leute, die auf langandauernde Wachheit Wert legen. Musiker und Schauspieler mit Lampenfieber schlucken in Massen ebenso beruhigende wie süchtigmachende Betablocker wie Propranolol. Androcur ist ein Mittel, um den Trieb von Sexualstraftätern zu dämpfen; schon längst handeln es Transsexuelle auf dem Schwarzmarkt, um ihre männlichen Hormone kleinzukriegen. Die Frage ist, ob uns diese Entwicklung beunruhigen sollte. Was wird erst auf uns zukommen, wenn die Psychodrogen so spezifisch werden, dass ihre Nebenwirkungen nicht mehr so wie heute mögliche Nutzer abschrecken? Wir sollten zumindest darüber diskutieren.

Zuletzt im Mai 2004 warnte eine Gruppe führender US-amerikanischer Neurowissenschaftler, darunter Nobelpreisträger Eric Kandel, in einer Sonderausgabe der Fachzeitschrift *Nature*, dass Psychopharmakologie zunehmend genutzt werde, »um das psychologische Funktionieren von Menschen zu verbessern, die nicht krank sind«. So werde in den USA bereits jetzt deutlich mehr von dem ADHS-Medikament Ritalin verschrieben, als von der Verbreitung der Krankheit her zu rechtfertigen wäre. Die wirklichen ethischen Fragen kämen jedoch erst mit den noch zu erwartenden neuen Generationen von spezifischen Psychodrogen.

Angenommen, es gäbe wirklich neue Medikamente, die die kognitive Leistungsfähigkeit steigern, wie wird über die Anwendung entschieden? »Was wäre, wenn der Job oder das Verbleiben an der Schule davon abhängt, ob jemand sich an neurokognitiver Verbesserung beteiligt?« Etwas bemüht klingen da die Bedenken von Medizinethikern, die befürchten, dass solche Medikamente die Authentizität und Würde der Person beschädigen. Was ist Authentizität im Lichte der neuen Neurowissenschaft und Psychologie, die von der lebensgeschichtlichen Konstruiertheit des Ichs ausgehen? Und was sagt man dem Menschen, der meint, erst durch die Psychopille gelange er zu seinem wahren Ich? Das sind Fragen, die wir in den nächsten Jahren diskutieren werden.

Vom Nutzen der Differenz

Den vorerst besten Einwand gegen die vorschnelle Manipulation der Persönlichkeit liefert der Berliner Psychologe Asendorpf. Er warnt vor dem Zugriff auf Genom und Gehirnchemie nicht zuletzt deshalb, weil sich bei entsprechenden Technologien alle Menschen nach den gleichen Psychonormen ausrichten würden: also selbstsicherer, optimistisch, fröhlich werden wollten. »Dieter Bohlen mag ja ganz lustig sein. Aber stellen Sie sich vor, in der Fußgängerzone würden Ihnen nur Dieter Bohlens begegnen.« Asendorpf predigt den evolutionären Sinn von Persönlichkeitsunterschieden. »Eine Gesellschaft braucht mutige und schüchterne Menschen: Die Mutigen sind die Entdecker, die Schüchternen überlegen länger.«

Doch auch Asendorpf macht sich keine Illusionen. »Das Problem wird kommen. Die Horrorvision einer Gesellschaft genormter, durch einen genetischen TÜV geprüfter Menschen ist keine notwendige, aber eine mögliche Konsequenz gentechnischer Maßnahmen.« Bisher haben die Wissenschaftler den Menschen verschieden interpretiert, bald aber werden sie ihn verändern.

Kapitel 5

Ich kann auch anders

Mode, Musik und soziale Identität als Inszenierung

Immerhin sind es echte Nutten, die den Kaffee in kleinen, schmierigen Gläsern servieren, aber ob die sich fotografieren lassen? Und wo sind die blanken Busen, wo die Monsterlippen? Aus Lautsprechern dröhnt blechern afrikanischer Pop, durchsetzt von ein paar englischen Phrasen. Das Grüppchen US-Touristen im lehmigen Hof der Absteige »Gho Hotel« in Jinka in Äthiopien ist mäßig gelaunt – ständig Regen, die Straßen verschlammt. Was für ein Drecknest.

»Draußen sind Mursis«, ruft plötzlich eine energische Frau mittleren Alters mit beigefarbenem Stoffhütchen und einem T-Shirt mit der Aufschrift »Africa!«. Ein Eingeborenenpaar steht halb nackt, stumm und schüchtern zwischen den Pfützen am rostigen Eingangstor. Das vielleicht 16-jährige Mädchen trägt einen monströsen Tonteller in der Unterlippe. Schon der Anblick tut weh. Endlich! Die Touristen greifen hastig zu den Kameras, springen auf und lassen es klicken. Sie machen Beute auf Zelluloid und digitalen Speicherchips.

Globalisierung und Identität

Für solche Fotos haben sie einem Expeditionsveranstalter viel Geld gezahlt und sind von der äthiopischen Hauptstadt Addis Abeba mit dem Jeep zwei Tage lang über staubige Pisten bis in das Omo-Tal geprescht, benannt nach dem gleichnamigen Fluss, einem der großen Ströme Afrikas. Das Gebiet liegt im äußersten Südwesten Äthiopiens, nahe den Grenzen zu Kenia und zum Sudan. Es ist eine Malaria-Hochrisikozone, zu großen Teilen lebensfeindliche Dornsavanne, wo die Luft vor Hitze flimmert, die Büsche stechen und die Früchte bitter schmecken. In den wenigen fruchtbaren Regionen in Flussnähe jagen Tsetsefliegen die Rinder. Aber am späten Nachmittag, wenn die Sonne goldenes Licht über die Savanne gießt und die Wüstenrosen aufleuchten, gewinnt die Landschaft eine magische Schönheit.

Auf einem Gebiet von der Größe Hessens leben hier ein Dutzend Stammesgesellschaften in vermeintlich neolithischer Ursprünglichkeit. Sie jagen, züchten Rinder, mahlen Hirse auf Steinplatten, tragen Ziegenfelle und Gürtel aus Kaurimuscheln, verzieren ihre Körper mit Narben und kunstvollen Bemalungen. In manchen Omo-Dörfern haben viele Bewohner noch nie ein Auto gesehen, einen Fotoapparat oder einen Weißen. Abseits des Verwaltungsortes Jinka zeugen vor allem die Kalaschnikows von der Moderne, fast jeder Mann trägt eines dieser Gewehre auf dem Rücken. Früher hat es allenfalls ein paar strafversetzte Polizisten oder Offiziere aus Nordäthiopien in diesen immer noch extrem isolierten Flecken Afrikas verschlagen. Erst seit wenigen Jahren kommen vermehrt die Ferenji, die Fremden aus dem Ausland: Missionare, ein paar Entwicklungshelfer, Ethnologen sowie die ersten Touristen auf ihrer Suche nach dem authentischen Leben und exotischen Bildern.

Der fotografische Überfall in Jinka ist eine Urszene des modernen Kulturkontakts und als solche ein Experiment des Lebens. Wir werden sehen, das es auch die Frage nach dem Ich von einer weiteren Seite aus beleuchten kann. Das ist auch ein Grund, wieso ein Team Mainzer Ethnologen hier eine Forschungsstation aufgebaut hat: das South Omo Research Center (SORC). Hier im Omo-Tal im äußersten Südwesten Äthiopiens spielt sich erneut eine Geschichte ab, deren Vorgängerversionen häufig unglücklich endeten. Neolithikum und Moderne prallen aufeinander, Menschen hinterfragen ihre Kultur, Werte geraten ins Wanken, und Wissenschaftler fragen sich mal wieder: Was eigentlich ist, wie entsteht und wie verändert sich soziale und kulturelle Identität in Zeiten der Globalisierung?

Es geht hier also nicht um die relativ festen (wenn auch – wie im Kapitel »Baustelle Ich« beschrieben – beeinflussbaren), teilweise biologisch bedingten Bahnen der Persönlichkeit, sondern darum, wie man sich frisiert und kleidet, wie man seine Rolle als Mann oder Frau, Jugendlicher oder Alter sieht, welche Rituale man pflegt, welche Musik man mag und welchen Lebensstil man pflegt. Es geht darum, welchen Beruf man ergreift, wo man seinen Wohnort wählt und seine Urlaube verbringt, wie man Gott und die Welt sieht. Das ist ein elementares Thema der Ethnologen und Kulturwissenschaftler. Deren zentrale These ist, dass auch diese soziale Identität gerade im beginnenden dritten Jahrtausend ein zunehmend volatiles Konstrukt ist. Es entsteht, wenn ein Ich sich am anderen Ich reibt und wenn Gruppen sich begegnen – so wie im Omo-Tal in Südäthiopien.

Markt für Monsterlippen

Entgegen früheren Erwartungen und Befürchtungen zeigt sich auch am Omo, dass die westliche Hegemonialkultur nicht einfach alles überrennt und vereinheitlicht. Die Wechselwirkungen sind komplexer. »Der Kontakt mit den Ferenji kann die Kulturen auch stärken«, sagt SORC-Mitarbeiterin Susanne Epple, die beim Bashada-Volk forscht. Das Interesse der Touristen schmeichele den Einheimischen, die von den weiterentwickelten Nordäthiopiern meist nur verachtet werden. Gerade deshalb fühlten sich die Omo-Völker in ihrer Lebensweise bestätigt und pflegten den traditionellen Schmuck, zumal sie für das Posieren vor den Kameras Geld verlangen können. Zwei äthiopische Birr (25 Cent) kostet ein Klick, zahlbar in möglichst frischen Ein-Birr-Noten. Das ist viel Geld in einem Land mit einem jährlichen Durchschnittseinkommen von 100 Euro pro Kopf, erst recht im Omo-Gebiet, wo bis vor kurzem nur getauscht wurde.

Die wenigen Versatzstücke westlicher Kultur würden dagegen integriert, berichtet Ethnologin Epple. Die Frauen des Ari-Volkes etwa haben Fußball-T-Shirts einfach ihrem traditionellen Dresscode einverleibt. Getragen werden nur blaue T-Shirts, und zwar immer zwei übereinander. Mädchen müssen kurze Shirts tragen, Frauen lange.

Das neue, früher unbekannte Geld ändert noch am ehesten die kulturellen Praktiken in der Region. So erkläre sich, wieso in letzter Zeit die Größe der Lippenteller der Mursi-Frauen wächst, meint der britische Ethnologe David Turton. Es sei ein Märchen, wonach große Teller als Zeichen besonderer Schönheit den Brautpreis steigerten, so wie es die Touristen mit wohligem Schaudern erzählen, wenn sie zu Hause auf ihren Notebooks die Diashow starten. Mursi-Paare werden einander schon als Kinder versprochen. Das Extrem-Piercing zeuge vielmehr von der beginnenden Integration in eine globalisierte Wirtschaft. Die Frauen liefern das einzige knappe Gut, das sie dem Weltmarkt anbieten können: Ansichten von Monsterlippen. Der »Schatten-Verkauf« – das Fotografieren – ist die einzige Wachstumsbranche im Omo-Tal.

Ein Gespräch mit Torgo, einer erwachsenen Kara-Frau, die sich nach Art ihres Stammes die Haare rot gefärbt und einen Stahlnagel durch die Unterlippe gebohrt hat:

»War es früher besser?«

»Nein, jetzt ist es viel besser als früher. Jetzt gibt es Touristen, jetzt gibt es Schuhe.«

»Mögt ihr die Touristen?«

»Ja, die finden wir gut, die bringen Geld.«

»Hat sich dadurch etwas verändert?«

»Wir halten immer eine Kalebasse mit Farbe bereit und malen uns sofort an, wenn wir einen Jeep hören.«

Für ein US-amerikanisches Paar haben die Kara schon mal eine traditionelle Hochzeit ausgerichtet. Die Hamar – das größte Omo-Volk – inszenieren eigens für Touristen den »Sprung über die Rinder«: ein Initiationsritual, bei dem ein Junge zum Mann wird, indem er nackt viermal über eine Reihe von Rindern läuft. Der zugehörige Brauch des Peitschens wird nur bei einer realen Initiation ausgeführt, entsprechend kosten die Fotorechte. Diesmal hat eine Gruppe Spanier zugeschlagen: 12 Euro je Kamera.

Die Sonne brennt am Kaeske-Fluss, einem Rinnsal bei Turmi, einem Hauptort der Hamar. Junge Mädchen mit frisch gefärbten Haaren tanzen und singen sich in Trance. Ihre Rücken sind nackt, nur vor die Brust haben sie sich textmarkergrüne T-Shirts hochgebunden. Das erste Mädchen nähert sich den jungen Männern, die auf Baumwurzeln im Schatten sitzen. Sie tritt einem von ihnen ans Schienbein, schreit ihn an: »Mach schon!« Widerstrebend steht der Mann auf, lässt plötzlich eine Weidenroute scharf durch die Luft schwirren, ein Knall. Auf dem Rücken des hüpfenden Mädchens zeichnet sich ein roter Striemen ab. Sie neigt den Kopf und bläst triumphierend in eine kleine Blechtrompete. Dann wieder ein Hieb, wieder ein Tröten. Fleisch platzt, Blut fließt, Kameras klicken. Stunden geht das so. Bei manchen Touristen leuchten die Augen, etwa bei einem Dicken im rosa Hemd und mit Nikon-Tele.

»Nice to meet you«, meint ein junger Hamar, gekleidet in Jeans und Hemd, der sich als Gelty Zubo, 22, vorstellt und mit dem Kinn zum Geschehen weist. »Die Mädchen mögen das.« Er ist einer der wenigen Einheimischen, der eine Schule besucht und mit viel Hartnäckigkeit etwas Englisch gelernt hat. Jetzt verdingt er sich als Dolmetscher und Führer, spart das Geld, um sich irgendwann aufzumachen nach Addis Abeba. Dort wird er dann an einer neuen Identität arbeiten.

Melange statt McWorld

So sehr sich die letzten Stammesgesellschaften dieser Erde in Afrika, Papua-Neuguinea, im Amazonasgebiet und auf den Andamanen in den nächsten Jahren auch verwandeln werden: Das Beispiel Äthiopien zeigt doch, dass die Kulturen nicht einfach globaler Gleichmacherei unterliegen. Die Globalisierung der letzten Jahrzehnte hat trotz ihrer grenzvernichtenden Bilder- und Warenströme nicht die klischeehaft-homogene McWorld geschaffen, die manche Kulturkritiker seit Jahrzehnten beschwören. Zwar stimmt es, dass Coca Cola und BigMac mittlerweile auf allen Kontinenten der Welt angeboten werden und Hollywood in großen Teilen der Welt die Leinwände dominiert. Doch ist der kulturelle Export keine Einbahnstraße. Globalisierung bedeutet auch: Bollywood-Schmachtfilme auf RTL II, Döner und indisches Curry in jeder Fußgängerzone, Trommelgruppen aus Mali im Englischen Garten Münchens und der japanische Schnellimbiss direkt gegenüber dem Hofbräuhaus, japanische Schulen in Düsseldorf, Bauchtanzkurse in der Volkshochschule Bielefeld, afrikanischer Karneval in London, Yoga und Tantramassagen in Berlin-Mitte.

Die Frage nach dem wirklich Authentischen stellt man spätestens dann nicht mehr, wenn man beobachtet, wie eine Gruppe gut organisierter Otavalo-Indianer aus Ecuador an einem Herbstnachmittag am Bozener Marktplatz in Südtirol aufspielt, direkt neben dem Denkmal für Walther von der Vogelweide. Neben dem üblichen, gewebten Wollponcho hat sich einer der Musiker einen Federkopfschmuck nach nordamerikanischer Sioux-Art aufgesetzt und das Gesicht grell rot-weiß geschminkt. Gemeinsam spielen sie auf ihren Panflöten »El condor pasa« und »Sounds of Silence« von Simon und Garfunkel. Eine zu der Gruppe gehörige Frau im schicken schwarzen Lederrock und Jäckchen spricht derweil gelangweilt in ihr koreanisches Handy.

Welche Kultur dominiert hier eigentlich welche?

Wir lebten eben nicht nur mit einer zunehmend vereinheitlichten, verwestlichten Weltkultur, schreiben die Soziologen Rolf Eickelpasch und Claudia Rademacher in ihrem Buch *Identität*. Wir hätten es eher »mit einer Pluralisierung und Entgrenzung kultureller Zusammenhänge und Lebensentwürfe, mit einer ›globalen Melange‹ westlicher und nicht-westlicher Einflüsse« zu tun. Selbst die USA ist entgegen ihrer eigenen ursprünglichen Ideologie kein Schmelztiegel mehr, wo die Freiheitssuchenden aller Nationen und Rassen in einer Kultur zusammengefunden haben, sondern eher ein Gulasch, in dem unterschiedliche Stücke Fleisch und Gemüse immerhin in der gleichen Sauce schwimmen und gelegentlich aneinander stoßen.

Dabei ist seit einigen Jahren ein weiterer Trend zu beobachten. Viele lokale Subkulturen, wie eben die Hispanics oder auch die türkischen Jugendgangs in Berlin-Neukölln pflegen ihre neu geschaffenen Symbole und Rituale mit Inbrunst. Die wirklich smarten Angehörigen der Postmoderne gehen aber weiter: Sie spielen nur noch mit ihren Identitäten.

Madonna oder das Ende der Authentizität

Der kleine, aber sozialtheoretisch bedeutsame Unterschied zwischen dem 1971 gestorbenen Rockstar Jim Morrison und der Popikone Madonna liegt darin, dass dieser es für den authentischen Ausdruck seines Ichs hielt, als er am 1. März 1969 auf einer Bühne in Miami einem freudig erregten Publikum seinen Penis präsentierte, etwas masturbierte und daraufhin eine Zeit lang von der US-Staatsanwaltschaft verfolgt wurde.

Nicht, dass Madonna prüde wäre. Selbst der Papst fühlte sich bemüßigt, die geborene Katholikin zu tadeln, als sie in einem Musikvideo erotische Tänze vor brennenden Kreuzen aufführte. Ihr Album *Erotica* wurde in vielen Läden nur in einer blickdichten Verpackung verkauft, ebenso der zugehörige Bildband mit dem leicht zu verstehenden Titel *Sex*. Sie kokettierte als Heilige, Jungfrau, Vamp, Hure, Striptease-Tänzerin. In ihren äußerst aufwändig inszenierten Bühnenshows deutet sie alle nur möglichen Sexualpraktiken an – lesbische und Sadomaso-Spiele, Darkroom-Szenen, Masturbation, Fellatio und allerlei hüftschwingende Aktivitäten. Der Unterschied zu Morrison aber liegt darin, dass ihr niemand diese Selbstdarstellungen wirklich abnimmt. Es geht um ein Spiel mit Rollen, und gerade darin liegt der Reiz fürs Publikum, das es ihr gerne nachmachen würde.

»Es beschleicht den kulturellen Kritiker der Verdacht, dass hinter den ins Unendliche gehenden Verkleidungen sich letztlich nur Leere, ein Nichts verbirgt«, urteilt der Anglist und Poptheoretiker Laurenz Volkmann, mittlerweile an der Universität Paderborn. Er sieht in Madonna weniger die ernsthaft-kämpferische Provokateurin als eine Galionsfigur der Postmoderne, die mit ihren immer neuen Selbsterfindungen in perfekter Weise die Flüchtigkeit und Inszenierung der modernen Identität paraphrasiert.

Geradezu nervös beobachtet sie das leicht zu langweilende, an starke Reize gewöhnte Publikum und versucht dessen Erwartungen zu durchbrechen, um dadurch interessant zu bleiben. Lange Zeit half ihr dabei der wohlkalkulierte Skandal und der dosierte Tabubruch. Als es jedoch ab Anfang der Neunziger mit der sexuellen Provokation in der blasierten Popwarenwelt nicht mehr so recht klappte, meldete sich Madonna gegen Ende des Jahrtausends mit einer abermals frischen Identität zurück: Sie trat mit einer neuen Ernsthaftigkeit und Tiefe auf. Sie spielte die Eva Perón in der Verfilmung von Andrew Lloyd Webbers Musical *Evita*. Dann entdeckte sie Religion und Spiritualität, interessierte sich plötzlich für die Mystik der Kabbala. Anlässlich ihres im Herbst 2005 erschienenen Albums *Confessions on a dance floor* wiederum posiert sie im rosa Body als Discoqueen im Siebziger-Jahre-Stil.

Nur durch diesen perfekten fliegenden Rollenwechsel ist zu erklären, wie die am 16. August 1958 in Bay City, Michigan, geborene Madonna Louise Veronica Ciccone, eine Ex-Cheerleaderin und anfangs bettelarme Tänzerin mit eher dünner Stimme, den Weltpopkonzern »Madonna« schaffen konnte, der jedes Jahr dreistellige Millionenumsätze erwirtschaftet, über hundert Millionen Tonträger verkauft hat und sich seit über zwei Jahrzehnten am Leben erhält.

Es ist ein bezeichnender Wandel. Im klassischen Rock 'n' Roll und im Pop der Sechziger und Siebziger ging es nie um perfekte Stimmen, aber gerade deshalb um Authentizität. Änderungen in Sound und Styling gaben die Künstler als quälende Selbstfindungsprozesse aus, und das waren sie wohl auch wirklich. Viele bezahlten ihre Suche mit einem frühen Drogentod. Heute ist die Flexibilität der künstlerischen Identität eine Überlebensnotwendigkeit auf dem globalen Markt, eine manchmal nur noch ironische Pose: Hier stehe ich, ich kann auch anders. Der ehrliche Rocker klampft derweil nur noch in den Bierkellern der Vorstädte.

In der Popkultur zeichnen sich besonders deutlich Entwicklungen ab, die sich in ähnlicher Weise in fast allen Winkeln der Gesellschaft vollziehen. Zumindest in den modernen Industriegesellschaften sind sich die Soziologen zunehmend einig, dass die soziale und kulturelle Identität noch viel mehr als die psychologische Persönlichkeit ein Konstrukt ist. Gerade in Mitteleuropa findet seit einigen Jahrzehnten ein dramatischer Wandel bei der Identitätsbildung statt.

Wo früher Familie, Tradition, Nation und Religion sagten, wo es langgeht, erstreckt sich heute ein Meer der Möglichkeiten, wo jedes Ich sich zunehmend selbst überlegen muss, welchen Kurs es steuert. Vorschnell fangen einige Modernisierungstheoretiker an, über neue Freiheiten zu frohlocken, während andere über neue Ansprüche wehklagen. Die Wirklichkeit ist unübersichtlicher.

Robinson Crusoe und die Entdeckung des Individuums

Klar ist nur, dass sich derzeit ein Prozess dramatisch beschleunigt, der nach Ansicht von Mentalitätshistorikern wie Richard van Dülmen (zu Lebzeiten an der Universität Saarbrücken) bereits im christlichen Mittelalter begann. Paradoxerweise habe gerade die rigide christliche Moral in einer List der Geschichte die Entwicklung des Individualismus auch befördert, deshalb nämlich, weil es in dieser Religion um das Heil jeder einzelnen Seele ging. Doch auch van Dülmen teilt die Ansicht, dass die wirkliche Wende sich erst in der Renaissance ereignete, als Künstler und Wissenschaftler das eigene, individuelle Schicksal als Sujet entdeckten, das in sich selbst interessant und wichtig ist, nicht nur in Bezug auf Gott, wie es noch der Kirchenlehrer Augustinus im 4. Jahrhundert in seinen *Confessiones* getan hatte.

»Der Selbstbezug wird zu einem ausdrücklichen Charakterzug vor allem der aufsteigenden Humanisten und Gelehrten, die sich aus der kirchlichen Bevormundung zu lösen suchen«, berichtet der Historiker und nennt Erasmus von Rotterdam (1466–1536), den Naturforscher und Arzt Girolamo Cardano (1501–1576), vor allem aber Michel de Montaigne (1533–1592), der in seinen berühmten *Essais* in klaren Worten Einsichten formulierte, die viel vorwegnehmen von dem, was moderne Identitätstheoretiker heute denken: »Ich habe mein Buch nicht mehr gemacht, als mein Buch mich gemacht hat, ein Buch vom Fleisch und Blut seines Verfassers, nur mit mir selbst beschäftigt, als ein Teil meines Lebens, nicht mit anderem beschäftigt und auf fremden Zweck gerichtet wie alle anderen Bücher.«

Es dauerte allerdings noch Jahrhunderte, bis das Selbst auch in den niederen Ständen entdeckt wurde. Neue Medien waren dabei mindestens so wichtig wie heute. Die Erfindung des Buchdrucks mit beweglichen Metalllettern Mitte des 15. Jahrhunderts durch Johannes Gutenberg ermöglichte überhaupt erst die Verbreitung von Bildung und Wissen und die Produktion von nichtreligiöser Literatur. Im 18. Jahrhundert erreichte die Selbstreflexion in der Form von publizierten Autobiografien, Tagebüchern und Briefwechseln einen Höhepunkt. Gerade in den selbststilisierenden, autobiographischen Schriften von Großschriftstellern wie Johann Wolfgang von Goethe (1749–1832) wurde aber auch schon das Grundproblem aller Selbstbetrachtung deutlich: Auf der Suche nach seinem Ich beginnt der Mensch, sich zu inszenieren.

Bereits der erste große bürgerliche Roman Europas, nämlich Daniel Defoes 1719 erschienener *Robinson Crusoe,* hatte zumindest in der Literatur endgültig dem Individuum jenseits aller höfischen Tradition einen Platz im öffentlichen Bewusstsein geschaffen. Es hat seinen guten Grund, dass dieses Werk einer der meistgelesenen Romane des Jahrhunderts wurde: Hier schafft das schiffbrüchige Individuum auf der karibischen Insel, befreit von aller ständischen Ordnung, jenseits von Religion, Staat, Familie eine neue Welt und bewährt sich dabei.

Bücher wie der Crusoe-Roman haben nach Ansicht von Historiker van Dülmen mit dazu beigetragen, dass sich die Lebensstile auch in der Realität individualisierten: Was sollten die ständischen Kleiderordnungen, wo selbst der Schiffbrüchige in seinen Lumpen und Fellen ein ehrbares und gottesfürchtiges Leben führen konnte? Gerade weil die Obrigkeit bis ins 18. Jahrhundert hinein versuchte, diese Kleiderordnungen durchzusetzen, wurde es möglich, durch modische Abweichung Individualität zu bekunden. Allerdings war es auch damals nicht so, dass das befreite Ich sich nun ästhetisch völlig neu erfunden hätte. Vielmehr reizte es, sich einer gewünschten Gruppe anzuschließen.

Der Mensch ist ein soziales Tier, das sich nach Vorbildern und Gruppenmeinungen richtet, selbst dann, wenn ihm nicht ausdrücklich befohlen wird, was es tun oder auch nur anziehen soll. Bezeichnend ist, dass einer der ersten großen Modetrends in Deutschland dem Erscheinen von Goethes Suizid-Roman *Die Leiden des jungen Werthers* im Jahre 1774 folgte. Wer damals nah am Zeitgeist surfte, kleidete sich wie Goethes melancholischer Protagonist in einem blauen Frack mit Messingköpfen, gelber Hose und Weste, braunen Stulpenstiefeln und einem runden Filzhut. Zusätzlich verkaufte eine damals schon existierende, florierende Merchandising-Industrie Teetassen und Keksschachteln mit aufgemalten Szenen aus dem Briefroman.

All das erinnert auf den ersten Blick ein wenig an das Kollektivverhalten von Teenie-Schulklassen, wenn die neue Girl-Group-DVD schwarz kopiert auf dem Schulhof kreist und wenig später nervöse männliche Lehrer zahlreichen Trägerinnen bauchfreier T-Shirts gegenüberstehen, denen die String-Tangas aus den Jeans blitzen. Schon haben die ersten Schulleiter, so liest man, neue züchtige Kleiderordnungen für Klassensaal und Pausenhof erlassen.

Gestörte Kleiderordnung

Dennoch hat sich der Markt der Moden seit Goethes Zeiten nochmals deutlich geändert, das zeigt nicht nur der Morrison-Madonna Vergleich. Vor allem hat sich das Angebot zu einem Supermarkt der Stile erweitert. Im einzelnen Klassenzimmer mag der Druck der Peer Group manchmal noch für eine gewisse Konformität sorgen. Spätestens auf der Straße geht selbst Fachleuten der Überblick verloren. »Die Jugendkulturen vermischen sich, man sampelt und remixt verschiedene Lebensstile zu einer Art Patchwork-Lebenskonstellation«, beobachtet der Bielefelder Pädagogikprofessor Wilfried Ferchhoff. Noch in den achtziger Jahren mussten sich Jugendliche lediglich entscheiden, ob sie Punk, Öko oder Popper werden beziehungsweise ganz durchschnittlich bleiben wollten. Mode und Weltanschauung korrespondierten einigermaßen verlässlich – der Müsli wählte zuverlässig grün und schlürfte grünen Tee im Ökoladen, der Popper provozierte mit seiner konservativen Haltung und Lacoste-Pullunder. Der eine studierte Germanistik, der andere BWL.

Das ist vorbei. »Nach diversen Retros, Crossovers und Neos insbesondere in den neunziger Jahren scheinen alle Musikrichtungen und Stile soweit ›durchgesampelt‹, dass authentisch Neues selten geworden und zudem nicht so ohne weiteres erkennbar ist«, resümiert der Leipziger Soziologe Dieter Rink und fährt besorgt fort: »Es wird zunehmend schwieriger, in diesem Bereich des Wertewandels neue Milieubildungen zu identifizieren. Die Individualisierung löst möglicherweise auch Milieus zunehmend auf und setzt an ihre Stelle noch fluidere Gebilde, die sich dem sozialwissenschaftlichen Zugriff zu entziehen drohen.« Ähnlich äußert sich das Autorenduo Michael Miersch und Dirk Maxeiner nach einem Gang durch die Fußgängerzone: »Was ist veraltet, was ist retro? Ist der Anzug dieses jungen Mannes angepasst streberhaft oder ironisch rebellisch? Hat jene junge Frau den Geschmack an der Garderobe abgegeben? Oder wurde ihr Outfit als provokative ›White-Trash‹-Pointe sorgfältig inszeniert? Fragen über Fragen.«

Diese Schwierigkeiten beim Entziffern des modischen Codes künden nicht von einer neuen Beliebigkeit in Stilfragen, sondern von einer zunehmenden Differenzierung, die sich auf fast alle Lebensbereiche erstreckt und sich immer noch beschleunigt. Die Parteistrategen etwa raufen sich die Haare, weil es kaum noch soziokulturelle Milieus gibt, die verlässliche Stammwähler produzieren. Vielmehr tendieren die Wähler dazu, die alten Links-Rechts-Fronten aufzulösen. Immer mehr Menschen betrachten Fragen der Politik, der Wirtschaft und des Lebensstils getrennt. So gibt es libertäre Neoliberale, die für das Menschenrecht auf Koks und Cannabis plädieren, traditionsbewusste, bayerische Kirchgänger, die in Umweltfragen den Öko-Anhängern nahe stehen, fremdenfeindlich-autoritäre Genossen im Ortsverband der Vorstädte und grüne Wirtschaftsliberale. Zu allem Überfluss beanspruchen die Wähler neuerdings das Recht, sich noch in der Wahlkabine umzuentscheiden und bescherten so den peinlich berührten Demoskopen bei den deutschen Bundestagswahlen 2005 ihre erste große Fehlprognose: Das Wahlergebnis wirkte verzettelt.

Ähnlich ratlos sind die christlichen Großkirchen, die es nicht mehr schaffen, das unter den Menschen vorhandene spirituelle Bedürfnis zu binden. Die religiöse Tradition, die jahrhundertelang das Dasein der Menschen bis in die Ehebetten hinein bestimmte, hat zumindest in Europa jede Selbstverständlichkeit verloren. Selbst der herkömmlich Gläubige muss sich für seine Haltung entscheiden, denn auch ihm stehen alle Optionen offen.

Gerade im religiösen Bereich basteln sich spirituell Suchende gerne ihre Weltanschauungen zusammen. Mag der Mix von Katholizismus und Zen noch funktionieren, schrecken real experimentierende Esoteriker vor wenig zurück. Sie reanimieren germanische Heidenkulte, tanzen als moderne Hexen bei Ritualen auf Waldlichtungen den vollen Mond an oder schmieden Christentum, Anthroposophie und Reinkarnation zu einer privaten Erlösungslehre zusammen. Manchen genügen ein paar Wochenendseminare, um zum Sufismus oder – wie Madonna – zur Kabbala zu konvertieren.

Solche Entscheidungen haben längst nicht mehr die Tragweite wie früher, denn sie betreffen ja nicht die ganze Person. In ständischen Gesellschaften gab es bekanntlich Identität nur im Set. Noch im Bayern der Nachkriegszeit übernahm der Sohn des Bauern in aller Regel fraglos den Hof vom Vater, blieb sein Leben lang katholisch wie alle im Dorf, ging am Sonntag in Tracht in den Gottesdienst und danach ins Wirtshaus, wo es die gleiche Schweinshaxe mit Kraut gab wie überall im Land. In seinen jüngeren Jahren ging er regelmäßig am Samstagabend zum Tanz – so wie alle anderen auch. Er heiratete in seinen Mittzwanzigern, bekam ein paar Kinder und kreuzte an jedem Wahlsonntag die Partei an, die die Berge erfunden hat und die der Pfarrer empfahl.

Heute spaltet sich die Identität in viele Rollen auf – je nachdem, ob sich jemand gerade im Beruf, in der Familie, in der Freizeit bewegt. Der 38-jährige Münchner Eventmanager macht ganz cool seinen Job und organisiert Empfänge und Podiumsdiskussionen, religiös hat er sich für den Diamantweg-Buddhismus entschieden. Er meditiert jeden Morgen vor der Arbeit eine Viertelstunde. Als Schüler und junger Student lief er als Palästinensertuchzausel auf Friedensdemos mit, mittlerweile ist er politisch bei der FDP angelangt. Das hat mit dem Steuerbescheid zu tun. In seiner Freizeit fährt er gern Rennrad. Seine Möbel: Retro-Siebziger, vor allen die Lampen sind braun-orangefarbene Scheußlichkeiten, die auf einem gehobenen Ironielevel jedoch akzeptabel sind. Kulinarisch steht er auf Sushi, obwohl ihm schwant, dass das bereits seit mehreren Jahren nicht mehr ganz hip ist. Vielleicht taugt das neue Restaurant am Ammersee etwas, bayerisch-asiatische Crossover-Küche. Die Fernbeziehung nach Basel ist gerade ein bisschen stressig. Man wird sehen. Zumindest sollte er mal wieder zum Friseur gehen.

Unter Scheren und Messern

Es liegt nicht allein an den Notwendigkeiten der Haarhygiene, dass sich an jeder Straßenecke in fortgeschrittenen Industriegesellschaften ein Friseur befindet. Den Kern der Sache hat der Bonner Friseur erfasst, der seinen Laden gewitzt zweideutig »Hauptsache Haar«

nennt. Wie wichtig es ist, zeigte die heftige Reaktion von Ex-Kanzler Gerhard Schröder, als Berichte umgingen, er töne sein ergrauendes Haar. Der Niedersachse wehrte sich per Gerichtsbescheid. Seitdem darf über die Farbechtheit des Politikerhauptes nicht mehr gemunkelt werden.

Haare sind das am schnellsten zu ändernde Merkmal der Identität, ähnlich wie Kleider lassen sie sich in unendlichen Variationen von Farbe und Form tragen, zugleich aber gehören sie zum Körper des Menschen. Das verleiht der neuen Frisur mehr Bedeutsamkeit als nur ein neuer Mantel. Kein Wunder, dass in allen traditionellen Gesellschaften bis hin zum Omo-Tal in Äthiopien strenge Haarordnungen herrschen. Dort bauen sich die Männer mit Lehm kunstvolle Frisuren, die den Schlaf nur überstehen, weil sie ihren Kopf in der Nacht auf speziellen hölzernen Nackenstützen ablegen.

Häufig verdeutlichten Haare oder ihre Imitate Status und Zivilstand. Im Frankreich Ludwigs XIV. zeigten ausgefeilte Perücken die Zugehörigkeit zum Adel an. Prompt rissen die Revolutionäre 1789 den Grafen und Fürsten die künstliche Haartracht herunter, häufig allerdings mit dem dazugehörigen Kopf. In Deutschland kam es noch in den sechziger Jahren zu Hetzjagden der Haartracht wegen. In Hamburg verfolgten Marinesoldaten Hippies oder Leute, die sie dafür hielten. Die Kurzhaarigen wollten den »Langhaardackeln« – so der Jargon – mit Gewalt die Mähne abschneiden. »Den Matrosen, dem täglichen Drill unterworfen, war der provokant zur Schau gestellte Freiheitsdrang offenbar nicht erträglich«, erklärt Nicole Tiedemann die Motive der Jäger. Die Kulturanthropologin vom Altonaer Museum untersucht, welche Bedeutung lange Haare in der Studenten- und Protestbewegung der sechziger Jahre und danach hatten.

Die Symbolkraft des Haares zeigt sich aber auch in den ganz alltäglichen Rites des Passages der Städter des 21. Jahrtausends. Immer noch kommen einst vollbärtige Männer nach einer Trennung von der Lebensgefährtin mit einer Vollrasur zurück ins Büro, steigen Frauen mit einer neuen Beziehung auf eine völlig andere Frisur um. Die wenigen Menschen, die sich für ein Leben als katholischer Mönch entscheiden, rasieren sich immer noch eine Tonsur, buddhistische Geistliche gleich den ganzen Kopf, während bei den Sadhus Indiens umgekehrt das wuchernde Haar für die Askese steht. Bei den Punks wiederum soll die knallbunte Stachelfrisur provozieren.

Doch es ist bezeichnend für die postmoderne Identität in den großen Städten des 21. Jahrhunderts, dass jene Stylingprodukte, Gels und Färbemittel am populärsten sind, die es erlauben, schnell von einem Ich zum anderen zu surfen: Haare als Werkstoff für die Metamorphosen der Nacht und des Wochenendes, unterstützt vom kosmetischen Angebot auf dem Schönheitsmarkt: vom blonden Gift auf der Party zur streng gekämmten Geschäftsfrau am nächsten Morgen, vom elegant zerzausten und gegelten Tänzer zum nüchternen Manager im Büro.

Haare haben kaum eine schützende oder wärmende Funktion. »Streng medizinisch sind sie nicht notwendig«, wundert sich Ronald Henns, Psychologe an der Universität Saarbrücken. »Aber es gibt immer mehr Hinweise, dass Menschen schon immer von Haaren besessen waren.« Eine unter menschlichen Primaten stets plausible Erklärung gibt der Humanethologe Karl Grammer vom Ludwig-Boltzmann-Institut für Stadtethologie in Wien. »Die Haare«, sagt er, »sind ein Mittel der sexuellen Kommunikation« – und zwar für Augen und Nase. Wenn in der Pubertät in den Achselhöhlen und an den Genitalien der Flaum sprießt, beginnen die Hautdrüsen mit der Produktion von Sexuallockstoffen. »Die Haare darum herum wirken wie Fächer, die den Duft in der Luft verbreiten«, erläutert Grammer. Wenn etwa eine Frau beim so genannten Hairflip den Kopf spielerisch in den Nacken wirft, eine typische Flirtgeste, wirkt nicht nur das optische Signal. Der Schopf wirkt auch wie ein Ventilator, der potenziellen Brutpartnern ihr Ich subtil unter die Nase reibt.

Die Signale dürfen gerne auch deutlicher sein. Seit Jahrhunderten unternehmen vor allem die Frauen, zunehmend auch die Männer, große Anstrengungen, um ihre optische Identität zu stylen, sprich: in ihren sexuellen und sozialen Tauschwert zu investieren. Ob Hautfarbe, Zahnverfärbung, Nasenform oder Busengröße, kaum ein naturgegebenes Körperdatum wird noch als gegeben akzeptiert. »Eine Industrie, die vom Sexualinstinkt angetrieben wird, wird immer florieren«, schreibt trocken das britische Wirtschaftsmagazin *The Economist* in einer Titelgeschichte über die globale Schönheitsindustrie und berichtet von den Martern der Vergangenheit: Im Mittelalter schluckten adlige Frauen Arsen und rieben sich mit Fledermausblut ein, um ihren Teint zu optimieren; Amerikanerinnen des 18. Jahrhunderts versuchten, sich mit dem warmen Urin kleiner Jungen die Sommersprossen aus dem Gesicht zu wischen; schon in viktorianischer Zeit ließen sich einige Ladies eine Rippe operativ entfernen, um die Wespentaille zu optimieren.

Geschätzte 160 Milliarden US-Dollar werden jährlich auf der Welt für Make-up, Haut- und Haarpflege, Parfum, Diätpillen, Fitnessclubs und kosmetische Chirurgie ausgegeben. Die Amerikaner investieren mehr Geld in ihre Schönheit als in ihre Bildung. Eine aktuelle Studie unter 10 000 adoleszenten US-Jugendlichen, publiziert in der Fachzeitschrift *Pediatrics*, berichtet, dass 8 Prozent aller Mädchen und 12 Prozent aller Jungen im vergangenen Jahr Hormone oder Nahrungsergänzungsmittel genutzt haben, um ihr Aussehen, die Muskelmasse oder die körperliche Leistungsfähigkeit zu verbessern. Dennoch wäre es falsch, darin nur Eitelkeit zu sehen. Wer in sein Aussehen investiert, darf mit Zinsen rechnen. »Attraktive Menschen (egal ob Männer oder Frauen) gelten als intelligenter und besser im Bett; sie verdienen besser und heiraten mit einer größeren Wahrscheinlichkeit«, schreibt der *Economist*. Also auch hier: Zwar wird heftig an der Identität gearbeitet, doch ist das nicht allein der Ausdruck des individuellen Narzissmus, sondern der Versuch, Anerkennung von anderen zu erhalten.

Hässlichkeit – oder auch nur durchschnittliche Attraktivität – wird als Schicksal nicht mehr akzeptiert. Nicht nur Kleidung und Aufmachung, sondern auch das biologische Schicksal gelten als Objekte des Selbstdesigns, gegebenenfalls freundlich unterstützt von den Skalpellen und Lasern der plastischen Chirurgie.

Grenzgänger zwischen den Geschlechtern

Schon längst ist auch die vermeintlich größte individuelle Gewissheit unter das Sperrfeuer des Dekonstruktivismus geraten, die Ansicht nämlich, dass Männer und Frauen einigermaßen klar zu unterscheiden seien. Hier lässt sich eine geschichtliche Entwicklung skizzieren, die mit einer Befreiung anfing und derzeit in allgemeiner Verwirrung endet. Der klassische Feminismus, so wie ihn die französische Philosophin Simone de Beauvoir in ihrem 1949 erschienenen Werk *Das andere Geschlecht* formulierte, dachte, vor allem stehe die soziale und politische Aufgabe im Mittelpunkt, der Frau die gleichen Rechte zu verschaffen wie dem Mann. Dennoch ging er von klaren biologischen Voraussetzungen aus: Wer mit den Geschlechtsmerkmalen einer Frau ausgestattet sei, der müsse mit Nachteilen rechnen. Gegen diese sei zu kämpfen

Diese zeitweise relativ geschlossene Front des Feminismus wurde plötzlich aufgebrochen, als Theoretikerinnen aus den eigenen Reihen forderten, zwischen »Sex« und »Gender« zu unterscheiden, also zwischen biologischem und sozialem Geschlecht. Großen Einfluss hatte zum Beispiel die Sozialwissenschaftlerin Carol Hagemann-White, die das Mann-Frau-Konzept zugunsten eines Kontinuums zwischen den Geschlechtern aufgeben wollte, denn diese seien nur »Symbole in einem sozialen Sinnsystem«.

Hagemann-White und ihre Mitstreiterinnen berufen sich dabei auf die Grenzgänger zwischen den Geschlechtern, die nach und nach nicht nur in der akademischen Öffentlichkeit bekannt wurden. Die Passauer Ethnologin Susanne Schröter etwa hat 2002 in ihrem Buch *FeMale* Institutionen des Gender Crossings aus den verschiedensten Kulturen vorgestellt, die nicht nur der katholischen Eheberatung seltsam vorkommen werden. Da gibt es die Xanith im Oman, eigentlich homosexuelle Männer, die in einer Kombination aus Frauen- und Männerkleidung sich stark parfümiert, geschminkt und mit grazilem Gang zwischen den Welten bewegen. Sie dürfen als einzige Gruppe in dem arabischen Land sowohl die normalerweise geschlossenen Frauengemächer als auch die öffentliche Sphäre der Männer besuchen.

In über 30 Gesellschaften Afrikas gibt es seit jeher die Institution der weiblichen Ehemänner. Diese übernehmen in Zweckgemeinschaften mit anderen Frauen die soziale Rolle des Mannes. Er/Sie hat einen Anspruch auf die Arbeitskraft und die Kinder der Frau, die von einem Liebhaber gezeugt werden. Im Balkan leben die »geschworenen Jungfrauen«, Personen weiblichen Geschlechts, die aber einen Männernamen tragen und sich ausschließlich und dezidiert wie Männer benehmen: Sie rauchen, trinken, tragen Waffen und nehmen an Jagd und Krieg teil.

Bekannter ist die Kaste der immerhin 1,2 Millionen Hirjas in Indien, manchmal geborene Hermaphroditen, in der Regel aber Männer, die sich aus sozialen oder sexuellen Motiven einer Lebensgemeinschaft unter Führung eines Gurus anschließen, Frauenkleider tragen, sich schminken, sich übertrieben weiblich bewegen und artikulieren. Sie lassen sich meist nach einer Übergangsphase kastrieren. Die in mancher Hinsicht ähnlichen »Travestis« in Brasilien, die meist von der Prostitution, gelegentlich auch vom Showbiz leben, legen dagegen großen Wert auf ihren Penis, bauen allerdings sonst massiv ihren Körper um. Sie formen Brüste und Hüfte mit injiziertem Silikon und schlucken weibliche Hormone.

Der Marburger Völkerkundler und Religionswissenschaftler Volker Beer berichtet, wie schwule, männliche Indianer die Probleme mit ihren konservativen, indianischen Gemeinden lösten, die hier eine unindianische, westlich-großstädtische Perversion vermuteten. Die Schwulen belebten deshalb ein Ritual wieder, das Beers Angaben zufolge früher in einem Viertel aller indianischen Völker Nordamerikas existierte. Wer sich als Heranwachsender mit seinem anatomischen Geschlecht unwohl fühlte, hatte die Möglichkeit, nach einem Ritual weder als Mann noch als Frau in einer Sonderrolle zu leben. In Anlehnung daran führten schwule Indianer mit Unterstützung von Ethnologen den Begriff »Two-Spirited People« ein, eine Übersetzung des Northern Algonkin-Wortes »niizh manitoag«. Es bezeichnete Menschen, von denen man annahm, dass sie sowohl eine männliche als auch eine weibliche Seele besäßen: Tradition gerettet.

In den sexuellen (Sub-)Kulturen des Westens geht es nicht einfacher zu. Für den durchschnittlichen Zeitungsleser ist die zunehmende Vielfalt der sexuellen Orientierungen nicht mehr zu durchschauen. An schwule Parteivorsitzende und lesbische Fußballspielerinnen hat er sich ja gewöhnt, von den Nöten der Transsexuellen hoffentlich mit Mitgefühl gehört, obwohl die Begriffe FTM (female to man) und MTF (man to female) schon weniger bekannt sind. Und dann all die unterschiedlichen Stadien der Transformation: Der transsexuelle

Mann mit hormonbedingten Brüsten, aber noch mit Penis. FTMs, die zwar mit einer Hormontherapie die Brüste verkleinert und die Klitoris vergrößert haben, aber vor der Phalloplastie – der häufig schlecht funktionierenden Penisnachbildung – zurückschrecken, also auch rein anatomisch irgendwo im Graubereich zwischen Mann und Frau stecken geliehen sind. Kaum ein schnöder Hetero kommt noch hinterher mit den feinen Inszenierungen der Transvestiten und der schwul-lesbischen Szene. Von Drag Queens hat man vielleicht schon mal gehört, von Drag Kings weniger. Und was bedeutet Bi, Butch, femme? Das wird kompliziert, konsultieren Sie die Fachliteratur.

Stattdessen hier noch einmal die tragische, mittlerweile vergessene Geschichte der spanischen Hürdenläuferin Maria Patino, die sich 1985 bei den World University Games im japanischen Kobe Chancen auf eine Medaille ausgerechnet hatte. Nachdem die Weltöffentlichkeit den begründeten Verdacht hatte, dass Ostblockstaaten Männer unter Frauenlabel antreten lassen, um möglichst viele Goldmedaillen einzuheimsen, war bereits Ende der sechziger Jahren bei vielen Spitzenwettkämpfen der Grundsatz eingeführt worden, dass die weiblichen Athletinnen vor dem Startschuss nackt an einem Gynäkologenteam vorbeimarschieren mussten. Um diese entwürdigende Prozedur zu beenden, wurde ein Test eingeführt. Die Frauen mussten nur noch einen Schleimhautabstrich von der Innenseite ihrer Wangen abliefern. Unter einem Hochleistungsmikroskop wurde dann nach den Chromosomen geschaut: Zwei X-Chromosomen bedeutet Frau, ein X-Chromosom Mann – so wie es in jedem Biologiebuch steht. Als Patino den Test zurückbekam, wurde sie nach einigen Querelen aus der spanischen Nationalmannschaft hinausgeschmissen. Sie sei, so hieß es, ein Mann. Niemand interessierte sich für ihre Brüste und ihre Scheide und dass sie ein Leben lang als Mädchen und Frau gelebt hatte. An Chromosomen gibt es zumindest aus biologischer Sicht nichts zu deuten.

Tatsächlich litt die Sportlerin unter einem seltenen Defekt, der etwa eines von 20 000 männlichen Embryos trifft, dem so genannten Androgen Insensitivity Syndrome (AIS). Normalerweise tragen Feten bis zur sechsten Schwangerschaftswoche die Anlage für beide Geschlechter in sich, erst dann lassen die XX- oder XY-Chromosomenpaare die weiblichen oder männlichen Geschlechtsorgane wachsen. Den AIS-Betroffenen fehlen Rezeptoren für die männlichen Hormone, sodass die äußeren Geschlechtsorgane nicht ausgebildet werden. Sie kommen als vermeintliche Mädchen auf die Welt, haben aber männliche Erbanlagen und Hoden im Körperinnern. Ärzte zählen Dutzende solcher intersexuellen Störungsbilder, je nachdem welche Chromosomen, Hormone oder Enzyme versagen oder fehlgesteuert sind.

Man kann sich lange darüber streiten, ob man sich Patino als Mann oder Frau vorstellen muss. Doch der Fall zeigt, dass geschlechtliche Identitäten nicht so eindeutig abgrenzbar sind, wie man meist denkt. Geschlechtlichkeit ist auch etwas Inszeniertes, gerade wenn es um Flirt, Sex und Erotik geht. Besonders deutlich wird das jedem, der sich in die Foren und Chats des Internets begibt.

Virtuelle Identitäten

Da trifft der etwas schüchterne, 23-jährige Berliner Elektrotechnikstudent Florian im Chat-Room die nette 19-jährige Abiturientin Julia. Sie flirten immer wieder online, Florian ist ganz begeistert von den leicht frivolen Nachrichten der nach eigenen Angaben hübschen Brünetten. Er beginnt, sich zu verlieben. Als er nach Wochen mit ihr telefonieren möchte, stellt sich heraus, dass Julia ein 47-jähriger Mann war, der einen Witz gemacht hatte. Florians Schmerz und Scham ist echt.

Jeder Zeitungsleser kennt diese Geschichten, die in den schlimmsten Fällen mit Mord und Vergewaltigung enden. Medienpsychologin Nicola Döring von der Technischen Universität Illmenau berichtet von Gerüchten, wonach sich in den einschlägigen Foren hinter 80 Prozent der Frauennamen männliche Internet-Nutzer verbergen, wirklich wissen kann das niemand. Manche US-Colleges verteilen an männliche Studenten Hilfetexte, wie sie die Geschlechtsidentität von vermeintlich weiblichen Usern überprüfen könnten: etwa mit Fragen nach spezifisch weiblichem Wissen über typische Höschengrößen und Monatshygiene. Ob es da nicht eher zu virtuellen Ohrfeigen kommt?

Psychologin Döring plädiert dennoch dafür, in den Maskeraden des Cyberspaces auch Chancen zu sehen: »Indem Personen etwa eine idealisierte virtuelle Identität annehmen, die gängigen Schönheitsidealen und Attraktivitätsnormen entspricht, fühlen sie sich ermutigt und legitimiert, jene kontaktfreudigen, abenteuerlustigen oder erotischen Selbstaspekte zu artikulieren, die ihnen in Offline-Szenarien etwa aufgrund ›geringen Marktwertes‹ oder sozialer Stereotype nicht zugebilligt werden.«

So könnte etwa ein älterer Experte für Computerspiele allein mit seiner Kompetenz in einem einschlägigen Forum punkten. In einer Face-to-Face-Situation mit den Computerkids hätte er keine Chance. Ein depressiver Manager könnte sich in einer Psycho-Mailingliste ohne Angst vor Enthüllung über seine Krankheit austauschen und sich schließlich zu ihr bekennen. Schwul-lesbische Jugendliche auf dem Lande könnten über den Zwischenschritt des virtuellen Coming outs dann auch im realen Leben zu ihrer sexuellen Identität finden: Das Internet dient als Geburtshelfer des Ichs.

Der virtuelle Raum stellt unseren herkömmlichen Authentizitätsbegriff in Frage, weil er sich nicht an den vordergründigen, sozialstatistischen Daten des Ichs festmacht. Alter, Geschlecht, Herkunft und Aussehen treten zurück zugunsten desjenigen, was dem jeweiligen Selbst wichtig ist. Der Cyberspace ist ein Labor, in dem wir experimentieren und unser Selbst neu erfinden und testen können. »Gerade in spät- oder postmodernen Gesellschaften, in denen universale Lebenskonzepte abgedankt haben und Menschen mit diversifizierten und individualisierten Umwelten und Lebenswegen konfrontiert sind, bietet der Umgang mit virtuellen Identitäten ein ideales Lern- und Entwicklungsfeld für Selbsterkundung und Identitätsarbeit«, resümiert Döring. Bleibt die Frage, ob dies nur eine frohe Botschaft ist, denn diese Ich-Konstruktion muss auch ins reale Leben überführt werden.

Das erschöpfte Selbst

Auf den ersten Blick scheinen die Risiken beim Spiel mit der Identität gering, zumal zum Wesen dieses modernen Individualismus die stete Revidierbarkeit aller Entscheidungen gehört – egal, ob es um Mode, Weltanschauung, Studienfach oder Lebensgefährten geht. Jahrelange Treue gibt es noch am ehesten gegenüber manchen Automarken, schon weniger bei anderen Konsumartikeln. Immer kürzere Produktzyklen gerade bei digitaler Ware erleichtern den Wechsel. Liebesbeziehungen geraten häufig dann unter Stress, wenn es um die gemeinsame Wohnung, ums Heiraten und Kinderkriegen geht. Viele vermeiden die Festlegung, um sich alle Optionen offen zu halten. Könnte ja noch was Besseres kommen.

Es ist eine Tragikkomödie der Geschichte und das Dilemma der postmodernen Identität: Da wurde das Ich jahrtausendelang unterdrückt, befreit sich in langen Kämpfen, macht sich dann auf die Suche nach seinem Selbst und entdeckt verdutzt, dass es sich einfach nicht entscheiden kann. Manchen führt das in die Depression.

Die Situation erinnert ein wenig an die Ossis, die nach dem Mauerfall das erste Mal in das Westberliner KaDeWe gelangten, um sich unbedingt ein Paar toller Schuhe zu kaufen. Sie stießen auf Verkäuferinnen, die Auskunft wollten: Rind- oder Wildleder? Lack oder aufgeraut? Business, sportlich oder elegant? Boots, Schnürschuhe oder Slipper? Schwarz, braun oder gewagt bunt? Italienischer Schick, englische Eleganz oder ironisch einfach? Viele verließen das Kaufhaus mit leeren Händen.

Der Psychologe Barry Schwartz vom Swarthmore College nahe Philadelphia widerspricht in seinen empirischen Studien daher der Behauptung, dass Autonomie, Kontrolle über das eigene Leben und Wahlfreiheit notwendigerweise zum Glück führten: »Die freie Wahl kann aber zum Fluch werden, wenn wir zu viel davon haben.« Dabei ginge es nicht nur um die Mühen der Entscheidung, sondern auch um die Verantwortung für das Ergebnis. In westlichen Konsumgesellschaften ist jeder für die Scheußlichkeit seiner Schuhe selbst verantwortlich. Ähnliches gilt für seine Identität.

Das Ich im dritten Jahrtausend ist frei wie nie. Die Starken blühen auf, andere ächzen unter seiner Last. Wo Traditionen keinen verbindlichen Weg mehr zeigen und kein gesellschaftlicher Zwang den Menschen seinen Platz zuweist, wird aus der Chance zur Selbstverwirklichung eine anstrengende Pflicht. Diese war noch zu bewältigen, als die meisten Menschen im Beruf zumindest eine Kernidentität fanden, die häufig ein Leben lang andauerte. Immer noch lautet die erste Frage an den unbekannten Partygast: »Und was machst Du so?«

In Hartz-IV-Gesellschaften mit Massenarbeitslosigkeit und prekären, diffusen Beschäftigungsverhältnissen stammeln immer mehr Menschen bei der Antwort. Dabei geht es gar nicht primär um die soziale Absicherung, sondern um das Selbstwertgefühl. Ein bisschen zynisch klingen da die Ratschläge von Lebenszeitprofessoren, die Menschen mögen sich doch bitte im kreativen und sozialen Bereich neue Identitäten organisieren. Viele sind damit überfordert. »Die Karriere der Depression beginnt in dem Augenblick, in dem das disziplinarische Modell der Verhaltenssteuerung, das autoritär und verbietend den sozialen Klassen und den beiden Geschlechtern ihre Rolle zuwies, zugunsten einer Norm aufgegeben wird, die jeden zur persönlichen Initiative auffordert: ihn dazu verpflichtet, er selbst zu werden«, schreibt der Pariser Soziologe Alain Ehrenberg. »Der Depressive ist (...) erschöpft von der Anstrengung, er selbst werden zu müssen.«

Einen möglichen Ausweg übersieht Ehrenberg allerdings. Er geht davon aus, dass jeder Mensch seine Situation einigermaßen realistisch einschätzt. Das nächste Kapitel wird zeigen, das dies nur bedingt stimmt. Vor allem im autobiografischen Rückblick hat das Ich starke, das Selbst stabilisierende Fähigkeiten entwickelt: Es fälscht sich seine Vergangenheit zurecht.

Kapitel 6

Erfundene Erinnerungen

Das Gedächtnis fabuliert von
der Geschichte unseres Lebens

Vor seinem schweren Unfall saß Udo Dedering im Rollstuhl. Danach konnte er wieder gehen – dafür hatte er sein Gedächtnis verloren. »Das klingt wie ein Wunder«, sagt er, »aber für mich ist es nichts Besonderes, laufen zu können. Denn ich habe keinerlei Erinnerung daran, wie es war, als ich noch im Rollstuhl saß. Ich kenne mich nur laufend.«

Der Mann ohne Vergangenheit

Der 3. Juni 1991 teilte Dederings Leben in ein Vorher und ein Nachher. Graue Wolken am Himmel, grün angestrichener Winter in Deutschland. Dedering war mit seinem Auto von Hannover nach Hamburg auf der Autobahn unterwegs, Regen prasselte auf die Windschutzscheibe. Als ein Wagen unvorhersehbar ausschert, verliert der damals 32-Jährige die Kontrolle über sein Fahrzeug und rast mit hoher Geschwindigkeit in die Leitplanken. Der Unfallgegner flüchtet, Dedering erleidet schwerste Verletzungen. Einen vierfachen Schädelbruch, Hirnquetschungen und -blutungen, Knochenbrüche sowie einen Abriss der Bauchaorta. Traumatische Schädel-Hirn-Verletzungen, sagen die Ärzte.

Das erste Wunder ist, dass der zierliche Körper des Mannes dort auf der Straße überlebt, obschon sein Ich weitgehend ausgelöscht wird. Das zweite Wunder ist, dass er aufstehen und laufen kann, als er nach sechs Wochen aus dem Koma erwacht. Zwar leidet er weiterhin an der Muskelkrankheit Multiple Sklerose, die ihn vor dem Unfall an den Rollstuhl band. Doch sein Körper hat das offenbar genauso vergessen wie die fast 33 Jahre seines früheren Lebens. Udo Dedering hat sein Gedächtnis verloren. Nicht einmal Mutter, Vater und seine zwei Jahre jüngere Schwester Edda erkennt er mehr. »Jeder um mich herum war mir fremd. So, als hätte ein schlechter Mensch alles aus meinem Gehirn radiert«, beschreibt er seine Gefühle.

Der Film, der einst sein Leben war und den er beliebig vor und zurückspulen konnte, zeigt nur noch Rauschen. Seine Jugendliebe: nicht mehr existent. Der erste Kuss: wie gelöscht. Freunde und prägende Begegnungen, die Trennung von seiner Freundin: im Nebel des Vergessens versunken. Ohne sein Gedächtnis waren die meisten Erlebnisse, die ihn bis zu seinem Unfall geprägt hatten, wie storniert. Sein Erfahrungsschatz war wertlos, weil nicht mehr abrufbar. Er musste sein Leben von vorn beginnen.

Selbst einfachste Tätigkeiten wie Waschen, Zähneputzen und sich die Kleider anzulegen, waren Dedering nicht mehr möglich – er wusste nicht mehr, wie er sie auszuführen hatte. Als er das Krankenhaus verlassen durfte, war er hilflos wie ein Kind. »Er konnte weder lesen noch schreiben, und wenn man ihm eine Banane gab, wollte er die Schale essen«, erklärt sein Vater. Für die Familie begann eine schwere Zeit.

Der Sohn hatte nicht nur keine Erinnerung mehr an die Ereignisse von früher, er hatte – auch wenn das schwer fällt zu glauben – selbst seine Gefühle vergessen. Zu Hause, unter der Obhut von Vater, Mutter und Schwester, benahm er sich wie ein Fremder. »Ich musste erst wieder Stück für Stück lernen, eine Beziehung zu den Menschen aufzubauen, die sich für meine Familie ausgaben. Im Gegensatz zu den kleinen Dingen des alltäglichen Lebens kann man Liebe nicht wieder lernen«, musste der heute 48-Jährige erfahren. Irritiert von dem Verhalten ihres Sohnes, trieb seine Angehörigen zudem die ständige Sorge um, ihm könnte etwas zustoßen. Denn wenn Udo allein das Haus verließ, geriet er in Gefahr, sich zu verlaufen und nicht mehr zurückzufinden. Wie sich zeigte, hatte er nicht nur seine Erinnerungen verloren, ihm fiel es auch schwer, sich neue Inhalte einzuprägen. In einer unbekannten Umgebung konnte er sich nur sehr eingeschränkt orientieren. Wie soll man wissen, ob man im Kreis läuft, wenn man Wegmarken wie das Straßenschild, den Bäcker, die Ampel oder die

Form der Bäume bereits vergessen hat, sobald sie vorüber sind? Da half nur eines: Seine Familie musste Udo Dedering 24 Stunden am Tag betreuen.

Bei dem tragischen Unfall wurden sowohl jene Gedächtnissysteme verletzt, die für die Speicherung als auch für den Abruf von Informationen zuständig sind. Die Wissenschaftler sprechen hierbei von anterograder und retrograder Amnesie. Dieser in die Zukunft und in die Vergangenheit gerichtete Gedächtnisschwund gehört zu den schwersten Störungen der Archivfunktion unseres Gehirns. Einen Schlüssel, einen Namen, einen Termin, einen Geburtstag oder eine Geheimnummer zu vergessen, kann mehr oder weniger gravierende Folgen haben. Doch erscheinen die Erinnerungslücken, die jeden hin und wieder im Alltag plagen, wie ein Luxusproblem im Vergleich zu dem umfangreichen Verlust, den der Patient Dedering hinnehmen musste. Wir erleben die Erinnerung zwar oft launenhaft wie einen »Hund, der sich hinlegt, wo er will«, wie der niederländische Schriftsteller Cees Nooteboom bildhaft vergleicht. Doch das Gedächtnis leistet weitaus mehr, als uns nur daran zu erinnern, wo die Brille liegt oder wie Goethes Gretchenfrage lautet und was sie bedeutet.

Alles, was den Menschen ausmacht – Sprache, Denken, Kultur oder Erkenntnis – beruht auf der Fähigkeit, Erinnerungen abzuspeichern und abzurufen. In nahezu jeder Sekunde unseres Alltags greifen wir auf Wissen zurück, das wir zuvor erworben haben. Motorische Abläufe wie Gehen, Fußball- oder Klavierspielen haben wir als Kinder geübt. Später denken wir nicht mehr darüber nach, und die Finger gleiten wie von selbst über die Tasten oder die Beine schießen den Ball ins Tor. Wenn wir nach einer Tasse greifen und sie zum Mund führen, koordinieren fest gespeicherte Bewegungsprogramme die feinsten Bewegungen.

Das Wunderwerk der 100 Milliarden Nervenzellen in unserem Kopf erlaubt es uns, eine Schrift zu lernen, mit deren Hilfe sich diese Zeilen hier lesen und verstehen lassen. Dass ein mehrjähriges verholztes Gebilde im Deutschen Baum heißt und wie Baum ausgesprochen wird, scheint ebenso selbstverständlich in unserem Kopf verankert, wie die Tatsache, dass diese Pflanze eine Rinde hat, in die man seinen Namen ritzen kann. Sowie Blätter, die nach frischem

Grün riechen, wenn man sie zerreibt. Und dass die Aussage »Buchen sollst du suchen« sich zwar reimt, aber bei einem Gewitter mit drohendem Blitzschlag keinen guten Ratschlag darstellt. Wir merken uns Bilder und Vorgänge, die lange zurückliegen, etwa die Geschehnisse vom letzten Urlaub. Wir wissen in der Regel wann etwas war und wie es uns dabei erging. Wir können aus Erfahrung klug werden. Und die Jahrmillionen der Evolution haben uns fest darauf geeicht, dass wir uns vor dem gespannten Zischen einer Schlange oder dem aggressiven Gebrüll eines Mitmenschen besser in Acht nehmen und zurückweichen sollten.

Gedächtnis ist zwar in unserem Gehirn angesiedelt, aber es ist weitaus älter als der Mensch und sein undurchschaubares Denkorgan. Es war schon in der Welt, als der Homo sapiens noch eine ferne Zukunft war. Einfachste Lebewesen, etwa Bakterien, besitzen Merkfähigkeit, weil sie diese zum Überleben benötigen. Biologen konnten beobachten, dass die Mikroorganismen sich gezielt in Richtung einer Futterquelle fortbewegen können. Sie haben also die Fähigkeit, fortlaufend die Konzentration einer Nährsubstanz zu messen, diese Werte zu speichern und anschließend miteinander zu vergleichen. Daraus ist ersichtlich, dass das Gedächtnis schon in seinen Anfängen mit der Geruchswahrnehmung verknüpft ist – was die Beobachtung erklären könnte, dass Menschen, die über einen ausgeprägten Geruchs- oder Geschmackssinn verfügen, meist auch eine gute Merkfähigkeit besitzen. In der Liebe schließlich führt die Nase die beiden Partner unweigerlich zusammen. Nach dem Geschlechtsakt zappeln männliche Spermien auf dem Weg zur weiblichen Eizelle, indem sie sich an Lockstoffen orientieren. Ohne Gedächtnis wären also grundlegende Lebensprozesse unmöglich.

»Gedächtnis«, fasst Hans Markowitsch von der Universität Bielefeld, einer der weltweit renommiertesten Wissenschaftler auf dem Gebiet, zusammen, »ermöglicht uns, in der Welt selbstständig zu bestehen.« Der Psychologe untersucht eine ganze Reihe von Patienten, die wie Udo Dedering ihr Gedächtnis verloren haben. Darunter ist ein Mann, der nach Sibirien reiste, ohne einen Grund dafür angeben zu können. Ein weiterer wollte am Morgen zum Bäcker und fuhr mit dem Fahrrad von seinem Wohnort im Ruhrgebiet bis nach Frankfurt am Main – auf dem Weg vergaß er nicht nur den Namen seiner Frau und wer er selbst war. Ihm entfiel auch, dass er an Asthma und Allergien gelitten hatte und war geheilt.

Für die Struktur des menschlichen Bewusstseins ist ein weiteres Phänomen von Bedeutung, das nach Ansicht vieler Physiker nicht real, sondern eine Erfindung des Gehirns ist: die Zeit. Das Gedächtnis gliedert den scheinbar kontur- wie endlosen Strom der Ereignisse und teilt die Handlungen einer Person in eine Vergangenheit, eine Gegenwart und eine Zukunft. Es sagt uns – das mag banal klingen, ist aber aus der Sicht des Gehirns keine ganz einfache Aufgabe –, dass unser Ich über seine Erlebnisse hinweg eine einzige Person ist. Dass im Skiurlaub gewesen zu sein, ein Auto gefahren zu haben, vor dem Fernseher gesessen zu sein, nicht einzelne, unabhängige Tätigkeiten verschiedener Personen waren, sondern dass immer ein Ich und zwar dasselbe Ich es war.

Geradezu unmenschlich ist es, sein autobiografisches Gedächtnis zu verlieren. Doch Udo Dedering ist ein Optimist und kann dem durchaus etwas Positives abgewinnen, dass er heute nicht mehr weiß, was gestern war. »Es lebt sich ganz gut so«, erklärt er, »ich wache morgens ohne die Belastungen vom Vortag auf, wie ein weißes Blatt.« Den bohrenden Fragen entkommt er deswegen nicht. Seine Mitmenschen wollen wissen, wer er war und wer er ist. Und er begreift, dass sie das erfahren wollen. Er will es selbst auch wissen. Er sucht seine Identität.

Udo Dedering, der Mann, der sich selbst vergessen hat, kennt sein früheres Ich nur aus zweiter Hand. Er findet es in Fotoalben und in den Geschichten, die andere über ihn erzählen. Immer wieder erkundigt er sich bei seiner Familie nach seiner eigenen Vergangenheit, seinen Beziehungen, Begebenheiten aus der Kindheit.

Ein schwieriges Unterfangen, denn oft vergisst er umgehend wieder, was er gehört hat. Daneben weiß er, dass sein früheres Leben durch solche detektivische Recherche höchstens aus der Sicht rekonstruierbar sein wird, die andere auf ihn hatten, Udo als Er. Mit seinem Selbstbild, dem Udo als Ich, muss das Fremdbild nicht unbedingt übereinstimmen. »Die Erzählungen anderer sind ein schlechter Ersatz für eigene Erfahrungen, aber besser, als gar nichts von sich selbst zu wissen«, so Dedering.

Die Suche nach dem Selbst wird dadurch erschwert, dass sich Udo nach dem folgenreichen Unfall verändert hat – aus der Sicht seiner Familie zumindest. »Er verlor einen Großteil seiner Identität«, berichtet sein Vater. Zwar ist Udo optimistisch und lebensfroh wie eh. Und zur Verblüffung auch der Ärzte spricht er Englisch, als hätte es nie einen Unfall gegeben. Sein Vater erinnert sich, wie der Patient auf einer Parkbank sitzend sich mit einer Amerikanerin unterhielt, »als sei das selbstverständlich«. Doch seine Geduld habe er verloren, so Dedering senior. Er sei nun impulsiver, und alles gehe ihm zu langsam voran. Vor dem Unfall ärgerten sich die Eltern oft über Udos Unordentlichkeit und seine Unpünktlichkeit. Das sei wie weggewischt, Udo nunmehr ein Musterbeispiel an Verlässlichkeit. Selbst seine Abneigung gegen bestimmte Speisen hat der Gedächtnispatient verloren. »Er isst jetzt Eintopf, den er früher so sehr hasste, dass er lieber hungrig blieb.«

Sein Leben hat Dedering gemeistert. Über mehrere Jahre hinweg absolvierte der Patient bei einer Mitarbeiterin von Hans Markowitsch ein umfangreiches Training: Mit Hilfe von Computerprogrammen schulten die Therapeuten die Aufmerksamkeit und das Gedächtnis des Patienten. Sie zeigten ihm, wie er seinen Alltag und seine Umwelt strukturieren kann, um besser zurechtzukommen. Die Betreuer rieten ihm dazu, schriftliche Gedächtnisstützen wie einen Kalender oder gelbe Klebezettel zu nutzen, um sein Leben zu organisieren. Will er sich an Vergangenes erinnern, schlägt er einfach in seinen Aufzeichnungen im Tagebuch nach. Geht er einkaufen, legt er in seiner Phantasie die zu besorgenden Lebensmittel an überraschenden und damit sehr einprägsamen Stellen seiner Wohnung ab – eine schon in der Antike bekannte Merktechnik namens Loci-Methode. Milch steht dann auf der Toilette, Bananen hängen an der Wohnzimmerlampe, grüne Bohnen liegen auf dem Kopfkissen, Brot im Spülbecken, die ganze Wohnung ist in Gedanken eine einzige Einkaufsliste. »Bananen an der Lampe«, schmunzelt Dedering, »das vergesse ich nie.« Das will etwas heißen.

Er liest viel, Bücher, Zeitschriften, Zeitungen, hört Jazz und spielt Saxophon. Er kocht gerne, auch wenn er manchmal vergisst, welche Gewürze er schon zugegeben hat. Er hat eine Freundin gefunden, die sich mittlerweile daran gewöhnt hat, dass ihm gemeinsame Erlebnisse nach kürzester Zeit wieder entfallen sind. Er wohnt in Leipzig, arbeitet dort bei der Lebenshilfe. Und er will die Hoffnung nicht aufgeben, sich mehr merken zu können und das Gefängnis der Gegenwart in seinem Kopf zu überwinden. Vielleicht wurde deswegen »Der Panther« von Rainer Maria Rilke zu seinem Lieblingsgedicht, das er immer wieder liest und aufsagt.

Zwei Jahre brauchte Udo Dedering, um die insgesamt zwölf Zeilen des Gedichtes auswendig zu lernen. Acht Tage pro Wort.

Die Großmutter in der Zelle

Wie das Gehirn seine erstaunlichen Leistungen vollbringt, faszinierte schon die Denker der Antike. Man stellte sich vor, dass der Kopf gleichsam eine Wachstafel beherberge, eine formbare Masse, in die ein Griffel eine Information ritzen kann, das so genannte Engramm oder Erinnerungsbild. Eine weitere Metapher beschrieb das Gedächtnis als eine Art Schatzkammer, Palast und Magazin. Das Einprägen von Information und das anschließende Abrufen wurden bereits als zwei getrennte Vorgänge angesehen. Jedoch galt die »ars memorativa«, die Kunst des Sich-Erinnerns nicht unbedingt als etwas durch die Geburt Gegebenes, sondern als eine Fähigkeit, die es zu schulen und zu entwickeln galt, etwa im Rahmen der Rhetorik.

Aristoteles (384–322 vor Christus), der Philosoph, Naturforscher und Lehrer Alexanders des Großen, traf bereits eine Unterscheidung zwischen verschiedenen Formen des Gedächtnisses, ähnlich der modernen psychologischen Forschung. Er konstatierte, dass die Erinnerung an autobiografische Ereignisse weitaus komplexer sei als etwa das sture Aufsagen auswendig gelernten Wissens, etwa von Vokabeln oder geographischen Fakten.

Interessant ist, dass sich die antiken Gelehrten den Vorgang des Speicherns und Erinnerns bereits als einen wahrnehmenden, also kognitiven Akt vorstellten, der immer mit einer materiellen Veränderung des Menschen einhergehe. Die heutige Molekularbiologie bestätigt diese Anschauung und kann bis ins Detail beschreiben, welchen Umbauprozessen unser Gehirn und damit das Ich durch die Erfahrungen, die es in jedem Augenblick macht, unterworfen ist.

Mit dem Aufkommen der modernen Medizin spielten Patienten und ihre Defizite bei der Erforschung des Gedächtnisses eine entscheidende Rolle. Denn unser hoch komplex arbeitendes Erinnerungsvermögen lässt sich am besten analysieren, wenn es Fehlleistungen produziert. Im Jahr 1880 beschrieb der russische Neurologe Sergej Sergejewitsch Korsakow (1854–1900) einen Mann, der sich nichts Neues mehr merken konnte – gleich, ob es sich um Gesichter, Vorgänge oder gelesene Information handelte –, dessen Altgedächtnis aber intakt war. »Er macht den Eindruck eines Menschen, der seiner Geisteskräfte vollständig Herr ist. Nur nach längerer Unterhaltung kann man bemerken, dass der Kranke von Zeit zu Zeit die Begebenheiten außerordentlich durcheinander mengt, nichts von dem, was um ihn her vorgeht, im Gedächtnis behält: Er erinnert sich nicht, ob er gespeist hat, ob er aus dem Bett aufgestanden ist. Manchmal vergisst der Kranke sofort wieder, was mit ihm geschehen ist: Man ist zu ihm eingetreten, hat mit ihm geredet, hat sich auf eine Minute entfernt, und wenn man dann wieder zu ihm hereinkommt, so hat er keine Ahnung davon, dass man schon bei ihm gewesen ist. Derartige Kranke können mitunter stundenlang ein- und dieselbe Seite lesen, weil sie das Gelesene absolut nicht im Gedächtnis behalten. Bemerkenswert ist jedoch hierbei die Tatsache, dass die Kranken, die alles vor kurzem oder soeben Stattgefundene vergessen, sich der früheren Begebenheiten, welche vor ihrer Erkrankung vorgefallen waren, gewöhnlich ganz gut entsinnen. Aus der Erinnerung entschwindet meistenteils dasjenige, was seit der Erkrankung und ganz kurz vorher stattgefunden hat.«

Patienten mit dem Korsakow-Syndrom erzählten oft wirre Geschichten, sie konfabulieren. Das heißt, sie glauben sich an Vorgänge zu erinnern, die es nicht gegeben hat. Und sie tendieren dazu, die zeitliche und räumliche Orientierung zu verlieren. Später stellte sich zwar heraus, dass diese von Korsakow beschriebenen Symptome keineswegs eine rätselhafte Ursachen hatten, sondern durch dauerhaften und massiven Alkoholmissbrauch zustande kamen, der ganze Gehirnteile absterben ließ. Doch Korsakow hatte mit seinen Fallbeschreibungen bereits grundlegende Differenzierungen des Gedächtnisses getroffen, die im Gehirn verschiedenen biologischen Strukturen entsprechen. Eine davon, das anterograde Gedächtnis übernimmt die Speicherung neuer Inhalte. Eine andere, das retrograde Gedächtnis, ist mit dem Abruf alter Informationen beschäftigt. Das Wissen davon, etwas zu wissen, die Archivfunktion des Gehirns, ist ein weiteres Teilsystem des Gedächtnisses. Es arbeitet manchmal sogar besser als der eigentliche Inhaltsspeicher und vermittelt dann das Gefühl, dass uns »etwas auf der Zunge« liegt, das uns jeden Augenblick einfallen soll, »FOK« im verbreiteten englischen Fachjargon, »Feeling of Knowing«.

Sehr aufschlussreich ist eine Begebenheit mit einer Korsakow-Patientin, die der französische Nervenarzt Edouard Claparède (1843–1940) schildert. Die Frau konnte sich ebenfalls kurz nach einer Begegnung nicht mehr an diese erinnern. Das änderte sich, als der Arzt eine Stecknadel zwischen seinen Fingern versteckte und ihr wie jeden Morgen die Hand zum Gruß gab. An den unangenehmen Stich erinnerte sich die Frau offenbar, denn am nächsten Tag weigerte sie sich, dem Doktor die Hand zu reichen. Einen Grund dafür konnte sie nicht nennen. Der Apparat, der die Erinnerungen mit Emotionen färbt und beispielsweise Warnflaggen hebt, wenn Gefahr droht, arbeitete bei der Patientin uneingeschränkt, seine Inhalte drangen jedoch nicht ins Bewusstsein vor.

Markowitsch und sein Kollege Endel Tulving von der Universität von Toronto in Kanada untergliedern das Gedächtnis des Menschen in fünf Untersysteme:

- Das Priming-Gedächtnis. Es beeinflusst unser Verhalten nicht selten, ohne dass wir dies bewusst wahrnehmen würden. Wir greifen dann gerne Gründe aus der Luft, geben vor, wir hätten keine Lust oder irgendetwas gefalle uns an einer Idee, Person, Situation gut – oder eben nicht so gut. Vor allem die Werbeindustrie setzt in ihren Anzeigen und Spots auf das Priming, um uns zum Kauf eines Produktes zu verführen. »Priming«, so Hans Markowitsch von der Universität Bielefeld, »bezieht sich auf eine höhere Wahrscheinlichkeit des Wiedererkennens von Reizen, die man zu einem früheren Zeitpunkt unbewusst wahrgenommen hat.«

- Das prozedurale Gedächtnis. Dies speichert und steuert motorische Prozeduren oder Abläufe, die etwa zum Gehen, Essen, Klavierspielen oder Treppensteigen benötigt werden.
- Das perzeptuelle Gedächtnis. Perzeption bedeutet sinnliche Wahrnehmung, diese Form kategorisiert also zum Beispiel die Wahrnehmung einer Kirsche und ordnet sie der sprachlichen Bezeichnung *Kirsche* zu.
- Das Faktengedächtnis oder Wissenssystem. Es bildet das Archiv für nicht mit Gefühlen verbundene Informationen, zum Beispiel dass die Winkelsumme eines Dreiecks 180 Grad beträgt oder Rom die Hauptstadt Italiens ist.
- Das episodische oder autobiografische Gedächtnis. Hier sind die meist mit Emotionen verknüpften Begebenheiten des eigenen Lebens abgelegt. Beispielsweise das Ich im Urlaub, beim Wanderausflug oder beim Arbeiten. Diese Form ist die biologisch am besten entwickelte und erlaubt dem Ich, über sich selbst nachzudenken, gibt ihm das oft beängstigende Wissen um die Endlichkeit des Daseins und macht geistige Zeitreisen in die Vergangenheit und die Zukunft möglich.

Es ist bei dieser Gliederung wichtig zu beachten, dass sie eine beschreibende ist. Sie erfüllt also zuerst einen Zweck, nämlich den, eine gute Grundlage für die tägliche Arbeit von Ärzten und Psychologen in der klinischen Praxis darzustellen, und ist keine endgültige Kategorisierung. So begnügen sich manche Psychologen mit einer einfachen Unterscheidung zwischen explizitem (oder deklarativem), also erklärbarem und bewusst zugänglichem, und implizitem (oder nicht deklarativem), also unbewusstem Gedächtnis. Das phyletische Gedächtnis zum Beispiel ist dasjenige, das wir von der Evolution geerbt haben. Wir müssen nicht erst lange nachdenken und überprüfen, ob eine Giftschlange oder vor Urzeiten ein Säbelzahntiger gefährlich ist oder war und ob wir besser umgehend die Flucht ergreifen – wir kommen mit diesem Wissen zur Welt. Dieser Mechanismus beeinflusst selbst unser ästhetisches Empfinden. So wählten Menschen über alle Kulturkreise hinweg das Motiv »Blick über den See mit einem freien, flachen Stück Ufer davor« zum beliebtesten Bild weltweit – vermutlich, weil es einen möglichen sicheren Lebensraum mit genug Nahrungsressourcen darstellt. Eine weitere Kategorisierung ist zum Beispiel das Intentionsgedächtnis. Es beschreibt den Speicher für Absichten, der so lange aktiv bleibt, bis die Intention in die Tat umgesetzt werden kann.

Zeitliche Kriterien zugrunde legend, unterscheiden Wissenschaftler zwischen Langzeit- (es umfasst alle fünf Systeme der Markowitsch/Tulving-Gliederung), das Kurzzeit- und das mittelfristige Gedächtnis. Letzteres speichert Informationen für mehrere Tage. Das Kurzzeitgedächtnis dagegen hält nur Sekunden bis zu etwa 30 Minuten vor und hilft uns beispielsweise beim Lesen einer Textpassage oder eines Satzes, und es merkt sich eine Telefonnummer, die wir nur einmal ablesen, sie anschließend eintippen und in der Regel umgehend wieder vergessen – es sei denn, die Information gewinnt eine größere Bedeutung und wird ins Langzeitgedächtnis übernommen. Das Arbeitsgedächtnis, ein aus der Computerwissenschaft geliehener Begriff, bezeichnet die Inhalte, die sich zu einer gegebenen Zeit im Bewusstsein befinden und so als Grundlage einer Entscheidung dienen.

Im Augenblick ist für das Verständnis der verwirrenden Bezeichnungen vor allem eines wichtig: Es existiert keine einheitliche, also die wissenschaftlichen Disziplinen überspannende Theorie des Gedächtnisses – die Soziologie, die Psychologie, die Medizin und die Neurobiologie haben, grob gesprochen, jeweils ihre eigene.

Noch vor wenigen Jahrzehnten gab es unter Forschern heftige Diskussionen darüber, wie die rätselhafte Masse in unserem Kopf Inhalte festschreibt. Dabei spielte für die Wissenschaftler stets und spielt auch heute noch die Suche nach einem Ort eine besondere Rolle. Die antike Vorstellung von der Wachstafel fand ihre moderne Entsprechung in so genannten Gedächtnisschubladen. Dieser Vorstellung zufolge ist jede Person, jeder Gegenstand, jedes Raumbild, schlichtweg jede Information jeweils in einer einzelnen oder einer Gruppe von Nervenzellen eingraviert oder repräsentiert. Eine erste Landkarte des Gehirns veröffentlichte der deutsche Neurologe Karl Kleist (1879–1960) im Jahr 1934 – also nur wenige Jahre, nachdem auch die letzten unbekannten Regionen und Länder der Erde von

Entdeckungsreisenden für den Westen erkundschaftet worden waren. Kleist untersuchte etwa 1 600 Soldaten, die während des Ersten Weltkriegs eine Kugel- oder Schrapnellverletzung am Kopf davon getragen hatten, und ihre Ausfallerscheinungen. Aufgrund seiner Arbeiten konnte er angeben, wo in der Großhirnrinde des Menschen der Sitz für das Wiedererkennen von Namen oder Melodien, die Wahrnehmung von Farben, des Ortsgedächtnisses, des Verständnisses für Fragen der Moral und mehr lag. Ebenfalls der Mode der Zeit entsprechend verglich der Brite Charles Sherrington (1857–1952) das Gehirn mit einer Telegrafenstation.

Beginnend mit den siebziger Jahren des 20. Jahrhunderts erlebte die Idee von den Gedächtnisschubladen einen Aufschwung, als Neurophysiologen in den ersten Verarbeitungsebenen des Gehirns von Säugetieren tatsächlich Zellen entdeckten, die ausschließlich auf klar definierte Reize reagierten, etwa einen Ton bestimmter Frequenz oder eine senkrechte Linie im Gesichtsfeld. Rätselhaft blieb weiterhin, wie die komplexe und ungemein flexible menschliche Wahrnehmung funktioniert. Für das Erkennen eines Objektes mag eine Zelle ja genügen, aber wie kann, so die Kritiker, die endliche Zahl der Neuronen im Gehirn ausreichen, um die endlose Informationsmenge der Welt mit ihrer verschachtelten Struktur aufzunehmen? Gegner der Theorie bezeichneten die postulierten Zellen etwas geringschätzig als »Großmutterneuronen«. Eine andere Idee proklamierte demgegenüber die Hologramm-Theorie: Alle Inhalte seien über das gesamte Gehirn verteilt und ließen sich entsprechend überall wiederfinden.

Heute gilt die 1:1-Zuordnung von Außenwelt und Nervenzelle als ebenso überholt wie das Bild vom Hologramm. Die Neurowissenschaftler gehen davon aus, dass das Gedächtnis aus einem konkreten, über das gesamte Gehirn verteilten Netzwerk besteht. Selbst einfachste Aufgaben führen zu einer veränderten Aktivität in weitaus mehr Regionen des Gehirns, als Kleist mit seinen anatomischen Studien feststellen konnte. Die Lern- und Gedächtnisspur bildet sich, wenn sich Kontakte zwischen den Nervenzellen aufgrund von Erregungsmustern verändern – was schon der kanadische Psychologe Donald Hebb (1904–1985) im Jahre 1949 vermutet hatte. Inspiriert von den berühmten Pawlowschen Experimenten zur Konditionierung von Hunden, erschloss er intuitiv, dass Verbindungen zwischen solchen Nervenzellen gestärkt werden, die gleichzeitig zusammen erregt sind – so lautet die Hebbsche Regel. Jeder Vorgang des Erkennens und Erinnerns hinterlässt das Gehirn also in einem anderen Zustand. Die Nervenzellen verändern ihr Verschaltungsmuster nachhaltig, kappen nicht mehr benötigte Verbindungen, knüpfen andere und ermöglichen so erst das Wunder der Erinnerung. Die molekulare Maschinerie dahinter haben Wissenschaftler wie der in Wien geborene amerikanische Neurobiologe und Nobelpreisträger Eric Kandel von der Columbia University in New York in faszinierendem Detail entschlüsselt.

Eine Meeresschnecke offenbart die Gedächtnisspur

Es erschien in den siebziger Jahren vielen Forschern als Hybris, die molekularbiologischen Grundlagen des Gedächtnisses erforschen zu wollen. Sie schienen viel zu kompliziert zu sein. Doch Kandel, der ein fröhlicher Optimist ist und lachen kann wie das Pferd von Lucky Luke im Comic, wählte für seine Untersuchungen genau das richtige Tier aus: eine Meeresschnecke namens Kalifornischer Seehase oder, im Fachjargon, Aplysia. Der altgriechische Name bedeutet »Verschmutzung«, und tatsächlich gehört das braune, gelappte und bis zu dackelgroße Weichtier nicht zu den Schönheiten. Doch Aplysia hat einen wunderbaren Vorteil: so einfach, wie sie von außen erscheint, ist sie auch im Inneren. Der Seehase hat nur rund 20 000 Nervenzellen, die tausendmal größer sind als etwa menschliche Neuronen und sogar mit dem bloßen Auge erkennbar. Jede Zelle sitzt bei jedem Tier an derselben Stelle, und sie sind untereinander immer nach dem gleichen Muster verknüpft, sodass sie sich sogar in einem Schaltplan beschreiben lassen. Dennoch beherrschen die Tiere die einfachsten Formen des Lernens: Sie gewöhnen sich an Dauerreize (Habituation), lassen sich sensibilisieren und konditionieren. Und die molekularen und zellulären Vorgänge bei der Gedächtnisbildung unterscheiden sich beim Seehasen, bei Insekten, bei Mäusen und vermutlich bei

Menschen nicht wesentlich – ansonsten wären Kandels Arbeiten ein origineller, aber nutzloser Zeitvertreib geblieben.

Rund 100 Nervenzellen genügen dem Zwitter, um zum Beispiel den so genannten Kiemenreflex zu erlernen. Damit durch die Atemorgane frisches, sauerstoffreiches Wasser strömt, reckt das Tier seine Atemröhre wie einen Fühler aus. Berührt sie der Wissenschaftler mit einem Instrument, zieht der Seehase die Röhre ruckartig unter seinen Schutzmantel zurück. Nach wiederholten Berührungen bleibt der Reflex jedoch aus, man kann sagen, die Schnecke hat gelernt, sich an den Reiz gewöhnt, sie ist, in der Sprache der Verhaltensforscher, habituiert. Kandel konnte zeigen, dass die Gewöhnung auf chemischen Veränderungen von Proteinen in den Wänden der Nervenzellen beruht, und hatte so gleichzeitig einen molekularen Mechanismus für das Kurzzeitgedächtnis entdeckt. Denn die Habituation verschwindet innerhalb von wenigen Minuten nach dem Ende der Reizungen wieder – die Schnecke hat sie vergessen, wenn man es so ausdrücken will.

Selbst eine einfache Form von Langzeitgedächtnis etabliert sich bei dem Meerestier. Klopften die Wissenschaftler fünfmal kurz nacheinander heftig auf den Schwanz, erinnerte sich die Schnecke noch Tage später an die Schläge und zog ihre Atemröhre schon bei zarteren Kontakten zurück. Je länger die Reizung dauerte, desto länger behielt Aplysia den Rückziehreflex bei. Der Gedächtnis-Mann konnte zeigen, dass dieses Verhalten auf einer Stärkung der Verschaltungen zwischen den einzelnen Nervenzellen beruht. Speichert das Gehirn Informationen über einen langen Zeitraum, verändert es die Kontaktstellen zwischen den Neuronen, die so genannten Synapsen. Entweder verstärkt es die bestehenden Kontaktknöpfchen oder bildet neue aus.

Lernen und Gedächtnis beruht auf der fortwährenden Veränderung der Nervennetzwerke. Bahnen, die gebraucht werden, knüpft das Gehirn stärker aus, mit der Folge, dass die Gedächtnisspur, die einst nur ein Trampelpfad war, zu einem Schnellweg oder gar einer Autobahn werden kann. Nicht benötigte Verbindungen lichtet das molekulare Räderwerk aus – oder baut sie ganz ab. Und weil jede Art der Wahrnehmung mit Lernen und Gedächtnis zu tun hat, weil uns immer wieder etwas widerfährt, das in unserer Erinnerung haften bleibt, befindet sich das Gehirn in einem pausenlosen Umbauprozess. Ja, man muss sagen, sein fortwährender Wandel ist das wichtigste Kennzeichen unseres Denkorgans. »Das Gehirn, das man diese Woche hat, ist ein anderes, als es letzte Woche war. Die Gedächtnisspur ist eine dynamische Sache«, erklärt Joe Tsien, Neurobiologe an der Princeton University südlich von New York, an der einst auch Albert Einstein arbeitete.

Kandel gelang es dank seiner hässlichen Meeresschnecken, weit in die im Dunkeln der Winzigkeit liegenden materiellen Ereignisse der Gedächtnisbildung zu leuchten. Er schaffte es sogar, die riesigen Aplysia-Nervenzellen außerhalb des Körpers in Kulturschalen zu züchten. So konnte er beweisen, dass Lernen und Einprägen – Vokabeln, Namen, Gesichter, Episoden – sehr umfassend in die molekularen Abläufe einer Zelle eingreift. Sich zum Beispiel eine Telefonnummer zu merken, zieht materielle Veränderungen im Gehirn nach sich, die sich bis in den Kern der Nervenzellen auswirken und dort veranlassen, dass der molekulare Apparat der Zelle neue Proteine produziert. Denn wenn die Forscher die Eiweißsynthese bei Versuchstieren – Aplysia, Fruchtfliegen und später auch Mäusen – vorübergehend im Experiment künstlich unterbanden, konnte sich zwar ein Kurzzeitgedächtnis, nicht jedoch ein Langzeitgedächtnis ausbilden.

Am Anfang des Gedächtnisses stehen die mannigfaltigen Informationen aus der Umwelt. Egal, ob Auge, Ohr, Nase, Zunge, Gleichgewichtsorgan, Tast-, Temperatur- oder Schmerzsensoren in der Haut – alle unsere Sinne übersetzen die einströmenden Daten zunächst in elektrische Signale, die so genannten Aktionspotenziale. Diese Erregung breitet sich entlang der Nervenfasern aus und gelangt in das Gehirn. Das heißt: Die graue Masse im Inneren unseres Kopfes lebt in völliger Dunkelheit. Von all dem, was in der Welt um uns herum vorgeht, erfährt sie nur in Form elektrischer Entladungen.

Treten dieselben Reize gehäuft auf – ein Sprachschüler lernt zum Beispiel eine Vokabel –, startet im Inneren der die Gedächtnisspur bildenden Neuronen eine Kaskade von Ereignissen: Die Aktionspotenziale führen dazu, dass Ionen des Minerals Kalzium über spezielle Kanäle in die Zelle eindringen. Die Mineralien wirken wie Boten und aktivieren einerseits weitere Kanäle in der Zellwand, sodass diese leichter erregbar werden. Andererseits lässt der Kalziumeinfluss über verschiedene Zwischenschritte die Konzentration eines Moleküls namens zyklisches Adenosin-Monophosphat ansteigen (die Abkürzung der in den Labors weltweit gebrauchten englischen Bezeichnung lautet cAMP). Dieses wiederum wirkt über einige Zwischenschritte bis in den Kern der Nervenzelle, wo das CREB-Protein aktiviert wird (das Akronym steht für *c*AMP *r*esponsive *e*lement *b*inding protein). CREB löst die Produktion von Proteinen aus, ist also ein aktivierendes Eiweiß, das in der Nervenzelle das Programm für »Lernen« einschaltet.

Die neu gebildeten Proteine können ihrerseits bewirken, dass die beteiligten Nervenzellen über den Aufbau neuer Synapsen anders oder stärker miteinander verschaltet werden. CREB und cAMP sind sehr wichtige Regulatoren des Gedächtnisses – auch wenn die Forscher das molekulare Räderwerk noch nicht völlig verstanden haben, das es uns erlaubt, Telefonnummern oder eine Web-Adresse zu memorieren –, aber sie sind nicht die einzigen. Gefragt, wie viele Gene aktiv sein müssen, um im Zusammenspiel Gedächtnis zu erzeugen, antwortet Tim Tully vom idyllisch am Meer gelegenen Cold Spring Harbor Lab östlich von New York: »Für solch ein komplexes Verhalten sind Hunderte von Genen erforderlich. Weil wir erst wenige entdecken konnten, haben wir noch viel Arbeit vor uns.«

Tully, Kollege und gleichzeitig Konkurrent Kandels, wurde wegen seiner Arbeit mit Taufliegen bekannt, die unter seiner wissenschaftlichen Obhut ein fotografisches Gedächtnis entwickelten. Normalerweise benötigen die Insekten der Gattung Drosophila Dutzende von Flügen, um sich in einem dreidimensionalen Labyrinth die Lage einer Futterquelle mit Zucker merken zu können. Nach einem gentechnischen Eingriff, das sie sehr viel CREB produzieren ließ, sank deren Vergesslichkeit drastisch: Den neuen Taufliegen genügte ein einziger Flug, um sich den Weg zum Zucker für immer zu merken.

Insekten sind nicht sehr eng mit dem Menschen verwandt, und so wäre durchaus denkbar, dass im Oberschlund- und Unterschlundganglion der Gliedertiere ganz andere Mechanismen am Werk sind. Doch auch bei Mäusen – Säugetiere wie der Homo sapiens – verbesserte das Drehen an der Stellschraube CREB das Gedächtnis. Diesmal jedoch veränderten Tully und seine Mitarbeiter den Organismus nicht durch einen gentechnischen Eingriff dauerhaft, sondern sie verabreichten den Mäusen einen so genannten CREB-Verstärker gleichsam als Medikament. Und die Gedächtnisdroge führte auch bei den Säugern zu dem von den Forschern erhofften Ergebnis: Während einer Visite von dreieinhalb Minuten prägten sie sich im Detail sämtliche Objekte in einem neuen Käfig ein. Ohne chemische Merkhilfe benötigen sie dazu normalerweise mindestens 15 Minuten. Die Wissenschaftler bemessen dies daran, ob und wie lange eine Maus am darauf folgenden Tag einen zuvor nicht präsenten Gegenstand im Käfig beschnüffelt, ihn folglich wie bekannt oder unbekannt behandelt. »Nach unserer Erkenntnis erhöhen eine ganze Reihe von Substanzen die Fähigkeit einer normalen Maus, sich an neue Objekte zu erinnern«, erklärt Tully. »Es ist keine Frage ob, sondern nur wann vergleichbare Mittel für den Menschen auf den Markt kommen.«

Die lernfreudigen Mäuse gelten als Meilensteine auf dem Weg zu Medikamenten, die das Denkvermögen verbessern. Wann das sein wird, vermag im Augenblick niemand zu sagen. Doch schon jetzt sind mehrere Dutzend Präparate in der Erprobung, die Senioren mit leichten Merkschwächen, geistig Behinderten und Schlaganfallpatienten oder solchen, die an der Alzheimer- oder der Parkinsonerkrankung leiden, helfen könnten, ihre Lebensqualität zu verbessern. Die vor allem im Westen rasant alternde Gesellschaft wird die Zahl der Betroffenen stark erhöhen. In Deutschland leben Schätzungen zufolge 1,6 Millionen Menschen mit Gedächtnisstörungen, die Mehrheit älter als 50 Jahre, etwa 1,2 Millionen sind hierzulande an Alzheimer erkrankt. Die forschenden Unternehmen – darunter einige junge Start-up-Firmen wie zum Beispiel Memory Pharmaceuticals (Mitbegründer: Eric Kandel) oder Helicon Therapeutics (Mitbegründer: Tim Tully) – wittern einen Milliardenmarkt. Sie untersuchen jedoch nicht nur Substanzen, die CREB verstärken, sondern ebenso CREB-Hemmer. Schließlich umfassen die unkontrollierbaren Launen des Gedächtnisses nicht nur das ungewollte Vergessen, sondern auch das ungewollte Erinnern, etwa von traumatischen Erlebnissen. Auch Patienten, die Gewalttaten, Misshandlungen, Folter und womöglich sogar Trauer nicht verarbeiten können, versprechen die Gedächtniswissenschaftler Hilfe. »Unsere vorklinischen Studien deuten darauf hin, dass der CREB-Hemmer bereits gebildete traumatische Erinnerungen selektiv blockieren dürfte«, erläutert Tully von Helicon.

Bis die neue Memo-Welt Wirklichkeit wird, haben die Forscher noch einige Arbeit vor sich. Zum Beispiel: Wie sind die Nebenwirkungen? Wie kann ein Erlebnis »wissen«, ob es vergessen werden soll oder nicht? Was, wenn statt der Erinnerung an einen schrecklichen Unfall die Erlebnisse vom ersten Schultag ausgelöscht werden? Oder umgekehrt, wenn statt der Physikformel die Farbe des Jacketts des Lehrers haften bleibt? Darauf wissen die Forscher bislang keine Antwort. »In unseren Experimenten funktionierten die Pillen bei allen Inhalten, auch bei solchen, die nicht emotional beladen waren. Es handelt sich also um allgemeine Gedächtnisverstärker. Aber wie sollen wir das genau wissen? Wir können ja die Mäuse nicht fragen«, erklärt Kandel, spürbar ratlos angesichts der noch trüben Perspektiven.

Schließlich ist damit zu rechnen, dass auch Gesunde die Präparate für sich entdecken, denen die – tatsächliche oder vermeintliche – eigene Vergesslichkeit ein Dorn im Auge ist. Wo ein Heilsversprechen ist, lassen meist auch die Kunden nicht lange auf sich warten. Manager, die nachts an einer Präsentation arbeiten und am nächsten Morgen dennoch frisch und konzentriert vortragen möchten. Schüler oder Studenten, die ihre Vorbereitungszeit für eine Prüfung zu verkürzen oder zu optimieren wünschen. Oder Militärs, die über ihr Personal, ob Pilot oder Infanterist, am liebsten rund um die Uhr verfügen wollen, ohne Nickerchen oder Vergesslichkeiten im Einsatz befürchten zu müssen. Schon heute testet die US-Luftwaffe, ob ihre Flugzeugführer mit dem Alzheimermedikament Donepezil schneller denken können. Kritiker wie Arthur Caplan, Bio-Ethiker an der Universität von Pennsylvania in Philadelphia, erkennen bereits die Morgenröte des Zeitalters der »kosmetischen Neurologie« am Horizont.

Die Molekularbiologie wird es in Zukunft erlauben, nicht nur Patienten bei solchen Gebrechen oder Schwächen zu helfen, die in den Medizinlehrbüchern beschrieben sind. Ziel ist – um im Bild zu bleiben – eine Schönung der Gehirnleistungen. Diese unterliegen, wie kosmetische Korrekturen, weniger einer ärztlichen Diagnose, sondern ganz persönlichen Wünschen, Vorlieben und Bedürfnissen. Oder umgekehrt: In bester Krankmachermanier definieren Industrie, Ärzte und Apotheker im Verbund normale, also individuelle Variationen eines Verhaltens in solche um, die als pathologisch gelten und einer Behandlung bedürfen. So könnte die »kognitive Dysfunktion« bald in die Liste der zu therapierenden Krankheiten aufgenommen werden.

Ein Beispiel ist die explosionsartig zunehmende Zahl der Verschreibungen von Ritalin zur Behandlung von Hyperaktivität bei Schülern. Das Medikament ist neuerdings auch bei Managern beliebt, die trotz Stress im Job einen kühlen Kopf bewahren und konzentriert bleiben wollen. An US-Colleges und Universitäten sollen Schätzungen zufolge bis zu 16 Prozent der Studenten das Mittel nehmen. Auch Eishockeymannschaften, so ist zu hören, schlucken die Pille. Verlässliche Zahlen, auch für Deutschland, sind jedoch nur sehr schwer zu bekommen. Umsatzrekorde feiert weltweit außerdem das Präparat Vigil, vermutlich weil es in dem Ruf steht, dass man damit nächtelang durcharbeiten kann. Zugelassen ist das Medikament zur Behandlung der Schlafkrankheit Vigil, was an sich schon verwunderlich ist, denn daran leiden in Deutschland nicht mehr als etwa 40 000 Patienten, und normalerweise nimmt die Pharmaindustrie nicht die enormen Kosten für die Entwicklung eines Medikamentes auf sich, wenn nur wenige Menschen zu den möglichen Abnehmern zählen. Hier setzen die Unternehmen also ganz gezielt auf den späteren Einsatz als Lifestyle-Medikament, als kognitive Droge für Manager, Studenten oder gar Schüler unter Leistungsdruck. Verkaufsrenner sind ebenso Präparate der Pflanze Ginkgo biloba. Den Extrakten wird nachgesagt, das Gedächtnis zu fördern. Ihre Wirkung ist allerdings nicht bewiesen und geht vermutlich nicht über die von Koffein in einer Tasse Kaffee hinaus.

Die Beispiele zeigen vor allem eines: In der Gesellschaft wird das Bedürfnis zunehmend größer, zu verbessern, was zu schlecht ist, auszumerzen, was unerwünscht ist – sei es nun ein Übermaß an Aktivität, schlechte Laune, aggressives Verhalten, Vergesslichkeit oder ungewollte Erinnerungen. Dabei sind zahlreiche gesellschaftliche

Fragen noch ungelöst. Wie etwa steht es mit der Chancengleichheit in der Schule: Gelten Prüfungsergebnisse, die mit einem Denkverstärker zu Papier gebracht wurden? Muss auch schwächeren Schülern unter Berufung auf deren »Freiheit der Kognition« das Recht auf bessere Noten zugestanden werden? Was ist normales Verhalten, und wer legt es fest? Auch Fragen der rechtlichen Verantwortlichkeit sind berührt. Müssen geistige Höchstleistungen, etwa bei den alljährlich stattfindenden Gedächtnisweltmeisterschaften, ähnlich wie im Sport künftig mit dem stillen Vorwurf leben, mit Hilfe von Manipulation erbracht worden zu sein? Und haben Überlebende einer Katastrophe oder eines Krieges gegenüber den folgenden Generationen nicht die Pflicht, sich zu erinnern? Nur das Gedenken an leidvolle Ereignisse bewahrt Staaten und Individuen davor, immer wieder die gleichen Fehler zu begehen. Nur in der Erinnerung an Gräueltaten und Terror, Armut und Hunger, kann es gelingen, dass sich die Gesellschaft vom Krieg als politisches Instrument insgesamt verabschiedet.

Die Bio-Ethiker des US-Präsidenten, die sich mit solchen Fragen beschäftigen, wenden sich vor allem gegen die Pille, die schmerzhafte Erfahrungen aus der Vergangenheit verblassen lässt. Die Menschen, sagen sie, würden ihres Ichs beraubt. Eric Kandel, der Gedächtnis-Mann, der mit seiner Familie von den Nazis aus der Heimat Wien vertrieben wurde, denkt anders. »Was wir durchgemacht haben, war gering, verglichen mit dem, was die in die Konzentrationslager verschleppten Juden erlebten. Wer extreme seelische Blessuren davon getragen hat, dem würde ich zu Pillen raten. Niemand kann von anderen verlangen, für die Allgemeinheit zu leiden.« Wenn Pillen jedoch die Schwelle senken, an der eine Gesellschaft oder ihre Mitglieder bereit sind, Gewalt anzuwenden, dann ändert sie unser kulturelles Lernen und dann sollte ihr Einsatz sehr streng reglementiert werden.

Im Augenblick weiß keiner, wie weit Einzelne gehen werden, um dauerhafte Eigenschaften oder vorübergehende Launen zu manipulieren. Und ob die Gesellschaft das Gehirn mit dem Sitz der Persönlichkeit als schützenswerter ansehen wird als etwa schief stehende Zähne oder eine krumme Nase. Legt man jedoch als Maßstab zugrunde, wie unzufrieden viele Menschen mit ihrem äußeren Erscheinungsbild sind und wie großzügig zu weitreichenden operativen Eingriffen bereit, wird es wohl nur eine Perspektive geben: Auf dem Weg zu einem schöneren, besseren Ich wird der Mensch auch vor Einflüssen auf sein Gehirn nicht Halt machen. Er wird dieses Netz der Neuronen, vielmehr deren vermeintliche Beschränkungen und Makel, abstreifen wollen, wie einen Anzug, der aus der Mode gekommen ist. Er wird einen neuen wünschen, einen immer besseren und einen immer schöneren.

Tsunami statt Traumstrand

Es gibt Ereignisse, deren Umstände vergessen wir nie. Während die meisten wohl kaum noch wissen dürften, was sie am 11. September 2005 oder 2003 oder 2002 machten, werden sie über das gleiche Datum 2001 viel zu erzählen haben. Wann und wo und wie und mit wem sie sahen und hörten oder sich sorgten, als wuchtige Passagierflugzeuge in die beiden Türme des World Trade Centers von New York einschlugen und Menschen auf grausame Art starben. Ähnlich die Tsunami-Katastrophe in Südasien. Während wir Weihnachtsfeiertage sonst mit Plätzchengeruch oder Familiengezänk verbinden, erscheint für den 26. Dezember 2004 ein klares Bild vor dem inneren Auge: wie das Meer auf das Land rollt, wie Menschen sich vor einer Flut zu retten versuchen, die Häuser, Autos und alles Gerät mit sich reißt. Wie das Fernsehen zeigt, wie aufgeblähte Körper am Strand liegen.

Jede Generation und jede Kultur hat ihre eigenen Erinnerungsbilder, und immer sind es solche, die extrem starke Gefühle provozieren: Ältere, welche die Schrecken des Zweiten Weltkriegs als kleine Kinder durchlebten und oft Flucht, Vertreibung, den Verlust von Vater, Mutter oder Geschwister erlitten, sind noch heute Gefangene ihrer Erlebnisse. Bereits bei der Nennung bestimmter Jahreszahlen brechen manche in Tränen aus, oft ohne die Ursachen dafür zu kennen. Der Arzt und Psychoanalytiker Hartmut Radebold, der die im Schatten der Nazi-Gräuel lange völlig unbeachtet gebliebenen Traumata der Kriegskinder untersucht und zu therapieren versucht, weiß noch genau, wie seine Mutter erfuhr, dass sein Vater tot war:

»Sie erstarrte, ihr Haar ist völlig weiß geworden; sie hat in ihrem Leben nie mehr geweint.«

Es sind natürlich nicht nur negative Ereignisse eines Lebens, die sich den Menschen dauerhaft einprägen – diese werden nur häufiger Gegenstand von gravierenden Traumata oder Komplikationen, mit denen sich Wissenschaftler und Ärzte beschäftigen und die somit Eingang in die Literatur finden. Auch positive Geschehnisse verankern sich unauslöschlich im Gedächtnis: der erste Flug, das erste Mal Meer sehen, Urlaubserlebnisse, ein Kuss der großen Liebe, die Geburt eines Kindes, ein toller Erfolg im Sport oder möglicherweise eine Beförderung. Und nicht selten wird Jahre später und im immer wieder erfolgenden Rückblick vieles verklärt.

Berühmt ist eine Blitzlicht-Erinnerung, wie manche Psychologen die Eingebungen nennen, die der Schriftsteller Marcel Proust in seinem Roman *Auf der Suche nach der verlorenen Zeit* schildert. Charles Swann, der Protagonist, trinkt entgegen seiner Gewohnheit eine Tasse Tee und tunkt ein Stück Madeleine ein, ein Sandtörtchen. In der gleichen »Sekunde« zuckt er zusammen, ein »unerhörtes Glücksgefühl« durchströmt ihn. Er erinnert sich plötzlich und zum ersten Mal wieder an die Sonntagmorgen seiner Kindheit, als ihm seine Tante Leonie gewöhnlich jene Madeleines mit schwarzem oder Lindenblütentee anbot. Immer wieder kostet er von dem Getränk, um nach dem Rätsel zu tasten, das sich so unerwartet in dem Sinneseindruck auftat. Doch mit jedem Schluck scheint »die geheimnisvolle Kraft des Trankes« nachzulassen. Er kommt zu der wunderbaren Erkenntnis: »Es ist ganz offenbar, dass die Wahrheit, die ich suche, nicht in ihm ist, sondern in mir.«

Die Wahrheit, das Rätsel von Gefühlen und Erinnerung, der Prousts Held so empfindsam auf der Spur war, konnten Forscher etwas näher einkreisen, wenn sie diese auch nicht komplett zu finden vermochten. So spielen ganz generell die durch Gefühle im Körper freigesetzten Glücks- oder Stresshormone eine entscheidende Rolle bei der Bildung des Gedächtnisses. Freudige Ereignisse setzen Dopamin, Serotonin und körpereigene Opiate frei, negative Erlebnisse überfluten den Körper dagegen mit Adrenalin oder Cortisol. Die Folgen sind für beide Gefühlspole gleich: Die Hormonausschüttung hat zur Folge, dass das Gehirn die gleichzeitig erlebten Eindrücke festschreibt. Wir prägen uns also ein, was uns besonders gefällt oder missfällt, ohne dass wir darauf einen Einfluss hätten.

Wer sich an einer schönen, gelben Orchideenblüte innig erfreut, wird sich deren Namen auch dann leichter merken, wenn dieser unaussprechlich ist. Wer Autos liebt, kann die Typenbezeichnungen oder Heckpartien memorieren, die für andere völlig nichtssagend sind. Gefühle bilden das Unterscheidungskriterium der Neuronen für Wichtiges und Unwichtiges, zu Memorierendes und wertlose Durchlaufposten im unendlich fließenden Informationsstrom des täglichen Lebens. Der Mechanismus ist seit Urzeiten am Werk und schützt uns vor Gefahren. Trafen wir jemals in der Savanne auf dem Weg zu einer Wasserstelle auf ein wildes Tier, werden wir uns daran erinnern und die Route in Zukunft vermeiden. Ähnliches gilt noch heute für eine Straßenkreuzung, an der wir eine gefährliche Situation erlebt haben. Die Stresshormone, die den Körper auf die Flucht schicken oder Situationen vermeiden lassen, bewirken auch, dass wir uns die auslösende Situation gut merken. Dies ließ sich in Tierversuchen recht eindeutig belegen.

Spritzen Wissenschaftler Ratten das Stress verursachende Hormon Adrenalin direkt, nachdem sie etwas gelernt hatten, so prägen die Tiere sich die gelernte Situation besser ein. Der Versuchsansatz funktionierte auch beim Menschen. Jim McGaugh von der Universität von Kalifornien in Irvine und sein Kollege Larry Cahill präsentierten zwei Gruppen von Versuchspersonen eine emotionale und eine eher neutrale Version einer Geschichte von einem Rad fahrenden Jungen. Einmal besucht der Bub mit seiner Mutter den in einem Krankenhaus arbeitenden Vater. In der anderen wird er auf dem Rad angefahren und mit dem Krankenwagen in die Klinik transportiert, in der sein Vater praktiziert. Nachdem sie zugehört hatten, erhielten beide Gruppen eine Injektion: Der ersten wurde ein Adrenalinblocker verabreicht und der zweiten ein Placebo – das ist eine Substanz, die keine Wirkung entfaltet, also zum Beispiel eine Salzlösung oder eine Pille aus Mehl. Diese Strategie wenden Forscher an, um psychische Beeinflussungen des Experiments zu verhindern. Ergebnis: Die mit dem Placebo behandelten Probanden behielten von der emotionaleren

Version im statistischen Durchschnitt mehr Einzelheiten. Für diejenigen, die einen Adrenalinblocker erhalten hatten, ergab sich zwischen beiden Varianten kein Unterschied. Sie erinnerten sich so gut oder vielmehr schlecht, als hätten sie nur die nicht emotionale Geschichte gehört. Der Adrenalinblocker, schlossen die beiden Forscher, unterband die Effekte, die der emotionale Stress der Erzählung erzeugt hatte. Daraus lässt sich eine Therapie gegen die traumatischen Folgen stark belastender Erlebnisse entwickeln. Menschen müssten nach einem schweren Unfall nur einen Adrenalinblocker einnehmen und wären so vor belastenden Gefühlen geschützt – ein Fall kosmetischer Neurologie.

Diese Idee haben Ärzte bereits in einem Praxisversuch getestet. Für eine Studie französischer Wissenschaftler erhielten elf Opfer von Verkehrsunfällen oder physischer Gewalt wenige Stunden nach ihrer Einlieferung ins Krankenhaus bis zu drei Wochen lang einen Adrenalinblocker. Die Konsequenz war, dass sich die Behandelten zwar noch an das Geschehene erinnerten, jedoch ohne dabei Stress zu empfinden. Außerdem entwickelten sie weitaus seltener Symptome einer posttraumatischen Belastungsstörung.

Die sprudelnde Quelle jeglicher menschlichen Emotionalität ist ein kleines, paariges Zellgebiet – die Hirnforscher sprechen wie beim Obst oder einer Nuss von einem Kern – in den beiden Schläfenlappen: die *Amygdala* (Mandelkern). Sie ist Teil des limbischen Systems und bewertet eingehende Informationen fortlaufend und, ohne dass wir dies bemerken würden, nach ihrem emotionalen Gehalt. Passiert etwas Bedrohliches, wird ein Tier gefährlich oder tritt ein Gegenspieler in der Sozialgemeinschaft auf, schlägt die Amygdala Alarm. Sie aktiviert das autonome, also willentlich nicht beeinflussbare, Nervensystem und damit die Nebennierenrinde, ein Drüsengebiet in der Nähe der Nieren, wie der Name schon sagt. Die Nebennierenrinde versetzt den Körper in einen aktiven Zustand, indem sie Adrenalin ausschüttet. Das Herz schlägt schneller, der Blutdruck steigt, die Sinne werden wacher, der Körper bereitet sich auf eine schnelle motorische Reaktion vor, also Flucht oder Angriff und viele mögliche Zwischenstufen. Das Hormonbad wiederum wirkt auf die Amygdala und den Hippocampus (ein wie ein Seepferdchen aussehendes Kerngebiet in der Mitte des Gehirnes) zurück und moduliert deren Reaktionen. Wie Erlebnisse während eines emotional erregten Zustandes bevorzugt gespeichert werden, welche Hirnregionen im Detail an diesem Netzwerk beteiligt sind, das wissen die Forscher noch nicht. Sie haben aber eine Vorstellung davon, dass extreme Bedrohung alles durcheinander bringen kann: Horrornachrichten oder traumatische Erlebnisse steigern nicht nur die körperlichen Reaktion ins Extreme, sie überfluten auch das Gehirn mit Stresshormonen, die es vorübergehend außer Betrieb setzen können.

Einen von Hans Markowitschs Patienten hatte ein Feuer in seinem Haus in einen solchen Schockzustand versetzt, dass sein autobiografisches Langzeitgedächtnis acht Monate lang streikte. Ursache waren offenbar Kindheitserlebnisse. Bereits im Alter von vier Jahren hatte der junge Mann mit ansehen müssen, wie das Opfer eines Verkehrsunfalls in seinem Auto zu Tode verbrannte. Nachdem sich bei ihm keine hirnanatomischen Schäden zeigten, brachte eine Analyse in einem speziellen Computertomographen Klarheit über die Ursache der Fehlfunktion: Teile des temporalen Kortex (das ist der Hirnbereich unter den Schläfen) wiesen eine deutlich reduzierte Stoffwechselaktivität auf – auch dies eine Folge der Schädigung durch Stresshormone in Konsequenz des Traumas. Die überraschende Erkenntnis daraus: Schicksalhafte Erlebnisse können das Gehirn genauso zerstören, als wäre es bei einem Unfall physisch verletzt worden.

In einem traumatischen Ausnahmezustand verblassen alle anderen Informationen, sodass falsch gespeichert und erinnert wird. Sachlichkeit hat keine Chance mehr, nur der Schreck wird in der Erinnerung abgelegt, und er wird zu einem selbstständigen Inhalt. »Jedes Mal, wenn wir eine Welle sehen, werden die Horrorvorstellungen im Gehirn ausgelöst – egal wie groß die Welle ist«, erklärt Markowitsch, der Gedächtnisforscher an der Universität Bielefeld, die möglichen psychischen Folgen der Tsunami-Katastrophe von Weihnachten 2004. »Wir nennen es ›Flashback‹: Ein winziger Schlüsselreiz reicht danach aus, um die ganze Kaskade der Schreckensbilder erneut auszulösen. Bei den Betroffenen der Tsunami-Flut in Asien kann das ein Bild vom friedlichen Traumstrand sein, das Geräusch einer harmlosen Welle an der Ostsee oder der Geruch von Spiegeleiern, die es am Morgen vor der Flut in dem thailändischen Hotel gab.«

Wellen können in der gesellschaftlichen Wahrnehmung eine andere, bedrohliche Symbolik erhalten. So wie Bilder von Flugzeugen über einer Stadt nach dem 11. September 2001 keine entspannte Heute-in-Nizza-morgen-in-Dubai-Metapher der Werbung mehr darstellen. Voraussetzung für einen solchen Bedeutungswandel ist allerdings, dass die Gesellschaft oder große Teile davon kollektive Erlebnisse haben, die mit ähnlichen Empfindungen verknüpft sind. Dies vermitteln die Bilder in Fernsehen, Internet und Zeitschriften.

Und nichts als die Wahrheit

Wenige Tage nach dem Beginn des Irakkrieges Ende März 2003 gaben der US-Präsident George W. Bush und der britische Premierminister Tony Blair eine Pressekonferenz. Irakische Truppen, teilten die beiden Befreiungskrieger von Camp David aus mit, hätten zwei britische Soldaten gefangen genommen und hingerichtet. Am nächsten Tag gaben die Regierungssprecher eine veränderte Version der Nachricht heraus: Keine Verletzung der Genfer Konvention durch Saddam Husseins Truppen, die beiden Soldaten seien während eines Gefechts gestorben. Doch die Korrektur half nichts: Die vermeintliche Gräueltat blieb Teilen der Öffentlichkeit als Wahrheit in den Köpfen.

Der Psychologe Stephan Lewandowsky von der University of Western Australia und sein Team gingen zahlreichen derartigen Falschmeldungen nach. Sie befragten insgesamt 870 Amerikaner, Australier und Deutsche, ob sie sich zum Beispiel an die Befreiung der Soldatin Jessica Lynch aus einem irakischen Krankenhaus erinnerten oder an die Bombardierung eines kuwaitischen Einkaufszentrums. Die Psychologen waren neugierig darauf, wie Menschen Nachrichten von dem weltweit politisch sehr umstrittenen Invasionskrieg wahrnehmen. Heraus kam eine Analyse dessen, wie wir alle unsere Vorurteile pflegen. Ohne Interesse an dem, was passiert war, hielten die Befragten die Tatsachen für Realität, die ihre politische Grundhaltung bestätigten. So ordneten fast alle Australier und Deutsche eine verbreitete Falschnachricht korrekt als falsch ein, wenn ein Dementi erfolgt war. Amerikaner hingegen ließen sich in der Regel von den Korrekturen nicht stören. Was sie als Falschnachricht gehört hatten, hielten sie auch weiterhin für wahr, einen Widerruf blendeten sie aus, wenn sie an die eigene Sache glaubten.

Der für Europäer so spezielle Knick in der US-Optik sei jedoch nicht mangelnder Intelligenz oder Bildung geschuldet, wie Lewandowsky glaubt. Eher sieht er als Ursache »Fehler in der Informationsverarbeitung« am Werk, die zustande kommen, wenn Nachrichten nicht zu dem passen wollen, wovon Menschen überzeugt sind. Dies verifizierten die Psychologen, indem sie die jeweils eingenommene Grundhaltung zum Krieg ermittelten. Wer eine Bedrohung durch Massenvernichtungswaffen als Begründung angab, galt als wenig misstrauisch und zeigte sich geneigt, Nachrichten zu akzeptieren, die für die Grausamkeit und Gefährlichkeit des Diktators Saddam Hussein sprachen. Entsprechend tendierte, wer dem Krieg gegenüber positiv eingestellt war, dazu, unterstützende Ereignisse für wahr zu halten und Widerrufe auszublenden. Wer eine kritische Position einnahm, hielt hingegen die Dementis für wahr. Mit anderen Worten: Wahrheit ist Ansichtssache, und jede Seite achtet penibel darauf, ihre Vorurteile bestätigt zu finden.

Der kognitive Apparat unserer Erinnerung spielt uns ständig Streiche. Das erfuhren auch Psychologen, die Versuchspersonen eine Reihe von Begriffen vorlegten. »Sauer, bitter, gut, Geschmack, Zähne, schön, Honig, Limonade, Schokolade, Torte, essen, Kuchen« enthalten zwar das Wort »süß« nicht, zwingen einen aber geradezu, es zu assoziieren. Prompt geben in der Regel etwa 60 Prozent bei der Abfrage der zuvor gezeigten Wörter an, »süß« sei definitiv darunter gewesen. Ähnlich die Ergebnisse beim Themenwort »Schlaf«. Egal, welche Wortgruppe die Psychologen vorlegen, das Themenwort wird fast immer angegeben, obwohl es nie enthalten ist. Doch damit nicht genug. Verblüfft registrieren die Forscher, wie manche Versuchsteilnehmer geradezu insistierten und behaupteten, sie könnten sich sogar an den Augenblick erinnern, als das Themenwort präsentiert worden sei. Auf eine Weise sind die Angaben zwar nicht korrekt, aber akkurat. Auch wenn ihre Erinnerung trügt, so tendieren Menschen offenbar doch dazu, das Wesentliche zu memorieren – wenngleich die Ansichten darüber differieren werden.

Das Gedächtnis ist kein statischer Ordner oder hinter einer Tür verstaubendes Archiv, es dient der Bestätigung des Individuums. So werden Fische größer, wenn ein Ich sie gefangen hat. Blieb der Haken leer, sind das Wetter, der Köder oder die Badenden schuld. Urlaube verschönern sich, je größer der Arbeitsstress gerade ist. Gilt es einer Frau zu gefallen, betonen Männer ihre Heldentaten. Paare bewerten im Rückblick die Qualität ihrer Beziehungen grundlegend anders – davon abhängig, ob sie zum Zeitpunkt der Befragung noch ein Paar sind oder getrennt. Probanden, die sich zwischen zwei Kunstwerken entscheiden mussten, die ihnen erklärtermaßen gleich gut gefielen, ändern im Nachhinein ihre Meinung. Sie finden Gründe, warum sie mit der erfolgten auch die bessere Wahl getroffen haben und entdecken plötzlich ihr Missfallen am abgelehnten Bild. Psychologen erklären dies damit, dass sie so die Dissonanz beseitigen wollen, die jeder Wahl innewohnende Qual. Selbst politische Haltungen deuten wir im Rückblick um, wie eine klassische Studie belegte. Psychologen baten Probanden in den Jahren 1973 und 1982, ihre Position zu gesellschaftlichen Fragen anzugeben. War eine Person zwischenzeitlich in ihrer Haltung zum Drogenkonsum von einer liberalen zu einer konservativeren Einstellung gelangt, deutete sie die einstige Position als konservativer, als sie wirklich gewesen war.

In diesen Beispielen werden viele Leser ihre Mitmenschen, ihre Vorgesetzten und sich selbst wieder erkennen. Wahre Abgründe tun sich auf, was die Verlässlichkeit unserer Biografie betrifft, wenn die Experimente von Karim Nader und Joseph LeDoux an Tieren auch nur ansatzweise für den Menschen zutreffen. Eine Gruppe um die beiden Forscher von der McGill Universität in Montreal und der New York Universität untersuchte bei Ratten den Speicherprozess beim Abruf von Informationen aus dem Langzeitgedächtnis. Sie trainierten die Nager darauf, Dunkelheit im Käfig mit einem leichten elektrischen Schlag auf ihre Tatzen zu assoziieren. Das Experiment ist mit den klassischen der Pawlowschen Hundekonditionierung vergleichbar. Die Ratten lernten, den Käfig als »negativ« einzuordnen, und reagierten mit einem gelähmten Schauern, wenn ein Experimentator sie in den Käfig einstellte. Als Nader, LeDoux und Kollegen den Tieren einen Wirkstoff verabreichten, der die Herstellung von Proteinen blockiert – neue Eiweiße sind für die Formation von Langzeitgedächtnis unbedingt notwendig, wie wir oben schon gesehen haben –, entdeckten sie einen verblüffenden Mechanismus: Erhielten die Ratten den Gedächtnisblocker, bevor sie den konditionierten Reiz, den Käfig, sehen konnten, hatte dies keinen Einfluss auf ihr Gedächtnis. Die Konditionierung schien festgezurrt und sicher verankert. War die Reihenfolge jedoch umgekehrt, folgte also der Gedächtnisblocker nach dem Erinnerungsreiz des »bösen« Käfigs, dann löschte dies die bereits Tage zuvor hergestellte Konditionierung komplett aus. Die Forscher gaben diesem Phänomen den Namen »Rekonsolidierung«. Das heißt, einen fertigen Gedächtnisinhalt abzurufen ist so ähnlich, wie ihn neu einzuspeichern. Der verabreichte Wirkstoff, so mutmaßten sie, unterband den Prozess der Rekonsolidierung. Die Schlüsse, die sie aus den am 17. August 2000 im Fachblatt *Nature* veröffentlichten Versuchen zogen, waren weitreichend: Gedächtnisinhalte sind nicht festgezurrt. Der Vorgang des Abrufs einst fest gespeicherter Information macht diese nicht nur verfügbar, sondern »verflüssigt« sie wieder. Sie ist damit knet- und veränderbar, als würde die Wirklichkeit in diesem Kopfkino neu durchgespielt.

Angesichts der Sensation blieb Kritik von den Fachkollegen nicht aus. Womöglich, so einer ihrer Einwände, war bei den Tieren das Langzeitgedächtnis vom konditionierten Käfig noch nicht voll ausgebildet. Niemand weiß schließlich, wie lange der Prozess der Konsolidierung dauert, wenngleich die meisten Experten dafür maximal einen Monat ansetzen. Die verabreichten Wirkstoffe hätten in diesem Fall das im Entstehen begriffene Gedächtnis gehemmt. Nader und LeDoux wiederholten ihre Versuche. Sie warteten 45 Tage und löschten erst dann die Erinnerung der Ratten – und waren erneut erfolgreich. Um die Argumentation abzusichern, zerstörten sie den Hippocampus der Tiere. Dies hatte den gleichen Effekt wie die chemische Gedächtnisblockade: Die schlechte Erinnerung an den Käfig wurde getilgt. »Zuvor lautete das Dogma, dass eine Erinnerung, wenn sie denn einmal konsolidiert ist, dauerhaft besteht«, ordnet Nader den Befund ein, »aber hier zeigte sie sich als labil, beeinflussbar und zwar in dem gleichen Ausmaß wie die Erinnerung an eine soeben gemachte neue Erfahrung. Wir haben gezeigt, dass das Gedächtnis unglaublich dynamisch ist.«

Noch ist die Kritik am Konzept der »Rekonsolidierung« nicht ganz abgeebbt – besonders an der Tatsache, dass ein einmal gelernter Inhalt nicht nur formbar, sondern komplett zu löschen sein könnte. Forscher bestätigten den Effekt jedoch bei anderen Tieren wie Krebsen, Schnecken und Hühnern. Und man wird sich daran erinnern, dass bereits Psychologen in den sechziger und siebziger Jahren Erfahrungen mit der »Rekonsolidierung« gemacht hatten. Damals war es nicht außergewöhnlich, Psychiatriepatienten mit Elektroschocks zu behandeln. In einigen Fällen schlug die schmerzhafte Behandlung auch an. Aus ethischen Gründen und weil sie nur unsicher funktionierte, wurde die unselige Therapie eingestellt. Die Frage aber bleibt: Was bedeuten die Nader-LeDoux-Befunde?

Wohl kaum, dass unserer Erinnerungsfähigkeit komplett zu misstrauen ist, sie leistet uns oft hilfreiche Dienste. Auf der anderen Seite aber ist das Gedächtnis weitaus weniger verlässlich, als wir dies zu wissen glaubten. Klar, wir verlegen Brillen, vergessen Geburtstage oder Geschäftstermine und Namen. Doch dass sich Erinnerungen womöglich just im Augenblick des Erinnerns verändern, hat weit reichende Folgen. Es könnte ein Segen sein, Menschen mit Traumen, Phobien, Psychosen oder Angstzuständen mit einer einfachen Pille zu helfen. Aber in unser aller Alltag? Die Hinweise verdichten sich, dass das, was wir als Geschichte unseres Selbst im Kopf haben, wenn wir es wiederholt von dort hervorgeholt haben, mit der faktischen, chronologischen Wahrheit nicht mehr allzu viel gemein hat. Diese Erfahrung der Alltagspsychologie scheint nun molekularbiologisch bestätigt.

Der namhafte Gedächtnisforscher Daniel L. Shacter von der Harvard Universität in Boston beginnt einen seiner Fachartikel mit einen für den Laien unverfänglichen Satz: »Die wissenschaftliche Analyse des Gedächtnisses wäre nicht möglich, wenn es perfekt wäre.« Wir vergessen viel und bewundern Menschen mit gutem Gedächtnis. Wie jedoch der Charakter und die Mechanismen der normalen, der alltäglichen Fehlleistungen der Erinnerung sind, also solcher, die nicht unbedingt den Gang zum Arzt erforderlich machen, zieht immer mehr Forscher in ihren Bann. Shacter kategorisierte die Fehlleistungen und gliederte sie in sieben Einheiten, die er die »sieben Sünden des Gedächtnisses« nennt, in Anlehnung an jene tödlichen Verfehlungen der katholischen Kirchenlehre, welche der Erleuchtung im Weg stehen sollen.

Die Flüchtigkeit: Einmal gespeicherte Informationen werden mit der Zeit immer blasser, sie gehen verloren. Von wenigen Ausnahmen abgesehen, weiß kaum jemand mehr, was er oder sie auf die Stunde genau vor einem Jahr gemacht hat. Nur auf der Basis dessen, was die Flüchtigkeit übrig lässt, können wir unsere Autobiografie erzählen.

Die Unaufmerksamkeit: Wer in Gedanken woanders ist, wird nicht mehr memorieren, wo er oder sie die Brille abgelegt hat oder wo auf dem Parkplatz das Auto steht.

Die Blockade: Der Gedächtnisinhalt ist nicht verloren gegangen, sondern vorübergehend nicht zugänglich, aus welchen Gründen auch immer. Wir haben zum Beispiel etwas »auf der Zunge« oder wissen, dass wir etwas wissen – aber eben nicht im Augenblick. Ursachen können Stress sein oder Alkoholkonsum.

Die falsche Zuordnung: Wir kennen einen Fakt, aber nicht mehr dessen Quelle. Typisches Beispiel: Ein Freund hat uns von einem Umstand berichtet (»Hast du schon gehört?«), aber wir meinen später, es hätte in der Zeitung gestanden. Oder wir glauben etwas getan zu haben, was wir in Wirklichkeit nicht getan haben.

Die Suggestivität: Wir glauben zu Unrecht, dass uns Dinge passiert sind. Dies kann durch intensive Befragungen oder suggestive Verhöre der Polizei ausgelöst werden. Einige spektakuläre, vor Gericht behandelte Fälle sexuellen Missbrauchs entpuppten sich als in dieser Form auf »falscher Erinnerung« beruhend (siehe unten).

Das Vorurteil: Unsere aktuellen Kenntnisse, Überzeugungen und der Glaube beeinflusst, wie wir unsere Vergangenheit beurteilen. Wir haben dies im einleitenden Beispiel zum Irakkrieg angesprochen.

Die Persistenz: Diese »Sünde« bezeichnet unsere Unfähigkeit, manche Vorgänge nicht vergessen zu können. Oft handelt es sich dabei um äußert schmerzhafte Erlebnisse, nach denen Menschen in aller Regel professionelle Hilfe von Ärzten oder Psychologen benötigen. In extremen Fällen kann die Persistenz dazu führen, dass sich das Ich vollständig über diese Erinnerungen definiert und dem Blick auf die eigene Vergangenheit eine durchgängig einseitige Tönung verleiht.

Das Gedächtnis betreibt in jedem Augenblick Rückschau und mischt sich ständig und oft unmerklich in das Gewebe unserer alltäglichen Wahrnehmung ein. Sein Ziel ist es, dem Ich eine konsistente Geschichte zu erzählen – wie ein unfreiwillig komisches Interview mit dem Patienten H. W. deutlich offenbart, der einen Schlaganfall im unteren Bereich des Stirnhirns erlitt. H. W. kann die Namen seiner Kinder und seiner Frau korrekt wiedergeben, hat aber Lücken in seiner autobiografischen Erinnerung. Diese füllt er mit Inhalten aus, von denen er tief überzeugt ist, die jedoch erfunden sind. Der Neuropsychologe Morris Moscovitch von der University of Toronto schilderte die Befragung in einer seiner Veröffentlichungen:

M.: »Können Sie mir ein bisschen über sich erzählen? Wie alt sind Sie?«
H. W.: »Ich bin 40. Entschuldigung, 62.« [*Letzteres ist richtig*]
M.: »Sind Sie verheiratet oder alleinstehend?«
H. W.: »Verheiratet.«
M.: »Wie lange sind Sie schon verheiratet?«
H. W.: »Oh, etwa vier Monate.«
M.: »Wie heißt Ihre Frau?«
H. W.: »Martha.« [*richtig*]
M.: »Wie viele Kinder haben Sie?«
H. W.: »Vier [*er lacht*]. Nicht schlecht für vier Monate.«
M.: »Ich glaube, in Ihren Unterlagen steht, Sie seien 30 Jahre verheiratet. Klänge es für Sie vernünftig, wenn ich Ihnen das sagte?«
H. W.: »Nein.«
M.: »Glauben Sie wirklich, Sie sind seit vier Monaten verheiratet?«
H. W.: »Ja.«
M.: »Sie waren über eine lange Zeit hinweg mit der gleichen Frau verheiratet, 30 Jahre lang. Finden Sie das seltsam?«
H. W.: »Sehr seltsam.«

Interessant ist, dass H. W. zwar ein klares Bewusstsein seiner selbst hat, aber seine Geschichte, man könnte auch sagen, sein Gefühl für die Autobiografie, ihn in die Irre führt – trotz der angeführten logisch klingenden Gegenargumente. Zahlreiche Untersuchungen mit der funktionellen Kernspintomographie (fMRI) haben zutage gebracht, dass mittlere Regionen im Schläfenlappen (im mittleren temporalen Kortex) verantwortlich sind, wenn derartige falsche Erinnerungen entstehen.

Bemühen wir uns aktiv, unerwünschte Inhalte auszublenden, selektiv zu vergessen – ein hilfreiches Talent in manches Politikers und Spitzenmanagers Karriere –, erfordert dies das Zusammenspiel eines anderen Netzwerkes. Das untersuchten die Psychologen Michael Andersen, University of Oregon in Eugene, und John Gabrieli, University of Stanford, in einem sehr gelungenen Experiment. Die beiden gaben 44 Erwachsenen im Alter von 19 bis 31 Jahren die Aufgabe, sich insgesamt 36 bildstarke Wortpaare vom Typ »Dampf – Zug« oder »Kiefer – Gummi« so lange einzuprägen, bis sie diese auswendig konnten.

Anschließend präsentierten die Forscher den Probanden jeweils zwölfmal das erste Wort und baten sie, sich mehrere Sekunden lang an das fehlende Wort zu erinnern. In einem zweiten Teil zeigten sie den Testpersonen wiederum zwölf Tafeln mit dem ersten Wort, diesmal jedoch mit der Anweisung, nicht an das fehlende Wort zu denken. Im Anschluss durchgeführte Tests zeigten, dass die verdrängten Wörter tatsächlich schlechter im Gedächtnis haften geblieben waren. Der Kernspintomograph brachte zutage, wo im Gehirn die Weichen für das selektive Vergessen gestellt wurden. So waren besonders Partien im Stirnhirn (dem präfrontalen Kortex) deutlich gesteigert aktiv, während der Hippocampus, die zentrale Relaisstation für neu gebildete Gedächtnisinhalte, eher reduziert agierte. Der Kortex kann also in gewissem Umfang die Kontrolle über die dem Bewusstsein nicht zugänglichen Zentren der Gedächtnisbildung übernehmen.

Andere Versuche zeigten, dass Menschen über eine ganze Batterie von Maßnahmen verfügen, ihre Aufmerksamkeit zu fokussieren und Unerwünschtes auszublenden. Wir versuchen, uns zu konzentrieren, wir schalten nach Lernaufgaben ab, um die Gedächtnisbildung nicht zu stören. Und wir unterdrücken sogar in zweiter Ordnung, wenn man so will. Das heißt, wir blenden selbst die Wahrnehmung von Reizen aus, die uns an Unerwünschtes erinnern könnten, also zum Beispiel den Wohnort eines möglichen Nebenbuhlers oder das Arbeitszimmer während der Freizeit. Je öfter wir geistig wegschauen, auch das ist experimentell belegt, umso schlechter bleiben Inhalte haften. Wie das im Detail passiert, ist noch ungeklärt, ebenso, wie gründlich der Vorgang funktioniert, auch wenn wir noch so rigoros vergessen wollen. Denn wie kann ein Organismus bestimmte Reize ausblenden, wenn er nicht doch irgendwo Informationen darüber besitzt, was sie bedeuten? Womöglich finden die entsprechenden Inhalte trotz der Zensur des Bewusstseins Zugang in die Windungen des Gehirns und entfalten dort eine unkontrollierbare Wirkung.

»Wenn du lange genug glaubst, dass du von etwas nichts weißt, dann weißt du am Ende wirklich nichts davon.« Diese bauernschlaue Aussage der beiden Protagonisten in Hans Joachim Schädlichs Roman *Anders*, in dem es um geschönte Biografien deutscher Germanisten geht, ist also leider wahr. Wir verwalten, verdrängen, beschönigen und manipulieren unsere Erinnerungen derart, dass wir uns unseres Selbstbetruges am Ende gar nicht mehr bewusst sind. Dies hat gravierende gesellschaftliche, aber auch strafrechtliche Konsequenzen. Denn es ist eines, sich den Fallstricken der Erinnerung naiv wie ein neugieriger Naturforscher zu nähern. Etwas anderes ist der Blick in die gesellschaftliche, politische und rechtliche Praxis.

Im wirklichen Leben geht es ständig darum, Dinge auszublenden, die nicht länger opportun sind, deren Bekanntheit in der Gegenwart Nachteile mit sich brächte. Vor den Nürnberger Prozessen beispielsweise wollte niemand für den millionenfachen Mord an Juden, Sinti und Roma, Homosexuellen und politisch Andersdenkenden verantwortlich sein. Die Angeklagten verwiesen auf Befehle von oben. Ob Richter, Hochschullehrer, Arzt, Journalist oder Bürgermeister: Kein Deutscher nach 1945 konnte sich daran erinnern, Mitglied der NSDAP gewesen zu sein oder sonst das braune Geschmeiß unterstützt zu haben. Täter wie Mittäter blendeten ihre Vergangenheit schlichtweg aus, so wie die gesamte deutsche Nation den Mantel des Schweigens über die schrecklichen Geschehnisse der Vergangenheit legte. Erst die Studentenbewegung in den siebziger Jahren brachte den gesellschaftlich dringend erforderlichen Aufarbeitungsprozess in Gang. Vergleichbar war die Situation nach dem Fall der Mauer in Berlin 1989: Keiner wollte zu den Verlierern gehören und jemals irgendetwas mit der Stasi oder dem Unterdrückungsapparat des DDR-Regimes zu tun gehabt haben. Aus den strammsten Parteikadern wurden überzeugte Demokraten. Die bloßstellende Bezeichnung für den offenbar fest im Gehirn verankerten Opportunismus des Ich hatten die Deutschen schnell parat: Wendehals.

Die Aufarbeitung der Vergangenheit, die Bildung von Gedächtnis, das lässt sich daraus lernen, vollzieht sich in einem kommunikativen Prozess, nämlich im Dialog zwischen den Interessengruppen einer Gesellschaft oder einzelnen Individuen. So machten in den USA in den letzten Jahren vor Gericht verhandelte Missbrauchsfälle Schlagzeilen, die auf falschen Erinnerungen beruhten. (Es sei hier angemerkt, dass der Begriff problematisch ist, da er voraussetzt, dass es grundsätzlich so etwas wie richtige Erinnerung gibt.) Die Aufklärung war nicht nur für viele Betroffene extrem schmerzhaft, sie brachte die verbreitete Praxis sich auf Freud berufender Psychotherapeuten in Verruf, traumatische Erinnerungen der Vergangenheit hervorholen zu müssen, um sie so behandeln zu können. Elizabeth Loftus, die zahlreiche Fälle wissenschaftlich untersuchte und nach Erscheinen ihres Buches *The Myth of Repressed Memory* gar Morddrohungen erhielt, verlor dabei nicht nur ihre Anstellung als Professorin der Universität von Washington, sondern beinahe auch ihre fachliche Reputation. Den Menschen nennt die couragierte Psychologin »eine Spezies der Geschichtenerzähler«.

Der Fall Jane Doe kehrte die ganze Dramatik falscher Erinnerungen hervor. Die Verhandlung einer Scheidung mit vielen schmutzigen Details und dem Kampf um das Sorgerecht kulminierte darin, dass die 6-jährige Jane ihre Mutter beschuldigte, sie vor einiger Zeit sexuell missbraucht zu haben. Der Zeugenaussage folgend sprach das Gericht das Sorgerecht dem Vater des Mädchens und seiner neuen Ehefrau zu.

Die folgenden Jahre vergaß oder verdrängte Jane Doe die Erinnerungen an den Missbrauch. Im Alter von 17 Jahren gab sie jedoch im Rahmen eines Forschungsprojektes an, wieder detaillierte Einzelheiten daran zu gewärtigen. Der Arzt, der sie als Kind befragt hatte, sowie ein Experte für unterdrückte Erinnerung hielten ihre neuerlichen Aussagen schriftlich und auf Videoband fest. In der wissenschaftlichen Literatur wurde Does Fall so zu einem gut dokumentierten Paradebeispiel für die unterdrückte Erinnerung an ein traumatisches Erlebnis.

Loftus sah die Videobänder, las die Artikel und gewann den Eindruck, dass an der Sache etwas faul sei. In detektivischer Kleinarbeit macht sie die wahre Identität Does ausfindig. Mit einem Kollegen interviewte sie alle wichtigen Beteiligten, die biologische Mutter und die Stiefmutter, die, so nahmen die Forscher an, Jane dabei »unterstützt« hatte, sich wieder an den Missbrauch zu erinnern. Nach der Auswertung aller Informationen kamen Loftus und ihr Kollege zu dem Schluss, dass der Missbrauch nie stattgefunden hatte. Die Erinnerungen, die sich über die Jahre hinweg zu einem definierenden Schlüsselerlebnis in Jane Does Leben entwickelt hatten, waren womöglich falsch.

Im Sommer 2002 publizierte Loftus einen Artikel mit dem provokanten Titel »Who abused Jane Doe?«. Im Mai 2003 fand sie sich als Beschuldigte in dem Zivilprozess »Taus vs. Loftus« wieder. Die möglicherweise oder vermeintlich Misshandelte beschuldigte die Wissenschaftlerin, ihre Privatsphäre verletzt zu haben – gleichwohl die echte Identität von Doe (sie heißt Nicole Taus und ist Soldatin der US-Marine) erst durch die Anklage und den Prozess öffentlich wurde. Es folgte ein Hauen und Stechen vor Gericht, Loftus beschuldigte ihre Gegner, Doe den erlittenen Missbrauch suggeriert zu haben. Diese wiederum beschuldigten Loftus, die heute an der Universität von Kalifornien in Irvine arbeitet, der biologischen Mutter eingeredet zu haben, sie hätte ihre Tochter nie missbraucht und solle dies öffentlich vertreten. Die Auseinandersetzung ist noch nicht entschieden und vermutlich wird nie mehr zu klären sein, ob Nicole Taus alias Jane Doe als Kind etwas Schreckliches widerfuhr. Für sie selbst wird das gleichwohl keinen Unterschied machen.

Der Fall ist der bisherige Höhepunkt in einem »Erinnerungskrieg«, den die Parteien auch vor den Toren des Gerichts ausfechten. Loftus besteht darauf, dass unser Gedächtnis von den Menschen, denen wir vertrauen – Familienmitglieder, Therapeuten, die Polizei – manipuliert werden kann. Ihre Gegner werfen ihr vor, nicht selten in deftigen Beschimpfungen, ein perverses Bedürfnis zu haben, Sexualstraftäter zu entschuldigen und damit deren sichere Verwahrung zu verhindern.

Der Streit um entfesselte oder falsche Erinnerung spaltet in den USA ganze Familien. Unversehens reichen erwachsene Kinder gegen ihre Eltern Klage wegen sexuellen Missbrauchs ein, von dem jene bis zu dem Zeitpunkt nichts wussten, als der Nachwuchs eine Therapie begann. So erreichten die False Memory Syndrome Foundation (FMSF) in Philadelphia – eine private Organisation, die versucht, Beschuldigten zu helfen – bis heute über 20 000 Anfragen. Die Therapeuten, kritisiert die FMSF, setzen auf Hypnose, Traumdeutung, Medikamente oder Entspannungsübungen, um die im von Freud postulierten Unterbewusstsein verschüttete historisch korrekte Wahrheit ans Licht zu bringen – was immer das sein mag.

Sicherlich ein typisches amerikanisches Problem, wo es, anders als in Europa, schick ist, einen eigenen Psychiater zu haben. Aber man braucht nicht viel Phantasie, um sich vorzustellen, welche Abgründe sich in solchen Verfahren auftun. Einem dieser Psycho-Quacksalber schlug die Praxis der Erfindung eines Opfers allerdings empfindlich auf die Brieftasche: Eine junge Frau beschuldigte nach einer Therapie so gut wie alle Familienmitglieder mit Penis – Vater, Großvater, Onkel, Bruder und zwei Cousins – der Vergewaltigung. Als sich herausstellte, dass die Vergehen erfunden waren und die Dame an einer multiplen Persönlichkeitsstörung litt, verklagte der Anwalt der Familie den Therapeuten wegen Pfuscherei und bekam Recht. Das Gericht sprach der Familie 5 Millionen US-Dollar Schadenersatz zu.

Die Verunsicherung ist mittlerweile natürlich groß. Man will vermeiden, Unschuldige für ein Vergehen zu verurteilen, das sie nicht begangen haben, und andererseits perverse Straftäter nicht ungeschoren davonkommen lassen. Nur: Welche Erinnerung ist falsch, welche richtig? Generell, so Loftus, wirken zutreffende Erinnerungen lebensechter und enthalten mehr Details. Die Frage aber, wie korrekt Menschen echte traumatische Erlebnisse erinnern, ist zumindest außerhalb des Freudschen Theoriengebäudes kaum untersucht. Loftus etwa glaubt, dass es viel wahrscheinlicher ist, dass Menschen schlichtweg nicht über bestimmte Erlebnisse reden wollen, sie ausblenden, statt sie komplett zu unterdrücken, sodass sie keine Erinnerung mehr haben.

Aufgrund ihrer Arbeiten wendet sich Loftus ganz grundsätzlich gegen die Praxis der Gerichte, Angeklagte auf Grund nur einer Zeugenaussage zu verurteilen. Denn Beobachter nehmen einen Tatort ganz anders war als etwa eine Videokamera. Sie sind nicht neutral, sie erfinden zerbrochenes Glas oder einen Kassettenrekorder hinzu. Sie sehen einen Schnurrbart, wo ein glatt rasiertes Gesicht vorüber ging, Locken, wenn eine Person glattes Haar trug, Stoppschilder, wo Vorfahrt signalisiert wurde, Hämmer, wo Schraubenzieher lagen und sogar eine riesengroße Scheune an einem Ort, an dem kein einziges Gebäude stand. Vor allem Informationen, die Augenzeugen kurz nach einem Erlebnis erhalten hatten, verfremden deren Erinnerungen, wie Loftus experimentell belegte.

Das typische Paradigma dafür, so nennen Psychologen die Rahmenbedingungen eines Versuches, sieht so aus: Teilnehmer sehen auf einem Videofilm eine komplexe Szene, etwa die Simulation eines Autounfalls oder eines Gewaltverbrechens. Anschließend erhält die Hälfte der Beobachter schriftlich gezielte Fehlinformationen über den Vorgang, die andere Hälfte bleibt unbeeinflusst. Alle Probanden werden danach angehalten, das Geschehen zu beschreiben. Dabei zeigt sich, dass die korrekt wiedergegebenen Informationen zwischen beiden Parteien in der Regel um 30 bis 40 Prozent differieren. Ein Beispiel: Sahen die Beobachter einen Mord in einer unübersichtlichen Menschenmenge, an dem ein blauer Wagen entscheidend beteiligt war, gab eine Gruppe dessen Farbe als weiß an, wenn man ihnen vorher per Text die Farbe Weiß suggeriert hatte. Den Aussagen von Augenzeugen ist also ganz grundsätzlich zu misstrauen, und kein Gericht dieser Welt sollte ein Urteil allein aufgrund der Berichte einer einzigen Person fällen.

Ein anderes Paradigma bezeichnete Loftus als »Verlaufen im Einkaufszentrum«. Hierbei gelang es ihr, dem 14-jährigen Chris die Erinnerung an eine (nicht traumatisch verlaufene, nicht nachhaltig bedrohliche, also ethisch akzeptable) Odyssee in einem Shopping-Tempel zu implantieren, die sich abgespielt haben sollte, als dieser noch ein kleines Kind gewesen war. Die Lügengeschichte schummelten Loftus und ihre Mitarbeiter als kurzen Textabschnitt in einen sonst wahren Bericht aus Chris' Kindheit. Die Fantasiegeschichte »erinnerte« ihn daran, dass er sich im Alter von fünf Jahren in der University City Shopping Mall der Stadt Spokane im US-Bundesstaat Washington verirrte, wo die Familie regelmäßig einkaufen ging. Chris, so las Chris, weinte heftig, als ein älterer Mann ihn aufgriff und zurück zu seiner Familie brachte.

In den folgenden Tagen, so Loftus, erinnerte sich Chris immer deutlicher, wie es war, als er sich verirrt hatte: Ihm fiel ein, dass der Mann, der ihn an die Hand nahm, »wirklich cool« gewesen sei. Er wusste wieder, wie erschrocken er war und dass er Angst hatte, seine Familie nie wiederzusehen. Er erinnerte sich, wie ihn seine Mutter tröstete.

Einige Wochen später befragte Loftus Chris erneut. Er sollte auf einer Skala von eins bis zehn angeben, wie deutlich (entspricht dem Wert zehn) oder vage (eins) seine Erinnerung an die verschiedenen Episoden aus seiner Kindheit wären. Chris gab der falschen Erinnerung an die Geschichte vom Einkaufszentrum in Spokane, Washington, den Wert acht. Erneut nach konkreten Inhalten befragt, nannte er nunmehr Details: den Spielzeugladen, in dem er den Kontakt verlor, seine ersten Gedanken (»Uh-oh. Jetzt bin ich in Schwierigkeiten!«). Er erklärte, dass der Mann, der ihn fand, ein blaues Flanellhemd anhatte, etwas alt war, oben kahl, »und er trug eine Brille«. Als Loftus Chris erklärte, eine unter den erinnerten Episoden aus seiner Kindheit sei falsch, und ihn fragte, welche es wohl sei, bezeichnete er eine wahre Erinnerung als falsch. »Als wir ihm mitteilten, die Einkaufszentrum-Story sei die falsche, hatte er Schwierigkeiten, dies zu akzeptieren«, so Loftus.

Zu den besonders skurrilen Beispielen dafür, wie uns das Gedächtnis betrügen kann, zählen seriöse Wissenschaftler auch die lebensecht wirkenden Berichte über die Verführung durch Außerirdische. Überraschend ist, dass sich die Aliens fast immer Amerikaner holen und dass die Begegnungen meist recht uniform ablaufen: Man wacht mitten in der Nacht auf, am Bettende steht ein kleiner, grauer Alien, dünner Körper, großer Kopf, große wässrige schwarze Augen. Man wird telepathisch gezwungen, zum draußen parkenden Raumschiff zu gehen, in ein Untersuchungszimmer, wo bereits andere Menschen liegen. Es folgt eine schmerzhafte medizinische Untersuchung, darauf der eher angenehme Teil: Sex mit den Marsmenschen oder die Entnahme von Eizellen bei Frauen und Sperma bei Männern. Gleichzeitig setzen die Aliens einen kleinen Gegenstand in die Nase ein. Auf dem Rückweg sind Behälter mit halb menschlichen, halb außerirdischen Chimären zu sehen und eine Station mit stillen, kränkelnden Kindern. Das Ganze dauert einige Stunden – und außer den Betroffenen hat niemand ein Raumschiff auf dem Parkplatz gesehen.

Es muss wohl nicht eigens erwähnt werden, dass auch solche Erinnerungen meist nach dem Besuch bei einem Therapeuten zutage treten beziehungsweise nach einer Hypnosesitzung bei diesem. Man sollte sich jedoch vor übereilten Witzeleien hüten. Wie eine Studie des Experimentalpsychologen Richard McNally von der Harvard University in Boston ergab, entstehen Erinnerungen an Außerirdische häufig während einer speziellen Form des Schlafs, bei dem Betroffene teils träumen und teils wach liegen. Bei dem Personenkreis handelt es sich oft um Anhänger des New-Age-Glaubens, die Magie, Wiedergeburt oder Weissagungen aus Kristallen huldigen. Meist erinnern sie sich auch nicht direkt an die Begegnungen der Nacht, sondern wachen mit dem unguten Gefühl auf, entführt worden zu sein. Unter den suggestiven Fragen der Therapeuten entwickeln sie dann die bekannten Geschichten, die unter anderen kulturellen Bedingungen wohl von Hexen, Geistern oder dem Satan handeln würden.

Die Betroffenen lügen also nicht, ihnen ist es sehr ernst damit, so McNally. Meist wehren sie sich vehement gegen eine alternative Erklärung für ihre vermeintlichen Erlebnisse, ja sie nehmen diese sogar als einen essenziellen Teil der eigenen Persönlichkeit an. Sie werden zu Überlebenden ihrer Begegnung mit Außerirdischen.

Die Kraft, die stets vereint

»Ist dir jemals in den Sinn gekommen, Connie, dass das ganze Leben aus Erinnerung besteht, außer dem einen gegenwärtigen Augenblick, der so schnell vergeht, dass du es kaum bemerkst? Es ist wirklich alles Erinnerung, nur nicht der Augenblick, der gerade verstreicht.« So schrieb es der US-Dramatiker Tennessee Williams (1911–1983) in sein Stück *The Milk Train Does Not Stop Here Any More* – durchaus zutreffend, wie man nach kurzem Nachdenken überzeugt ist. Aber nach allem, was wir über die Verlässlichkeit des menschlichen Gedächtnisses gehört haben, taucht rasch ein Dilemma auf: Von welchem Leben reden wir da eigentlich, wenn wir von unserem Leben erzählen? Von der gelebten oder von der erinnerten Biografie?

In die etwas mehr als 1 Kilogramm schwere, weiche Neuronenmasse unter der Schädeldecke ist alles hineingepackt, was uns als Menschen ausmacht: ein Verzeichnis wichtiger und unwichtiger Fakten über die Welt, alle Fertigkeiten, die wir je gelernt haben, vom Fahrradfahren bis zum Kuchenbacken. Die Erinnerung an sein vergangenes Leben macht das Ich einmalig, sie verleiht ihm eine Geschichte. Mit jedem Tag – ein Mensch kann gar nicht anders – sammelt das Gehirn, was ihm widerfährt, und legt es in dem großen Archiv ab, an dessen Türschild »meine Autobiografie« steht. Wie wir gesehen haben, ragen alle Erlebnisse, die mit Gefühlen verbunden sind, wie Leuchttürme aus dem Meer der Gleichförmigkeit hervor und formen so starke Orientierungspunkte in der Lebensgeschichte: Tränen und Lachen, Ängste, die Erlebnisse mit Mutter, Vater, Geschwistern, Freunden und Feinden, intime Nähe und Sex, Versagen, ein Gefühl für Gott, eine Trennung, drohende Stimmen, vertrautes Wispern, Ekstase und Freude. Für die eher belanglosen Begebenheiten des Alltags ist unser Gedächtnis dagegen ein Sieb mit riesengroßen Löchern.

Das Vermögen, die Ich-Erlebnisse zu speichern und daraufhin zu einer sinnvollen Geschichte verknüpft wieder abzurufen, ist ein rätselhafter Klebstoff des Selbst. Seine Kraft verglich der deutsche Psychologe Ewald Hering (1834–1918) schon im Jahr 1870 mit der Anziehung der Atome, die alle Stoffe zusammenhält: »Das Gedächtnis«, schrieb er, »verbindet die zahllosen Einzelphänomene zu einem Ganzen, und wie unser Leib in unzählige Atome zerstieben müsste, wenn nicht die Attraktion der Materie ihn zusammenhielte, so zerfiele ohne die bindende Kraft des Gedächtnisses unser Bewusstsein in so viele Splitter, als es Augenblicke zählt.«

Das von sich selbst wissende Gedächtnis ist es, das »Ich bin ich« sagt. Es verankert den Menschen in einem Kontinuum von Raum und Zeit und gibt ihm das sich selbst bewusste Wissen, sich zum Beispiel in diesem Augenblick zu erinnern, zu einem bestimmten Zeitpunkt an einem bestimmten Ort gewesen zu sein. Das autobiografische Gedächtnis gibt uns eine Gewissheit für unsere Stellung in der sozialen Gruppe, in der Gesellschaft und in der Welt ganz allgemein. »Es ist folglich eine der wertvollsten Eigenschaften menschlichen Lebens«, sagt Hans Markowitsch.

Der Sitz der Erinnerungen

Die Arbeiten Eric Kandels und seiner Kollegen haben zwar einige Prinzipien herausfinden können, wie Informationen auf zellulärem Niveau gespeichert werden, welchen Umbauvorgängen Synapsen unterworfen sind. Dieses Wissen steht jedoch isoliert. Das heißt, es gibt keine Entsprechung, was das menschliche Gehirn als Ganzes betrifft. Niemand hat Einblick, welche Regionen im Denkapparat beteiligt sind und wie Neuronen miteinander agieren müssen, damit ein Ich, das zufällig zu Hause über eine Postkarte von der letzten Fernreise stolpert, für ein paar Augenblicke in die Abenteuer der Vergangenheit eintaucht, sie ausschmückt, verfremdet und verändert. In einer solchen Situation wird sich, wie wir gehört haben, umgehend die Amygdala zu Wort melden, das Gefühlszentrum. Treten dort Schäden auf, haben Patienten Schwierigkeiten, autobiografische Informationen abzurufen und verlieren gar das Bewusstsein ihres Selbst. Umgekehrt haben solche Menschen oft massive Lücken im Rekapitulieren ihrer Biografie, die emotionale Verflachung zeigen, die also im Vergleich zu Gesunden nur noch wenige Gefühle empfinden. »Die Amygdala«, erklärt Markowitsch, »nimmt eine wichtige Rolle ein, wenn es darum geht, affektbesetzte, lebendige Erinnerungen unserer Biografie zu schaffen.«

Einige Untersuchungen mit Bild gebenden Verfahren wie etwa der Computertomografie weisen außerdem darauf hin, dass der Schwerpunkt des autobiografischen Gedächtnisses im Stirnhirn der rechten Hemisphäre angesiedelt sein könnte. Anderen Studien zufolge, welche sich auf die Stoffwechselaktivität der Nervenzellen stützen, sind eine ganze Reihe weiterer Hirnregionen an der Speicherung und am Abruf der Ich-Geschichte beteiligt.

Eine Gruppe von Wissenschaftlern um den Bielefelder Forscher Hans Markowitsch konnte herausfinden, dass Geschichten, die Probanden tatsächlich erlebt hatten, ganz andere Hirnbereiche aktivierten als frei erfundene, wenngleich realistisch anmutende Episoden. In ausgiebigen Interviews ermittelten die Forscher für acht freiwillige Probanden wahre und erfundene Erzählungen. Zum Beispiel: »Als ich zum ersten Mal flog, ging es nach London, und meine Freundin war mit dabei; das wussten aber meine Eltern nicht« (wahr im Sinne von erlebt). Oder: »Ich fuhr mit zwei Freunden nach Amsterdam. Wir kauften Haschisch, das später von deutschen Grenzbeamten entdeckt wurde« (erfunden im Sinne von nicht erlebt).

Während für einen externen Beobachter alle Erzählungen wie erlebt klangen, hatten für die Teilnehmer nur die wahren eine emotionale Bedeutung. Auf neuronaler Ebene war dies daran ablesbar, dass beim Hören wahrer Geschichten die Amygdala in der rechten Gehirnhälfte aktiv wurde, das Hirngebiet, das emotionale Färbungen vornimmt. Beim Hören erfundener Geschichten blieb das Emotionszentrum stumm. Zudem waren in der »Wahr«-Situation auch Regionen im rechten präfrontalen Kortex aktiv, dem Gehirngebiet hinter der Stirn, dazu Regionen im Schläfenlappen sowie das Bündel an Nervenfasern, das die beiden Areale verbindet (Fachbegriff: Fasciculus uncinatus). Bei den erfundenen Erzählungen funkten die Neuronen dagegen vor allem im Präcuneus, oft und irreführend auch das »innere Auge« des Gehirns genannt. Dieses Zentrum tritt in den Hirnscans vor allem dann in Erscheinung, wenn es um bildhaftes Vorstellen geht – und diese Fähigkeit benötigten die Probanden, als sie sich erfundene Geschichten vergegenwärtigen sollten.

Gedächtnis gehört niemandem allein

Ronald Reagan, ehemaliger US-Präsident, war wirklich überzeugt, dass sich eine Episode so mitleiderregend zugetragen hatte, wie er sie schilderte. Unter Tränen berichtete der später an Alzheimer gestorbene Politiker eine Geschichte aus dem Krieg, in der ein heldenhafter Bomberpilot nach einem fatalen Treffer am Flugzeug die Besatzung zum Absprung auffordert. Als sich herausstellt, dass ein Schütze zu stark verwundet ist, um die Maschine verlassen zu können, beschließt der Flugzeugführer, ebenfalls an Bord zu bleiben und mit dem Verletzten die sich anbahnende Katastrophe irgendwie zu meistern. »Macht nichts, dann bringen wir die Kiste zusammen runter«, zitierte Reagan sichtlich berührt den Mann der Tat vor Journalisten. Doch einigen der Anwesenden fiel auf, dass es sich bei der Episode um eine Szene aus dem 1944 entstandenen Film *A Wing and A Prayer* handelte, diese vermutlich also nicht authentisch war. Der damalige Präsident hatte dies aber vergessen und die Szene kurzerhand zu einem Teil seiner eigenen Biografie gemacht. Wir erinnern uns: Die falsche Zuordnung ist die vierte von Shacters »sieben Sünden«.

Reagans Ausfall mag der Alzheimerkrankheit geschuldet sein, die ihre Schatten möglicherweise bereits vorauswarf. Dass sich Szenen aus Filmen oder Büchern unmerklich mit der eigenen, erlebten Geschichte verweben, ist indes ein eine grundsätzliche Eigenschaft der menschlichen Erinnerung. Der Soziologe Harald Welzer von der Universität Witten-Herdecke interviewte zahlreiche Kriegsteilnehmer und konnte in ihren Erzählungen nicht nur klar unterscheidbare Themenmuster ausmachen. Ihm gelang es auch, diese so genannten Topoi jeweils mit den historischen Vorlagen in den Medien zu korrelieren.

Ein ehemaliger Marinesoldat bei der deutschen U-Boot-Flotte schilderte seine Erlebnisse und verfiel dabei immer wieder auf Sequenzen, die klar von dem Kinofilm *Das Boot* von Regisseur Wolfgang Petersen entlehnt waren. Ein anderer berichtete von der Begegnung mit einem feindlichen Soldaten, dem er eine Zigarette anbot, die sie zusammen anzündeten, rauchten, und den er schließlich wieder laufen ließ. »Was sollte ich ihn erschießen?«, fragte sich der Berichterstatter. Literarisches Vorbild: der Klassiker aller Antikriegsbücher *Im Westen nichts Neues* von Erich Maria Remarque. Ein Dritter bediente sich bei dem Film *Die Brücke*, 1959 von Regisseur Bernhard Wicki gedreht.

»Ein universales narratives Modell im Zusammenhang von Kriegsgeschichten ist das vom Gerade-noch-davongekommen-Sein«, fasst Welzer seine Studien ironisch zusammen. »Würde man all jene Personen zusammenzählen, die mit dem ›letzten Flugzeug aus Stalingrad‹ oder mit dem ›letzten Hubschrauber aus Saigon‹ entkamen, hätte es sich dabei um riesige Fluggeräte handeln müssen.« Bei einer Zusammenkunft von Veteranen, berichtet der Erinnerungsforscher weiter, sei es tatsächlich zu einem Aufeinandertreffen zweier »authentischer« Insassen des vermeintlich letzten Stalingrad-Flugzeugs gekommen, die sich nicht kannten und wechselseitig behaupteten, der andere sei ein Aufschneider. Beide waren davon überzeugt, die Wahrheit zu sagen.

Natürlich wäre der Schluss viel zu einfach, die Befragten würden lügen oder sich bewusst bei den Filmen oder Büchern bedienen. Womöglich will der ein oder andere durch den Rückgriff auf die dramaturgische Zuspitzung in den Werken seiner eigenen Geschichte mehr Brisanz verleihen und so Dinge als Ich erlebt haben, die tatsächlich nur sehr selten passieren. Relevanter ist, so Welzer, dass in den Erzählungen eine grundlegende Eigenschaft des menschlichen Gedächtnisses erscheint: Es bildet sich in einem kommunikativen Kontext.

Freunde erinnern sich unterhaltend ihrer gemeinsamen Abenteuer, zum Erlebten wird das, worauf sie sich einigen. Liebespaare fragen sich gegenseitig immer wieder die Einzelheiten ihrer ersten Begegnungen ab und festigen so den Zusammenhalt in der Gegenwart. Familien zelebrieren im »conversational remembering«, im gemeinsamen Sprechen über Vergangenes, ihre Geschichte als Interaktionsgemeinschaft, und dabei geht es um die Bestätigung der sozialen Identität der Wir-Gruppe, wie die Soziologin Angela Keppler von der Universität Mannheim geschrieben hat. Bereits kleine Kinder erfahren in ihren ersten Berichten über eigene Erlebnisse diesen kommunikativen Charakter des Erinnerns. Erwachsene Bezugspersonen setzen im so genannten »Memory Talk« fortwährend emotionale Signale, formen und bestätigen auf diese Weise, was berichtenswert ist, und auch die Art, wie die Erlebnisse dabei strukturiert werden sollten (siehe dazu auch das Kapitel »Wissenschaftler in Windeln«). »Lebensgeschichtliche Ereignisse zu erzählen ist selbst wieder ein lebensgeschichtliches Ereignis: Es findet zu einem bestimmten Zeitpunkt an einem bestimmten Ort unter Beteiligung bestimmter Personen statt – und das alles kann zu einem späteren Zeitpunkt wiederum erinnert und erzählt werden«, interpretiert Welzer. Auf diese Weise entstehen Erinnerungen an Erinnerungen.

Der Theorie vom »Kommunikativen Gedächtnis« wird in Fachkreisen mitunter vorgeworfen, kein wirklich neues Konzept im Sinne einer nachprüfbaren Hypothese darzustellen. Doch die Neurobiologen täten gut daran, Welzers Ergebnisse ernst zu nehmen, denn sie verweisen auf die auf soziale Interaktion ausgerichtete Arbeitsweise des Gehirns. Hoch interessant ist darüber hinaus, dass die Theorie vom »kommunikativen Gedächtnis« die Resultate der Molekularbiologie (siehe die Arbeiten von Nader und LeDoux) und der Psychologie (siehe das Kapitel »Erfundene Erinnerungen«) nicht nur bestätigen, sondern auch vermenschlichen: Das Gedächtnis hat schlichtweg nicht die von uns erfühlte Funktion, die Vergangenheit wie in einem Film aufzuzeichnen und so zu bewahren. Es ist stattdessen flüssig und verändert sich womöglich mit dem Abrufen. Wenn Inhalte beim Erinnern auch nicht ausgelöscht werden können, so geht mit diesem Vorgang doch vermutlich eine Neu-Einschreibung einher. Dies bedeutet, dass das, was im Speicher verbleiben soll, durch wiederholtes Durchfühlen und Durchdenken konsolidiert werden muss – und zwar im Rahmen der sozialen Gemeinschaft. Welzer: »Dem autobiografischen Gedächtnis kommt die Aufgabe zu, all unsere Vergangenheiten so umzuschreiben und anzuordnen, dass sie dem Aktualzustand des sich erinnernden Ich passgenau entsprechen.« Die Rückschau erzählt eine Geschichte, die das Ich in der aktuellen sozialen Gruppe, am aktuellen Ort und in der aktuellen Zeit verankert. Der Gruppe wiederum kommt die Aufgabe zu, dem Ich praktisch zu versichern, dass es sich selbst treu geblieben ist. Wenn sich in einem solchen sozialen Kontext Therapeut wie zu Therapierender durch vorgefasste Konzepte, Suggestionen oder wiederholtes Abfragen auf einen »vergessenen« Missbrauch einigen, so kann es, wie geschildert, zu »falschen Erinnerungen« kommen.

Ein jeder von uns hat nicht eine Vergangenheit, sondern viele. Aktuell ist diejenige Version, die wir im Augenblick gerade benötigen, um uns in der Gegenwart zurechtzufinden. So kann es sein, dass einem die eigene Biografie erscheint wie eine Person, die zu Besuch gekommen ist. Keiner hat diesen Gedanken poetischer beschrieben als Robert Musil (1880–1942) in seinem Roman *Der Mann ohne Eigenschaften*:

So lag in der Jugend das Leben noch wie ein unerschöpflicher Morgen vor ihnen, nach allen Seiten voll von Möglichkeit und Nichts, und schon am Mittag ist mit einemmal etwas da, das beanspruchen darf, nun ihr Leben zu sein, und das ist im ganzen doch so überraschend, wie wenn eines Tages plötzlich ein Mensch dasitzt, mit dem man zwanzig Jahre lang korrespondiert hat, ohne ihn zu kennen, und man hat ihn sich ganz anders vorgestellt. Noch viel sonderbarer aber ist es, dass die meisten Menschen das gar nicht bemerken; sie adoptieren den Mann, der zu ihnen gekommen ist, dessen Leben sich in sie eingelebt hat, seine Erlebnisse erscheinen ihnen jetzt als der Ausdruck ihrer Eigenschaften, und sein Schicksal ist ihr Verdienst oder Unglück.

Evolutionär gesehen macht das durchaus Sinn. Denn die Neuronen sind biologische Gebilde und nicht dafür gebaut, die Vergangenheit wie ein Voice Recorder im Cockpit eines Flugzeuges oder wie die Festplatte eines Computers festzuhalten. Die Evolution hat uns nicht mit einem Gedächtnis ausgestattet, damit wir über die Vergangenheit nachdenken, sondern damit wir Probleme in der Gegenwart lösen können. Einen besonderen Vorteil liefert es einem Lebewesen, das sich durch die Welt bewegt, dann, wenn es aus den Erfahrungen der Vergangenheit mit einer gewissen Sicherheit schließen kann, was gleich passieren könnte. Gedächtnis hilft, dies zu antizipieren. Noch hat die Naturwissenschaft diesen evolutionären Weg der Gedächtnisforschung kaum beschritten, in der es um die Frage gehen wird, warum die Natur ein solches Gedächtnis hervorbringen konnte, wie der Mensch es besitzt. So viel allerdings lässt sich sagen: Der Biologie geht es nicht um Authentizität, also darum, die eigene Persönlichkeit, die eigene Meinung in der Vergangenheit entwickelt zu haben, in der Gegenwart bestätigt zu wissen und in die Zukunft fortzuschreiben – auch wenn Päpste, Politiker, Unternehmensgründer oder Gelehrte sich das wünschen würden.

Die Evolution ist mehr ein Pragmatiker im Stile Konrad Adenauers, der nassforsch hinaus posaunte, dass ihn sein »Geschwätz von gestern« nicht weiter kümmere. Ihr geht es um das Heute. Sie ist ein Opportunist, der Organismen selektiert, die im Hier und Jetzt tüchtig sind. Folglich hat das Gedächtnis die Aufgabe, eine Person immer wieder in der voranschreitenden Gegenwart zu verankern und ihr eine Rechtfertigung zu geben, Entscheidungen so und nicht anders zu treffen, und möglichst gut vorherzusehen, was die Zukunft bringen könnte.

Unser Gedächtnis ist, moderner formuliert, die große Ich-Show. Hier wird redigiert, zensiert, zerschnitten, ausgeblendet und alles Verbliebene neu verknüpft, und zwar so, dass die Vergangenheit einen Sinn macht. Die erinnerte Biografie ist ein immer wieder neues Schauspiel auf der Bühne des Ich. In Wahrheit, wenn dieses große Wort in diesem Zusammenhang überhaupt erlaubt ist, ist ein jeder von uns, ob Staatsmann oder Straßenbahnschaffner, zu großen Teilen nur derjenige, der er überzeugt ist, gewesen zu sein.

Kapitel 7

Der automatische Mensch

Wieso unsere Freiheit nicht grenzenlos ist

Schon mal überlegt, wer darüber entscheidet, was gerade in Ihrem Kopf passiert? Okay, dann nehmen Sie sich jetzt bitte vor, die nächsten drei Sekunden nicht an rosa Eisbären zu denken. Na? Nicht geklappt? Meinetwegen, drei Sekunden mehr. Konzentration bitte: *Nicht* mehr an rosa Eisbären denken. Ist das denn wirklich so schwierig, nicht an rosa Eisbären zu denken? Dann denken Sie halt an Angela Merkel.

Solche psychologischen Taschenspielertricks, wie sie etwa der Harvard-Psychologe Daniel M. Wegner veranstaltet, erhellen das Problem. Einfach indem man jemanden bittet, etwas Bestimmtes *nicht* zu denken, tut er natürlich genau das. Mit einfachsten Mitteln lassen sich also die Gedanken eines Menschen manipulieren, zumindest für ein paar Sekunden.

Kritiker könnten einwenden, dass es hier nur um die Erregung von Aufmerksamkeit geht. Es ist sinnvoll und dem Überleben überaus dienlich, dass biologische Wesen Reize aus der Außenwelt automatisch in ihrem Hirn bearbeiten, ob das nun Worte sind oder Signale von Straßenampeln. Wer am Steuer eines Fahrzeuges erst lange darüber nachdenkt, ob er sich gerade jetzt mit der Farbe Rot beschäftigen will, wird seine Gene nicht mehr erfolgreich verbreiten.

Wann aber sind wir wirklich die Herren über unsere Gedanken? So wie in diesem optimistischen alten deutschen Volkslied, das fast jeder mal im Musikunterricht an der Grundschule gesungen hat: »Die Gedanken sind frei, wer kann sie erraten,/ sie fliegen vorbei, wie nächtliche Schatten./ Kein Mensch kann sie wissen, kein Jäger erschießen./ Es bleibet dabei: Die Gedanken sind frei.« Schon beim Lesen ertönt im Geiste die Melodie, man kann sich dann kaum noch von ihr befreien.

Ohrwürmer sind nämlich auch so ein Problem, wie jeder aus eigenem Erleben weiß und James Kellaris vom College of Business Administration der University of Cincinatti vor kurzem wissenschaftlich bestätigt hat. »Manche Songs wirken wie Histamine, die unser Gehirn zum Jucken bringen«, sagt der Wissenschaftler. »Und die einzige Möglichkeit, sich an einem solchen kognitiven Jucken zu kratzen, ist, dass man die Melodie wieder und wieder wiederholt.« Seine Studien ergaben, dass 97 bis 99 Prozent der Bevölkerung gelegentlich unter diesen invasiven Melodien leiden, die manchmal wie aus dem Nichts auftauchen – Frauen eher als Männer, Musiker eher als Nichtmusiker.

Schon längst haben Forscher herausgefunden, welche Songs sich am ehesten in den Hirnwindungen festsetzen. Es sind, wen wundert's, die einfach strukturierten Lieder mit klaren Melodien und vielen Wiederholungen, etwa die Titelmelodie vom TV-Serienerfolg *Der rosarote Panther* (»Wer hat an der Uhr gedreht? Ist es wirklich schon so spät? ...«) oder »Satisfaction« von den Rolling Stones. Der Neuropsychologe David Kraemer vom Dartmouth College und zwei seiner Kollegen legten Versuchspersonen in den Magnetresonanzscanner und beobachteten deren Hirne, während sie ebendiese Lieder abspielten – und dann plötzlich den Strom abdrehten. Im auditorischen Assoziationskortex – jener Teil der Gehirnrinde, der die akustischen Reize verarbeitet – flackerte es immer noch. Offenbar summte das Gehirn einfach weiter, weil es ein eigenes Bedürfnis nach Vollständigkeit hat. Auch gegen den ausdrücklichen Willen seines Besitzers.

Freiheit trotz Eisbären?

Die Hartnäckigkeiten der Eisbären und der Ohrwürmer sind Indizien dafür, dass die Freiheit des Willens in unseren Köpfen Grenzen haben könnte. Es ist ein jahrhundertealter Streit, der bereits in gewisser Weise von den antiken Griechen geführt wurde, mit der Vollendung der klassisch-mechanischen Physik seinen vermeintlichen Abschluss fand, dann aber mit der Diskussion der philosophischen Implikationen der Quantenmechanik vorübergehend erneut in Gang gesetzt wurde. In Deutschland tobt die Diskussion wieder, seitdem einige Neurobiologen behaupten, dass wir Menschen im Grunde unseres Wesens nicht viel mehr seien als bessere, weil fühlende Cola-Automaten, die sich einbilden, sie entschieden selber, wem sie eine Dose spendieren. Einen freien Willen gebe es schlicht nicht.

Dabei bestreitet kein Wissenschaftler, dass ein Großteil unserer Entscheidungen und Handlungen automatisch und ohne Beteiligung unseres Bewusstseins abläuft. In der Regel ist das eine große Erleichterung, etwa bei den vegetativen Körperfunktionen. So können wir zwar mit unserem Willen die Atemfrequenz steuern, am besten läuft die Sauerstoffversorgung jedoch, wenn wir sie nicht mit unseren Gedanken belästigen. Selbst mühsam und bewusst gelernte Fähigkeiten wie Fahrrad oder Ski fahren, Klavier spielen oder Schreibmaschine schreiben wandern deshalb, sobald man sie beherrscht, ins nicht bewusste, so genannte prozedurale Gedächtnis. Deshalb finden die Finger nach einiger Übung von allein die richtigen Buchstaben auf der Tastatur und muss ein Radfahrer in der Kurve nicht über Schwer- und Fliehkraft nachdenken. Weitgehend automatisiert ist unser Verhalten auch, wenn wir etwa durch die belebte Fußgängerzone am Samstag laufen. Würden wir bei jedem entgegenkommenden Passanten überlegen, ob wir rechts oder doch lieber links an ihm vorbeilaufen, gäbe es regelmäßig blutige Nasen.

Diese nicht bewusste Steuerung ihres Verhaltens beunruhigt die meisten Menschen allerdings genauso wenig wie eine Automatikschaltung im Auto. Sie erscheint als eine sinnvolle Arbeitsteilung, in die man im Notfall sofort bewusst eingreifen kann. Auch die anfangs erwähnten Eisbären und Ohrwürmer mögen zwar manchmal ein bisschen lästig sein, aber zumindest bedrohen sie nicht – so scheint es – die Freiheit der Gedanken: Ich bin ja so frei zu denken, dass ich jetzt eigentlich in meinem Inneren nicht mehr die Rolling Stones hören möchte. Nur bei der Umsetzung dieses Willens gibt es Probleme.

Geheime Verführer

Schon bedenklicher fänden es wahrscheinlich die meisten Menschen, wenn sich der Verdacht bestätigen würde, dass nicht bewusste Faktoren sogar unsere Partnerwahl beeinflussen. So denken viele Wissenschaftler, dass auch Menschen auf chemische Botenstoffe – so genannte Pheromone – reagieren, die nicht vom normalen Geruchssinn wahrgenommen werden. Bei Tieren ist dies unbestritten: Beim Seidenspinner – einem Nachtfalter – locken die Weibchen die Männchen mittels der Chemikalie Bombykol zur Kopulation. In der freien Wildbahn beachten Hamstermännchen normalerweise das Hausverbot im Bau, in dem das Weibchen allein lebt. Nur in der Zeit des Eisprungs legt dieses eine Spur, indem es mit dem Geschlechtssekret den Stoff Dimethylsulfid abgibt: Sofort kommt das Männchen angelaufen. Wenn es dann noch das Kopulationspheromon Aphrodisin riecht, kann es dem Wunsch nach sexueller Vereinigung nicht mehr widerstehen. Ist das Hamstermännchen also frei?

Dass auch Menschen über flüchtige chemische Substanzen unbewusst Informationen austauschen, zeigt sich am deutlichsten bei dem lange Zeit unverstandenen Phänomen, dass Frauen ihren Menstruationszyklus häufig synchronisieren, wenn sie längere Zeit etwa in Wohngemeinschaften zusammenleben. Die US-amerikanischen Wissenschaftlerinnen Martha K. McClintock und Kathleen Stern von der Universität Chicago entschlüsselten den Mechanismus in einer etwas anrüchigen Studie. Sie nahmen bei einer Gruppe Frauen mit einem Wattebäuschen die Ausdünstungen der Achselhöhlen auf und trugen das Substanzgemisch einer zweiten Gruppe von Frauen unter der Nase auf. Befanden sich die Spenderfrauen gerade in der Phase des Eisprungs, verlängerte sich bei den Empfängerfrauen der Zeitraum bis zur nächsten Menstruation. Waren die Spenderinnen in der späten Follikelphase, verkürzte sich der Zyklus der Schnuppernden.

Es gelang nicht, herauszufinden, welche Komponente im Achselschweiß wirkt. Unklar ist auch, welches Sinnesorgan die Informationen aufnimmt. Forscher streiten, ob das so genannte Vormeronasalorgan (VNO), das in einem Schleimhautschlauch im Nasenraum liegt, bei Menschen noch eine Funktion hat oder nur ein Überbleibsel der Evolutionsgeschichte ist. Bei vielen Tieren dient es tatsächlich als Antenne für Pheromone. Beim Menschen entwickelt sich diese Zusatznase in der Embryonalzeit und ist unmittelbar nach der Geburt noch gut ausgebildet, verkümmert dann aber. Allerdings produzieren Menschen auch Sexualpheromone, die von der Normalnase wahrgenommen werden. Das so genannte Adrostenon etwa findet sich im Achselschweiß der Männer, die Kopuline im Vaginalsekret der Frauen.

Nach einer in den Medien gerne zitierten, aber methodisch umstrittenen Studie der Universität Birmingham aus dem Jahre 1978 bevorzugten Frauen in Wartezimmern von Arztpraxen tatsächlich Stühle, die mit Adrostenon behandelt worden waren. Neuere Experimente an der Universität Münster kommen zu einem differenzierteren, aber letztlich ähnlichen Urteil. Demnach scheint es eine genetisch bedingte unterschiedliche Empfänglichkeit für Adrostenon zu geben: Für manche Menschen stinkt es wie Schweiß und Urin, andere riechen Sandelholz, eine dritte Gruppe kann ihn gar nicht wahrnehmen. Aber auch die Münsteraner Forscher belegten die verführende Wirkung der Substanz. Sie legten Versuchspersonen standardisierte Fotos von Menschen des jeweils anderen Geschlechts vor, tupften ihnen das in Alkohol gelöste Pheromon oder bloßen Alkohol unter die Nase und ließen sie dann unter anderem die Attraktivität der dargestellten Personen mit einer Skala von -3 bis +3 beurteilen. Das Adrostenon führte tatsächlich dazu, dass Frauen die Männer auf den Fotos signifikant attraktiver fanden. Allerdings war dies nur der Fall, wenn der Stoff unter der Wahrnehmungsschwelle dargeboten wurde und die Frau sich gerade im zweiten Drittel ihres Zyklus befand. Auf ähnliche Weise konnten andere Forscher belegen, dass die Kopuline Frauen für Männer attraktiver erscheinen lassen. Bei allen Sexualpheromonen gilt außerdem, dass sie nur bei mittlerer Attraktivität wirken. Schönheitsköniginnen können mit den geheimen Duftverführern ihre Wirkung nicht weiter steigern, hässliche Menschen nicht von ihrem unattraktiven Äußern ablenken. Der Mensch ist in erotischen Dingen zuallererst ein Augenwesen.

Paarungswillige Menschen sollten demnach nicht allzu viel erwarten, wenn sie die mit Pheromonen versetzten teuren Wässerchen kaufen, die findige Produzenten mittlerweile auf den Markt geworfen haben. Philosophisch bedeutsam ist aber auch der vermutlich nur kleine Effekt der flüchtigen Botenstoffe: Wir Menschen treffen also

Entscheidungen von großer Tragweite – wie sie eine Partnerwahl in der Regel wohl ist – auf einer teilweise nicht bewussten Grundlage. Die Pheromone schleichen sich durch eine Hintertür ins Hirn.

Vernunft und Gefühl

Lamm mit Kartoffelgratin oder Coq au vin mit Reis? Türkei oder noch mal nach Mallorca? Bleiben oder gehen? Schröder oder Merkel? Pepsi oder Coke? Bei kaum einer Alltagswahl lässt sich klar sagen, wie die Entscheidung getroffen wurde. Nach Gefühlen? Nach Argumenten? Es ist mittlerweile eine neurowissenschaftliche Binsenweisheit, dass Emotion und Verstand aus guten Gründen zusammenarbeiten. Fehlen die Emotionen, etwa weil die zuständigen Hirnzentren durch einen Unfall zerstört wurden, werden die Betroffenen im schlimmsten Fall apathisch und entscheidungsunfähig. Berühmt ist der Fall des 25-jährigen Eisenbahnarbeiters Phineas T. Gage, dessen Schädel bei einer Explosion von einer Eisenstange durchbohrt worden war. Gage gelang es nach seinem spektakulären Unfall nicht mehr, vernünftige, auf die Zukunft gerichtete Entscheidungen zu treffen.

Vor allem, wenn es blitzschnell gehen muss, scheinen Menschen weitgehend auf Automatik zu schalten. Intuitiv hechtet der Torwart beim Elfmeter in die hoffentlich richtige Ecke zum Ball, greift der Kunde ins Supermarktregal, lenkt der Zeitungsleser seinen Blick bei der Lektüre über die Seiten. Binnen Sekunden entscheiden wir, ob wir einen Menschen sympathisch finden: Gar nicht selten handelt der Mensch schneller, als er denkt. Wahrscheinlich deshalb, weil er im Laufe der Evolution die Fähigkeit erworben hat, trotz unzureichender Datenlage einigermaßen schnell und sinnvoll zu entscheiden. Interessanterweise berichten aber auch Wissenschaftler und Künstler von der Macht der Eingebung. »Intuition ist alles, was wirklich zählt«, meinte Albert Einstein und bekundete, dass er sich die spezielle Relativitätstheorie weitgehend intuitiv erschlossen habe. Immerhin führte er danach auch den mathematischen Beweis, den jeder begabte Physiker nachrechnen konnte.

Eine noch größere Rolle spielte die Intuition in der Geschichte des

1887 geborenen, genialen indischen Zahlentheoretikers Srinivasa Ramanujan. Als Angestellter im Hafenamt von Madras hatte er sich als Autodidakt nur mithilfe einer zufällig gefundenen Formelsammlung die höhere Mathematik angeeignet. Im Alter von 26 Jahren schrieb er einen Brief an den berühmten Mathematiker Godfrey Harold Hardy an der britischen University of Cambridge und fügte neun Seiten Formeln bei, allerdings ohne Beweis. Hardy begriff intuitiv, dass er etwas Wichtiges vor sich haben musste: »Sie müssen wahr sein, denn wären sie es nicht, hätte niemand die Vorstellungskraft, sie sich auszudenken.«

Per Brief und einem eigens nach Indien gesandten Boten holte er Ramanujan nach Cambridge, wo dieser 1914 am ehrwürdigen Trinity College aufgenommen wurde und in den Folgejahren Mathematikgeschichte schrieb. So fand er zum Beispiel eine Formel, nach der Mathematiker noch 1985 die Kreiszahl π auf 17 Millionen Stellen hinter dem Komma ausrechneten: Weltrekord. Dabei lieferte er meist nur intuitiv gewonnene Formeln, für die dann andere Forscher die Beweise suchen mussten. Seine Botschaft: »Eine Gleichung hat für mich keinen Sinn, es sei denn, sie drückt einen Gedanken Gottes aus.«

In den letzten Jahren haben Hirnforscher allerdings auch nichttheologische Gründe gefunden, wie Intuition funktionieren könnte. Der amerikanische Neurologe Antonio Damasio etwa entwickelte die Theorie der somatischen Marker. Von Geburt an bewerte der Mensch alle Erlebnisse und lege sie im Gehirn als positiv oder negativ ab. »Gefühle prägen unsere gesamte Existenz als eine Art kondensierte Lebenserfahrung«, erklärt Damasio.

So entstehe im Laufe eines Lebens ein zunehmend ausgefeiltes Erfahrungsgedächtnis, das schnell und unbewusst arbeite und die intuitiven Schnellschüsse überhaupt erst ermögliche. Noch bevor wir denken können, teilt uns dieses Erfahrungsgedächtnis vor allem über Körpergefühle mit, was es von einer Wahl hält. »Nach 200 Millisekunden ist die Bewertung da: hui oder pfui«, beschreibt es Maja Storch, Psychotherapeutin an der Universität Zürich. Wollen wir eine Wohnung kaufen, und vor dem Vertragsabschluss schwitzen unsere Hände und wir haben einen Kloß im Hals, sollten wir die Entscheidung zumindest noch einmal überdenken.

Andererseits wäre es gefährlich, den Gefühlen immer Vorrang zu geben, gerade wenn es um Dinge geht, die nicht zu unserer natürlichen Lebensumwelt gehören, wie etwa das Auf und Ab der Aktienmärkte. Das teure Scheitern der New Economy zeugt eher von kollektiv-intuitiver Kapitalvernichtung als von der viel gepriesenen Vernunft der Gefühle – sieht man von den wenigen glücklichen Individuen ab, die ihre überteuerten Aktien rechtzeitig verkauften und so zu einem Vermögen kamen. Die somatischen Marker sorgen für schnelle und pragmatische, aber längst nicht immer für optimale oder gar faire Entscheidungen. Neblige Gefühlswolken führen uns unfreiwillig in die Irre, erzählt Psychologin Storch. Hatte jemand als Kind häufiger Ärger mit einem rothaarigen Klassenkameraden, werden die somatischen Marker automatisch Alarm schlagen, wenn ein Rotschopf im Büro auftaucht. Selbst wenn er sympathisch auftritt, ist der erste Eindruck negativ belegt. Ähnliches gilt für Eigennamen, die aus eigener oder kollektiver Erfahrung negativ belegt sind. Man muss schon all seinen Verstand disziplinieren, um etwa gegen die Gefühle anzudenken, die einen automatisch überfluten, wenn man den Namen Adolf vernimmt. Kleines Quiz: Wie viele Antworten bekäme eine Kontaktanzeige mit diesem Namen, selbst, wenn alles andere attraktiv klingt?

Malcolm Gladwell, US-Autor eines Bestsellers über die Macht des intuitiven Denkens (*Blink!*), verweist auf den Implicit Association Test, der von US-amerikanischen Psychologen entwickelt wurde. Bei dem online angebotenen Test (https://implicit.harvard.edu/implicit) müssen die Versuchspersonen blitzartig Begriffe und Bilder sortieren – und entlarven dabei in großer Mehrheit unbewusste Vorurteile: Die meisten Versuchsteilnehmer assoziieren »weiß« mit »gut« und »schwarz« mit »böse«. Begriffspaare wie »männlich/Karriere« oder »weiblich/Familie« halten selbst jene Männer und Frauen für naheliegend, die sich bei vollem Bewusstsein als emanzipiert, linksliberal und progressiv imaginieren. Auch sie sind offensichtlich die Knechte irgendwelcher unbewusster, vormoderner Triebe.

Auch die Politikwissenschaft beginnt zu erkennen, dass Menschen ihr Kreuz in der Wahlkabine weder allein nach allgemeinen politischen Prinzipien noch nach subjektiven Kosten-Nutzen-Erwägungen setzen. In einer der ersten empirischen Studien dieser Art untersuchte ein Team um den Mainzer Politologen Siegfried Schumann mit einer repräsentativen Befragung unter 2 500 Wahlberechtigten, ob die Big Five – die wesentlichen Persönlichkeitsdimensionen (siehe das Kapitel »Baustelle Ich«) – mit der politischen Einstellung korrelieren. Außerdem untersuchten die Forscher den Zusammenhang zu einer weiteren Eigenschaft, die sie im politischen Bereich für wichtig erachteten, die »Affinität zu einem stabilen kognitiven Orientierungssystem«. Obwohl die Persönlichkeitsdiagnose bei den meisten Menschen nicht ausreiche, um die Wahlentscheidung vorauszusagen, zeigte sich, dass bei Anhängern von Rot-Grün das Merkmal »Offenheit für neue Erfahrungen« stärker ausgeprägt war als bei Anhängern der CDU/CSU.

Überraschend klare Ergebnisse brachte die Studie bei den Anhängern rechtsradikaler Parteien: Diese träfen ihre Wahlentscheidung nicht primär, weil sie protestieren wollen oder weil sie sich benachteiligt fühlten, sondern tatsächlich aufgrund ihrer Persönlichkeit. Diese zeichnete sich aus durch eine ausgeprägte Vorliebe für klare Verhaltensregeln sowie eine starke Abneigung gegen Veränderungen. »Aus diesem deutlichen Persönlichkeitseinfluss lässt sich schließen, dass es derartige Strömungen zumindest mittelfristig auch weiterhin geben wird – egal wie viel soziale Gerechtigkeit und Arbeitsplätze unsere Gesellschaft bietet«, folgert Schumann.

Bleibt die Frage, ob es eine Einschränkung von Willensfreiheit bedeutet, wenn man gemäß seiner Persönlichkeit handelt? Problematisch wird es spätestens dann, wenn man selber nicht merkt, aufgrund welcher Voraussetzungen man seine Entscheidungen trifft.

Ökonomie mit Gefühlen

Auch in der Volkswirtschaftslehre als Theorie des Verhaltens ist das Bild vom Homo oeconomicus nicht mehr zu halten, vom Menschen, der völlig bewusst und rational seine Entscheidungen trifft, um seinen Nutzen zu maximieren, und vom Gewinn allenfalls Verwandten etwas abgibt. Denn dieses Modell allein kann nicht erklären, wieso menschliche Gesellschaften funktionieren. Diese sind nämlich eine Anomalie in der Tierwelt, weil sie auf Arbeitsteilung und Kooperation in großen Gruppen zwischen genetisch eben nicht verwandten Individuen beruhen. Zwar haben Psychologen und Rechtshistoriker viel darüber geforscht, wie durch Sanktionen Regeln durchgesetzt werden. Ungeklärt war jedoch die längste Zeit das so genannte Problem des »altruistischen Bestrafens«. Darunter verstehen die Fachleute den Sachverhalt, dass Menschen unfaires und nicht kooperatives Verhalten bestrafen, obwohl ihnen dieser Akt Kosten verursacht, keinen materiellen Gewinn bringt und sie den Übeltäter womöglich nie wieder sehen. Vertreter der neuen Disziplin der Neuroökonomie vermuten, dass auch dieser Drang fest im Gehirn verdrahtet ist.

Als Durchbruch gilt eine im August 2004 in *Science* veröffentlichte Studie eines Teams um Ernst Fehr und Urs Fischbacher vom Institut für Empirische Wirtschaftsforschung und dem Neurowissenschaftler Dominique de Quervain von der Universität Zürich. Die Forscher untersuchten mit Hilfe der Positronen-Emissions-Tomographie (PET) die Hirnaktivität von Menschen, deren Vertrauen zuvor bei einer Spielsituation im Labor missbraucht worden war und denen dann die Möglichkeit gegeben wurde, diesen Missbrauch zu bestrafen. Die Studie zeigte, dass in genau dem Moment das Belohnungszentrum des Hirns – der Nucleus caudate – aktiv wird, in dem die Probanden sich zur Bestrafung entscheiden. Ähnlich leuchtet diese Hirnregion, wenn Menschen Geld bekommen, koksen oder Verliebte Fotos ihres Partners betrachten. Anders gesagt: Wir sanktionieren Regelverletzungen, weil es uns Spaß macht.

In einer neueren Studie konnte Wirtschaftswissenschaftler Fehr in Zusammenarbeit mit Psychologen sogar den Stoff des Vertrauens ausmachen. Probanden, denen das Hormon Oxytocin durch die Nase verabreicht wurde, zeigten eine signifikant erhöhte Bereitschaft, soziale Risiken im Umgang mit anderen Menschen einzugehen. Zwar wusste man bereits, dass das Hormon prosoziale Eigenschaften etwa bei männlichen Präriewühlmäusen fördert: Die Tiere haben viele Oxytocin-Rezeptoren in den Belohnungsarealen des Gehirns und sind vermutlich deshalb monogam und kümmern sich um ihren

Nachwuchs. (Die Männchen der genetisch eng verwandten Bergwühlmäuse mit wenigen Oxytocin-Rezeptoren sind nämlich polygam und zeigen keine elterliche Fürsorge.) Trotzdem überrascht der so geführte Nachweis, dass nicht nur Liebe und Lust, sondern auch das sonstige Sozialverhalten des Menschen zumindest teilweise hormongesteuert ist. Falsch ist also die Vorstellung der klassischen politischen Theoretiker wie Thomas Hobbes, wonach freie Menschen allein aus eigener Einsicht einen Gesellschaftsvertrag schließen. Vielmehr haben evolutionäre Kräfte dafür gesorgt, dass wir Menschen miteinander auskommen. Meistens jedenfalls.

Denn manchmal kann es auch daneben gehen.

Die Hirne des Bösen

Es geschah am helllichten Tage, als der damals 32-jährige Bodybuilder Sven Böttcher am 31. August 2000 in die Wohnung seiner Ex-Freundin in Hamburg eindrang und ihr auflauerte. Er fesselte sie und zwei ihrer Töchter mit Handschellen an ein Bügelbrett, die dritte Tochter konnte entfliehen. Dann richtete er alle drei mit 19 Schüssen aus seiner Pistole hin. Beim Prozess zwei Jahre später fiel auf, dass Böttcher selbst dann noch gelassen Kaugummi kaute, als ihn der Richter zu lebenslanger Haft verurteilte.

Abgestorbene Emotionen und gnadenlose Gleichgültigkeit gelten als wichtige Kennzeichen für einen Tätertyp, den seit einigen Jahren auch die deutschen Kriminalpsychiater im Diagnosekatalog führen: den Psychopathen oder die antisoziale, soziopathische Persönlichkeit. »Es sind Menschen mit oberflächlichem Charme, einer grandiosen Vorstellung von sich selbst und des eigenen Wesens, die ein ausgeprägtes Bedürfnis nach äußerer Stimulation haben, pathologisch lügen und hochgradig manipulativ sind«, erläutert die Psychiaterin Nahlah Saimeh, die mittlerweile das Westfälische Zentrum für forensische Psychiatrie in Lippstadt leitet. »Diese Menschen versuchen krampfhaft, sich zu stimulieren und nehmen dadurch leichter gefährliches Verhalten in Kauf.« Während normale Menschen sich durch Musik oder Kino anregen lassen, suchen diese massive Reize. Vom amerikanischen Serienkiller Gary Gilmore wird berichtet, dass er in die Steckdosen seiner Gefängniszelle griff.

Entscheidend für unseren Zusammenhang ist aber, dass Forscher auf der Suche nach den Ursachen der Entstehung der psychopathischen Persönlichkeit wieder bei der Biologie angekommen sind. Lange Zeit war das verpönt, nachdem etwa der italienische Anthropologe Cesare Lombroso und seine Nachfolger schon vor über hundert Jahren viel Unheil angerichtet hatten mit ihrer abenteuerlichen Behauptung, sie könnten aus der Schädelform die kriminelle Veranlagung ablesen.

»Es gibt nun mal Hinweise auf hirnmorphologische und hirnphysiologische Besonderheiten bei krankhaften Gewalttätern«, rechtfertigt Saimeh die Beschäftigung mit dem heiklen Gebiet.

So deuten Zwillingsstudien darauf hin, dass gewalttätiges Verhalten zumindest zu einem Teil genetisch bedingt ist. Bekannt in Wissenschaftlerkreisen wurde eine niederländische Familie, deren männliche Mitglieder über Generationen hinweg polizeilich auffielen. Einer wurde wegen Vergewaltigung seiner Schwester verurteilt, ein zweiter versuchte, seinen Chef zu überfahren, zwei weitere waren Brandstifter. Entscheidend: Genetiker entdeckten in der DNA all dieser Männer den gleichen seltenen Gendefekt, der sich möglicherweise in Wechselwirkung mit der Umwelt auf ihr Verhalten auswirkte (siehe auch das Kapitel »Baustelle Ich«). Zahlreiche andere Untersuchungen belegen, dass aggressive Menschen geringere Konzentrationen eines Serotonin-Stoffwechselproduktes in der Rückenmarkflüssigkeit haben. Hier ist allerdings noch unklar, ob der Befund die Ursache oder Folge einer gewalttätigen Persönlichkeit ist.

Ein neues Kapitel in der Gewaltforschung wurde allerdings aufgeschlagen, als der Neuropsychologe Adrian Raine von der University of Southern California in Los Angeles in den renommierten *Archives of General Psychiatry* Daten publizierte: Seine computertomographischen Aufnahmen der Hirne von 41 verurteilten Mördern zeigten eine deutlich niedrigere Hirnaktivität im Bereich des präfrontalen Kortex. Raine legte weitere Daten nach, wonach Menschen mit dissozialer Persönlichkeit in diesem Bereich sogar ein anders geformtes Gehirn haben als Durchschnittsmenschen. Sie verfügen dort über 11 Prozent weniger graue Zellen.

Das war eine revolutionäre Erkenntnis, die zu Recht aufgeregt in den führenden Wissenschaftsmagazinen *Science* und *Nature* diskutiert wurde. Wenn bei psychopathischen Mördern tatsächlich die angeborene Struktur, nicht nur die Aktivität des Hirns eine andere ist, würde das bedeuten, dass bei dieser Personengruppe womöglich schon in der Wiege der Weg zur blutigen Tat angelegt ist. Tatsächlich behaupten einige forensische Psychiater, dass sich die psychopathische Persönlichkeit bereits in der Kindheit manifestiere. So weiß man mittlerweile, dass viele Sexualmörder und Triebtäter ihre zerstörerische Karriere bereits als Kind mit dem Quälen und Abschlachten von Meerschweinchen wie Katzen begannen.

Diese neuen Einsichten werden in den nächsten Jahren unangenehme Fragen provozieren, zum einen in der Prävention: Soll man schon im Kindergarten potenzielle Psychopathen screenen, sie womöglich in den Hirnscanner schieben? Und was soll man dann tun? Die einzige Hoffnung wäre, dass frühzeitige Therapie etwas bewirken kann. Die ausgewachsenen, straffällig gewordenen Psychopathen in den streng abgeschotteten Sonderstationen der forensischen Psychiatrien gelten bei den meisten Ärzten allerdings als weitgehend therapieresistent. Die andere Frage ist die nach der moralischen und juristischen Verantwortung solcher Täter. Schuldig kann eigentlich nur werden, wer eine Wahl hat. In Zukunft werden sich Psychiater daher noch schwerer mit der Einschätzung tun, ob etwa ein Mörder fähig war, seinen Handlungsimpuls zu unterdrücken. Danach bemisst sich nämlich im deutschen Strafrecht die Schuldfähigkeit. In den USA wedeln bereits die ersten Strafverteidiger mit Hirnbildern ihrer Klienten vor der Jury: Nicht ich, mein Gehirn ist schuldig.

Freiheit, ist sie meine?

Folgte man Neurowissenschaftlern wie Wolf Singer aus Frankfurt oder seinem Kollegen Gerhard Roth von der Universität Bremen, wäre es überhaupt sinnlos, noch den Begriff Schuld zu benutzen, denn sie bestreiten schlicht die Existenz eines freien Willens. Dessen Vorhandensein sei eine Illusion, sobald man akzeptiere, dass alles

Hirngeschehen auf kausalen Prozessen in den Neuronen basiere. Moralisch gesehen unterscheide sich daher ein kühl geplanter Mord aus Geldgier keinen Deut von einem Totschlag im Alkoholrausch. Viele Rechtswissenschaftler und Philosophen heulten auf und beschrieben viele Seiten in den deutschen Feuilletons.

Im Zentrum der Debatte steht dabei seltsamerweise immer noch ein Experiment, dass der US-amerikanische Neuropsychologe Benjamin Libet bereits 1983 publiziert hatte. Er bat Versuchspersonen, zu einem frei wählbaren Zeitpunkt die Hand oder einen Finger zu bewegen und sich anhand einer schnell laufenden Spezialuhr den Moment der Entscheidung zu merken. Elektroden am Kopf registrierten derweil das motorische Bereitschaftspotenzial. Sie beobachteten, wann das Hirn die Muskeln auf ihren Einsatz vorbereitete.

Das Ergebnis war auf den ersten Blick spektakulär. Die Messgeräte zeigten, dass sich das Bereitschaftspotenzial 550 Millisekunden vor dem Fingerschnippen aufbaut; die Versuchsteilnehmer gaben jedoch an, sie hätten sich erst 200 Millisekunden vor der Bewegung entschieden. Mithin habe das Hirn exakt 350 Millisekunden vor seinem Ich entschieden. Wir bilden uns also nur ein, wir träfen bewusst Entscheidungen. Die griffigste Formulierung für diesen irritierenden Sachverhalt hat Wolfgang Prinz vom Münchener Max-Planck-Institut für Psychologie gefunden. »Wir tun nicht, was wir wollen, sondern wir wollen, was wir tun.« Demnach wäre es schlichtweg Unfug, einem Mörder seine Tat vorzuwerfen.

Doch Kritiker halten das Libet-Experiment und seine neueren Reproduktionen schon aus methodischen Gründen für wenig überzeugend. Henrik Walter, Philosoph, Psychiater und Neurologe, Leitender Oberarzt der Psychiatrischen Universitätsklinik in Ulm, bezweifelt, dass das Experiment Willensfreiheit im philosophischen Sinn überhaupt testet. So sei es schwierig, überhaupt den Zeitpunkt einer Entscheidung zu bestimmen: Wer wisse schon, wann genau er sich für eine Partei bei einer Bundestagswahl entschieden habe? Eigentlich hätten sich die Versuchspersonen bereits mit der Einwilligung zur Teilnahme am Experiment für das Fingerschnippen entschieden. Die Elektroden würden nur das vorbereitende Flackern der Motorprogramme des Hirns beobachten, »so wie bei einem Golfspieler, der den Schläger fünfmal ansetzt, bevor er den Ball fortschlägt«. Die Philosophin Bettina Walde von der Universität Mainz bemängelt, der Versuch mache keine Aussage über komplexe, langwierige Entscheidungsprozesse. »Es ist etwas anderes, nach den neuropsychologischen Ursachen eines Fingerschnippens zu fahnden als nach denen einer Partnerwahl.« Michael Pauen, Bewusstseinsphilosoph an der Universität Magdeburg, kritisiert, dass die Probanden nicht zwischen Alternativen wählen konnten. Gemeinsam mit dem Biopsychologen Christoph Herrmann baute er deshalb die Libet-Experimente nach – mit einem Unterschied: Die Versuchspersonen sollten selbst und spontan entscheiden, ob sie die linke oder die rechte Hand bewegten. Wieder meldete sich das motorische Bereitschaftspotenzial im EEG vor der Bewusstwerdung. Aber aus ihm war nicht abzulesen, welche Hand die Probanden zuerst bewegen wollten. Freiheit gerettet? Schließlich hat auch Benjamin Libet selbst in seinen letzten Publikationen für die Existenz der Willensfreiheit plädiert: Zwar kämen die Handlungsimpulse aus den unbewussten Tiefen des Hirns, dann aber könnte das Bewusstsein ein Veto einlegen und die Ausführung der Handlung verhindern.

»Das löst das Problem nicht«, resümiert dennoch Pauen, der mit seinem Ausflug ins Labor auch demonstrieren will, dass man sich über die Begriffe klar werden sollte, bevor man sie leichtfertig zu Grabe trägt. So wie vor wenigen Jahren Hochleistungsschachcomputer die Debatte um das Wesen der Intelligenz angestachelt hätten, zwingen die Ergebnisse der Neurowissenschaften zur neuen Beschäftigung mit der Autonomie des Menschen – wobei uralte philosophische Diskussionen neu geführt werden.

Man braucht nämlich gar keine Libet-Experimente, um die Frage nach der Willensfreiheit zu stellen. Mittlerweile denken so gut wie alle Neurowissenschaftler und die große Mehrheit der Philosophen, dass der menschliche Geist durch die Materie, also die Nervenzellen des Hirns, bedingt ist. Insofern besteht auch hier das klassische Determinismusproblem, über das sich schon die alten Griechen den Kopf zerbrachen: Wo soll denn die Freiheit herkommen, wenn unter der Schädeldecke die gleichen Gesetze der Kausalität herrschen, welche die Planeten kreisen und die Herzen schlagen lassen? Demnach wäre das Universum und alle seine Bewohner nur ein gigantisches Uhrwerk, das nach dem Prinzip von Ursache und Wirkung abläuft. Schon beim Urknall vor knapp 14 Milliarden Jahren wäre festgelegt worden, dass Sie jetzt dieses Buch in der Hand halten und über Ihren Willen nachdenken. Einig sind sich die Wissenschaftler eigentlich nur darin, dass unsere Intuition, also das Gefühl, wir würden unsere Handlungen kontrollieren, diese Frage nicht entscheiden kann.

Illusionen von Ohmacht und Kontrolle

Es war eines dieser Borderline-Experimente aus den heroischen Zeiten der Neurowissenschaft. Heutige Richter würden es mit Berufsverbot und mehrjährigen Haftstrafen ahnden. Denn eigentlich bewegte es sich schon nach den damals eher laxen ethischen Standards an der Grenze des Erlaubten. Vielleicht verzichtete der bedeutende Hirnforscher und Robotiker Grey Walter vom Burden Neurological Institute in Bristol deshalb auf die Publikation der Ergebnisse. Der heute in den USA lehrende Philosoph Daniel Dennett hat die Anekdote kolportiert.

Unter dem Vorwand einer medizinischen Behandlung hatte Walter Anfang der sechziger Jahre mehreren Epilepsiepatienten Elektroden und Stecker dauerhaft in die motorischen Areale ihres Gehirns eingepflanzt, die er dann mit einem elektrisch gesteuerten Diaprojektor verkabelte. Die Versuchspersonen bekamen einen Schalter in die Hand und den Auftrag, nach eigenem Gusto die Diashow voranzutreiben. Was sie nicht wussten: Der Schalter war nur ein Dummy. Tatsächlich kam der Impuls allein von den Elektroden aus den vorbewussten, motorischen Arealen des Hirns – und zwar so früh, dass der Diaprojektor bereits betätigt wurde, bevor die Versuchspersonen selber den Schalter drücken konnten. Die Patienten fanden es beängstigend. Immer gerade dann, wenn sie drücken wollte, ratterte der Projektor bereits wie von Geisterhand betrieben. Sie müssen sich ein wenig so gefühlt haben wie schizophrene Menschen, die glauben, sie werden von fremden Mächten gesteuert.

Das Experiment belegt, dass wir uns manchmal einbilden, wir würden eine Handlung *nicht* kontrollieren, obwohl die Handlungsimpulse zweifelsfrei aus unserem Gehirn stammen. Umgekehrt hat der anfangs erwähnte US-Psychologe Daniel M. Wegner mit zahlreichen Experimenten nachgewiesen, dass wir bei eindeutig fremdgesteuerten Handlungen uns vormachen können, wir *selbst* würden die Dinge steuern.

Für eine Studie konstruierte Wegner eine kleine Holzplatte, die auf einer Computermaus aufgesetzt war, somit einen Cursor über einen Monitor steuerte, der 50 kleine, symbolische Bilder von Alltagsgegenständen zeigte. Zwei Probanden setzten sich gegenüber an einen kleinen Tisch, wobei der eine nicht wusste, dass der andere ein Komplize des Versuchsleiters war. Die beiden sollten ihre Hände an das Holzbrett legen und dann gemeinsam den Cursor bewegen – ähnlich wie bei einer spiritistischen Sitzung. Jeder Versuch dauerte 30 Sekunden, in denen der Proband verschiedene Wörter über Kopfhörer hörte, die sich auf die Bildschirmobjekte bezogen, gefolgt von 10 Sekunden Musik, in denen der Cursor zu positionieren war. Die echte Versuchsperson ahnte nicht, dass der Komplize genaue Anweisungen hatte, wohin der Cursor gesteuert werden sollte – etwa zu einem Schwan. Wenn sie nun das Wort Schwan eine oder fünf Sekunden vor dem Stopp hörten, gaben die Probanden an, sie hätten den Cursor gezielt und absichtlich zum Schwan gesteuert, obwohl der Komplize alles in der Hand hatte. Interessanterweise hatten die Versuchspersonen dieses Willenserlebnis nicht, wenn das Wort bereits 30 Sekunden vor oder eine Sekunde nach dem Stopp fiel. Wegner vermutet, dass Effekte uns dann als gewollt erscheinen, wenn die zugehörigen Gedanken kurz zuvor durch unseren Kopf gingen.

Ähnliches berichten Neurophysiologen um den Brasilianer Joaquim Pereira Brasil-Neto. Diese haben mit Hilfe der transkraniellen Magnetstimulation die Motorregionen des präfrontalen Kortex von gesunden Erwachsenen gezielt derart stimuliert, dass diese unwillkürlich den linken oder den rechten Finger streckten – ein bisschen so, wie man bei einem soeben getöteten Frosch mit einem Stromstoß die Beine zum Zucken bringen kann. Auch hier behaupteten die Versuchspersonen steif und fest, dass sie selbst den Finger ausgewählt hätten. »Ich hätte ja auch anders gekonnt«, sagt jeder Mensch, der etwas vermeintlich frei entschieden hat. Leider lässt sich diese Behauptung niemals nachprüfen, weil Entscheidungen etwas Historisches sind: Welt und Hirn ändern sich ständig, keine Entscheidungssituation, keine Konstellation wiederholt sich hundertprozentig.

Wir müssen also dem Gefühl der Freiheit misstrauen, weil es eine Illusion sein *könnte*. Wegners Experimente belegen jedoch nicht, dass es so sein muss. Sie zeigen nur, dass sich unsere Hirn relativ leicht überlisten lässt, so wie sich das Auge von optischen Täuschungen foppen lässt. Daraus folgern nur wenige, unser Sehen habe *gar* nichts mit der Realität zu tun. Für die Begründung der Willensfreiheit braucht man keine Irrtumsfreiheit.

Das Universum im Kopf

Viel spricht dafür, dass die Wissenschaft noch nicht weit genug ist, um die Frage nach der Willensfreiheit endgültig zu klären. Hilfreich ist ein Blick zurück zum Ende des 19. Jahrhunderts, als die Physiker glaubten, mit der vollständigen Beschreibung der elektromagnetischen Felder durch James Clerk Maxwells Gleichungen sei ihre Wissenschaft im Wesentlichen abgeschlossen. Es sei lediglich ein Datenproblem, sonst könnte man den kompletten Zustand des Universums vorherberechnen. Die Krise und Erneuerung der Physik durch die Entwicklung von Relativitätstheorie und vor allem der Quantenphysik zeigen, dass die Welt manchmal etwas komplizierter ist als gedacht.

Zwar macht es sich mancher Autor zu leicht, der mit der Quantenmechanik schnell mal den freien Willen vor den dunklen Mächten des Determinismus retten will. Schließlich ist auch die Welt der atomaren und subatomaren Teilchen zumindest stochastisch determiniert. Das heißt: Auch wenn man das Verhalten eines einzelnen Teilchens nicht voraussagen kann, so stimmen doch die Vorhersagen für große Zahlen, weil man eindeutig die Wahrscheinlichkeit berechnen kann, wo sich etwa ein Elektron aufhält. Hinzu kommt, dass es bis heute keinerlei Beleg gibt, dass sich quantenmechanische Effekte in der Physiologie des Gehirns bemerkbar machen.

Dennoch schimpft der studierte Physiker Patrick Illinger in der

Süddeutschen Zeitung zu Recht: »Wer fundamentale Aussagen über die neuronalen Netze im Gehirn macht, sollte nicht physikalische Grundgesetze übergehen.« Neurobiologen zögen nicht ausreichende Konsequenzen aus der unvorstellbaren Komplexität des menschlichen Hirns, das mit seinen 100 Milliarden Nervenzellen ähnlich komplex sei wie das gesamte Universum. Zwar dominierten auf der Ebene der Sterne und Galaxien die klassischen Kräfte von Schwerkraft und Elektromagnetismus. Die darunter liegenden Atom-, Kern- und Elementarteilchenprozesse folgten jedoch den intuitiv schwer greifbaren Formeln der Quantenmechanik, sodass Astrophysiker eben nicht mehr von einem deterministischen Universum ausgehen. Es ist mehr als wahrscheinlich, dass Wissenschaftler im Kosmos Kopf irgendwann ähnlich bizarre Entdeckungen machen werden wie die moderne Physik in der Welt der Elementarteilchen und Sterne.

Kompatible Verteidigung

Die meisten Philosophen dagegen werden noch grundsätzlicher in ihrer Verteidigung des freien Willens. Sie werfen den Neurowissenschaftlern vor allem vor, reichlich naiv mit den Begriffen umzugehen.

Die meisten von ihnen vertreten verschiedene Varianten des so genannten Kompatibilismus, versuchen also mit viel argumentativem Aufwand nachzuweisen, dass Determinismus und Freiheit sich vertragen. Diese auf den ersten Blick schwer zu akzeptierende Ansicht, kann Philosoph Michael Pauen überzeugend verteidigen.

»Wer meint, dass Determiniertheit Willensfreiheit ausschließt, macht die Annahme, dass Nicht-Determination – also Zufall – das Kriterium für Willensfreiheit sei«, sagt der junge Philosoph und runzelt die Stirn. Wenn dem so wäre, müssten wir ja beständig überrascht sein über unsere Entscheidungen. Und wie sollte es Freiheit sein, wenn uns der Zufall das Heft des Handelns aus der Hand nimmt? Da hätte der Mensch als Person nichts mehr zu sagen, er wäre nur ein Spielball der Elemente. Dagegen seien Vorherbestimmtheit und Willensfreiheit manchmal besser vereinbar, als viele dächten. »Oder fühlen Sie sich durch Ihr Gehirn bevormundet, wenn Ihre Moralvorstellungen Sie dazu bewegen, die Zahnpasta im Supermarkt zu bezahlen, statt sie zu klauen?« Entscheidend sei, dass eine Person sich mit ihren Wünschen und Handlungen identifizieren könne. Denn natürlich sei nicht frei, wer von zwanghafter Drogensucht getrieben in eine Apotheke einbricht oder als Schizophrener im psychotischen Schub vor den halluzinierten Geheimagenten flüchtet.

In Abgrenzung zu Zufall und Zwang sieht Pauen die Selbstbestimmung als Kern der Freiheit: Für eine freie Handlung komme es also nicht darauf an, ob sie determiniert, sondern wie und wodurch sie determiniert sei. Insofern sieht er die Freiheit des Menschen auch nicht durch die oben beschriebene, emotionale Wende der Neurowissenschaften bedroht. »Natürlich ist es nicht notwendig, dass ich mir aller meiner Motive bewusst bin, es ist nur erforderlich, dass es wirklich meine Motive sind.« Anders gesagt: Wenn irgendwelche im Hirn verdrahteten Entscheidungssysteme, halbbewusste somatische Marker sowie genetisch verankerte und über viele Erfahrungen und Lebensjahre erworbenen Persönlichkeitsmerkmale dafür sorgen, dass ich als 39-jähriger, vom Bergsport begeisterter Münchener an einem sonnigen Winterwochenende den dringenden Wunsch verspüre, zu einer Skitour aufzubrechen, dann geht das freiheitsphilosophisch gesehen schwer in Ordnung.

Es ist letztlich eine Frage der Definition, ob man einen derart konditionierten Willen noch als frei erachtet. Die Philosophen streiten sich mittlerweile auf Tausenden von Seiten über die Begrifflichkeit. »Willensfreiheit in dem Sinne, dass wir unter identischen Umständen auch anders handeln oder entscheiden könnten, zugleich verständlich aus Gründen handeln und dabei Erstauslöser unserer Handlungen sind, ist eine Illusion«, resümiert etwas zurückhaltender der Ulmer Psychiater Walter. Wir seien zwar keine Marionetten, aber auch keine »unverursachten Verursacher«. Immerhin bemüht er unter anderem die Chaostheorie und das Laufverhalten weißfüßiger Mäuse, um dem Menschen eine – so nennt er es – »natürliche Autonomie« zuzugestehen.

Nach Ansicht von Walter häufen sich in letzter Zeit die Indizien, dass auch das Gehirn, ähnlich wie das Wetter, ein chaotisches

System ist. Chaostheoretiker behaupten bekanntlich, dass kleinste Unterschiede in den Ausgangsbedingungen (das Schlagen eines Schmetterlingsflügels) größte Änderungen (ein Gewitter in Übersee) verursachen können. Untersuchungen an Neuronen, Analysen der Hirnströme und mathematische Überlegungen deuten darauf hin, dass auch bei Menschen und anderen Tieren kleinste Unterschiede in den Ausgangsbedingungen größte Änderungen bewirken können. Anders gesagt: Wir könnten unter ähnlichen oder fast identischen Bedingungen deutlich anders handeln. Das sei der Grund, so sagt Walter, dass etwa die weißfüßigen Mäuse zum Erstaunen der Zoologen manchmal von ihrem eingeschliffenen Weg zum Futterplatz spontan abweichen. Indem sie gelegentlich alternative Routen einschlägt, halte die Maus sich alternative Möglichkeiten auf, wenn die übliche Route verbaut wäre.»Die weißfüßige Maus exploriert ihre Pfade mit scharfem Spürsinn, wachsamen Augen und schnellen Fußes. Der Mensch exploriert seine Pfade mit seiner reflektiven, analytischen Intelligenz.« Das Chaos im Kopf helfe den Menschen also, sich trotz ähnlicher Bedingungen dann doch ganz anders zu entscheiden.

Pragmatisch strafen

Solche und noch viele andere komplexe Argumentationen des Kompatibilismus erklären jedoch allenfalls die Flexibilität und Anpassungsfähigkeit des menschlichen Geistes. Auch wenn die Frage noch nicht endgültig entschieden ist, mehren sich doch die Hinweise, dass sich der freie Wille im klassischen Sinne aller Wahrscheinlichkeit nach nicht aufrechterhalten lässt. Bleibt die Frage, wie sehr uns das beunruhigen sollte: Wenn alle unsere persönlichen Gefühle, Liebe und Hass, Treue und Verrat, Teil eines deterministischen Weltgeschehens sind, ist das nicht entsetzlich? »Nichts hindert uns daran, uns auch in einem deterministischen Universum an Dingen zu freuen oder unter Dingen zu leiden, auch wenn wir überzeugt sind, dass diese Gefühle nicht darauf beruhen, dass jemand die Ursache seiner selbst oder seiner Handlungen ist«, relativiert Walter. Das Leid hoch komplexer

Automaten ist genauso ernst zu nehmen wie bewusstes Leid, sagt auch der Mainzer Philosoph Thomas Metzinger, der aus eben diesem Grund davon abrät, Roboter immer weiterzuentwickeln. Cola-Automaten, denen es schlecht geht, müsse geholfen werden. Aber dennoch meint Walter: »Etwas geht verloren, muss verloren gehen.«

Auch im Strafrecht sind die neurowissenschaftlichen Erkenntnisse erst begrenzt angekommen. Das deutsche Strafrecht bindet Strafe an Schuld und Schuld an Freiheit. Freiheit wird definiert als die Fähigkeit, anders handeln zu können. Wie passen da die neuen Einsichten über genetische, soziale, psychologische Determinanten der Kriminalität hinein? Wie diejenigen über die Fragwürdigkeit der Freiheit des Willens. Henrik Walter, der auch als psychiatrischer Gutacher in Strafprozessen wirkt, plädiert für eine sachlichere Einstellung gegenüber den Menschen. Den Begriff der Sühne solle man abschaffen, »absolut böse oder gut gibt es nicht«.

In Zukunft wird es schlicht um den Schutz der Gesellschaft gehen. Menschen müssen vor Gewalttätern geschützt werden. Die entscheidende Aufgabe des Psychiaters wäre es nicht, den Grad der Schuldfähigkeit zu bestimmen, auf dass über den Straftäter angemessen gerichtet wird. Seine wesentliche Aufgabe wird sein, eine Prognose über die Chance seiner Rückfälligkeit abzugeben. Wer gefährlich ist, gehört aus pragmatischen Gründen eingesperrt. Auch Automaten sollten sich nicht untereinander wehtun.

In einem solchen Verständnis wäre der Begriff der Freiheit nur ein sachliches Kriterium, um Handlungen zu beurteilen: Wäre dieser Angeklagte noch fähig gewesen, sich zu beherrschen oder nicht? Möglich, dass es die Freiheit nicht gibt. Dann aber müsste man sie erfinden.

Kapitel 8

Die Illusion, jemand zu sein

Neurowissenschaftler und ihre Suche nach dem Selbstbewusstsein

Ich (W.S.) saß auf einem Berg in Südindien und wartete auf Fledermäuse. Von den Dörfern unten erreichten mich Fetzen einer jaulenden, in meinen Ohren fremd klingenden Musik. Sie plärrte verzerrt aus Straßenlautsprechern und beschallte die ganze Umgegend. Die ganze Nacht lang, wie jede Nacht.

Irgendwo war immer eine Hochzeit, oder es wurde mit einer Feier einem der Götter aus dem bunten hinduistischen Pantheon gehuldigt. Dann beschallte Musik aus Kassettenrekordern die Hütten. Die Menschen schliefen unter den ohrenbetäubenden Klängen ein, betäubt vom selbstgebrannten Alkohol. Oben auf dem Berg, der eigentlich ein in die flache Landschaft geworfener, riesengroßer Stein war, auf dem von der Tropenhitze gewärmten Fels saß ich. Von Sonnenuntergang bis Sonnenaufgang. Allein auf einem Berg bei Madurai in Südindien.

Gegen Ende der Dämmerung, als das Licht zum letzten Mal über die Hütten strömte und durch die Rauchsäulen, die daraus aufstiegen, sich auf die Haine von Kokospalmen und die Felder mit Bananenstauden legte, als das Leuchten einzelner Glühbirnen sich mehr und mehr in den Vordergrund drängte, knatterte ein Piepsen aus meinen Geräten. Die Fledermäuse hatten ihre Höhlen verlassen. Ich verfolgte das Piepsen mit meiner Antenne, die drehbar war, und manchmal sah ich sie, wie sie schwalbenschnell und doch flatternd dahin zogen oder über den Feldern kreisten. Aber es war schwer, diese Schatten im Zwielicht mit dem Fernglas zu verfolgen.

Wie ist es, eine Fledermaus zu sein?

Als am Himmel das Sternbild des Skorpions leuchtete, so wie es in der inszenierten Nacht eines Hollywoodfilmes hätte erstrahlen müssen, hörte das Piepsen auf. Die Fledermäuse waren weg. Wohin, wusste ich nicht, jedoch weiter entfernt, als der Peilsender reichte, den ich auf ihrem Rücken befestigt hatte. Es wäre still geworden auf diesem Felsen, der den Namen Keelakuyilkuudi-Hill trug, hätten mich von unten nicht immer wieder Fetzen dieser jaulenden Musik erreicht, deren Harmonien meinen Ohren so unvertraut waren. Immer wieder drehte ich die Antenne im Kreis auf der Suche nach den Fliegern der Finsternis. Vielleicht jagten sie dort in dieser schwarzen Nacht, wo ich sie nicht einmal ahnen konnte. Vielleicht jagten sie über die Bäume und fingen Insekten.

Gegen 22 Uhr kam ein starker, warmer Wind aus Westen auf. Ich aß Brote, ein wenig Okra-Gemüse, schaute in den Sternenhimmel und drehte lauschend die Antenne im Kreis. »Wo sind sie?«, fragte ich mich, »und wann machen sie Pausen von ihrer Nachtjagd?«, und dabei starrte ich nach Nordosten ins Schwarze der Nacht, in die Richtung, aus der ich zuletzt eine Peilung erhalten hatte. Ich bewunderte die Tiere dafür, dass sie Falter fangen konnten, die ich erst spürte, wenn sie der Wind um meinen Kopf wehte oder die ich als Schatten ziehen sah, wenn sie den schwachen Schein einer Glühbirne oder die winzige Aura eines Sternes kreuzten. Ich war hier, um das Jagdverhalten einer Art zu erforschen, die Wissenschaftler Taphozoous nennen und die zu jenen Fledermäusen zählt, die sehr schnell und sehr weit fliegen. Viel weiter, als ich vermutet hatte.

Erst im Morgengrauen, in dem dünnen, weiten Baumwollhemd fröstelte ich leicht, hörte ich wieder Piepser. Die Flieger drehten offenbar noch ein paar letzte Runden über den Feldern rund um Keelakuyilkuudi, erhaschten vielleicht Nachtisch, dachte ich, und verschwanden in den Felsspalten, um ihre Tagruhe zu beginnen. Unten schepperte diese jaulende Musik. Und die Menschen schliefen eingewickelt in weiße Tücher auf dem Boden.

Während des Forschungsprojektes an der Madurai Kamaraj University sann ich, wie alle Fledermausforscher, oft darüber nach, wie es wohl sei, eine Fledermaus zu sein? Nicht mit den Augen, sondern mit den Ohren zu sehen. Die Nacht mit Ultraschallrufen auszuorten wie mit einer Taschenlampe. Wie die talentierteste Opernsängerin laut in die Luft hinaus zu jubilieren und wie der begabteste Hörer dem Echo zu horchen und in dem Ganzen die Beschaffenheit der Umwelt zu erkennen. Stundenlang saß ich unter einer der wenigen Straßenlaternen auf dem Campus der Universität und beobachtete, wie die Fledermäuse die um das Licht kreisenden Motten hetzten. Manchmal konnte ich ein Klicken ihrer Ultraschallaute hören, sonst war ihr Treiben für mich völlig lautlos. Dieses Leise, Geheimnisvolle wird den Tieren den zweideutigen Ruf eingebracht haben. Doch welches Halali musste für den dort in der dunklen Luft sein, der nicht so taub dafür war wie ich? Welches Trompeten, wo Dutzende von Jägern ihr Loten hinausschrieen, dem Echo lauschten und sich auf die Insekten stürzten. Schrieen, lauschten, sich immer näher heranpirschten, in immer rascherer Folge schrieen und lauschten und, wenn der Moment gekommen war, wenn die Insekten ganz nah waren, so nah wie eine befüllte Gabel, die ein Mensch an den Mund führt, wenn es genau so weit war, das Maul aufrissen und die Beute schnappten oder, wie beim Baseball der Fänger die Fanghand, die Flughaut ausspannten und das Insekt hineinklatschen ließen und es, alles im Flug, dort heraus fraßen? In dem ganzen Echo- und Schreichaos störte die eine Fledermaus die andere nicht. Jede verfolgte ihr Insekt. Manche sangen und hörten so fein, dass sie mit Hilfe ihrer Ohren sogar Käfer fangen konnten, die vor dem vom Wind bewegten Blattwerk eines Baumes kreuzten. Andere vermögen Frösche oder Mäuse am Boden zu detektieren und sie von dort im Flug zu greifen.

Meine früheren Kollegen, die das Verhalten und die Neurobiologie der Fledermäuse erforschen, konnten klären, welche hohen, unhörbaren Frequenzen die Tiere benutzen: bis zu 200 Kilohertz. Das Hörvermögen des Menschen endet bei unter 20 Kilohertz, was gerade noch im Bass-Bereich der Fledermäuse liegt. Die Forscher kategorisierten die Laute in verschiedene Typen und erkundeten, wie gut die Flattertiere darin sind, Frequenzunterschiede im Echo zu analysieren. Und sie fanden heraus, dass sie individuelle Stimmlagen besitzen, wie wir Menschen. Psychoakustiker lernten, dass die Tiere sich auf Landmarken stützen, also auf ein extrem gutes räumliches Gedächtnis, um sich zu orientieren – ihre Höhle zum Beispiel verlassen sie, routinierten Autofahrern auf dem Weg zur Arbeit vergleichbar, indem sie nur grob navigieren – dies macht es überhaupt erst möglich, sie in Netzen zu fangen. Die Physiologen untersuchten, wie der Schall in ihrem Gehirn ausgewertet wird und wie ihr Nervensystem in dem reflektierten Ultraschall selbst die Struktur einzelner Oberflächen erkennen kann. Die Forscher wissen, dass Fledermäuse viel zu schnell sind und ihre Echoortung viel zu fein entwickelt, um sich hilflos in den Haaren der Menschen zu verfangen, wie es ein immer noch weit verbreiteter Volksglaube weismachen will.

In Anlehnung an den britischen Publizisten Richard Dawkins (*Das egoistische Gen*) sprach mein damaliger Lehrer, der Biologe Gerhard Neuweiler von der Münchener Ludwig-Maximilian-Universität, davon, dass die Insektenfresser »Farben hören« würden. Eigentlich ein Widerspruch. Doch er wollte Parallelen zum Farbensehen anderer Säugetiere, insbesondere des Menschen, aufzeigen. Es ging ihm darum, die faszinierenden Wahrnehmungsleistungen der Wesen, die seit 65 Millionen Jahren die Erde besiedeln, zehnmal so lang wie die Hominiden, für sich, seine Kollegen und auch für das Publikum sinnlich erfahrbar zu machen. Streng wissenschaftlich gesehen, ging der philosophierende Neuweiler mit der Formulierung zu weit. Denn wer weiß schon, ob die uns so fremden Wesen der Nacht sinnliche Erfahrungen machen, die denen des Menschen vergleichbar sein könnten? Wer weiß schon, wie es ist, eine Fledermaus zu sein?

Lange bevor mir diese Frage in Indien in den Sinn gekommen war, im Jahr 1974, überschrieb der amerikanische Philosoph Thomas Nagel damit einen Text. Dieser gehört heute zu den Klassikern der Bewusstseinsphilosophie. Es muss etwas geben, räsonierte Nagel, das es ausmacht, dieser oder jener Organismus zu sein, etwas, das es für den Organismus bedeutet, er selbst zu sein. Besitzer von Tieren werden sich schon öfter gefragt haben, wie es ist, eine Katze oder ein Hund zu sein, und welche Art von Bewusstsein ihr kleiner Freund besitzt. Was sie denken mögen, wenn sie eine Maus vor die Türe legen oder die Pantoffeln apportieren. Oder wie es sich anfühlt, ein Wurm zu sein oder ein Vogel im Garten oder ein Verkäufer im Gemüsemarkt, kurzum: ein Wesen, das wir beobachten, zu dessen Innensicht wir aber keinen Zugang haben. Es muss etwas geben, mutmaßte Nagel, das es für das Wesen bedeutet, es selbst zu sein. Dieses Etwas ist sein Bewusstsein, das Gefühl seiner selbst. Das ist übrigens die beste Definition, die es für das Bewusstsein gibt.

Es ging Nagel nicht darum, dass sich jemand intensiv vorstellt, eine Fledermaus zu sein, sich etwa, wie im Film *Batman*, bei Tag kopfüber an eine Stange hängt, mit den Armen flattert und vielleicht versucht Ultraschalllaute herauszupressen. Fällt es uns schon schwer, uns in die Intention von Musik aus einem fremden Kulturkreis hineinzuversetzen, ist es bei den Hörwelten der Flattertiere völlig unmöglich. Eine echte Fledermaus hat anders ausgeprägte Sinne, ein anderes Gedächtnis, andere Absichten und Ziele, wenn man diese Begriffe hier überhaupt verwenden sollte. Sie besitzt zwar Kommunikationssignale, aber keine dem Menschen vergleichbare Sprache, um mitzuteilen, wie das Bewusstsein einer Fledermaus beschaffen ist, wie es sich anfühlt, eine Fledermaus zu sein. Die Wissenschaftler können dies nicht erforschen, vermutlich werden sie es nie können. Sie vermögen höchstens darüber zu spekulieren, dass die Tiere auf irgendeine, sagen wir fledermausige Art und Weise in dem Echo derart Farben hören, wie wir auf unsere menschliche Art Farbtöne sehen. Damit ist gemeint, dass die Tiere Schall unterschiedlichster Frequenz und Lautstärke analysieren können und dabei vermutlich ein Hörbild gewinnen, einen ganzheitlichen Eindruck ihrer Umwelt, wie wir dies von gesehenen Bildern gewohnt sind.

Die Erfahrung sinnlichen Erlebens, das, was es ausmacht, ein Wesen zu sein, wird in der Philosophie mit der Bezeichnung *phänomenales Selbst* oder *phänomenales Selbstmodell* beschrieben. Man kann darüber streiten, welche Tiere ein Selbst empfinden, das dem des Menschen vergleichbar ist. Speziell bei Affen sowie Primaten und den ihnen daher eingeräumten Rechten sollten wir darüber sehr gründlich nachdenken. Die Tiere sind uns so nahe verwandt, dass wir von hoher Bewusstseinsfähigkeit ausgehen müssen. Einigkeit herrscht darüber, dass jedem Menschen das Bewusstsein seiner selbst zu eigen ist. Wenngleich – streng genommen – keiner von uns jemals sagen kann, wie es ist, der Chef, der Verkäufer, der Nachbar oder die Nachtklubtänzerin zu sein. Wir schließen auf das phänomenale Selbst anderer Menschen, weil sie mit uns entsprechend interagieren und weil wir uns selbst als bewusste Wesen erleben. Wer »ich« sagt, folgert, dass auch andere »ich« sagen.

Alle Zustände, die wir im Alltag erleben, alles, was wir mit Ich bezeichnen, bilden den Inhalt des phänomenalen Selbstbewusstseins – und zwar ohne dass dieses Ich, diese erste Person, auch nur eine Sekunde darüber nachdenken müsste. Wenn ein Ich in den Himmel blickt, sieht es sofort, ob dieser blau ist oder grau, dies ist eine Gewissheit, die vor jeder Reflexion feststeht und die im gleichen Augenblick aufblitzt, wenn wir die Augen aufschlagen. Jeder weiß für sich selbst: Ich bin es, der oder die dieses Blau sieht. Andererseits können wir nicht wissen, wie dieses Blau auf einen anderen wirkt und ob für denjenigen oder diejenige jenes Blau dasselbe Blau ist, das wir selbst wahrnehmen. Weil das so ist, heißt die subjektive Empfindung des Ich in der philosophischen Fachliteratur die *erste Person Perspektive*. Ein anderer Begriff dafür ist *Quale*, oder *Qualia* in der Mehrzahl, um die gleichzeitig unteilbare sowie unmitteilbare Qualität einer Empfindung zu beschreiben. Wir werden Fachausdrücke so weit es geht vermeiden. Doch es ist ganz nützlich, sich mit den Begriffen der Bewusstseinsphilosophen und -forscher vertraut zu machen, denn sie gestatten ein differenzierteres Nachdenken und exaktere Beschreibungen des Phänomens des Selbstbewusstseins.

Jede Erfahrung, ob es nun das mittlerweile in allen Büros präsente Summen des Ventilators in einem Computer ist, der Hauch eines Parfüms, der vom Flur hereinweht, das Drücken des Gesäßes vom fortwährenden Sitzen oder die Erinnerungen an das Gläschen Wein vom Abend zuvor, ist ein Inhalt des phänomenalen Bewusstseins. Nicht alle diese Inhalte sind gleichzeitig aktiv. Während aus der Magengegend ein nicht näher definierbares Hungergefühl hervordringt, schweifen wir für einen Augenblick von dem Eintrag ab, den wir gerade im Terminkalender vornehmen wollten. Während wir uns angeregt beim Spaziergang unterhalten, vergessen wir für einen Augenblick eine Schnittwunde an der Ferse, die scheinbar dann erst zu schmerzen beginnt, wenn es bergab geht. Und während wir vor dem Fernseher einen spannenden Film verfolgen, wollen wir erst gar nicht wahrnehmen, dass die Blase voll ist, bis sich das Bedürfnis durchsetzt, dass wir dringend eine Toilette aufsuchen müssten.

Es sind wechselnde Inhalte, die sich unseres phänomenalen Selbst bemächtigen. Wenn sie von den äußeren Sinnen kommen, kann es sich um Bilder handeln, Gerüche, Geschmack, Berührungen, Schmerz, sprachliche Signale. Die inneren Sinne liefern Gedanken, Gefühle, Erinnerungen, Träume, Vorstellungen und Absichten, irgendetwas zu tun. Alle derartigen Inhalte konkurrieren um Zugang zum Bewusstsein, um unsere Aufmerksamkeit. Sie wechseln einander ab, widersprechen sich und bilden miteinander und ineinander verwoben den Strom des Bewusstseins, den das Gedächtnis in Bewegung setzt. Er reißt erst ab, wenn wir abends die Augen schließen und langsam in den Schlaf sinken, in ein Koma fallen, sterben oder auf andere Weise das Bewusstsein verlieren. Er setzt wieder ein, unmittelbar bevor wir am Morgen – oder wann auch immer – aus einem traumlosen Schlaf erwachen und die Augen öffnen. Klick, hier ist das Ich und mit ihm die existenziellen Fragen: Wo bin ich? Wie fühle ich mich? Wer bin ich? Woher komme ich? Was war gestern? Was ist als nächstes zu tun? Was denkt mein Gegenüber über mich?

Die Egozentrik der Ich-Sager

Die Inhalte unserer Aufmerksamkeit besitzen wichtige Gemeinsamkeiten: Sie zentrieren sich im Ich und besitzen eine von diesem ausgehende Perspektive. Alle Zustände, die sich innerhalb des eigenen Bewusstseinszentrums befinden, sind dem Erleben nach eigene Zustände, denn der Mittelpunkt des Bewusstseinsraumes ist immer das Ich selbst. Ohne nachdenken zu müssen, sind wir der festen Überzeugung: »Meine Welt besitzt einen unverrückbaren Mittelpunkt, und dieser Mittelpunkt bin ich selbst.« Ganz natürlich betrachtet der Mensch sein Selbst als derartig in der Welt verankert, wie das ptolemäische oder geozentrische Weltbild einst die Erde als Mittelpunkt des Universums ansah. Steht hier die Erde im Zentrum, um das das Universum, insbesondere die Sonne, kreist, ist es dort das Selbst des Menschen, um das sich alles dreht. Doch vielleicht entstand das ptolemäische Weltbild einfach nur deswegen, weil der Mensch seine intuitive Ich-Perspektive auf die Erde und den Kosmos übertrug?

Man kann diesen egozentrischen Eindruck aller Ich-Sager noch etwas detaillierter aufschlüsseln, denn dieser Mittelpunkt besitzt verschiedene Dimensionen: Das Ich ist der Autor seiner eigenen Gedanken. Es besitzt einen eigenen, ihm zugehörigen Körper, der getrennt ist von dem Körper anderer sowie von der restlichen belebten und unbelebten Umgebung. Es sieht sich selbst als Urheber seiner eigenen Planungen und Handlungen (siehe das Kapitel »Der automatische Mensch«). Das autobiografische Gedächtnis schließlich verankert das Ich in der Zeit, erzählt dessen Geschichte – wie zutreffend diese auch sein mag. Es gestattet Zeitreisen, in dem das Ich wiederum im Zentrum steht, in denen es sich in Bezug zu anderen Ich-Sagern setzen kann. Und es vermittelt dem Ich das Gefühl, gestern, heute und in Zukunft physikalisch und oft auch moralisch dasselbe Ich zu bleiben (siehe das Kapitel »Erfundene Erinnerungen«), *jemand zu sein.* »Dadurch, dass ich im Erleben und im Handeln ständig wechselnde Beziehungen zu meiner Umwelt und meinen eigenen geistigen Zuständen aufnehme, entsteht die subjektive Innenperspektive«, erklärt der Philosoph Thomas Metzinger von der Johannes-Gutenberg-Universität in Mainz. Und fährt fort: »Die Tatsache, dass ich eine solche Innenperspektive besitze, ist wiederum mir selbst kognitiv verfügbar.«

Das Ich weiß, dass es weiß. Es weiß, dass andere wissen, dass es weiß, und dass auch dieses Wissen wiederum anderen bekannt ist und so weiter. Bis zu fünf verschiedene Wissen-Gegenwissen-Ebenen, so vermuten Wissenschaftler, bezieht der Mensch ohne Schwierigkeiten ein. Im sprachlichen Alltag wird jeder Satz bereits mit dem Bewusstsein gesprochen, wie ihn der Empfänger wahrscheinlich aufnehmen wird. Dies bildet eine Grundvoraussetzung der Kommunikation, wie der italienische Semiotiker und Schriftsteller Umberto Eco betonte. Das überhaupt nicht geringe Problem ist nur: Wir wissen eigentlich gar nicht, wovon wir da reden. »Weder sind wir in der Lage, Begriffe wie ›Ich‹, ›Selbst‹ oder ›Subjekt‹ zu definieren, noch gibt es irgendwelche beobachtbaren Gegenstände in der Welt, die sich auf diese Begriffe beziehen könnten«, kritisiert Metzinger.

Zur Erläuterung genügt ein einfaches Beispiel: Wenn Kaffeeduft von der Küche aus durch die Wohnung strömt, reagieren die Aromamoleküle in der Nase mit den Riechrezeptoren in der Schleimhaut. Die Erregung läuft weiter über die Riechtrakt in das Gefühlszentrum (das limbische System) des Gehirns und von dort in die Großhirnrinde. Es wird analysiert, gerechnet und verschaltet. Aber wo entsteht der Eindruck frisch gebrühten Kaffees? Er steckt weder in den Nervensignalen noch in den Aromamolekülen. Er ist aus der Sicht von außen, mit anderen Worten: eines Dritten, schlichtweg nicht auffindbar. Philosophen nennen diesen Blick die *dritte Person Perspektive*. Sie steht für den Blick des Wissenschaftlers, wenn man so will, der mit seinen Methoden zu erschließen versucht, was drinnen passiert.

Aus der dritten Person Perspektive stellt sich nicht nur die Frage, ob andere Lebewesen, Mitmenschen oder etwa die eingangs beschriebenen Fledermäuse, Bewusstsein besitzen, und wenn ja welches. Die dritte Person Perspektive steht vor dem kniffligen Problem, nachprüfbar klären zu müssen, wie aus den elektrischen Aktivitäten des Gehirns eine subjektive Wahrnehmung entsteht. Denn in der Welt existieren schließlich keine der etwa 250 Farben, die ein Mensch bestenfalls unterscheiden kann, sondern nur unzählige Wellenlängen von sichtbarem Licht zwischen rund 400 und 800 Nanometern. Das Gehirn sieht folglich erst einmal kein Rot, sondern, angeregt durch die Signale der Sinneszellen im Auge, aktiviert es Nervenmuster, die für Rot stehen. Es hört nicht die Melodien der Verdi-Oper *La Traviata*, sondern erregt Nervenmuster, die *La Traviata* hervorbringen und all die mit der Musik einhergehenden wunderbaren Gefühle. Es empfindet keinen Schmerz, sondern Nervenmuster, die für das Ich Schmerz bedeuten. Das Gehirn kennt kein Glück, sondern nur Nervenmuster, die für Glück stehen. Und so weiter. Es ist faszinierend, sich vorzustellen, dass dieselben Neuronen mit grundsätzlich denselben Rechenvorschriften es uns ermöglichen, einen Baum zu erkennen oder ein moralisches Urteil zu fällen.

Wenn wir das richtig verdauen wollen, sehen wir uns bereits hineingeworfen in all die komplexen Phänomene, die das Bewusstsein ausmachen. Viele werden nach dem letzten Absatz protestieren und erwidern: Natürlich empfinde ich Schmerz, wenn ich in einen Seestern trete, natürlich bin ich verliebt, natürlich schwebe ich auf den Rhythmen von Musik davon. Gefühle sind sehr real, denn sie prägen unsere Welt. Sie nur als – gleichwohl komplexes – Erregungsmuster von Nerven zu beschreiben, würde dem Menschen seine Würde absprechen. Das will hier niemand, es geht vielmehr in diesem Augenblick um einen sektiererischen wissenschaftlichen Blick. Denn es ist ein Rätsel, wie das Gehirn aus der Rezeption einer Wellenlänge von etwa 700 Nanometern die Empfindung der Farbe Rot und der mit ihr verwandten Töne macht. Dieses Rätsel heißt *die Erklärungslücke*.

Erst in der Wahrnehmung und der Weiterverarbeitung von Wellenlängen sichtbaren Lichts entsteht die Empfindung von Farben. Erst durch die Wahrnehmung von Schmerz kann Schmerz überhaupt entstehen, und ohne das subjektive Gefühl von Schmerz würde es keinen Schmerz geben. Um es noch klarer zu sagen: Nicht die Nervensignale im Rückenmark oder die Verschaltung der Botschaften im Gehirn lassen Schmerz entstehen, sondern das Auftauchen dieses Phänomens im Bewusstsein. Englisch-amerikanische Wissenschaftler haben dafür den Begriff das »harte Problem« der Bewusstseinsforschung geprägt. Hartes Problem deswegen, weil sich im Augenblick kein Mensch eine Lösung vorstellen kann. Die große Frage lautet: Wie generieren physikalische Prozesse im Gehirn subjektive Erfahrungen? Wie sieht das neurobiologische Korrelat des Bewusstseins aus? Gibt es eine Nervenzelle, die nur dann feuert, wenn etwas Rotes ins Blickfeld kommt? Das »weiche Problem« des Bewusstseins bezeichnet im Gegensatz dazu die Fragen danach, wie die Wahrnehmung des Menschen funktioniert, wie wir zum Beispiel das eigene von fremden Gesichtern unterscheiden, welche Prozesse Aufmerksamkeit steuern oder wie das Gehirn die unterschiedlichen Schlaf- und Wachzustände herstellt.

Mancher Leser wird vielleicht nun den Kopf schütteln und bestreiten, dass mit dem Bewusstsein überhaupt ein Problem verbunden sei. Das ist durchaus legitim. Denn es ist schließlich noch nicht ganz klar, ob es nicht tatsächlich nur ein spezielles, wenn auch altes Anliegen westlicher Gesellschaften ist, über das individuelle Bewusstsein nachzudenken und diesen Ich-Kern tief in uns drinnen dingfest machen zu wollen. Außerdem bereitet das Bewusstsein gesunden Menschen im Alltag in der Regel kein Problem (bei Menschen mit einem Leiden oder Störung der Wahrnehmung kann das, wie wir gesehen haben, ganz anders sein). Empfindungen zu spüren, ist keine Schwierigkeit, eher mal Last, mal Lust. Doch unter Philosophen ist es üblich, jene Fragen, die sie gedanklich nicht in den Griff bekommen, Problem zu nennen. Zu einem solchen wird es für sie im umgangssprachlichen Sinn meist dann, wenn sie diese Denknuss nicht befriedigend knacken können.

Frappierend ist, warum es offenbar wehtun muss, damit wir, um beim Beispiel Schmerz zu bleiben, den Finger von der heißen Herdplatte lassen. Als Verhaltensprogramm würden Reflexe genügen, um die Hand abzuziehen und so Hitzeschäden am Gewebe mit den sich ergebenden Beeinträchtigungen zu vermeiden. Wie Untersuchungen zeigen, existieren diese Schaltkreise durchaus. Der Schmerz wird uns erst bewusst, wenn Reflexe, die im Rückenmark verschaltet werden, die Finger bereits veranlasst haben, den Rückzug anzutreten. Geschähe dieses erst nach einem Befehl des Bewusstseins, verstriche zu viel Zeit, denn das bewusste Denken arbeitet relativ langsam.

Wozu also Schmerz? Was sich viele Angehörige leidender oder todkranker Mitmenschen fragen, treibt auch die Philosophen um. »Warum geht all diese Informationsverarbeitung nicht im Dunkeln vor sich, frei von irgendwelchem inneren Gefühl?«, formulierte der Philosoph und Kognitionsforscher David Chalmers an der Universität von Arizona die Erklärungslücke neutraler. Doch die Natur hat das Brennende, das Stechende, das Pochende und damit all das Leid erfunden – über die Ursachen wollen wir später etwas spekulieren.

Gott, Descartes oder ein Odem?

In der Bewusstseinsphilosophie hat die Diskussion um die Erklärungslücke eine lange Tradition. Es geht um die simple wie verzwickte Frage, ob und wie sie jemals zu schließen sein wird. Mit anderen Worten: Genügt die Naturwissenschaft, um das menschliche Selbstbewusstsein zu erklären? Oder brauchen wir dazu einen wie auch immer gearteten Odem, ein übernatürliches Wesen oder gar einen Gott, welcher der fühllosen Materie Leben einhaucht und ihr so den Geist verleiht, den die Naturwissenschaft nicht finden kann?

Psychon nannten dieses Etwas der Philosoph Karl Popper und der Neurobiologe John Eccles in ihrem gemeinsam gescheiterten Versuch, eine Brücke zwischen den beiden Welten zu schlagen. Das Psychon des Geistes, so fabulierten die beiden ansonsten hoch angesehenen und von der Königin von England zu Rittern geschlagenen Wissenschaftler, interagiere mit dem *Dendron* des Gehirns. Doch diese Begriffe stehen für nichts, was in der Welt beobachtbar wäre, und die meisten Naturwissenschaftler und Philosophen lehnen diese dualistische Theorie ab. Sie heißt so, weil sie keinen Bogen schlägt und sich weiterhin auf zwei getrennte Säulen stützt, das physikalische und das geistige Gehirn.

Auch der Franzose René Descartes (1596–1650), einer der Begründer der Bewusstseinsphilosophie, gehörte zu den so genannten Dualisten. Er beschrieb den menschlichen Körper als der *res extensa* zugehörig, der erweiterten, also physikalischen Sache. Den empfindenden Geist siedelte er in der *res cogitans*, der denkenden Sache an. Seine eigene Existenz sah Descartes, der an allem zweifelte, nur durch seine Gehirntätigkeit belegbar. So ist sein berühmter Satz »Ich denke, also bin ich« zu verstehen. In der Zirbeldrüse trafen sich die denkende und erweiterte Sache, wie Descartes mutmaßte, wurden aus physikalischen Ereignissen – heute würde man sagen Nervensignalen – Gedanken und beeinflussten Gedanken physikalische Prozesse. Allerdings löst die Angabe eines Ortes das Problem nicht und erklärt außerdem nicht, wie reine Gedanken die Nervenzellen beeinflussen sollen. Bedienten sie sich irgendeiner Form der Energie, sind sie folglich nicht mehr rein geistiger Natur. Descartes' dualistische Überlegungen führten in neuerer Zeit zur Metapher vom »Geist in der Maschine« und wurden endgültig widerlegt. Beim »Geist« handelt es sich um ein inneres Wesen, eine Art inneren Beobachter oder Menschen im Menschen, in dem der Sitz des Selbst angesiedelt sein soll. So wurde klar, dass diese dualistische Sicht auf das Bewusstsein das Problem nur auf eine Ebene weiter drinnen verlagert. »Geist«, erklärt heute der Roboterforscher Marwin Minski nüchtern, »ist schlichtweg das, was Gehirne tun.«

Dass es nicht so ganz einfach ist, bei der Behandlung des Bewusstseins allein mit physikalischen Regeln auszukommen, zeigt ein Gedankenexperiment. Es erzählt von einer brillanten Neurobiologin, die ihr Erfinder, der Philosoph Frank Jackson, auf den Namen Mary taufte. Sie könnte natürlich auch anders heißen.

Mary lebt in einer fernen Zukunft, in der Neurobiologen alles über die physikalischen Vorgänge im Gehirn wissen und auch darüber, wie diese Verhalten erzeugen. Die Frau hat sich auf die Physiologie des Farbsehens spezialisiert, sie ist mit allem vollkommen vertraut, was es auf diesem Gebiet gibt: der Optik, der Retina, der Reizleitung, der Verarbeitung der Signale im Mittelhirn und schließlich in den verschiedenen Schichten des Neokortex. Sie weiß genau, wie die Wellenlängen des Lichts die Stäbchen und die Zapfen im Auge stimulieren und schließlich die Muskelkontraktionen hervorrufen, welche die Stimmbänder in Schwingungen versetzen und wie Schallwellen das Muster des Wortes »Blau« in der Luft erzeugen. Nur eines weiß Mary nicht: wie »Blau« aussieht. Denn die perfekte Neurobiologin ist in einer Welt aufgewachsen, in der es kein Blau gibt, in einem Zimmer, in dem nur die Farben Schwarz und Weiß existieren. Was wird nun passieren, wenn sie den Raum verlässt und in die wirkliche Welt eintritt? Wird sie hüpfen, und tanzen, völlig außer sich sein und voller Freude rufen: »Toll! Ich wusste gar nicht, dass Blau so aussieht und so wunderbar ist!« Oder wird sie die Farben einfach nur als Rot, Grün, Orange oder Blau registrieren und nicht wirklich etwas Neues gesehen haben?

Wie man sich denken kann, fallen die Antworten unterschiedlich aus – jede ist für sich allerdings aufschlussreich. Mary-Erfinder Jackson vertritt die Auffassung, dass sein Schützling in dem Augenblick etwas Neues lernt, in dem sie ihren Raum verlässt. Nun weiß sie nicht länger nur alle naturwissenschaftlichen Fakten über Farben, sondern sie kennt auch ihre Qualitäten, die Qualia. Keine theoretischen Kenntnisse könnten ihr nahe bringen, wie es wäre, das Blau einer Pflaume, das Rot einer Tomate tatsächlich zu sehen (geschweige denn, hineinzubeißen). Mary wird ein neues Wissen erwerben, das Gefühl grünen Grases oder des Duftes von Heu – um einen anderen Sinn zu nennen. *Monismus*, also die einseitige Ableitung des Bewusstseins aus naturwissenschaftlichen Regeln, so folgerte Jackson, kann nicht funktionieren.

Andere Philosophen argumentieren dagegen, Mary erwerbe, wenn sie Farben sieht, kein neues Wissen, das für ihre Erkenntnisfähigkeit irgendwie von Belang ist. Vielmehr verbessere sie nur ihre Fähigkeit, sich die Farben vorzustellen. Während dies Kollegen kaum in Zweifel zogen, legten manche Analytiker bei der Diskussion des Gedankenexperiments das Augenmerk mehr auf Marys neu erlangte Fähigkeit im Umgang mit ihren Mitmenschen: Indem sie sich Farben vorstellen könne, habe sie auch das Talent erworben, sich in die Wahrnehmungen anderer Menschen hineinzuversetzen und besitze fortan Wissen darüber, wie es für andere sein müsse, eine rote Tomate zu sehen. Dies ist eine aus der Sicht der Erkenntnis neue Qualität, nämlich die, dass auch andere Wesen mentale Zustände wie die Qualia besitzen.

Hier möge jeder Leser selbst entscheiden, wie das Gedankenexperiment von Mary, der Farbwissenschaftlerin, endet. Dualistisch oder monistisch? Es zählen allein Argumente, die Sache ist wissenschaftlich nicht entschieden. Vielleicht vertritt jemand gar eine andere philosophische Grundposition als es die der beiden historischen Denkschulen.

Wie auch immer: Die Haltung, die ein jeder zu derartigen Problemen einnimmt, ist stark von der Intuition geprägt, wie das Gedankenexperiment von der Teleportation zeigt. Der niederländische Kognitionsforscher Bernard Baars vom Neurosciences Institute in San Diego hat es erdacht. Stellen Sie sich vor, Sie erhielten das Angebot, in einem speziellen Transporter – vergleichbar vielleicht dem von Beam-me-up-Scotty vom Raumschiff Enterprise – im Nu dahin zu reisen, wo immer Sie wollten. Sie betreten ein Zimmer, und im gleichen Augenblick, in dem Sie den Startknopf drücken, wird sämtliche Information aus Ihren Zellen gelesen und irgendwo gespeichert. Ihr Körper wird dabei zerstört. Der Transporter sendet anschließend die gewonnenen Daten per Lichtgeschwindigkeit an das gewählte Ziel. Dort dienen diese dazu, eine Replika von Ihnen herzustellen, eine identische Kopie. Der Nachbau würde dieselben Erinnerungen haben wie zuvor Sie, denn Ihr Gehirn wäre komplett wieder hergestellt. Er würde handeln wie Sie, Ihre Persönlichkeit, Vorlieben und Leidenschaften besitzen – die Kontinuität Ihrer Existenz wäre nur während der lichtschnellen Transmission durch das All unterbrochen (lassen wir die Fehler, die dabei in der Praxis passieren könnten, außer Acht).

Viele Menschen würden eine solche Reise auf sich nehmen. Schließlich, argumentieren sie, wäre das Gehirn bei der Ankunft bis in die letzte Kontaktstelle der Neuronen vollständig wiederhergestellt und damit auch das eigene Bewusstsein. Wer so denkt, entpuppt sich als Monist. Andere würden sich weigern und erklären, diese Teleportation sei kein Ausflug, sondern eine andere Bezeichnung für das Sterben. Wer dieser Meinung anhängt, ist ein Dualist. Er oder sie glaubt, dass es für die Entstehung des Selbstbewusstseins mehr braucht als nur Materie. »Jede Seele ist eine neue göttliche Schöpfung, die irgendwann zwischen der Empfängnis und der Geburt dem heranwachsenden Fötus eingepflanzt wird«, glaubte etwa Hirnforscher John Eccles.

Vermutlich ziehen es viele Leser vor, Monist zu sein. Dann werden Sie beim Weiterlesen auf eine sehr harte Probe gestellt.

Piloten im Blindflug

Lassen Sie uns ein bisschen zaubern. Bei dem folgenden kleinen Kunststück werden Sie Zeuge, wie ein Teil Ihres Körpers hinter einer Tarnkappe verschwindet – und der Zauberer sind Sie selbst. Dazu legen Sie bitte das Buch so vor sich hin, dass diese Seiten aufgeschlagen bleiben, damit Sie weiterlesen können. Strecken Sie Ihre Arme nach vorn aus, ungefähr auf die Höhe des Horizontes, und strecken Sie Ihre Daumen nach oben. Sie blicken nun auf die beiden Fingernägel Ihrer Daumen. Jetzt schließen Sie ein Auge und fixieren mit dem offenen den Daumen der anderen Seite, also den linken, wenn Sie das rechte Auge geschlossen haben oder umgekehrt. Den Daumen der anderen Hand führen Sie in der Horizontebene von außen nach innen, das heißt in Richtung des fixierten Daumens. Bewegen Sie Ihre Hand langsam, und fixieren Sie dabei unverändert den Fingernagel des stillstehenden Daumens. Wenn die beiden Daumen sich nähern, werden Sie Zeuge einer Illusion: Ihr bewegter Daumen taucht ab, verschwindet im Hintergrund. Bewegen Sie die Hand weiter, kommt er hinter dem Schleier wieder hervor. Zurück, dann ist er wieder weg, leicht nach oben, dann geht die Daumenwurzel verloren, nach unten und die Kuppe des Fingers entschwindet.

Mitten im Gesichtsfeld, etwa 15 Grad in Richtung der Nase, sitzt ein kreisförmiges Gebiet, in dem Sie absolut blind sind. Sie, alle anderen Menschen, Primaten und Affen sehen dort weniger als eine Fledermaus mit ihren Miniaugen. Das war schon immer so, und doch ist Ihnen dieser *Blinde Fleck* in Ihren beiden Sehorganen bisher nicht aufgefallen. Weder den alten Ägyptern noch den Griechen, Römern oder den Menschen der Renaissance mit dem meisterhaften Anatomen Leonardo da Vinci (1452–1519) war der Blinde Fleck bekannt. Erst der Franzose Abbé Edme Mariotte schloss in der Mitte des 17. Jahrhunderts aufgrund seiner Sektionen des Auges, dass es eine Stelle geben müsse, an welcher der Mensch nichts sieht. Denn an einem Punkt verlassen die Fasern der 200 Millionen Fotorezeptoren der Retina das Augeninnere, darum bleibt neben dem Sehnerv kein Platz für die Sinneszellen und somit fehlen Informationen aus der Umwelt.

Der blinde Fleck ist eines der klassischen Beispiele für die Konstruiertheit der menschlichen Wahrnehmung, und dennoch bildet er ein teils offenes Forschungsgebiet. Denn das Gehirn zeigt uns an dieser Stelle, wo es nachweislich keine Signale empfangen kann, dies nicht etwa an. Wir sehen keinen weißen, grauen, schwarzen oder wie auch immer gearteten Fleck. Sondern das Denkorgan spielt uns die Illusion perfekten Sehens vor und füllt die Lücke schlichtweg mit denjenigen Informationen aus, die an den Rändern der Lücke vorliegen. Sie konnten das bei unserer Zauberei daran erkennen, dass statt Ihres Daumens plötzlich der Hintergrund erschienen ist, das Glied also gleichsam von diesem verschluckt wurde. Der Psychologe und Arzt Vilaynur S. Ramachandran an der Universität von Kalifornien in San Diego zeigte Versuchspersonen einen gelben Ring mit einem schwarzen Punkt in der Mitte und platzierte diesen genau in den blinden Fleck. Das Ergebnis, Sie ahnen es: Die Probanden gaben an, eine durchgehend gelbe Scheibe zu sehen. Das ändert sich gleichwohl in dem Augenblick, als die menschlichen Versuchskaninchen das andere Auge öffneten. Das Gehirn nutzt umgehend die Information des gegenüberliegenden Sinnesfeldes und setzt sie an die Stelle des blinden Fleckes – und er wird damit wieder unsichtbar.

Auch das Pausenbild ist ein Zaubertrick der menschlichen Wahrnehmung – nicht dasjenige früher im Fernsehen, sondern der Eindruck, der beim Blinzeln stehen bleibt. Die Lider schließen sich regelmäßig, um das Auge zu befeuchten und es zu reinigen, was fast unmerklich vor sich geht und normalerweise eine Zehntelsekunde dauert. Für diesen Zeitraum erreichen keinerlei Signale aus der Umgebung die Augen, und dennoch wird uns das Blinzeln nicht als Unterbrechung des Informationsflusses bewusst, anders als etwa ein Flackern der Raumbeleuchtung. Mechanismen im Nervensystem bewirken, dass das zuletzt gesehene Bild kurz als Standbild bestehen bleibt.

Selbst unser Eindruck, den ganzen Sehkreis scharf zu erfassen, ist nichts weiter als eine Illusion. Fixieren Sie in der unten stehenden Zeile den Punkt in der Mitte, und versuchen Sie, links und rechts so viele Buchstaben wie möglich zu lesen:

ginew eis nehes · tnreftne murtnez mov

Sie werden vermutlich nur zwei bis drei Zeichen auf jeder Seite identifizieren können. Um besser zu sehen, müssten die Buchstaben nach außen hin massiv an Größe zunehmen und zwar entsprechend ihres Abstands vom Zentrum.

Um einen Gegenstand gründlich wahrzunehmen oder etwa diese Zeilen hier zu lesen, hüpft das Auge hin und her und bewegt damit die Stelle des schärfsten Sehens über das Objekt – was übrigens auch der Grund dafür ist, dass Sterne in der Nacht zu flackern scheinen. Zwei bis drei dieser so genannten Sakkaden führt das Auge in der Sekunde aus, ein einzelner Hüpfer dauert jeweils 30 bis 70 Millisekunden. Die schnellen Bewegungen verursachen ständig kleine Verwackelungen, die jedem Kameramann den Job kosten würden. In unserer Wahrnehmung erleben wir jedoch ein stabiles Bild, das weder verwischt noch verschoben ist. Die Korrektur der Verwackelungen ermöglicht ein Feedback-System im Gehirn. Zum einen wird vermutlich eine Kopie des neuronalen Befehls, der die Augenbewegungen auslöst, gleichzeitig an verschiedene Hirnregionen geschickt, wo die vom Auge verursachten Verschiebungen herausgerechnet werden. Einige Neurobiologen glauben zudem, dass während der Sakkaden das Sehen kurzfristig abgeschaltet wird oder auf ein stabiles Zwischenbild umschaltet.

»Nimmt man all diese kleinen Ausschnitte des laufenden Films, der den Alltag ausmacht, zusammen, die während Sakkaden und des Blinzelns verloren gehen, so kommt man pro Tag auf verblüffende 60 bis 90 Minuten! Eine Stunde oder mehr, während der das Sehen beeinträchtigt sein müsste, es aber nicht ist. Und bevor die Wissenschaftler im 19. Jahrhundert begannen, dies zu erforschen, hat es auch niemand bemerkt«, wundert sich der Bewusstseinsforscher Christof Koch vom California Institute of Technology in Pasadena. Das Blinzeln und die Sakkaden, argumentieren Koch und sein Kollege Francis Crick, könnten die Spur zu denjenigen Neuronen legen, die zumindest daran beteiligt sind, visuelles Bewusstsein zu erzeugen. Während die Sinneszellen in der Retina aufgrund der Unterbrechung des Informationsflusses aufhören zu feuern, dürften diejenigen aktiv bleiben, die dennoch für ein vorübergehend stabiles Bild sorgen.

Jede Wahrnehmung beruht auf einem Urteilsakt des Gehirns. Bereits Hermann von Helmholtz (1821–1894), Physiker und Begründer der musikalisch-akustischen und visuellen Wahrnehmungsforschung, nannte sie einen »unbewussten Schluss«. Das bedeutet: Im Gehirn bildet sich nicht in einem 1:1-Modus ab, was in der Welt draußen vor sich geht. Stattdessen sind die Sinne fehlbar und eher mit Filtern vergleichbar, die nur einen kleinen Ausschnitt der physikalisch verfügbaren Daten zurückhalten und die ankommenden Signale zusätzlich einer umfangreichen Interpretation unterwerfen. So entstehen Täuschungen, Illusionen, Auslöschungen, umspringende geometrische Formen.

Der chilenische Biologe Humberto Maturana vergleicht in seinem Buch *Vom Sein zum Tun* den Menschen und seine Wahrnehmungsfähigkeit mit einem Piloten im Blindflug. Der Mensch sitzt im Cockpit und steuert seine Maschine durch völlige Dunkelheit. Dieser Kapitän hat keinen Zugang zur Außenwelt, sieht weder die Landschaft noch Hindernisse wie etwa Berge. Er handelt und entscheidet allein auf der Basis der Anzeige seiner Messgeräte. Wenn deren Werte sich verändern, verhält er sich entsprechend. Landet er wohlbehalten auf der Erde, freuen sich die Kollegen, die das Geschehen vom Boden aus verfolgt haben, und beglückwünschen ihn, wie er Nebel, Sturm und Eis getrotzt habe. Der Flugzeuglenker, so Maturanas Metapher, weiß von alledem nichts und sagt naiv, er sei einfach nur seinen Instrumenten gefolgt. Wir alle, folgert Maturana, sausen wie Piloten in Flugzeugkabinen durchs Leben und sind in separaten Welten eingeschlossen. Für Maturana ist das Nervensystem gar nicht in erster Linie darauf angelegt, von außen kommende Informationen zu verarbeiten, um mit eigenem Verhalten zu reagieren. Stattdessen löst die Außenwelt lediglich Veränderungen aus, die durch die innere Struktur des Gehirns schon bedingt sind. Es ist folglich vorwiegend damit beschäftigt, seine eigenen Übergänge von Zustand zu Zustand zu errechnen und kennt gar kein Außen oder Innen. Die Welt besitzt somit grundsätzlich keine Möglichkeit, sich uns in einer wahren Gestalt mitzuteilen.

Schaut ein behaarter Schwanz hinter einem Stuhl hervor, gehen wir davon aus, dass an dessen Ende eine Katze hängt. Ein Auto, das hinter einem Baum geparkt ist, nehmen wir als vollständig wahr, nicht etwa als das vordere und hintere Teil eines Fahrzeugs. Wir ergänzen die fehlenden Teile zwar nicht, aber konzeptionell integrieren wir sie dennoch in unsere Wahrnehmung. Ebenso erkennen wir geometrische Formen selbst dann, wenn sie nur angedeutet sind, etwa pfeilförmige Ecken, die sich so zugewandt sind, dass sie ein Dreieck zu ergeben scheinen – die Kanizsa-Täuschung, benannt nach dem italienischen Gestaltpsychologen Gaetano Kanisza (1913–1993). Ein weiteres, oft zitiertes Exempel in den Lehrbüchern ist das Bild von den Konturen einer Vase, die sich auch als zwei Gesichter deuten lassen, die sich anblicken. Dieses Phänomen heißt bistabiles Perzept. Die Wahrnehmung kann zwischen zwei konkreten Interpretationen hin und her springen, nimmt aber nie eine Zwischen- oder eine Mischform ein.

Allen, die intuitiv gut mit ihrem Leben zurechtkommen, wird Maturanas Konzept sehr fremd erscheinen. Okay, werden Sie denken, meine Sinne mögen nicht mathematisch korrekt arbeiten, aber was kümmert mich das? Ich erkenne alles, was wichtig ist. Ich kann mein Leben gestalten, komme im Beruf zurecht, habe ein ausreichendes Einkommen, kann einkaufen, ohne übers Ohr gehauen zu werden, bin imstande, den Kindern etwas beibringen, und ich weiß, wann und mit wem ich Sex haben will. Ich kann wandern, tanzen, Auto fahren und am Strand den Sonnenuntergang genießen. Die Bilder im Fernseher erkenne ich, beim Abendessen mit Freunden vermag ich mich angeregt zu unterhalten, zu streiten, zu lachen, traurig zu sein und mir lustvoll den Bauch zu füllen.

Damit haben Sie den Nagel auf den Kopf getroffen. Die Evolution hat den Homo sapiens nicht als einen Erkennenden konstruiert, sondern als einen Pragmatiker. Wir nehmen nur den Ausschnitt aus der Welt wahr, der für uns von Relevanz ist. Organismen, die in einer anderen Umwelt leben oder sich dort hineinentwickeln, interessieren sich für völlig andere Ausschnitte aus dieser physikalischen Welt. Man denke nur noch einmal an die Fledermäuse, die Herrscher des Nachthimmels. Weil es dunkel ist, wenn sie aktiv sind, benutzen sie die Echoortung.

Höchst selten geht es im Alltag darum, den Wahrheitsgehalt einer Situation zu erkennen sowie die einströmende Information in vollem Umfang zu analysieren. Viel wichtiger ist es, angemessen und schnell zu reagieren. Wenn sich kreisförmige Punkte hinter einem Busch gemeinsam in eine Richtung bewegten, dann war es für unsere Vorfahren in Afrika nicht die schlechteste Idee, davon auszugehen, dass diese zu einem einzigen Körper gehörten und dieser wiederum einem gefährlichen Leoparden. Es sicherte also das Überleben, sich auf Grundlage einer wackeligen Hypothese in Sicherheit zu bringen. Wer die Strategie des ungläubigen Thomas' bevorzugte und die Vermutung eines versteckten Raubtieres auf ihre Richtigkeit hin überprüfen wollte, hatte womöglich nicht mehr die Chance, viele Nachkommen zu hinterlassen.

Es kam also in der Geschichte der Menschwerdung nicht darauf an, Recht zu haben, sondern erfolgreich zu sein, und die Zeit war dafür ein entscheidender Faktor. Schnell zu einer halbwegs stimmigen Vermutung darüber zu kommen, was gerade passiert, und für sich selbst und die soziale Gemeinschaft eine Handlungsoption zu entwerfen, die auf die beste Lösung setzt, sichert das Überleben. So entstand der Homo sapiens als hemmungsloser Deuter der Wirklichkeit. »Dem Gehirn kommt es darauf an, die Variablen zu bewerten, die für das Verhalten relevant und dem Überleben dienlich sind. Es ist wichtig, dabei so schnell wie möglich zu sein«, erklärt Wolf Singer, Direktor des Max-Planck-Instituts für Hirnforschung in Frankfurt am Main. Nebenbei sei bemerkt, dass dies natürlich auch Konsequenzen für unsere Erkenntnisfähigkeit hat. Es gibt, wie Singer betont, »keinen Grund anzunehmen, Denken sei verlässlicher oder objektiver als Wahrnehmen. Je mehr uns die Neurobiologie über die materielle Bedingtheit unserer kognitiven Leistungen aufklärt, umso deutlicher wird, dass wir vermutlich vieles nicht wissen können und dass wir die Grenzen nicht kennen, jenseits derer unsere Kognition versagt.«

Die Nervenzellen des Ich

Christof Koch – und bis zu seinem Tod auch sein Mitstreiter Crick, der für die Entdeckung der Struktur der Erbsubstanz DNA im Jahr 1953 zusammen mit James Watson mit dem Nobelpreis ausgezeichnet wurde – versucht, den rätselhaften Beobachter im Gehirn nicht etwa durch Gedankenexperimente aufzuspüren. Statt theoretisch die Wurzeln des Leib-Seele-Problems zu analysieren, fahndet der begeisterte Läufer und Kletterer nach den Grundlagen des Bewusstseins, indem er sich auf die Ergebnisse der Naturwissenschaft stützt. Er will wissen, welche biologischen Prozesse im menschlichen Gehirn das Bewusstsein erzeugen. Welche Neuronen oder Verbände von Neuronen müssen aktiv sein, damit wir unsere Aufmerksamkeit einem neuen Objekt zuwenden oder damit uns ein Geruch unvermittelt in Faszination versetzt?

Koch erforscht – philosophische Begriffe zugrunde gelegt – die dritte Person Perspektive. Das setzt eine monistische Haltung voraus, nämlich die Überzeugung, dass Geist schlicht das ist, was das Gehirn macht. Und dass dessen 100 Milliarden Nervenzellen sowie deren

Interaktionen genügen, um aus elektromagnetischer Strahlung einer Wellenlänge von 700 Nanometern die Farbe Rot entstehen zu lassen. Koch sucht die neuronalen Korrelate des Bewusstseins, abgekürzt NCC (englisch für: neuronal correlates of consciousness) – einen Terminus, den der Mainzer Philosoph Thomas Metzinger prägte. »Wann immer Informationen in den NCC repräsentiert werden, sind Sie sich dessen bewusst. Ziel ist es, den kleinsten Satz neuronaler Ereignisse und Mechanismen zu finden, der gemeinsam für ein bestimmtes bewusstes Perzept hinreichend ist. Eine Reizung der maßgeblichen Zellen mit einer noch zu erfindenden Technik, die deren exaktes Spikemuster repräsentiert, müsste dasselbe Perzept wie die natürlichen Bilder Töne und Gerüche auslösen«, erklärt Koch seine weit reichenden Ambitionen.

Aber wo soll die Fahndung beginnen? Wo könnte in diesem scheinbar undurchdringlichen Geflecht aus 100 Milliarden mikroskopisch dünnen Fädchen und ihren Kontakten, die fortwährend in unseren Kopf funken und unser Verhalten bestimmen, das Bewusstsein stecken? In welcher Furche die Lupe ansetzen? Welche Falte durchleuchten? »Wie etwas finden«, verzweifelt Bewusstseinsforscher Koch fast, »wenn man nicht weiß, wonach man sucht?«

Es mag nahe liegen, dass in manchen Forscherköpfen die NCC allzu wörtlich genommen werden. Nämlich als einzelne oder eine Gruppe von Neuronen also, die gleichsam einen Beobachter im Gehirn darstellen, ein inneres Auge, die entscheidende Instanz im Ich. Solche »Großmutterzellen«, denen wir schon einmal im Kapitel »Erfundene Erinnerungen« begegnet sind, geistern immer wieder durch die Literatur, und manche Menschen sehen in ihnen eine mögliche Lösung dieses größten Rätsel der Biologie.

Tatsächlich entdeckten Wissenschaftler Nervenzellen, die extrem spezialisiert sind und nur auf bestimmte, eng begrenzte, aber dennoch komplexe visuelle Reize reagieren: das eigene Haus, das Auto, den Ehemann, den früheren US-Präsidenten Bill Clinton oder den Musiker Paul McCartney. Koch selbst begleitete Experimente eines Teams, das bei einem Epilepsiepatienten auf eine Hand voll Neuronen stieß, die nur feuerten, wenn dieser ein Bild der amerikanischen Schauspielerin Hale Berry vor Augen hatte. Eine Frau besaß Zellen, die ausschließlich beim Anblick der berühmten Oper von Sydney aktiv wurden. Dass solche simplen Ursache-Wirkung-Muster allerdings Entscheidendes zur Lösung des Problems beizutragen hätten, bezweifeln nicht nur Philosophen und andere Kritiker der Neurobiologen. Denn wie soll eine zwar große, aber doch endliche Zahl von Neuronen, eine theoretisch unendliche Zahl von Objekten repräsentieren? Und wie könnten wir je Unbekanntes Erkennen, wenn wir dafür zuvor passende Neuronen benötigen? Stattdessen zeigt sich den Forschern ein Organisationsprinzip des Gehirns, das sehr arbeitsteilig ist, die anstehenden Aufgaben also über verschiedene Gebiete und Ebenen weiträumig verteilt.

In einem entwicklungsgeschichtlich sehr alten Bereich, den wir mit Fischen und Amphibien teilen, sitzen zum Beispiel mehr als 40 unterschiedliche Nervenknoten, die sich um unser tägliches Wohlergehen kümmern. Die Gebiete in diesem Hirnstamm sind Teile von Regelkreisen, die den Schlaf-Wach-Rhythmus, den Blutdruck, die Körpertemperatur, den Wasser-, Mineralien- und Nährstoffhaushalt in einem für den Organismus optimalen Bereich halten. Wann immer sich ein Kern im Hirnstamm meldet, heißt dies, dass wir einem Grundbedürfnis nachzugehen haben. Viele Tätigkeiten des täglichen Lebens sind nur darauf ausgerichtet, dieses so genannte innere Milieu des Körpers im Gleichgewicht zu halten: Essen, Trinken, der Drang, Wasser zu lassen oder ein Nickerchen einzulegen. Sind die Kerne geschädigt, erleiden Patienten Beeinträchtigungen des Bewusstseins, die von einem tiefen Koma (nur noch wenige Reflexe sind intakt) bis zu einem geringfügig bewussten Zustand reichen können, bei dem Betroffene bisweilen einfache Emotionen zeigen, wie etwa Traurigkeit, und bewegte Objekte mit den Augen verfolgen. Alle Zustände eingeschränkten Bewusstseins haben indes eine Eigenschaft gemein, wie Aufnahmen mit Bild gebenden Verfahren zutage brachten: Ein bewusstes Gehirn benötigt mehr Energie als ein unbewusstes.

Der bekannteste Nervenknoten im Hirnstamm ist die *Formatio reticularis*. Dieser Struktur wurde nach ihrer Entdeckung Ende der vierziger Jahre sogar eine dominierende Rolle bei der Entstehung des Bewusstseins beigemessen. Bei Tieren beeinflusst die Region die Wachheit generell und vermag das Gehirn gleichsam aus dem Tiefschlaf aufzuwecken – und zwar ohne dass es dafür unterstützender Störsignale der Sinne bedürfte. Patienten mit einer Schädigung in der Formatio reticularis fallen in eine körperliche Starre oder in ein Koma.

Neurowissenschaftler sehen jedoch das Kriterium der Wachheit als nicht hinreichend für die Entstehung von Bewusstsein an. Eher gilt es als eine seiner notwendigen Voraussetzungen, so wie etwa ein gut funktionierender Kreislauf die Versorgung des Gehirns mit Sauerstoff sicherstellt, ohne den ein jeder nach wenigen Sekunden in Ohnmacht fallen würde. Auch Sauerstoff, der Blutkreislauf oder die zugeführte Nahrung sind also Voraussetzungen des Bewusstseins, tragen dennoch nicht ursächlich zum Gefühl bei, ein Ich zu sein.

Aus diesem Grund gilt unter den Hirnforschern auch der *Thalamus* nicht als der erste Kandidat für den zentralen Sitz des Bewusstseins. Patienten mit Schädigungen in diesem Gebiet von der Größe eines Wachteleis erleiden meist gravierende Beeinträchtigungen der Aufmerksamkeit. Denn dieses Gebiet stellt gleichsam ein Tor zum Großhirn dar. Mit Ausnahme des Geruchssinnes müssen alle einlaufenden Botschaften der Sinne durch diese Verteilerstation hindurch, auch die Signale, die das Gefühl für den eigenen Körper vermitteln. Der Thalamus steht in engem Kontakt mit dem Hormon- und dem Gefühlszentrum des Gehirns und bereitet den Körper etwa beim Anblick einer Schlange auf eine rasche Flucht vor – ohne lange das Großhirn zu befragen –, indem es den Herzschlag erhöht und die Muskeln in Spannung versetzt. Außerdem hält der Thalamus Verbindungen zu den Regionen, die Wachheit und Aufmerksamkeit regulieren, und befehligt zum Beispiel die Suchbewegungen der Augen. Wer angestrengt eine Landschaft beobachtet oder die Straße erkundet, bevor er diese überquert, benötigt dazu den Thalamus. Kein Wunder also, dass viele fundamentale Funktionen der menschlichen Wahrnehmung beeinträchtigt sind, wenn dieser durch eine Erkrankung oder einen Unfall zerstört ist. Doch entscheidet nicht der Thalamus darüber, ob ein Apfel reif, faulig, aus Wachs oder Holz ist und ob man ihn, ohne Folgen befürchten zu müssen, vom Baum in Nachbars Garten pflücken und hineinbeißen kann. Solche umfassenden Betrachtungen und die daraus resultierenden Konsequenzen erwägt das Großhirn.

Die Pizza in unserem Kopf

Das faltige Gebilde, das manche an einen zart durchbluteten Blumenkohl erinnert, ist eine vergleichsweise junge Erfindung der Natur. Die Großhirnrinde (*Cortex cerebri*, kurz Kortex) findet sich nur bei Säugetieren und hat beim Homo sapiens ihre größte Ausdehnung erreicht. Etwa 80 Prozent des gesamten Hirnvolumens des Menschen macht der Kortex aus. Er besitzt einen mittleren Durchmesser von 35 Zentimetern und eine Fläche von 1 000 Quadratzentimetern. Das wichtigste Stück unseres Denkorgans ist also – anders als es die Abbildungen in Büchern und die Angaben nach Volumeneinheiten vormachen wollen – kein kugelförmiges Gebilde. Es besitzt eher die Form einer Pizza oder eines großen, zwei bis drei Millimeter dicken, unförmigen Pfannkuchens. Weil es allerdings äußerst unpraktisch wäre, mit einem solchen Gebilde auf dem Hals durch die Welt zu laufen, hat der kreative Origamimeister namens Natur den Kortex so gefaltet, dass er im Inneren unseres Schädels Platz hat.

Der gesamte Komplex aus Falten, Furchen und talartigen Fissuren besteht aus 20 Milliarden Nervenzellen, 100 000 Stück pro Quadratmillimeter, die untereinander an 200 Billionen Stellen miteinander verknüpft sind. Wer sich diese Zahlen vergegenwärtigt, was allein schon nicht ganz einfach ist, wird verstehen, dass die neurobiologische Hirnforschung ein manchmal frustrierendes Unterfangen ist.

Neben den Zellkörpern der Neuronen finden sich deren kabelartige Fortsätze sowie Helferzellen. In sechs verschiedene Schichten teilen Wissenschaftler die Struktur des Kortex ein. Eine dem Menschen vertraute Eigenschaft machten die Neuro-Forscher auch bei dem am höchsten entwickelten Part unseres Gehirns aus: Der Kortex beschäftigt sich vorwiegend mit sich selbst und seinen komplizierten Verrechnungen. Was davon dem Menschen allerdings bewusst wird und was nicht, ist keineswegs eindeutig geklärt. Mit anderen Worten: Eine Aktivität im Kortex geht nicht automatisch mit Bewusstsein einher.

Die Pizza in unserem Kopf ist gleichsam ein Mosaik von Gebieten verschiedener Funktion. Wie Mozzarella, Olive oder Sardelle auf der Backware liegen mehr als 100 verschiedene Areale flächig nebeneinander, ein jedes widmet sich einer anderen Aufgabe. Etwas schematisiert lässt sich sagen, dass die mehr Richtung Hinterkopf liegenden Felder sich mit der Verarbeitung der Sinnesinformationen und der Wahrnehmung beschäftigen, also zum Beispiel mit den Daten, die mit den Augen aufgenommen werden. Wenn man so will, entstehen die Bilder in unserem Hinterkopf, und von dieser Stelle aus blicken wir auch auf die Welt und unsere Mitmenschen.

Der Part hinter der Stirn dagegen ist beteiligt, wenn es gilt, mögliche Handlungen zu entwerfen, Fehler zu kontrollieren oder den Ausweg aus einem moralischen Konflikt abzuschätzen. Auch die Zentren für Sprache, Emotionen oder innere geistige Zustände sind hier anzutreffen. Dieses als Stirnhirn oder mit dem Fachausdruck präfrontaler Kortex bezeichnete Gebiet hat sich beim Homo sapiens auf vergleichsweise enorme Maße ausgedehnt. Bei Katzen macht er 3,5 Prozent des gesamten Volumens des Kortex aus, bei Affen 10,5 Prozent und beim Menschen fast 30 Prozent. Die Zahlen verdeutlichen, dass hier zahlreiche höhere Hirnfunktionen ihren Sitz haben, die für die Persönlichkeit des Menschen und das Zusammenleben in einer sozialen Gemeinschaft wichtig sind. Entsprechend ist der manchmal auch als Sitz der Exekutive bezeichnete Abschnitt hinter der Stirn eng mit dem Zentrum für die Gedächtnisbildung verkabelt, dem Hippocampus, sowie dem Quellgebiet der Emotionen, der Amygdala. Auch mit dem Hypothalamus kommuniziert der präfrontale Kortex intensiv, also mit dem Kern, der die Hormonausschüttung steuert. Damit gewinnt das Stirnhirn Einfluss auf die Grundzustände des Organismus, wozu beispielsweise Angst gehört, Freude, sexuelle Lust oder die nervöse Suche nach einem Bratwurststand.

In der Mitte zwischen dem Stirn- und dem Hinterkopfhirn liegt die *Zentralfurche*, eine Region, die wir im nächsten Abschnitt noch einmal genauer unter die Lupe nehmen wollen. Die Neuronen auf der einen Talseite der Zentralfurche schieben komplexe Bewegungsprogramme an, die auf der anderen Seite repräsentieren das Körpergefühl. Die beiden Regionen arbeiten eng zusammen, wenn es etwa gilt, nach einem Glas Wasser zu greifen, einen Freund mit einem Schneeball zu bewerfen oder bei der Abstimmung in einer Sitzung den Arm zu heben – wobei für Letzteres auch das Stirnhirn mit seiner Entscheidungskompetenz eingeschaltet werden sollte.

Wer ein Schaltbild allein des visuellen Kortex betrachtet, gewinnt den Eindruck, vor einem Kabelsalat mit ein paar Knoten darin zu stehen. Man könnte auch Christof Koch folgen, der sich an »ein Labyrinth aus Dampfleitungen einer alten Fabrik« erinnert sieht: höchst verwickelt, mit Myriaden von Umgehungen, Abkürzungen und scheinbar zufälligen Zusätzen. Doch das Chaos herrscht nur in den Augen des menschlichen Beobachters, der zudem bisher nur etwa ein Drittel der möglichen Verkabelungen entschlüsselt hat. Das Sehsystem ist streng hierarchisch gegliedert und in Wirklichkeit hoch geordnet – nur eben für die Forscher nicht so leicht zu durchblicken: Von der Retina laufen die Signale in den Thalamus, danach in die ersten Stationen des visuellen Kortex, genannt V1 und V2, und schließlich in dessen höhere Stufen. Jedoch fehlt ein Zentrum, ein Präsidium oder Vorstand, wie immer man es nennen mag, in das alle Informationen einlaufen würden. »Es gibt keinen Olymp, der auf das ganze Sehsystem herabschaut«, verdeutlicht Bewusstseinforscher Koch die Situation.

Entsprechend ist auch die hierarchische Ordnung nicht so eindeutig festgelegt, dass die Organisation des Gehirns mit derjenigen eines Unternehmens vergleichbar wäre. Forscher haben festgestellt, dass sich das Sehsystem theoretisch so gliedern lässt, dass einmal 13, einmal bis zu 24 Ebenen entstehen. Wobei allerdings nicht ein Schaltbild gegenüber dem anderen richtiger oder eher falsch wäre. Die Organisation ist also nicht eindeutig. Und noch etwas wird manchen überraschen: Die Information läuft keineswegs auf Einbahnstraßen die verschiedenen Stufen bergan, um sich dann irgendwo zu verlieren. Die Nervenknoten sind in der Regel reziprok miteinander verknüpft. Das heißt, die Information fließt von den niederen zu höheren Stufen und zugleich wieder zu den niederen zurück. Fachleute sprechen von *Feedforward-* und *Feedback*-Verbindungen. Das Gehirn ist also mit umfangreichen Rückkopplungsschleifen und Querverbindungen ausgestattet, sodass der eine Teil meist weiß, was der andere errechnet hat. So ergibt sich ein Information verarbeitendes System, das auf Abhängigkeiten und gegenseitige Bedingtheiten setzt. Kein Knoten zählt mehr als der andere, keiner ist gewichtiger oder besser als der Nachbar.

Bewusstsein beim Sehen

Kaum ein Sinn ist so gut erforscht wie das Sehsystem (was nicht heißt, dass wir gründlich darüber Bescheid wüssten), und es ist frappierend, wie hierarchisch dieses Neuronknäuel in unserem Kopf geordnet ist. So projizieren die Sehzellen, die in der Retina nebeneinander liegen, auf unmittelbar benachbarte Neuronen in V1, dem Eingang zum Kortex. Das bedeutet, dass jede Zelle einen bestimmten Raumbereich abdeckt und alle zusammen das gesamte Sehfeld. Jedoch ist die Abbildung der Welt verzerrt. Die Stelle unseres schärfsten Sehens, die Fovea, erfasst zwar lediglich einen Winkel des Sehfelds von einem Grad (denken Sie nur an die kleine Schärfeübung im letzten Abschnitt), beansprucht aber genauso viel Platz wie die Peripherie, die nur von einem Auge gesehen wird.

Mit viel Mühe erforschen Wissenschaftler seit den wegweisenden Arbeiten von David Hubel und Thorsten Wiesel an der Harvard Medical School in Boston Ende der fünfziger Jahre, welche Reize am besten beispielsweise die Zellen im Kortex zu einer Aktivität veranlassen. Dabei zeigte sich, dass beispielsweise die Neuronen in V1 sehr richtungsempfindlich sind und dann maximal feuern, wenn ein Balken im Sehfeld eine bestimmte Neigung hat, jedoch schweigen, wenn sich die Neigung nur um wenige Grad verändert. Auch hierbei stießen die Forscher wieder auf ausgeprägte Ordnung, denn benachbarte Neuronen reagieren optimal auf eine geringfügig unterschiedliche Ausrichtung eines Objektes. So liegen innerhalb eines Millimeters Zellen, die für jede beliebige Ausrichtung im 360-Grad-Kreis maximal feuern. Andere Neuronen in V1 reagieren besonders gut auf kurze Balken, weniger jedoch auf lange Balken. Oder sie sprechen auf komplexe räumliche Kombinationen von Gegenfarben an, wie etwa Rot und Grün.

V2-Zellen reagieren auf Kanten und Konturen – und zwar auf solche, die physikalisch vorhanden sind, genauso wie auf solche, die wir uns nur einbilden. Der Ursprung der Kanisza-Täuschung, bei der wir ein Dreieck sehen, obgleich nur drei Kreise in Ausschnitten abgebildet sind, liegt folglich in diesem Areal des Kortex verborgen.

Man kann es als eine Ironie der Natur ansehen, dass sich die Mechanismen der Farbwahrnehmung den Hirnforschern bislang hartnäckig entziehen. Es ist nicht geklärt, wie die farbige Welt entsteht, die dem Menschen so wichtig ist und die für die Philosophen das Paradebeispiel ist, um das zentrale Problem der Bewusstseinsforschung zu verdeutlichen. Offenbar verarbeiten zahlreiche Knoten des visuellen Systems die Information über die Lichtwellenlänge, wobei wir hier mit den Begriffen vorsichtig sein müssen. Genau genommen suchen die Forscher nach einem Nervennetz, das nicht schlicht nur die Wellenlänge verwertet, sondern bereits Farbe, also unseren Eindruck von den Wellenlängen. Einige Argumente sprechen dafür, dass bereits das Areal V1 Farbe heraufbeschwört, ebenso das Areal V4. Bild gebende Verfahren deuten darauf hin, dass die Wahrnehmung von Farbe mehrere über das Gehirn verteilte Zentren aktiviert. Doch ist der Ort im Kortex, in dem von Blau bis Rot die Farben wie in einem Regenbogen nebeneinander liegen würden, noch nicht gefunden. Jedenfalls scheint der so genannte *Gyrus fusiformis* (das ist in etwa die Kortex-Region, die unter der Schläfe zum Hinterkopf verläuft) für die Farbe ein essenzieller Knoten zu sein. Menschen mit Schädigungen in diesem Gebiet sehen die Welt, als würden sie mit einem Schwarz-Weiß-Gerät fernsehen.

Könnte man den von den Augen in den Kortex aufsteigenden Signalweg beschreiten wie einen Wanderpfad, gelangte man bald an eine riesige Abzweigung. Der Weg teilt sich in einen linken und einen rechten beziehungsweise korrekter: in einen, der mehr Richtung Rückseite, und einen zweiten, der mehr an der Unterseite des Gehirnes verläuft. Die erst vor wenigen Jahren entdeckte Aufspaltung des Informationsstromes hat gravierende Konsequenzen für die menschliche Wahrnehmung, wie der Fall der Patientin Diane Fletcher, in der wissenschaftlichen Literatur häufig mit den Initialen D. F. abgekürzt, belegte.

Diese Frau erlitt im Alter von 34 Jahren bei einem tragischen Unfall, ausgelöst durch einen schlecht belüfteten Gasbrenner im

Badezimmer, eine Kohlenmonoxidvergiftung. Fletcher verlor das Bewusstsein und lag nur wenige Minuten in dem geruchlosen Gas, das Erstickungserscheinungen verursacht, denn es verhindert, dass Sauerstoff im Blut transportiert wird. Doch als sie aus dem Koma erwachte, war sie blind, zumindest dem ersten Anschein nach. Farben und Texturen konnte sie noch erkennen und auch allein im Raum umhergehen sowie über Hindernisse steigen. Aber die Form von Objekten, die Buchstaben auf einer Tafel oder die Zahl der Finger an einer Hand konnte sie nicht angeben. Auch das Gesicht ihres Mannes erfasste sie nicht mehr, ebenso wie ihr eigenes Antlitz.

Dass der Fall Diane Fletchers ein besonderer war, begriff der Psychologe David Milner von der University of Durham, als er einen Bleistift hochhielt und die Patientin fragte, was das sei. Wie erwartet, erkannte die Frau das Schreibgerät nicht. Doch plötzlich streckte sie zielgerichtet ihre Hand aus und nahm dem Psychologen mit einer behänden Bewegung den Stift weg. Als sie den Gegenstand befühlte, konnte sie ihn schließlich identifizieren.

Wie hatte diese stark sehbehinderte Frau den Bleistift so problemlos ergreifen können? Milner wollte es genauer wissen und führte zusammen mit dem kanadischen Psychologen Melvyn Goodale von der University of Western Ontario umfangreiche Testreihen durch. Diese zählen heute zu den fundiertesten Studien zum visuellen Bewusstsein.

Die Ärzte zeigten Diane zum Beispiel einen Briefschlitz und fragten sie nach dessen Ausrichtung. Sie antwortete, dass sie es nicht wisse. Als die Wissenschaftler ihr eine Karte in die Hand drückten und sie baten, diese durch den Schlitz zu schieben, weigerte sie sich und sagte, das könne sie nicht. In Wirklichkeit hatte die Patientin keinerlei Probleme, der Aufforderung zu folgen: Sie nahm das Papier entgegen, bewegte es genau zum Ziel, drehte ihre Hand so, dass Karte und Spalt dieselbe Ausrichtung aufwiesen und warf sie schließlich ohne Schwierigkeiten durch die Öffnung – als wäre sie gar nicht blind. Sie konnte zwar ein größeres Objekt von einem kleineren nicht unterscheiden, doch den Auftrag, es zu ergreifen, meisterte sie mühelos und passte ihre Griffweite jeweils der Größe des Gegenstandes an. Eine solche zielgerichtete Handlung führte sie selbst dann erfolgreich zu Ende, wenn nach eingeleiteter Bewegung das Licht ausgeschaltet wurde.

Diane Fletcher hatte mit der visuellen Wahrnehmung Probleme, und das wusste sie auch. Visuelle Handlungen bereiteten ihr dagegen keine Schwierigkeiten, aber dieser Umstand war ihr nicht bekannt, ihr Bewusstsein hatte darauf keinen Zugriff. Man kann dies verallgemeinern und den Schluss ziehen, dass dem Menschen Objektinformationen für Handlungen nicht bewusst sind, anders als diejenigen für die bloße Wahrnehmung. Offenbar existiert in unserem Gehirn ein System, das immer dann, und zwar ohne dass wir es bemerkten, aktiv wird, wenn unter Kontrolle der Augen Handlungen ausgeführt werden. Milner und Goodale gingen in ihrem Nachdenken noch einen Schritt weiter. Sie stellten die Hypothese auf, dass visuelle Informationen generell in zwei getrennten Linien verarbeitet werden. Die eine nannten sie Vision-For-Action-Bahn, die andere Vision-For-Perception-Bahn.

Das Konzept wurde zwar in der Fachwelt kritisiert, doch erhielt es kräftige Unterstützung durch ein einfaches Experiment: Viele kennen das Titchener-Bild (benannt nach dem US-Psychologen Edward Titchener, 1867–1927), das illustrieren soll, wie sehr sich die Wahrnehmung von Größen durch die Umgebung in die Irre führen lässt. Es zeigt zwei Kreise gleichen Umfangs, der eine von kleinen, der andere von großen Kreisen umgeben. Betrachtend schätzen Probanden, wie vorhergesagt, den Kreis im kleinen Kontext größer ein als den identischen Nachbarn. Erfolgt jedoch die Aufforderung, die Figuren anzufassen, öffnen sich Daumen und Zeigefinger bei beiden Zirkeln gleich weit. Die Handlungsbahn ist also nicht nur unbewusst, sie arbeitet auch genauer und lässt sich weniger leicht in die Irre führen als die Wahrnehmungsbahn.

In ausgeklügelten Versuchen hat eine Gruppe um den italienischen Psychologen Umberto Castiello von der University of London die Verarbeitungsgeschwindigkeiten in den beiden unterschiedlichen Bahnen gemessen. Die Wissenschaftler forderten Probanden auf, »tah« zu rufen, sobald sie eine Figur auf einem Bildschirm sahen, und gleichzeitig danach zu greifen. Bei einigen Durchgängen wurde die Figur zusätzlich nach Beginn der Bewegung verschoben, was eine Korrektur der Handbewegung erforderlich machte. Aus den Ergebnissen schlossen die Wissenschaftler, dass der Beginn einer zielgerichteten Handlung der bewussten Wahrnehmung um 310 Millisekunden, also etwa einer Drittelsekunde, vorausgeht.

Andere Versuche ergaben den ähnlichen Wert von 315 Millisekunden. Wenngleich davon die Zeit abgezogen werden muss, die der Organismus für die Aktivierung der motorischen Sprachprogramme benötigt, bestätigt sich doch das Konzept der Mehrzwecksysteme: Wir greifen nach einem Ei, bevor wir es vom Tisch fallen sehen, treten im Auto auf die Bremse, bevor wir einen Ball über die Straße kullern sehen und wissen, dass ihm vielleicht gleich ein Kind hinterherspurtet. Wenn ein Torwart beim Interview voller Bewunderung gefragt wird, wie er diesen einen scharf getretenen Ball noch abblocken konnte, als er wie ein Wahnsinniger die Hände hochriss, und dieser antwortet: »Ich weiß auch nicht wie, ich hab's einfach gemacht«, so wissen wir jetzt, dass er Recht hat und auch warum: Machen ist schneller als Schauen.

Ein weiteres interessantes Feld im visuellen System ist Areal V5, traditionell auch mit dem Kürzel MT bezeichnet. Hier konnten die Wissenschaftler recht genau den Sitz des Bewegungssehens nachweisen. Patienten, bei denen das Areal V5/MT Schaden genommen hat, erleben skurrile Formen von Wahrnehmungsausfällen. So konnte ein Soldat, der im Ersten Weltkrieg eine Gehirnverletzung in dem Bereich von MT erlitt, keine Bewegungen mehr erkennen. Beim Blick auf die Uhr gewahrte er den Sekundenzeiger nicht mehr kontinuierlich, sondern nur mehr »hier« oder »dort« und »niemals dazwischen«.

Der Londoner Hirnforscher Semir Zeki berichtet in einer seiner Veröffentlichungen ausführlich über eine Patientin mit dem Akronym L. M.. Das Areal V5/MT der Frau war auf Grund einer fehlerhaften Blutversorgung völlig ausgefallen, was sich bei ihr an einer so genannten Bewegungsblindheit äußerte, die sie im täglichen Leben massiv beeinträchtigte. So konnte L. M. die Straße nicht mehr überqueren, weil sie nicht in der Lage war, die Geschwindigkeit eines Autos abzuschätzen, während sie Fahrzeuge problemlos identifizieren konnte. »Sie hatte Schwierigkeiten, Tee oder Kaffe in eine Tasse einzugießen, weil die Flüssigkeit ihr wie gefroren erschien. Außerdem wusste sie nicht, wann sie aufhören musste zu gießen, denn sie konnte den Pegel in der Tasse (oder einer Kanne) nicht steigen sehen.« Auch mit dem menschlichen Miteinander hatte sie Schwierigkeiten. Sie fand es verwirrend, einem Dialog zu folgen, weil sie die Gesichts- und besonders die Mundbewegungen des Sprechers nicht erfassen konnte. In einem Zimmer, in dem mehr als zwei Menschen umhergingen, fühlte sie sich unsicher und unwohl, L. M. verließ gewöhnlich sofort den Raum, weil »die Leute plötzlich hier oder dort sind, obwohl ich nicht gesehen habe, wie sie sich bewegen«. Dasselbe Problem hatte die Patientin auf belebten Plätzen oder Straßen, die sie möglichst mied.

Wie die Neuronen in dem Bewegungsgehirn V5/MT reagieren, konnte Bill Newsome von der University of Stanford bei San Francisco erstmals beschreiben, womit ihm ein entscheidender Schritt für die Bewusstseinsforschung gelang. Newsome vermochte die Reaktion von Zellen in V5/MT mit dem Verhalten von Affen zu korrelieren, die dieses Areal ebenso besitzen wie der Mensch. Dazu trainierte er die Tiere darauf, die Richtung von Punkten anzugeben, die sich vor einem Hintergrund wirr durcheinander wirbelnder Punkte gleichförmig in eine Richtung bewegten. Während die Versuchstiere Aufgaben mit verschiedenem Schwierigkeitsgrad bewältigten, belauschten Newsome und Kollegen die Nervenzellen in V5/MT. Dabei offenbarte sich Erstaunliches: Wann immer ein Neuron mit einer extrem starken Aktivität reagierte, zeigte der Affe im Verhalten die Neigung, die Richtung auszuwählen, auf die diese Zelle bevorzugt reagierte. Reizten die Forscher umgekehrt einzelne oder wenige Zellen in V5/MT aktiv mit Impulsen elektrischen Stromes, tendierte das Tier dazu, beispielsweise eine Abwärtsbewegung zu signalisieren, wenn das gereizte Neuron eine Abwärtsbewegung kodierte. Allerdings genügte eine Stimulation allein, also ohne Wahrnehmung, nicht, um den Affen zu einer Entscheidung für eine Richtung zu bewegen.

Hatten Newsome und seine Kollegen die neuronalen Korrelate (NCC) für das Bewusstsein des Bewegungssehens entdeckt? Dieser Schluss wäre etwas voreilig. Niemand kann entscheiden, ob die V5/MT-Zellen Zugang zum Bewusstsein haben oder gar nachvollziehen, was die Affen fühlten, als sie sich entschieden, und ob sie die bewegten Punkte bewusst wahrnahmen. Wir erinnern uns an das Fledermaus-Beispiel vom Anfang dieses Kapitels: Wer weiß schon, was ein Tier denkt und ob es sich so entscheidet, wie wir Menschen dies von uns kennen.

Der Wettstreit der Koalitionen im Gehirn

Der Hirnforscher Niko Logothetis vom Max-Planck-Institut für Biologische Kybernetik in Tübingen hat die Fledermaus-Hürde auf elegante Weise genommen. Dabei kam er den NCC so dicht auf die Fersen, wie man es nur kann. Doch um seine genialen Versuche, die sich über mehrere Jahre erstreckten, zu verstehen, muss man ein bisschen ausholen.

Sicherlich erinnern Sie sich an das Phänomen des bistabilen Perzeptes. Dabei interpretiert die menschliche Wahrnehmung ein und dieselbe zweidimensionale Zeichnung, zum Beispiel die zwölf Kanten des Necker-Würfels, auf zwei unterschiedliche Weisen. Nämlich als einen Würfel von innen oder einen Würfel von außen. Das geht mit einem aufschlussreichen Phänomen einher. So sehen wir nie Mischformen der beiden Versionen, sondern eine Zeit lang die eine und unmittelbar danach die andere und so weiter. Indem wir uns konzentrieren, unsere Aufmerksamkeit bündeln, können wir zwar die Vorherrschaft einer Interpretation verlängern, doch irgendwann wird die Wahrnehmung unwillkürlich wieder umkippen und die andere Interpretation bevorzugen. Man könnte sagen, die beiden Konfigurationen kämpfen um die perzeptuelle Dominanz. Es setzt sich einmal der Anblick des Würfels von außen und ein anderes Mal der des Würfels von innen durch.

Betrachtet man die möglichen Vorgänge auf neuronaler Ebene, so darf man erwarten, zwei Typen von Zellen zu finden. Erstens solche, die sich sehr eng an die Eingangssignale aus dem Auge halten, und zweitens solche, deren Antwort sich mit dem Umkippen der Wahrnehmung ändert. Anders formuliert: Derselbe physikalische Zustand der Retina, nämlich das identische Linienmuster auf dem Blatt, kann in den höheren Ebenen des Gehirns verschiedene Neuronen aktivieren – abhängig davon welcher Interpretation die Wahrnehmung gerade den Vorrang gibt. Den Neuro-Wissenschaftlern bietet dies die optimale Voraussetzung dafür, die Nervenzellen des Bewusstseins zu finden.

Ähnlich ist die Ausgangslage, wenn jedem Auge ein anderes Bild vorgesetzt wird. Wir sehen nie eine Mischung aus beiden Motiven, sondern abwechselnd das eine oder das andere. Bei diesem binokularen Wettbewerb, so vermuten Hirnforscher, streiten Koalitionen von Nervenzellen darum, die Wahrnehmung bestimmen zu dürfen. Ist jene Gruppierung besonders aktiv, die etwa die Signale aus dem linken Auge verarbeitet, unterdrückt sie gleichzeitig die gegnerische Koalition. Nach einer Weile schwindet ihre hemmende Kraft, und die bisherige Opposition bekommt freie Fahrt zur Macht. Und so fort. Die Dauer der Dominanz eines Bildes hängt von dessen Inhalt ab. Nie jedoch kann die eine Koalition die andere dauerhaft ausschalten – es ist ein bisschen wie im Parlament.

Logothetis und seine Mitarbeiter trainierten Makaken darauf, immer dann an einem bestimmten Hebel zu ziehen, wenn sie ihnen die Zeichnung einer Sonne zeigten. Legten sie den Tieren Bilder mit anderen Motiven vor, so lernten diese, einen zweiten Hebel zu betätigen. Nun folgte die Situation des binokularen Wettbewerbs: Logothetis präsentierte den Makaken für das eine Auge die Sonne und für das zweite das andere Motiv – es konnten Menschen, Gesichter, Schmetterlinge oder etwas anderes sein. Über den gedrückten Hebel erlangte er Kenntnis davon, welches Motiv die Affen in dem jeweiligen Augenblick wahrnahmen. Nach dieser Trainings- und Kontrollphase schloss sich das eigentliche Experiment an. Der Hirnforscher setzte eine Elektrode nacheinander in verschiedene Areale des Kortex und erfasste so jeweils die Aktivität einer Nervenzelle. Daraufhin suchte er aus dem Album dasjenige Motiv aus, auf welches dieses Neuron extrem gut reagierte und zeigte es im binokularen Wettbewerb zusammen mit dem Sonnenbild. Die entscheidende Frage war nunmehr: Reagiert die Zelle parallel zum (gleichbleibenden) Eingang aus der Retina oder geht sie konform mit der (unterschiedlichen) Wahrnehmung der Tiere?

In den unteren Stationen des visuellen Kortex, namentlich V1, fand

Logothetis fast ausschließlich Neuronen vor, die sich überhaupt nicht darum scherten, was der Affe gerade sah. In den mittleren Ebenen, zum Beispiel in den Arealen V4 und MT/V5, traf er auf Antwortmuster, die einen intensiven Wettbewerb der Koalitionen belegen. Bei etwa der Hälfte der Zellen korrelierte die Aktivität mit der Wahrnehmung der Tiere, ausgedrückt durch den entsprechenden Hebel. Ähnlich waren die Ergebnisse bei sich bewegenden Reizen in MT/V5-Zellen. Bemerkenswert war daneben, dass ein Teil der aktiven Zellen seine Feuerrate steigerte, wenn der Affe den von diesen Neuronen bevorzugten Reiz sah, während die übrigen dann besonders stark reagierten, wenn der von ihnen bevorzugte Reiz unterdrückt wurde. Viele Neuronen waren zudem dann besonders aktiv, wenn die Wahrnehmung von dem einen Bild zum anderen wechselte. Bewusstseinsforscher Koch erklärt: »Eine plausible Schlussfolgerung daraus ist, dass die Koalitionen in diesen Zwischenregionen miteinander konkurrieren und versuchen, die Doppeldeutigkeit aufzulösen, die von den beiden ungleichen Bildern heraufbeschworen wird. Irgendwann setzt sich ein Sieger durch, und dessen Identität wird den nächsten Stufen der Hierarchie gemeldet.«

Der Wettstreit der Koalitionen war in den nächsten Hierarchiestufen schließlich entschieden. Als Logothetis und ein Kollege Zellen im *inferotemporalen Kortex* (IT, dieses Areal liegt in etwa hinter den Ohrmuscheln) und einer direkt angrenzenden Region beobachteten, war das Antwortmuster wieder fast einheitlich, nur mit einem anderen Vorzeichen: Etwa 90 Prozent der Neuronen reagierten in Übereinstimmung mit der Wahrnehmung des Tieres, ohne sich um die Eingänge der Retina zu scheren.

Sind nun diese von vielen Hirnforschern so intensiv gesuchten NCC der heilige Gral der Neurobiologie? Bedeuten die Ergebnisse, dass wenigstens der Sitz des visuellen Bewusstseins entdeckt worden ist und hinter den Ohren liegt? Um es gleich vorweg zu sagen: Darüber lässt sich ausgiebig diskutieren.

Zum einen ist natürlich nicht klar, welche Art von Bewusstsein Makaken besitzen. Wer kann schon wissen, ob sie, als sie die Hebel drückten, einer bewussten Wahrnehmung folgten, wie wir Menschen dies getan hätten, man kann sie ja nicht fragen. Die Art und Weise, wie die Tiere sich benommen haben, deutet indes auf ein dem Menschen sehr ähnliches Verhalten hin. Daneben bestätigen Bild gebende Verfahren mit menschlichen Probanden, dass bewusste Aktivität mehr in den höheren Niveaus des Sehsystems erzeugt wird und vermutlich nicht in den eher peripher liegenden, wie etwa V1.

Logothetis' Arbeiten, so wegweisend sie auch sind, haben zudem nicht ermitteln können, wie es zu einer bewussten Wahrnehmung kommt. Wie, mit anderen Worten, Nervenzellen untereinander verschaltet sein müssen, um Bewusstheit zu erzeugen, und warum mal das eine und dann wieder das andere Bild dominiert. Das »harte Problem« der Philosophie bleibt ungelöst. Allerdings weist der Linguist und Philosoph Ray Jackendoff von der Brandeis University in der Nähe von Boston darauf hin, Logothetis' Versuche könnten immerhin eine Spur zu der Stelle im Gehirn gelegt haben, an der die Qualia errechnet werden, also das Gefühl dafür, ein Bild zu sehen. Er verortet sie in den mittleren Ebenen des Kortex, dort wo der Kampf der Neuronenkoalitionen tobt.

Einschränkend sollten wir schließlich bedenken, dass die hinter den Ohren aufgespürten Zellen wohl kaum das Bewusstsein der Affen in seiner Gesamtheit repräsentierten. In jedem Augenblick laufen zahlreiche Prozesse in völlig unterschiedlichen Regionen des Gehirns ab und tragen zum Bewusstsein bei. Das visuelle System verarbeitet Formen und Farben, gleichzeitig liefern die anderen Sinne Informationen hinzu, etwa das Gehör oder die Tastrezeptoren in der Haut. Motorische Zentren planen Bewegungen und koordinieren sie, aus dem Gedächtnis brodeln Assoziationen hoch, und die emotionalen Zentren färben unsere Wahrnehmungen mit Gefühlen. All diese Vorgänge sind miteinander auf verschiedenen Feedback- und Feedforward-Routen verbunden. Dennoch ist kein physikalisches Zentrum auffindbar, in dem all diese Informationen vereint werden würden – was unserer Intuition diametral widerspricht.

Oberstübchen ohne Kommandozentrale

Nehmen wir als Beispiel einen sonntäglichen Ausstellungsbesuch. Wir mögen fasziniert die flächigen Farben, die klaren Linien eines

Bildes betrachten, sagen wir *Nighthawks* vom amerikanischen Realisten Edward Hopper (1882–1967). Wir verfolgen vielleicht den Schattenfall, lassen uns anziehen von dieser hell erleuchteten Bar an einem frühen Morgen in New York. Spüren die Einsamkeit und fragen uns womöglich, was diese Menschen, die Nachtschwärmer, ein Mann mit Anzug und Hut und eine Frau mit Hochsteckfrisur im schlichten Kleid hinter sich haben und was sie so nebeneinander schweigen lässt? Müdigkeit, das Ende aller Worte nach einem Streit, die Erkenntnis, dass sie sich nicht mehr lieben? Aus dem Gedächtnis mögen Gefühle von Beklemmung und Ermattung aufsteigen, Gefühle einer durchgebrachten Nacht.

Und während wir all dies denken, sind wir plötzlich abgelenkt von einem Zettel in der Tasche, den wir nicht zuordnen können. Motorische Programme setzen ein, die einen Teil unserer Gedanken sprachlich äußern. Wir hören, was unser Begleiter entgegnet, und plötzlich und ohne dass wir wüssten warum, schießen uns Gedanken an den am Montag folgenden Arbeitstag durch den Kopf. Diesen unangenehmen Rinnsal des Denkens löst ein inneres Gefühl ab, das uns sagt, dass wir hungrig sind, und wir beginnen uns kurz auszumalen, wo wir wohl am liebsten essen gehen und welches Gericht wir dort wählen würden. Die Beine, etwas steif vom Stehen, bewegen sich zum nächsten Bild, das wir gerade beginnen zu erfassen, da dringt aus dem Nebenraum das Schreien eines Kindes an uns heran. Während wir das wahrnehmen, denken wir schon wieder etwas anderes. In einem fort läuft dieser Film des Erlebens durch uns hindurch. Hunderte, Tausende, ja Millionen verschiedener Zustände kann das Bewusstsein einnehmen.

Es sieht für uns als Subjekte ganz so aus, als gäbe es ein Ich und als widerführe diesem einen Ich in jedem Augenblick ein mehr oder weniger kontinuierlicher Strom von Erfahrungen. »Aus der Perspektive der ersten Person kann es über eine Sache keinen Zweifel geben: In jedem Augenblick erlebe ich die Gesamtheit der Wirklichkeit jetzt«, erklärt der Philosoph Thomas Metzinger von der Universität Mainz. Er bezeichnet dieses Gefühl als *phänomenales Holon*, man könnte übersetzend sagen: die erlebte Ganzheit. Wir erfahren, was schon Descartes bemerkte, das Bewusstsein als eine Einheit. Die

Frage ist nur: Wie kann eine Einheit aus so viel Unterschiedlichkeit entstehen? Die Neuroforscher erkennen im Gehirn einen gigantischen Zergliederungsapparat, der kein Zentrum besitzt. Beobachten wir, um die Sache zu verdeutlichen und zu vereinfachen, eine Münze, die durch die Luft wirbelt. Das Objekt bewegt sich auf einer Bahn durch den Raum, rotiert und verändert so fortlaufend seinen Umriss. Die metallene Oberfläche wirft Schatten und reflektiert das Licht unterschiedlich stark. Ein Kaleidoskop unterschiedlicher Signale erreicht währenddessen unser beobachtendes Gehirn. Und um diese komplexe Aufgabe zu bewältigen, agiert es wie eine große Verteilerstation. Es zergliedert die Signale und sendet sie an Knoten, welche allesamt Spezialaufgaben lösen: Der Thalamus leitet die Augen, um die Münze zu verfolgen, V1 erfasst deren räumliche Stellung und analysiert Linien und Formen, V2 registriert die Kanten, V5/MT die Bewegung des Objektes, und irgendwo extrahiert ein neuronales Netzwerk die Farbe.

Strecken wir die Hand aus, um die Münze zu fangen, dirigiert sie der schnelle Vision-For-Action-Pfad zielgenau an die Koordinaten, an denen sich die Flugbahn und der Akt des Ausstreckens kreuzen. Beobachten wir dagegen die Szene nur im langsameren und bewussten Vision-For-Perception-System, dann fällt das Metall auf den Boden, springt auf, und wir hören, wie es ausklirrend still liegen bleibt.

Das Gehirn analysiert alle diese physikalischen Informationen separat in weit über das gesamte Organ verteilten Zentren. Nirgendwo existiert eine Kommandozentrale, in der all die Aufgliederungen zusammenliefen, um sie wieder zu einer einheitlichen Gestalt zu vervollständigen. Und doch haben wir nie den Eindruck, das Objekt selbst würde in seine Analysen zerfallen. Nie tanzt dort ein Umriss ohne Oberfläche, nie hüpft Farbe vor der Form durch die Gegend, und nie springt ein Objekt von einem Punkt zum anderen – es sei denn zum Beispiel das Areal V5/MT verrichtet seine Arbeit nicht wie geheißen.

Unser Denkkonzert ist indes nicht nur räumlich aufgelöst, es ist auch zeitlich zerstückelt. Wir haben bereits gehört, dass die Informationsverarbeitung im visuellen System in eine Wie- und eine Was-

Bahn geteilt ist und dort unterschiedlich lange benötigt. Wie der Hirnforscher Semir Zeki herausfand, gibt es eine ähnliche zeitliche Diskrepanz in der Wahrnehmung von Farbe und Bewegung. Wir erkennen Farbänderung bis 80 Millisekunden schneller als Bewegungsänderung. Ähnliches dürfte auch für andere Sinnesmodalitäten gelten. Mit anderen Worten: Das Gehirn steht vor der Aufgabe, die Ergebnisse seiner räumlichen und zeitlichen Analysen so zu verknüpfen, dass daraus in unserer Wahrnehmung wieder ein Objekt wird. Und dies, wie Zeki betont, obwohl »nirgendwo im Kortex eine Endstation zu finden ist«, »kein finaler Integrator«, keine Bühne, auf der das innere Erleben wie auf einer Bühne zur Präsentation gelangen würde.

Der innovative Christoph von Malsburg, Neuroinformatiker an der Ruhr-Universität in Bochum, war der erste, der dieses Bindungsproblem erkannte und sich von den Illusionen, die uns das Gehirn vorspielt, nicht blenden ließ. Er schlug auch gleich eine Lösung für das Dilemma vor. Sie lautete: Rhythmus.

In den achtziger Jahren waren im visuellen Kortex der Katze erstmals Schwingungen der Neuronenaktivität von 30 bis 80 Hertz entdeckt worden. Das heißt: Zwischen 30- und 80-mal in der Sekunde änderte sich das Feuerverhalten der Zellen von – im einfachsten Fall – einer maximalen Zahl von Entladungen bis zu völligem Schweigen. Etwas unpassend, weil ohne inhaltlichen Bezug, heißt dieses Phänomen Gamma-Oszillationen oder 40-Hertz-Oszillationen. Neuronengruppen, die die Merkmale eines Objektes verarbeiteten, so von Malsburgs Deutung, verbanden diese miteinander, indem sie synchron feuerten. Später entdeckten Wissenschaftler Theta- (4 bis 12 Hertz), Beta- (15 bis 25 Hertz) sowie sehr schnelle Oszillationen um 200 Hertz.

Mittlerweile haben zahlreiche Forschungsarbeiten bei Tieren gezeigt, dass die Synchronie von Neuronen mit der Integration von Objektmerkmalen, der Steuerung von Aufmerksamkeit und dem Bewusstsein in Zusammenhang steht. So sind Gamma-Oszillationen charakteristisch für einen Kortex im aktivierten Zustand, also während des Wachseins und der Traumphasen im Schlaf. Sie treten besonders prägnant auf, wenn Versuchspersonen sich konzentrieren, meditieren oder vor der Aufgabe stehen, unterschiedliche Objektmerkmale zu verknüpfen und sie im Ultrakurzzeitgedächtnis zu speichern.

Catherine Tallon-Baudry und Kollegen vom medizinischen Forschungsinstitut Inserm in Lyon entdeckten bei Epilepsiepatienten, dass verschiedene Areale im visuellen Kortex sich im Beta-Band synchronisierten, wenn sie vor der Aufgabe standen, Objekteigenschaften auf Ähnlichkeit zu prüfen. Ein Team um den Kognitionsforscher Hans Supèr von der Universität Amsterdam konnte herausfinden, dass die synchrone Aktivität von Neuronen bei Makaken während der Erwartung eines visuellen Reizes besonders ausgeprägt war. Die Synchronie zerfiel in dem Augenblick, in dem die Tiere das präsentierte Signal erkannt hatten, um sich später wieder neu aufzubauen. Gamma-Oszillationen verschwinden ebenfalls im Zustand tiefer Anästhesie und auch in Tiefschlafphasen.

Nicht nur für das gesunde Gehirn haben die Gehirnschwingungen eine funktionelle Bedeutung, sie spielen auch bei Krankheiten eine Rolle. Es gibt Hinweise, dass die Kortex-Wellen bei der Alzheimererkrankung beeinträchtigt sind. Andere Ergebnisse legen nahe, dass bei Schizophreniepatienten die Synchronisation gestört oder unpräzise ist.

Es ist vielleicht wichtig zu erwähnen, dass Gamma- und andere Oszillationen an sich keine Informationen repräsentieren. Sie bauen nur den zeitlichen Rahmen auf, innerhalb dessen die Neuronen die Objektmerkmale in einer konzertierten Aktion verarbeiten können. Die Erzeuger und Träger dieser Schwingungen sind übrigens so genannte Interneurone, Das sind bisher nur wenig erforschte, elementare Bausteine des Gehirns. Sie stellen im Kortex und im Hippocampus 10 bis 20 Prozent aller Nervenzellen. Wie die Interneurone im Detail funktionieren und welche Rolle sie beim Gedächtnis, bei der Konzentrationsfähigkeit und bei der Erwartung haben, ist im Augenblick Gegenstand intensiver Forschungen. Denn sie sind zu einem gesonderten, sehr schnell reagierenden Netzwerk verdrahtet und haben keine andere Aufgabe, als die Arbeit der anderen Neuronen zu koordinieren. Wenn man so will, sind die Interneurone folglich wie die Rhythmusgruppe einer guten Rock-Band: Sie geben ein fabelhaftes Gerüst vor, damit die Solo-Instrumente ihre Melodien spielen können.

Es gab früh die Idee, dass das Gedächtnis womöglich eine wichtige Rolle bei der Entstehung des Bewusstseins spielt. Was, wenn nicht ein

Speichermechanismus, könnte die versprengten zeitlichen und räumlichen Steinchen, die diversen Einflüsterungen der inneren und äußeren Sinne zu einem Gesamtbild vereinen, wenn nicht eine besondere Form des Kurzzeitgedächtnisses. Koch und Crick spekulierten, dass das Ich-Gefühl gleichsam in einem Fließspeicher entsteht, der für eine begrenzte Zeitdauer immer wieder aufs Neue die Eingänge zusammenfasst. Das Ganze wäre mit der Blende einer Filmkamera vergleichbar, welche die Geschehnisse draußen winzige Augenblicke lang auf das Zelluloid einströmen lässt, wieder schließt, wieder öffnet und ein neues Bild belichtet. Mit dem Unterschied natürlich, dass der Film des Bewusstseins meist nicht aufgezeichnet wird, sondern einfach durchläuft. Nur emotional wichtige Inhalte finden Zugang ins Langzeitgedächtnis wie im Kapitel »Erfundene Erinnerungen« beschrieben.

Semir Zeki argumentiert dagegen, dass die Einheit des Bewusstseins nur eine Illusion ist. In Wirklichkeit, so der kühne Denker und Experimentator, besteht es aus vielen einzelnen Mikrobewusstseins, die nirgendwo, auch nicht in einem Kurzzeitgedächtnis vereint werden. Zeki zufolge gäbe es also ein Mikrobewusstsein für Farbe, eines für Geschwindigkeit, eines für Gesichtsausdrücke, jeweils eines für die verschiedenen inneren Zustände des Körpers und so fort. Er macht einen Unterschied zwischen impliziten (nicht bewussten) und expliziten (bewussten) neuronalen Prozessen. Implizit verbleiben nach Zeki alle diejenigen Vorgänge im Gehirn, die noch eine weitere Verrechnung benötigen. Explizit werden sie für uns dann, wenn sozusagen die inneren Diskussionen im Denkorgan ein Ende gefunden haben und die Beschlüsse im Bewusstsein veröffentlicht werden. Offen bleibt das »harte Problem«: Wie werden Denkprozesse bewusst gemacht und wie entsteht im Ich das Gefühl des Erlebens? Dieses Rätsel bleibt – vorerst.

Per Stromstoß an die Zimmerdecke

Die Neurobiologie kann das Phänomen des Bewusstseins nicht erklären. Oder sollte man besser ergänzen: noch nicht? Wir wissen noch zu wenig darüber, wie die Hierarchiestrukturen im Kortex im

Detail aufgebaut sind, wie also seine anatomische Feinorganisation aussieht. Wie Koalitionen von Neuronen entstehen und wieder vergehen. Was Aufmerksamkeit ist, wie sie scheinbar spontan entsteht und sich Neuem zuwendet. Wie im Gehirn Entscheidungen fallen sowie Verhalten geplant und ausgeführt wird. Und vor allem die ganz grundlegenden Fragen bedürfen der Klärung: Wie kodieren Neuronen Informationen und in welcher Sprache tauschen sie sich untereinander aus? Wie müssen die Nervenzellen verschaltet sein, um die einfachen Rechenvorgänge durchführen zu können, die zum Erkennen beispielsweise einer Linie führen? Einfache Fragen zwar, doch ihre Antworten verbergen sich in den Tiefen des Nervennetzes im Kopf.

Die Philosophin Patricia Churchland von der University of California in San Diego hat mehrere Bedingungen genannt, welche eine neurobiologische Theorie des Bewusstseins erfüllen müsste: Sie sollte verständlich beschreiben, wie Vorgänge im Großen aus Vorgängen im Kleinen hervorgehen; sie sollte es gestatten, zutreffende Prognosen über neue Phänomene anzustellen; sie sollte uns in den Stand setzen das Bewusstsein in Experimenten zu manipulieren; und sie sollte beschreiben, auf welchem Niveau im Gehirn Bewusstsein angesiedelt ist, welche neuronalen Vorgänge also bewusst sind und welche nicht. Dass die Neurobiologie das große Geheimnis wird lüften können, steht für Churchland außer Frage. »Die wenig glamouröse Wahrheit ist, dass die Naturwissenschaft in die Lage kommen wird, die Komponenten des Bewusstseins zu verstehen, und zwar in ziemlich genau der gleichen Weise, wie sie es verstanden hat, das Phänomen des Lebens in allen seinen Komponenten zu erklären«, konstatiert sie forsch.

Aber was wird dabei herauskommen? Die Erniedrigung des Menschen zu einer bloßen Ego-Maschine? Die Entmystifizierung eines Organs, das, dem Wetter vergleichbar, seiner letzten Geheimnisse entkleidet auch seine Faszination verliert? Wir wären jedenfalls nicht schlecht beraten, uns schon heute damit zu beschäftigen, was es für unser Selbstverständnis bedeutet, dass selbst intime menschliche Erlebnisse mechanistisch erzeugbar sind.

Die ersten Vorboten dieser Zukunft kommen aus den Krankenhäusern, wo längst Routine ist, dass Neurowissenschaftler verschiedene Zustände des Bewusstseins gleichsam per Knopfdruck auslösen. Ärzte ermitteln zum Beispiel bei Menschen, die unter schweren epileptischen Anfällen leiden, vor einer Operation mit Hilfe von vorübergehend eingesetzten Elektroden die Bereiche im Gehirn, die keinesfalls verletzt werden dürfen. Gleichsam als Abfallprodukt der Therapie erstellten sie so eine Klaviatur der Großhirnrinde. Reizten sie mit elektrischen Strömen etwa ein Stückchen freigelegtes Gehirn am Hinterhaupt, berichteten die Patienten von Lichtern, blaugrünen oder roten Scheiben, Sternen, Rädern, kreisenden bunten Bälle und anderen Formen.

Außerkörperliche Erfahrungen zum Beispiel sind für viele so überwältigend, dass sie diese als Beleg für eine vom Körper unabhängige, frei bewegliche Seele akzeptieren. Die Anhänger der religiösen Schule der Theosophen im 19. Jahrhundert deuteten das Phänomen als Hinweis auf die drei Körper des Menschen: den physischen, den ätherischen und den astralen. Olaf Blanke vom Universitätskrankenhaus in Genf schickte das Bewusstsein einer Epilepsiepatientin zu einem Außer-Körper-Erlebnis auf Reisen – und zwar schlicht per Stromstoß. Jedes Mal, wenn Blanke eine Region auf der rechten Seite der Großhirnrinde schräg hinter den Ohren (der Fachbegriff für das Gebiet lautet *Gyrus angularis*) mit einer Elektrode stimulierte, hatte die Frau das Erlebnis, unter der Zimmerdecke zu treiben und die ganze Szenerie von oben zu betrachten. »Ich fühle mich leicht und schwebe in etwa 2 Meter Höhe«, erzählte die Patientin, sobald der Strom floss, »unten sehe ich meinen Körper auf dem Bett liegen, die Beine und den Rumpf.« Die Empfindung verschwand, so wie sie gekommen war, wenn Blanke den Strom abstellte. Hatte die Frau die Knie abgewinkelt und fixierte diese, löste dies ein Gefühl der Panik aus. Ihre Beine, sagte sie, seien auf sie zugerast. Senkte der Forscher die Stärke des Stromes, gab die Patientin zu Protokoll, aus einer Höhe zu fallen oder langsam im Bett zu versinken. Ein anderes Mal verkürzten sich ihre Beine oder Arme, oder ihr Körper bewegte sich auf die Beine zu.

Natürlich ist der neurobiologische Mechanismus nicht bekannt, der das Ich zu einem Ausflug an die Zimmerdecke schickt. Blanke geht davon aus, dass der rechte Gyrus angularis eine gewichtige

Abteilung innerhalb einer größeren Neuronenkoalition ist, die verschiedene Informationen integriert: die Wahrnehmung des Körpers, die Signale der Gleichgewichtsorgane im Innenohr, die gespeicherten Daten aus dem Raumgedächtnis und die visuelle Perspektive, welche das Ich darin einnimmt. Kommt die Mischung der Daten durch den angelegten Strom durcheinander, kann sich offenbar die Perspektive verschieben, durch die wir die Welt betrachten.

Jeder Fünfte bis Sechste soll ein solches Erlebnis mindestens einmal im Leben auf natürliche Weise haben. Bei manchen Menschen stellt sich kurz vor dem Einschlafen das Gefühl verlängerter Beine oder eines sonst veränderten Körpers ein, das als Vorstufe einer Außer-Körper-Erfahrung gilt. Andere greifen zu Ratgeberbüchern oder Drogen (LSD, Meskalin oder das Anästhetikum Ketamin), um es herbeizuführen, oder behaupten gar, es willentlich kontrollieren zu können. Psychologische Theorien erklären das Phänomen mit einer unterbrochenen Integration von Körperbild und den Daten von den Sinnen.

Dabei ist es weder übersinnlich noch krankhaft, einen Raum nicht aus den eigenen Augen heraus und über die Nase hinweg zu erspähen. Als Psychologen Menschen nach ihrem letzten Besuch im Schwimmbad befragten, gaben ungefähr 80 Prozent an, sich selbst vom Beckenrand aus im Wasser zu beobachten. Auch den Weg zu einem kürzlich besuchten Kino speichern viele Befragte aus der Vogelperspektive ab. Wie ein Computerprogramm kann das Gehirn verschiedene Perspektiven der räumlichen Umgebung generieren und hat ein klares Bild von der eigenen Position darin. Welche wir jeweils wählen, darüber entscheiden eher kulturelle Bedingungen als vorgegebene mentale Verdrahtungen.

Der Orgasmus im Fuß

Ian Watermans Lähmung begann mit einer unscheinbaren Darmgrippe. Ihm wurde abwechselnd heiß und kalt, außerdem schwächte heftiger Durchfall den damals 19-Jährigen. Seinen Arbeitsplatz bei einem Metzger auf der britischen Kanalinsel Jersey verließ Ian erst, als Kollegen ihn drängten. Der Arzt schrieb ihm ein Rezept aus, um den Durchfall zu stoppen, und schickte ihn heim. Als sich Ian vor der Apotheke an die Wand lehnte und darauf wartete, abgeholt zu werden, glitt er wie ein Waschlappen auf den Gehsteig hinunter – und blieb liegen. Er war unendlich müde.

Die folgenden Tage verbrachte Ian zu Hause. Doch sein Zustand verschlechterte sich zusehends. Er fühlte sich wie erschlagen und stolperte mehrfach über seine eigenen Füße. Als er in die Notfallaufnahme des Krankenhauses eingeliefert wurde, konnte er nur noch nuschelnd sprechen und spürte an Händen, Füßen und im Nacken ein seltsames Kribbeln. Das Schlimme war, so dachte er, dass er außer dem Kribbeln kein Gefühl mehr hatte. Wenn er Hände oder Beine berührte, spürte er dies nicht, sie waren vollkommen taub. Und wenn er flach auf dem Bett lag, hatte er das Gefühl zu schweben. Ian wusste nicht, was mit ihm vorging. Und dass ihn der Arzt, nachdem dieser ihn hatte sprechen hören, wiederholt argwöhnisch fragte, ob er wohl getrunken habe, machte die Sache nicht leichter.

Es folgte eine Litanei an Untersuchungen. Was die Ärzte entdeckten, passte zwar zu keinem Namen aus dem Medizinlexikon, doch es zeigte sich alsbald, dass der Nachwuchsmetzger an einer extrem seltenen Form einer Nervenkrankheit litt: Die sensiblen Fasern, welche die Informationen von den Gelenken und den Muskeln sowie der Stellung des Körpers im Raum lieferten, waren offenbar zerstört. Die Ursache blieb unklar, stand womöglich mit dem Durchfall und der Infektion in Zusammenhang, die Folgen waren fatal: Ian spürte vom Hals abwärts nichts mehr. Wenn er nicht an sich hinuntersah, hatte er keinen Schimmer, welche Position seine Arme, Beine und der ganze Körper einnahmen. Auf der Matratze liegend hatte er den Eindruck, schwer wie Blei im Raum zu schweben. Wachte er morgens auf, konnte er sich nicht aufsetzen. Er fühlte sich, so dachte er, wie ein Stück Gemüse. Und er musste gefüttert werden wie ein Neugeborenes.

Nicht dass Ian seine Muskelkraft eingebüsst hätte. Es gelang ihm, wenn auch mit Mühe, zum Beispiel den Arm auszustrecken. Aber ihm fehlte jede Möglichkeit, die Geschwindigkeit und die Richtung der Bewegung zu kontrollieren. Suchte er Halt an einem Griff, strampelten die Arme wie wild durch die Gegend, als wären sie die Anhängsel eines Hampelmanns. Seinen Beinen ging es nicht besser. Sie gehorchten ihm nicht, und so vermochte er nicht einmal aufrecht zu stehen. Wie es schien, war sein Verlust endgültig, die Ärzte konnten ihm keine Hoffnung auf eine spontane Heilung machen.

Ian Waterman hatte eine Funktion seines Selbst verloren, von der die meisten Menschen nicht einmal wissen, dass sie diese besitzen. Selbst für einfachste Bewegungen genügt es nicht, einfach nur Befehle an die Muskeln zu senden, damit diese sich kontrahieren – umso kräftiger, je mehr Widerstand auftritt. Die Wahrheit ist, dass Bewegung das Produkt eines aufwändigen Regelkreises ist, in dem die Aktionen der Muskulatur und die Rückmeldungen der Körpersinne auf das Genaueste ineinander greifen. Erst die Informationen der so genannten *Propriorezeptoren* – sie sitzen in den Muskeln, an den Gelenken und Sehnen – vermitteln uns eine genaue Kenntnis davon, wie weit ein Bein beim Gehen bereits gehoben ist und wieder abgesenkt werden muss und auf wie viel Spannung sich Fußballen und Waden vorbereiten sollten, wenn sie unser Eigengewicht tragen müssen. Gehen, ja selbst Sitzen, erfordert wie jede andere noch so einfach wirkende Bewegung ein abgestimmtes Miteinander von unzähligen Muskeln mit dem Körpersinn. Selbst der einfache Griff nach einer Teetasse ist nicht in der Art einer Einbahnstraße organisiert. Die Propriorezeptoren in den Gelenken und Muskeln funken an die Zentrale zurück, wie es um den Erfolg einer beabsichtigten Bewegung steht. Ebenfalls Rückmeldung zur Feinabstimmung liefern die Augen, wenn es etwa darum geht, die letzten Zentimeter zur Teetasse zu überwinden und exakt mit dem Zeigefinger in den Henkel einzufädeln. Solche Feedback-Schleifen erlauben es uns, ganz allgemein Handlungen in fein abgestimmte Bewegungen umzusetzen und uns in einer dynamischen Umgebung zurechtzufinden.

Das ist aber nicht von Anfang an so. Selbst aufrecht zu stehen ist für Kinder ein komplizierter Lernvorgang, den sie normalerweise im ersten Lebensjahr bewältigen. Viele können an ihrem ersten Geburtstag laufen, manche jedoch erst mit 18 Monaten. Jedes Kind benötigt seine persönliche Zeit, um die vielen aufwändigen Prozeduren zu lernen, die notwendig sind, um ein Bein vor das andere zu setzen. Man könnte auch sagen, es speichert die Kommandos an die diversen Muskeln und die entsprechenden Rückmeldungen aus der Peripherie als feine Bewegungsmuster. Wenn es später in der Schule den Arm heben soll, dann aktiviert es nicht dort den Beuger und hier den Strecker, sondern hebt einfach den Arm. Die Feinsteuerung der Bewegung übernehmen die Großhirnrinde sowie das Kleinhirn, und zwar ohne dass es dies bemerken würde. Ja, auf viele Muskeln haben wir keinerlei bewussten Zugriff. Wir bedienen uns eines Motorprogramms, dessen Details wir nicht kennen. Ein Computertechniker würde sagen: Wir haben eine benutzerfreundliche Oberfläche für Bewegung und einen Emulator, der sich dahinter um die Details der Ausführung kümmert.

Während das Standardrepertoire an Bewegungen nach wenigen Jahren normalerweise eingeübt ist, dauert das Beherrschen komplizierter Abläufe länger. Zehn Jahre und mehr benötigen Menschen, um ein halbwegs ordentlicher Fußballspieler, Turmspringer oder Klavierspieler zu werden. Jeden Aspekt einer Motorik müssen wir mehrfach, langsam und bewusst einüben, damit er im Bewegungsgedächtnis gespeichert wird. Das zweckmäßige Strampeln beim Schwimmen, die richtige Fußhaltung beim Freistoß oder ein zart dosierter Anschlag einer Taste trotz hohen Tempos, all diese Feinmotorik geht schließlich in Fleisch und Blut über – wenngleich das natürlich die falschen Wörter sind. Richtig ist: Die Bewegungsprogramme werden im prozeduralen Gedächtnis verankert. Irgendwann rufen wir sie ab, ohne darüber nachdenken zu müssen. Wir fahren Rad und träumen in den Tag hinein, joggen und quatschen nebenbei – alles geht wie von selbst. Erfahrene Musiker haben ihr Spiel so perfektioniert, dass sie ihre Stücke noch unter dem Einfluss von Alkohol oder sonstiger Stoffe mühelos vortragen können.

Den Körpersinn und die Bewegungen vermittelt ein Streifen im Gehirn, der sich wie der Bügel eines Kopfhörers zwischen den Ohren spannt, der somatosensorische und der motorische Kortex. Die beiden amerikanischen Neurochirurgen Wilder Penfield (1891–1976) und Theodore Rasmussen (1910–2002) waren die ersten, die diese Region erkundeten. Bei der Operation von Epilepsiepatienten nutzen sie die Gelegenheit und reizten das unter dem geöffneten Schädel freiliegende graue Gewebe mit einem kurzen Stromstoß. Dabei zuckten entweder die Muskeln im Gesicht, in den Händen, den Füßen oder der Zunge – je nach gereiztem Ort abwechselnd.

Als Penfield und Rasmussen die Ergebnisse zusammentrugen, entstand eine Landkarte der repräsentierten Körperteile im Gehirn. Jedoch war vor ihren Augen ein grotesk verzerrtes Männlein entstanden: Sehr große Flächen kodierten für die Hände, die Finger und den Mund, speziell die Lippen. Der Rumpf, die Füße und das Bein waren im Gehirn dagegen mit wenigen Neuronen vertreten, schrumpften also im Vergleich zum Originalmenschen. Der Grund ist darin zu suchen, dass Lippen, Mund und Hände viel berührungsempfindlicher sind als etwa der Rücken. Das kann jeder ganz leicht selbst bestätigen: Nehmen Sie einen stumpfen Stift und ermitteln Sie die kleinste räumliche Distanz jeweils auf Hand und Rücken, bei der Ihr Partner Berührungen noch als getrennt wahrnimmt. Sie ist auf dem Rücken oder den Beinen viel größer als im Gesicht oder auf den Lippen.

Eine weitere Besonderheit ist, dass die Körperteile im Gehirn seltsam vermengt sind: Die Handregion grenzt direkt an die Gesichtsregion, die Genitalien sind Nachbarn der Füße. Die Ursachen dafür sind nicht bekannt, doch hat dies Konsequenzen bei der sexuellen Erregbarkeit, wie wir noch sehen werden. Das Männlein (oder Weiblein) tauften die Neurochirurgen auf den Namen *Homunkulus*. Das Bild vom Männchen im Kopf ist eine Berühmtheit unter Psychologie- und Medizinstudenten geworden – und ein Beispiel für die Macht einprägsamer Bilder. Allzu verlockend ist die Vorstellung, im Gehirn säße jemand, der unser Verhalten gleichsam steuert, der entscheidet, wann der Hampelmann namens Mensch den Arm hebt oder mit dem Fuß ausschlägt. Doch dies ist ein Missverständnis. Der Homunkulus ist nur die grobe Skizze einer Landkarte. Zudem haben neue Forschungen ergeben, dass die Verhältnisse im motorischen Kortex offenbar keineswegs so simpel strukturiert sind, wie Penfield und Rasmussen dachten. Statt einer Landkarte steckt vielmehr eine Raumkarte im Gehirn. Die dortigen Neuronen koordinieren komplexe Bewegungsabläufe und nicht bloß einzelne Muskeln. So ließen längere Stromstöße Affen die Hand ballen, selbige in die Nähe des Gesichtes führen oder den Mund öffnen. Andere Zellen lösten reflexartig Abwehrreaktionen aus, etwa die Hände vor die Brust zu führen. Bei Stimulation benachbarter Zellen bewegte sich die Hand in eine ähnliche Position, nur räumlich etwas verschoben, zum Beispiel mehr Richtung Nase oder eher seitlich zum Ohr.

Dass im Gehirn die Repräsentationen der Körperteile ganz anders angeordnet sind als am Leib selbst, kann bei Menschen, die einen Arm oder ein Bein verloren haben, zu den kuriosesten Phänomenen führen, wie der Neurologe Vilaynur S. Ramachandran von der University of California in San Diego berichtet. Einen Patienten berührte er mit einem Wattestäbchen an der Wange, und dieser berichtete von Empfindungen in seinen Phantomfingern. Selbst die Spur eines auf seinem Gesicht laufenden Wassertropfens konnte der Mann auf seinem Phantomarm verfolgen. Dies erscheint einleuchtend, wenn man weiß, dass die Neuronen des Gesichtes in Nachbarschaft zu denen der Hände liegen. Ein anderer Patient erzählte, beim Geschlechtsverkehr ein Kribbeln im nicht mehr vorhandenen Fuß zu spüren. Weil es ihm peinlich war, hatte er bisher niemandem davon erzählt. Dem Mann bereitete sein Erleben offenkundig Spaß. Sein Orgasmus, referierte er am Telefon, sei »viel gewaltiger«, weil nicht mehr »auf die Genitalien beschränkt«.

Der skurrile Höhepunkt im großen Zeh, der bei Gesunden gelegentlich anzutreffende Fußfetischismus sowie die Erfahrung, dass Berührungen der Füße als erotisch empfunden werden, hatte Sigmund Freud mystisch damit verklärt, dass die Form des Fußes der des Penis ähnle und dieser so zum Fetisch werde. Man braucht einiges an Fantasie, um dies akzeptieren zu können. Es trifft wohl eher die physiologisch-anatomische Deutung zu: Im Gehirn liegen die für die Genitalien und die für die Füße zuständigen Neuronen direkt nebeneinander. Zu einer geteilten Empfindung kann es kommen, wenn Nervenfortsätze aus dem einen in das andere Gebiet einwachsen. Man spricht hierbei von Umkartierung.

Ähnliche Phänomene können bei Frauen auftreten, denen wegen einer Krebserkrankung eine Brust abgenommen werden musste. Bei solchen Patientinnen löste eine Reizung des Brust- und Schlüsselbeins erotische Empfindungen in der Phantombrustwarze aus. Ein Teil dieser Frauen berichtete außerdem von stimulierenden Gefühlen in den

Brustwarzen, wenn ihr Ohrläppchen gereizt wurde. Auch dies hat teilweise Parallelen zum sexuellen Empfinden gesunder Frauen.

Wären die Berichte darüber nicht so häufig, würden Gesunde wohl den Wahrheitsgehalt solcher Sinneseindrücke bezweifeln. Denn wie soll etwas schmerzen oder Lust bereiten, das nicht mehr vorhanden ist? Und wie soll ein Arzt eine Pein behandeln, die von einem Körperteil kommt, das es nicht mehr gibt? Manchmal lösen sich solche Probleme auf tragikomische Weise. Ein Patient, dessen Phantomhand quälend juckte, lernte, dass er sich einfach an der Wange kratzen musste, um sich Linderung zu verschaffen.

Bei Philip Martinez lag der Fall komplizierter. Nach einem schweren Motorradunfall war sein linker Arm gelähmt und wurde schließlich amputiert, weil er nur schlaff herabhing und im Weg war. Dennoch schmerzten Philip der Ellbogen, das Handgelenk und die Finger des Phantomglieds. Zudem litt er darunter, dass er seinen virtuellen Arm nicht bewegen konnte und dieser seit Jahren in einer störenden Stellung fixiert schien. Wie eine Extremität bewegen, die es nicht mehr gibt?

Ramachandran griff zu einem genialen Trick. Er ließ eine Kiste bauen mit einem Loch zum Durchgreifen und einem Spiegel darin. Daraufhin bat er Philip, seinen gesunden rechten Arm durch die Öffnung zu stecken. Der Patient sah also in der rechten Seite seines Blickfeldes seinen echten rechten Arm. Auf der linken Seite, dort, wo er seinen Phantomarm vermutete, sah er im installierten Spiegel das Bild seines rechten Armes.

»Nun möchte ich, dass Sie den linken und den rechten Arm gleichzeitig bewegen«, wies Ramachandran seinen Patienten an.

»Das geht nicht«, antwortete Philip. »Den rechten Arm kann ich bewegen, aber der linke ist steif. Jeden Morgen, wenn ich aufstehe, versuche ich, ihn zu bewegen, weil er sich in einer blöden Stellung befindet und weil ich glaube, dass es die Schmerzen lindern könnte, wenn ich ihn bewegen würde. Aber«, sagte er und warf dem unsichtbaren Arm einen bösen Blick zu, »ich habe es nie geschafft, ihn auch nur einen Millimeter zu bewegen.«

»Ich weiß, Philip. Versuchen Sie es trotzdem!«

Philip drehte Körper und Schulter so, dass er sein lebloses Phantomglied in den Kasten »einführen« konnte. Dann steckte er die rechte Hand auf der anderen Seite durch die Pappwand und versuchte synchrone Bewegungen auszuführen. Als er in den am Kasten installierten Spiegel blickte, stieß er einen Laut des Erschreckens aus und rief: »Oh, mein Gott! Oh, mein Gott! Das ist unglaublich. Das haut mich um.« Wie ein Kind hüpfte er auf und ab. »Mein linker Arm funktioniert wieder. Als wenn ich in die Vergangenheit zurückversetzt wäre. All die Erinnerungen, all die alten Sachen fallen mir wieder ein. Ich kann spüren, wie sich mein Ellbogen bewegt, mein Handgelenk. Alles bewegt sich wieder.«

Nachdem er sich beruhigt hatte, forderte Ramachandran ihn auf: »Okay, Philip, schließen Sie jetzt die Augen.« Er tat es.

»O nein«, sagte Philip nun, offenkundig enttäuscht. »Er ist wieder steif. Ich spüre, wie sich meine rechte Hand bewegt, habe aber keine Bewegung im Phantom.«

»Öffnen Sie die Augen.«

»O ja, jetzt bewegt er sich wieder.«

Der verblüffende Versuch bringt Licht in die Berichte, dass Phantomarme oder -beine als gelähmt empfunden werden können: Dies beruht offenbar auf fehlenden Rückmeldungen aus der Extremität. Bei Verlust eines Armes können die Propriorezeptoren in Gelenken und Muskeln kein Feedback mehr darüber geben, ob eine von der Zentrale befohlene Bewegung ausgeführt worden ist. Bleiben die Antworten auch nach mehrfachen Kommandos der Zentrale aus, zieht das Gehirn offenbar den (falschen) Schluss, das Glied sei steif. Es schreibt dieses vermeintliche Wissen in seinem Körpergedächtnis fest und erwartet nun keine Rückmeldungen mehr von dort. Neurowissenschaftler Ramachandran ist überzeugt, dass das Empfinden von Steifheit in Phantomgliedern erlernt ist, und vermutlich liegt er nicht falsch damit. Denn als Philip durch den Spiegelkasten die visuelle Informationen erhielt, sein linker Arm bewege sich, war die Lähmung wie weggezaubert. Das visuelle Feedback hatte die Blockade überwunden, und der Patient hatte wieder Gefühl im Arm, im Ellbogen und im Handgelenk, obwohl er diese Partien zehn Jahre lang nicht gespürt hatte. Schloss er die Augen, war der Arm steif, und vermutlich wäre er auch bei offenen Augen wieder erstarrt, wenn sich Philip intensiv auf etwas anderes konzentriert hätte. Die bewusste visuelle Wahrnehmung des eigenen Körpers kann offenbar die unbewusste Rückmeldung der Propriorezeptoren überschreiben beziehungsweise ersetzen.

Diesen Zusammenhang erkannte auch Ian Waterman, der gelähmte junge Mann, der seine Propriorezeptoren aufgrund einer Erkrankung verloren hatte. Allerdings machten ihn kein Physiotherapeut und kein Arzt darauf aufmerksam, die wussten das nicht. Er musste erst selbst dahinter kommen. Ian lernte Schritt für Schritt und allein durch die Kontrolle der Augen, seinen Körper zu bewegen. Der Vorteil daran ist, dass es funktioniert, der Nachteil, dass er jedes Detail planen und vorhersehend zu bedenken hatte. Wollte er etwa im Bett seinen Oberkörper heben, musste er zunächst die Arme aus dem Weg räumen, damit sie beim Aufrichten des Leibes nicht störten. Hatte er schließlich durch präzises Nachdenken eine Stellung eingenommen, kostete es ihn genauso viel Konzentration, diese zu halten. Sobald er sich ausruhte oder sich etwa erlaubte, sich über das soeben Erreichte zu freuen, war er abgelenkt und klappte wie ein Sack zurück auf die Matratze. Ian musste alle, und das heißt: selbst die kleinsten Prozeduren, bewusst ausführen und konnte sich nur auf die visuelle Rückmeldung verlassen. Doch er war entschlossen, anderen keine Bürde zu sein und wieder ein selbstbestimmtes Leben zu führen.

Über die Jahre paukte er, seine Finger wieder zu benutzen – alles unter Kontrolle seiner Augen. Selbst die kleinen Tücken des Alltags lernte er mit Geschick zu umgehen. So wusch Ian unter der Dusche nie sein ganzes Gesicht gleichzeitig, sondern erst die eine Hälfte und danach die andere. So konnte immer ein Auge offen bleiben, das ihm eine Rückmeldung über seine Körperhaltung lieferte. Jeder Tag brachte für ihn unmenschliche Herausforderungen, wie Jonathan Cole in dem Buch *Pride and a Daily Marathon* anrührend beschreibt.

Er gewöhnte sich daran, sich niederzusetzen, bevor er niesen musste, andernfalls wäre er hingefallen – Niesen raubt für einen Augenblick die Aufmerksamkeit. Ian wachte nachts auf, nur so konnte er seine Schlafstellung verändern. Und er versagte sich Tagträume beim Gehen – seine bewusste Aufmerksamkeit reichte nur für eines von beiden. Unebenen, mit groben Steinen belegten Wegen oder Stränden wich er aus – die Steuerung mit Hilfe der Augen wäre nicht fein genug, um solche Hürden in seinem täglichen Marathon zu überwinden. Ansonsten gelang es Ian, ein weitgehend normales Leben zu führen. Er lernte Autofahren und genoss es enorm, denn hinter dem Steuer war er kein Behinderter mehr, sondern wie jeder andere mobiler Mensch. Er fand Arbeit, und seinen Kollegen fiel es nicht mehr auf, dass Ian behindert war.

Ramachandran ist äußerst konsequent, was die Folgerungen aus solchen faszinierenden Phänomenen betrifft. Ian Watermans Erfahrungen und Philip Martinez' Erleben mit seinem gelähmten Phantomarm belegen eindringlich, wie fragil das Bild ist, das sich unser Ich vom eigenen Körper macht. »Zeit Ihres Lebens sind Sie von der Annahme ausgegangen, Ihr Selbst sei in einem einzigen Körper verankert, der zumindest bis zu Ihrem Tod verlässlich und dauerhaft sei«, erklärt der Neuroforscher. Doch dem ist nicht so: »Tatsächlich ist die ›Loyalität‹ Ihres Selbst gegenüber Ihrem Körper so selbstverständlich, dass Sie sie keines Gedankens würdigen, geschweige denn infrage stellen. Und doch lassen diese Experimente auf das genaue Gegenteil schließen – dass Ihr Körperbild, trotz seiner scheinbaren Dauerhaftigkeit, ein höchst vergängliches inneres Konstrukt ist, das sich durch ein paar einfache Tricks tiefgreifend verändern lässt. Es ist nichts als eine Hülle, die Sie vorübergehend erschaffen, um Ihre Gene erfolgreich an Ihre Nachkommen weiterzugeben.«

Vielleicht ein paar Worte zur Erläuterung: Ramachandran und mit ihm viele andere Neuroforscher schlussfolgern nicht, dass wir keinen Körper besitzen, sie hinterfragen nur, was wir davon wissen können. Die Wissenschaftler betonen, dass das, was wir natürlicherweise und ohne es zu hinterfragen für unseren Körper halten, in Wirklichkeit ein Bild ist, eine Simulation. Das Gehirn entwirft ein dynamisches Modell des physikalischen Selbst, ein Konstrukt von eigenen Beinen und eigenen Händen in unserer nächsten Umgebung. Als Philip in den Spiegel sieht, bewegt sich nicht sein Arm, der wurde amputiert. Was sich bewegt, ist die Simulation.

Allerdings ist umstritten, ob dieses Modell vom Körper im Gehirn erlernt ist oder angeboren. Der Schmerzforscher Ronald Melzack von der McGill University vermutet, dass auch Babys, die ohne Arme oder Beine zur Welt gekommen sind, Phantomschmerzen empfinden können. Er plädiert daher für eine Art genetisch programmierte »Neuromatrix«. Darunter versteht er ein Netzwerk von Neuronen, das zum einen auf die Signale der Sinne reagiert, zum anderen aber fortlaufend Impulse generiert, die einen kompletten, unversehrten Körper simulieren, sowie das Gefühl, dass es sich dabei um den eigenen Leib handelt. Für unser Überleben macht ein solches Selbstmodell Sinn, denn sonst würden wir womöglich beginnen, uns selbst zu verspeisen. Doch, wie gesagt, die Einheit von Gehirn und Körper ist eine Illusion, die wir nur gelegentlich durchschauen – teils auf erschreckende, teils auf verblüffende Weise.

Betrachten wir den Körper aus der Sicht des Gehirns, leuchtet dies unmittelbar ein. Mit dem Wechsel der Perspektive blicken wir nicht nur, wie wir es sonst tun, aus den Fenstern der Augen heraus, von wo wir, je nach Länge, einen Rest der Nase erspähen, zwei Arme und Hände, die herumfuchteln und deren Ursprung wir an der Schulter ausmachen, was wir mit der jeweils anderen Hand auch ertasten. Wir sehen nicht nur an uns hinab auf Brust, Bauch, Schenkel und Füße, was ein seltsames Bild ergibt von Beinen, die da unten vor sich hingehen oder einem im Bett ausgestreckten Gebilde, dessen Herkunft wir zurückverfolgen können, wenn wir das Kinn auf die Brust drücken und jeweils so weit an uns hinunterblicken, wie nur irgend möglich, und dann sehen, dass alles irgendwie an diesem Kopf hängt oder diesen Kopf trägt, den wir nicht ohne weiteres anschauen können. Wenn wir uns stattdessen hineinversetzen in diese Sicht des Gehirns, in das, was hinter diesen Fenstern der Augen passiert, dann können wir uns vorstellen, wie schwer es für das Gehirn ist, zu erfahren, was draußen passiert, und zu diesem Draußen gehört für das Gehirn der eigene Körper.

Das Gehirn ist ein Gefangener. Dieses Ding hinter der Stirn ist eingeschlossen im dunklen Inneren des Schädelknochens. Und wer sich jemals, zum Beispiel beim Besuch einer Höhle, nicht ohne Traurigkeit vorgestellt hat, wie es für einen Stein sein muss, in dieser Dunkelheit zu existieren, der ahnt, wie es für die Masse in unserem Kopf sein muss, dort eingeschlossen zu sein. Denn hier hinein dringt kein Lichtstrahl, auch wenn vorhin von den Augen als Fenstern die Rede war. Das Innere des Kopfes erreicht keine Sonne. Botschaften gelangen in die graue Masse nur über Nervensignale. Diese sind nicht immer gleich, aber sie sind trotzdem nichts weiter als Nervensignale. Die Nerven funken »Pieps«, egal ob der Mensch während eines Vortrages eine Frage hört oder sich in der Küche mit dem Messer in den Finger schneidet. Wenige Piepser, viele Piepser, Pieps-Gewitter, Pieps-Gesänge, Pieps-Tröpfeln, Stille, Pieps-Trällern, Stille, Pieps-Flüstern, Pieps-Jaulen, Pieps-Flöten, Pieps-Trippeln, Stille, Stille, Pieps-Trommeln, Pieps-Rauschen, Stille. Nicht pausenlos – denn auch Unterbrechungen besitzen eine Bedeutung –, aber in einem fort.

Die Pieps-Beats sind die Aktionspotenziale der Neuronen, und aus ihnen bastelt sich das Gehirn ein Bild davon, was in der Welt da draußen und im zugehörigen Körper da unten vor sich geht. Egal ob der Mensch einen kribbelnden Orgasmus erlebt oder Lippen, Stimmbänder und Zunge zu dem Konzert bemüht, das als fröhliches »Guten Morgen!« zu hören ist.

Gedanken ohne Denker

Auf der Suche nach dem Ich sind wir ein gutes Stück weitergekommen. Teils rastlos neugierig wie Kinder, teils verbissen wie Aktenfresser, die sich durch auf den ersten Blick unverständlich scheinende Experimente kämpften. Wir wunderten uns über das seltsame Erleben mancher unserer kranken Mitmenschen. Wir ließen uns Zaubertricks zeigen und beobachteten Nervenzellen von Affen bei ihrer Arbeit. Wir lauschten Philosophen, um ihre Gedanken zum menschlichen Selbstbewusstsein zu erfahren, und Gedächtnisforschern, die von der integrativen Kraft des Speichers in unserem Kopf berichteten.

Unser Ziel war wie das so vieler genialer Denker in den Jahrhunderten zuvor: in dieses Zentrum vorzudringen, dem Kern in unserem Kopf, dem Ich. Zu dem Punkt, an dem jeder nicht mehr ist als sie oder er selbst. Als ehrliche Forschungsreisende, die wir sind, müssen wir leider eingestehen, dass wir nur mäßig erfolgreich waren. Unser Weg war von Enttäuschungen gepflastert: Wer in den Krankenakten der psychiatrischen und neuropsychologischen Stationen blättert, wird feststellen, das unser Ich ein höchst zerbrechliches Gebilde ist, das teilweise ausfallen oder sich ganz aufspalten kann. Psychologen haben sich von der Vorstellung verabschiedet, dass wir spätestens nach der Pubertät eine fest gefügte Persönlichkeit besäßen. Neurobiologen verdächtigen uns Menschen, wir seien nichts mehr als fühlende Automaten, die sich einbilden, sie besäßen einen freien Willen. Auch wenn diese Debatte noch nicht zu Ende diskutiert ist und Kritiker den Naturwissenschaftlern häufig zu Recht philosophische Naivität vorwerfen, so ist ein Ergebnis schon abzusehen: Wir werden in Zukunft nicht mehr unbefangen von Freiheit reden können, menschliche Autonomie hat Grenzen. Unser Gedächtnis schließlich ist keine der Dokumentation verpflichtete Wahrheitsbehörde, sondern gleicht eher einem Propagandaministerium. Selbst unser Bild vom Körper ist als bloße Simulation entlarvt.

Zu guter Letzt schlug die Fahndung der Neuroforscher fehl. Unter unserer Schädeldecke findet sich kein Zentrum, keine Kommandozentrale, in der alle Informationen zusammenlaufen würden. Die Einheit des Bewusstseins, so überzeugend wir sie subjektiv auch erleben mögen, ist eine der vielen Aufführungen des Gehirns auf der Bühne des Ich. Die Realität ist, dass viele räumlich und zeitlich getrennt arbeitende Module gleichberechtigt zum Bewusstsein beitragen. Unser Gehirn ist ein Reich ohne König.

Diese Indizienkette kann einem dualistischen Standpunkt nichts anhaben. Man kann mit Fug und Recht weiterhin überzeugt sein, dass zwischen Geist und Materie kein Zusammenhang besteht und diese unabhängig voneinander existieren. Man darf weiter an die Unsterblichkeit der Seele glauben, an einen Odem, den ein höheres Wesen dem Menschen irgendwann auf seinem Lebensweg einhaucht. Denjenigen aber, die den Weg der Naturwissenschaft weitergehen wollen, die nicht an ein übersinnliches Wesen wie Gott oder Astralleiber, Seelenwanderungen und dergleichen glauben, bleibt nur eines: Den letzten Schritt tun – wie Thomas Metzinger ihn getan hat.

Kühn und naturwissenschaftlich gebildet wie kein Zweiter, erklärt der in Fachkreisen hoch geschätzte, in der Öffentlichkeit kaum bekannte Philosoph an der Universität Mainz die gut 2 000 Jahre währende Suche des Menschen nach sich selbst kurz und knapp für beendet. »Keiner war oder hatte jemals ein Selbst«, sagt Metzinger. Seine gesammelten Analysen hat der Denker in einem Grundlagenwerk vorgelegt, das den provokativen wie schlichten Titel *Being No One* trägt: Niemand sein. Eine Zeile, die unweigerlich an die Autobiografien all der Bohlens, Küblböcks oder Effenbergs erinnert, die von nichts handeln als dem eigenen, aufgeblähten Ego und den belanglosen Geschichten darum.

Die heimliche Revolution, die Metzinger in seinem Werk anzettelt, versteckt sich hinter der sperrig wirkenden Bezeichnung »Selbstmodell-Theorie der Subjektivität«. Dies ist zwar nur ein Denkentwurf, der nicht bewiesen ist. Behält Metzinger aber Recht, und dafür sprechen viele naturwissenschaftlichen Indizien, fügen der vegetarisch lebende Professor und seine Mitstreiter dem Menschen eine weitere grundlegende Kränkung zu – vermutlich die letzte.

Die erste Erschütterung des menschlichen Selbstwertgefühles ist mit den Entdeckungen Nikolaus Kopernikus' (1473–1543) verknüpft. Sie bestand in der Einsicht, dass die Erde nicht der Mittelpunkt des Universums ist, sondern sich um die Sonne dreht – was die Schriften des Entdeckers flugs auf den Index der katholischen Kirche brachte. Charles Darwin (1809–1882) verscheuchte den Menschen aus dem Paradies, indem er uns als Nachfahren von Affen beschrieb. Gegen diese zweite Kränkung rebellieren bis heute amerikanische fundamentalistische Christen, mit dem wissenschaftsfeindlichen US-Präsidenten Bush auf ihrer Seite und mit zunehmendem Erfolg. Wenig bescheiden schrieb sich Sigmund Freud (1856–1939) die dritte Kränkung selbst auf die Fahnen, indem er bezweifelte, dass der Mensch »Herr im eigenen Haus ist, sondern auf die kärglichen Nachrichten angewiesen bleibt von dem, was unbewusst in seinem Seelenleben vorgeht«. Freud kratzte an unserer Vorstellung von Autonomie und freien Entscheidungen.

Metzinger, Jahrgang 1958, kippt unser verbliebenes ptolemäisches Selbstbild. Damit ist die hartnäckige Illusion gemeint, dass es in uns einen Kern gibt, um das sich die Welt dreht. Etwas, das über die Zeit hinweg identisch bleibt – von einer Seele im Freudschen Sinn ist in der wissenschaftlichen Literatur ohnehin längst nicht mehr die

Rede. »Eine der Grundaussagen der Theorie ist, dass es so etwas wie Selbste in der Welt nicht gibt: Selbste gehören nicht zu den irreduziblen Grundbestandteilen der Wirklichkeit. Was es gibt, ist das erlebte Ichgefühl und die verschiedenen, ständig wechselnden Inhalte des Selbstbewusstseins – das, was die Philosophen das ›phänomenale Selbst‹ nennen«, so Metzinger (wir haben diesen Begriff am Anfang dieses Kapitels beschrieben). Das bedeutet nicht weniger, als dass sich das Konzept des Selbst in Luft auflöst. Dass dies dem Publikum missfallen könnte, ahnt der Revolutionär bereits und bedauert, dass »die Ergebnisse der Philosophie nicht immer erbaulich sind«.

Das Ich: eine Illusion – diese Botschaft aus der Denkerstube will so gar nicht in eine Zeit passen, in der Privates in der Öffentlichkeit ausgebreitet wird wie nie zuvor. Oder gerade doch? Vielleicht läutet sie still und leise das Ende des unverschämten Kreisens um sich selbst ein, das viele schon als Terror des Privaten verdammen. In den Büchern der Stars und Sternchen und den bunten Heftchen der Gesellschaftsmagazine dreht sich alles um die eigene Person, auf persönlichen Webpages im Internet breiten andere Durchschnittsbürger intime Details aus, die niemanden außerhalb des Freundes- und Verwandtenkreises interessieren: Was man isst, auf welcher Party man war und womöglich mit wem man Sex hatte. Doch bevor wir die Konsequenzen der Selbstmodell-Theorie der Subjektivität erörtern, tauchen wir in die Philosophie ein und sehen uns zunächst kurz deren Inhalt an.

Die Ego-Maschine in unserem Kopf

Der Ausgangspunkt Metzingers über mehrere Jahre hinweg entwickelter Theorie stellt die Befundlage der Naturwissenschaft dar. Wie wir gesehen haben, arbeitet das Gehirn nicht mit der Wirklichkeit und dem Selbst in ihr, sondern einem Modell davon. Dieses entsteht aus dem komplexen Aktivierungsmuster der Neuronen, ihren vorübergehenden und dynamischen Koalitionen. Wie das funktioniert, ist noch nicht im Detail erforscht, aber das tut für diese theoretischen Überlegungen nichts zur Sache. Im Augenblick ist wichtig, dass im

Gehirn das Arbeitsprinzip der Repräsentierung verwirklicht ist, und grundsätzlich existieren für diese Art der Informationsverarbeitung genug Belege.

Das Gehirn – bei Metzinger häufig »System« genannt, kurz für Information verarbeitendes System – stützt sich also auf ein Modell der Wirklichkeit. Dieses lässt sich bei differenzierterer Betrachtung in verschiedene Untereinheiten gliedern: eine räumliche Ebene, mit dem Bild des Körpers und seiner Bewegungen; eine emotionale Ebene, die unsere Gefühle ins Bewusstsein bringt und sie zu Grundlagen unserer Handlungen werden lässt; sowie eine soziale Ebene, welche von der Kultur und den Menschen, mit denen wir leben, geprägt wird. Die Modelle dienen uns dazu, uns in der äußeren Welt orientieren zu können, zu kommunizieren, die Aufmerksamkeit und das Denken auf uns selbst als Ganzes zu lenken.

Der Ich-Sager kann sich so ganz praktisch als Ich bezeichnen, sich als einzelne Person unter anderen identifizieren. Den Modellen entspricht jedoch keine materielle Substanz, kein Atom, kein Ding, kein einzelnes Neuron. Man kann nicht mit dem Finger auf die Modelle zeigen. Sie sind lediglich eine besonders intelligente Art, den Informationsfluss zu organisieren – was in Übereinstimmung mit den geschilderten naturwissenschaftlichen Befunden steht. Wenn man so formulieren will, findet sich das Selbst im gesamten Gehirn wieder. Aber was sagt das schon? Nichts, es brächte uns und die Forscher nicht weiter.

Nun folgt der nächste Schritt in Metzingers Theorie. Wenn in unserem Kopf eine Reihe virtueller Modelle aufgebaut wird, worin unterscheiden sie sich dann? Was zeichnet zum Beispiel das Modell von unserem Selbst aus und macht es etwa vom generellen Weltmodell verschieden? Wie kommt im System der Bezug auf sich selbst ins Spiel? Wie entsteht ein Ich? Der Philosoph löst die knifflige Frage mit einem genialen Schachzug. Das Gefühl des Selbst, so Metzinger und andere Wissenschaftler, entkeimt dem ständig im Körper generierten Strom der Mitteilungen seiner inneren Sensoren. »Das Selbstmodell ist die einzige repräsentationale Struktur, die im Gehirn durch eine kontinuierliche Quelle intern generierten Inputs verankert ist«, so Metzinger.

Was er etwas abstrakt »kontinuierliche Quelle intern generierten Inputs« nennt, entspricht einem Informationsfluss aus vier physiologisch benennbaren Sinnesfeldern. Als solche führt er an: das Gleichgewichtsorgan im Innenohr, die Neuromatrix (das ist der angeborene und der erlernte Teil des Körperbildes), die Sinne der Eingeweide und Blutgefäße sowie Regelkreise des Hirnstammes, in denen grundlegende Stimmungen und Emotionen erzeugt und möglichst im Sollbereich gehalten werden, Gefühle von Hunger, Durst oder der Wachheit. Immer dann, so Metzinger, wenn es zu bewusstem Erleben kommt, sprudelt auch dieser innere Informationsfluss. Wir schlagen morgens die Augen auf, und fast ohne Zeitverzögerung setzt der Datenstrom aus den internen Sinnesfeldern ein. Auf diesen Hintergrundgeräuschen des Körpers wiederum reiten unsere Wahrnehmungen. Das Körperbild und die Bewegung im Raum bilden also das Fundament für das Erleben eines Selbst, Gedanken und Gefühle werden darin eingebettet und erhalten so den Charakter der Meinigkeit, werden zu meinen Gedanken, meinen Gefühlen.

Worin hier der Unterschied zwischen dem realen Selbst und dem Selbstmodell besteht, zeigt das anschauliche Beispiel des Spiegelversuchs mit dem Phantomarm-Patienten Philip. Als Philip ein Bild seines Armes sah, gewann er den Eindruck, dieser bewege sich tatsächlich. Der außen stehende Beobachter sieht genau, dass sich kein Arm bewegen kann, weil kein Arm existiert. Was sich dagegen bewegt, ist das Modell, mit dem Philips Gehirn arbeitet, sein Selbstmodell. Ein anderes Beispiel ist der vorübergehend gelähmte Ian Waterman. Ohne den Input seiner Propriorezeptoren spürte er eine Entfremdung von seinem Körper – so lange, bis er lernte, seinen Körper der Kontrolle der Augen zu unterwerfen. Dann gelang es ihm, seinen Körper wieder in sein Selbstmodell zu integrieren. Wer einmal den Versuch unternommen hat, die Augen zu schließen und sich mit einem Blindenstock zu orientieren, wird eine ähnliche Erfahrung machen. Er integriert nach einer Weile den Stock in sein Selbstmodell und glaubt, darin etwas zu fühlen. Die Natur hat das Selbstmodell äußerst flexibel angelegt.

Noch fehlt der biologischen Maschine in unserem Kopf aber etwas Wesentliches: das Ego. Das Räderwerk, das wir gerade auf dem Papier entwerfen, produziert noch kein Selbstbewusstsein. Grundsätzlich können unter der Schädeldecke reihenweise Modelle entstehen. Jedoch muss damit nicht die Geburt eines Ich, der Blick des Selbst auf das Selbst einhergehen. Oder, philosophische Begriffe zugrunde gelegt: Modelle allein erklären noch nicht, wie die phänomenale Erste-Person-Perspektive zustande kommt.

Auch diese Hürde nimmt Metzinger elegant. Das Ich erscheint erst dann, so der Philosoph, wenn ein Wahrnehmungsapparat wie das Gehirn seine eigenen Modelle nicht mehr als solche erkennt. Wer jemals in einem Imax-Kino war und bei Achterbahnszenen beinahe umgefallen wäre, weiß, wovon die Rede ist. Wenn wir vor einer großen Projektionsfläche stehen, kann es sein, dass wir diese nicht mehr als solche erkennen und die Szenen für die Wirklichkeit nehmen. Darin liegt auch die Faszination der in Mode kommenden großen TV-Bildschirme. Sie gestatten eine bessere Illusion, weil wir vermeinen, distanzlos in das Geschehen einzutauchen. Mit der Nähe steigt der Nervenkitzel.

In der Sprache des Philosophen liest sich der Zusammenhang um einiges komplizierter, ist aber genauer gefasst. »Die vom System eingesetzten repräsentionalen Vehikel sind semantisch transparent, das heißt, sie stellen die Tatsache, dass sie Modelle sind, nicht mehr dar. Deshalb schaut das System durch seine eigenen repräsentionalen Strukturen ›hindurch‹, als ob es sich in direktem und unmittelbarem Kontakt mit ihrem Gehalt befände«, verdeutlicht Metzinger. Etwas klarer wird der Zusammenhang mit dem nachgeschobenen Beispiel: »Sie sind ein solches System, jetzt, in diesem Augenblick, in dem Sie diese Sätze lesen. Weil Sie Ihr Selbstmodell nicht als Modell erkennen, ist es transparent: Sie blicken durch es hindurch. Sie sehen es nicht. Aber Sie sehen mit ihm. Mit anderen Worten: Sie verwechseln sich fortlaufend mit dem Inhalt des Selbstmodells, das von Ihrem Gehirn aktiviert wird.«

Erst durch diese fortwährende Verwechslung wird aus dem Niemand ein Jemand. Man könnte auch sagen, erst durch die Verwechslung wird die Geschichte wahr, die wir uns selbst erzählen: von einem Menschen, der einen eigenen Körper hat, eine eigene Geschichte, eigene, intime Gedanken schmiedet, Entscheidungen autonom und frei von äußeren Einflüssen fällt und womöglich sogar nach dem Tod in einem Jenseits weiterlebt und zwar als Individuum. Doch es handelt sich hierbei um Illusionen. »Wir besitzen keinen festen und unveränderlichen Wesenskern«, wiederholt die britische Psychologin Susan Blackmore den grundlegenden Punkt.

Philosophisch gebildete Leser werden sich an dieser Stelle an dem Begriff »Illusion« stören und einen Einwand vorbringen, nämlich: Nur ein Ich könne Illusionen haben; gibt es kein Ich, gibt es auch keine Illusionen. Folglich sei der Begriff fehl am Platz. Der Einwand trifft zu. Weil der beschriebene Sachverhalt mit dem Wort »Illusion« aber sehr bildhaft und anschaulich beschrieben wird, wollen wir uns hier diese begriffliche Ungenauigkeit gestatten.

Generell ist der Umstand vom Ich, das keines ist, schwierig zu verdeutlichen und noch schwieriger zu akzeptieren. Wir gehen automatisch davon aus, dass unser Kontakt mit der Wirklichkeit direkt und unmittelbar ist. Wir spüren nicht, dass wir ein Gehirn haben, einen Wahrnehmungsapparat. Das virtuelle Selbst besitzt kein Gehirn, und sicherlich rührt unser naives Staunen beim Anblick von Röntgenbildern vom Schädel und seinem Inhalt von dieser Intuition. Es ist die Überraschung der Ego-Maschine, wenn sie sich selbst entdeckt. Wir blicken auf die biologische Maschinerie, die durch den Entwurf des Selbstmodells verdeckt, dass es sie gibt. Unser Selbstmodell ist von der Evolution gerade so konstruiert, dass es nicht hinterfragbar ist.

Man kann folglich nicht seine Meinung darüber ändern, indem man, etwa durch analysierendes Nachdenken, neue Einsichten darüber gewinnt. Das Selbstmodell ist eine automatische Funktion unserer Wahrnehmung und dem bewussten Wissen selbst nicht zugänglich. Wir können nicht beschließen, mal eben kein Selbstmodell mehr zu haben. Wenn das Selbstmodell nicht mehr reibungs- und scheinbar distanzlos funktioniert, ist das etwas, das uns passiv widerfährt. Es verliert dann seine Transparenz und wird opak, es beschlägt wie die Windschutzscheibe im Auto. Das heißt, die Information, dass es sich bei dem Inhalt der Wahrnehmung um das Resultat einer Darstellung handelt, wird für uns plötzlich offensichtlich. Dies macht uns bewusst, dass Wahrnehmungen durch Sinnesorgane erzeugt werden und dass diese Organe nicht in allen Situationen zuverlässig funktionieren.

Wurde der opake Zustand durch Alkohol oder Drogen verursacht und hält er nur kurz an, können wir dem womöglich etwas abgewinnen und Spaß haben. Womöglich tun wir Dinge, die uns sonst nicht einfallen würden (die Suchtgefahren fürs Erste außer Acht gelassen). Dauert die Beschlagenheit länger an, ist sie gar ein Dauerzustand, bewerten wir dies in der Regel als eine gravierende psychische Beeinträchtigung, eine Krankheit, die wir loswerden wollen. Eine Fülle von Beispielen dafür findet sich im Kapitel »Das zerbrechliche Selbst«.

»Wir operieren unter den Bedingungen eines naiv-realistischen Selbstmissverständnisses«, fasst Metzinger zusammen. Unsere Naivität besteht darin, dass wir uns selbst erleben, als wären wir in direktem und unmittelbarem Kontakt mit uns selbst. Auf diese Weise entsteht in unserem Gedankengebäude erstmals ein grundlegendes Ich-Gefühl, ein für das betreffende System unhintergehbares phänomenales Selbst. Dies ist der Kern von Thomas Metzingers Selbstmodell-Theorie.

Für die Vollendung des menschlichen Selbstbewusstseins fehlt allerdings der gallertartigen, heimlichtuerischen Ego-Maschine in unserem Kopf eine letzte kleine Prise. Diese heißt Intentionalität. Damit ist in der Sprache der Philosophen nicht eine Intention, also eine Absicht, gemeint, sondern der etwas weiter gefasste Vorgang des »Sichrichtens« oder »Sichbeziehens« auf einen Gegenstand oder Mitmenschen. Intentional ist ein Selbst, das im Wahrnehmen und Handeln Beziehungen zu Gegenständen und anderen Personen aufbaut. Sucht man eine Sitzgelegenheit, hält man nach einem Stuhl Ausschau oder greift ihn. Sehnt man sich nach Trost, erzählt man einem guten Freund seine Sorgen. Die Intentionalität ist also eine Form des Wissens über Beziehungen und Handlungen in der Welt.

Ist auch diese Darstellung im Gehirn transparent und stellt sich das Ich für sich selbst noch einmal als mit der Welt oder anderen Ich-Sagern interagierend dar, dann gewinnt es eine subjektive Innenperspektive. Dieser Vorgang ist mit dem Geschehen beim transparenten Selbstmodell vergleichbar. Gleichwohl hat das Modell der Intentionalität ein anderes Ergebnis. Das virtuelle Selbst wird nämlich eingebunden in ein Netzwerk von Beziehungen: des Ichs zu Gegenständen, des Ichs zu anderen Ich-Sagern, anderen Ich-Sagern untereinander sowie zwischen anderen Ich-Sagern und Gegenständen. So entsteht der Inhalt der höheren Formen des Selbstbewusstseins, wie gesagt, die subjektive Innenperspektive. Oder, wie Metzinger unterstreicht, »das Selbst im Moment des Erkennens, das Selbst im Akt des Handelns«. Jedoch erleben wir jeweils eine stark vereinfachte Form der realen Prozesse. Noch einmal sei betont, dass es weder wissenschaftlich klar ist, noch wir selbst aus der Innenschau erfassen können, wie sich die Koalitionen von Neuronen zusammenschließen müssen, um zum Beispiel den Eindruck vom »Selbst im Akt des Handelns« heraufzubeschwören. Dies verschließt sich unserer Erkenntnis. Was wir gewärtigen, ist das fertige Ergebnis dieser Verrechnungen in Form einer besten möglichen Hypothese, empfunden als Gefühl, zum Beispiel während des Sonnenuntergangs am Meer spazieren zu gehen, sprachlich mit dem Satz ausgedrückt: »Ich gehe am Meer spazieren und bin hingerissen davon, wie die Sonne untergeht und wie fast mit jeder Sekunde die Farben wechseln.«

Das virtuelle Selbst, das sich im Weltmodell bewegt, besitzt kein Gehirn, keine Motorprogramme für Bewegung, keine Sinnesorgane. Es denkt einfach nur möglichst sinnvoll, es bewegt sich, ohne anzustoßen, und es nimmt die Welt wahr, um zu überleben. Man kann das als Kunstgriff der Evolution verstehen, eine möglichst benutzerfreundliche Oberfläche zur Verfügung zu stellen und so eine Unmenge an Informationen gleichzeitig zu verarbeiten. All die Farben über dem Meer und am Himmel sind nur Symbole, das Rauschen der Wellen ist ein Symbol, und selbst der Hund, der einem Stock hinterherjagt, ist ein dynamisches Symbol, wie die Haare, die im Wind gegen das Gesicht schlagen, ein Symbol sind und der Geruch von gebratenem Seefisch. All dies sind die Symbole, Bilder und Ikonen unserer benutzerfreundlichen Oberfläche, darunter stecken komplizierte neuronale Erregungsmuster.

Unsere Wahrnehmung ist folglich eine Online-Simulation der Wirklichkeit, die unser Gehirn so schnell und so unmittelbar aktiviert, dass wir diese fortwährend für echt halten. Nur wenn wir schlafen, schaltet sich das System ab, und wir wissen nicht mehr, dass und wer wir sind.

Die Matrix, Teil IV

»Hattest du schon einmal einen Traum, der dir vollkommen real erschienen ist? Was wäre, wenn du nie wieder aus diesem Traum aufwachen würdest? Woher wüsstest du, was Realität und was Traum ist?« Diese sehr kindliche Frage stellt Trinity, die weibliche Heldin einer Hollywood-Trilogie, dem männlichen Helden Neo, um ihm die »Matrix« zu beschreiben, eine Simulation, zu der das Erleben geworden ist. Die Antwort liefert die Philosophie: Wir leben in einer solchen Simulation, wir wissen nicht, was Traum und was Realität ist. Nur sind wir nicht Teile einer virtuellen Realität, die von intelligenten Maschinen kontrolliert wird, wie in der *Matrix*-Trilogie. Wir selbst simulieren die Wirklichkeit, und obendrein simulieren wir uns selbst, unsere eigene Geschichte sowie unsere gesamte soziale Umwelt dazu. Auf diese Weise erfinden wir uns und verwandeln uns von Niemandem zu Jemandem.

Diese Ergebnisse der philosophischen wie der naturwissenschaftlichen Erkundung des Ich werden nicht auf Gefallen treffen. So wie Neo, Trinity und die anderen Rebellen in *Matrix* gegen die Illusionswelt der Maschinen aufbegehren, weil sie wirkliches Erleben, echte Gefühle bevorzugen, so schwer ist es für viele, zu akzeptieren, dass das Ich ein unbedeutender Niemand im riesigen Universum sein soll. Allzu frostig klingt die These, auf den ersten Blick sogar menschenverachtend, dass wir als Niemand auf die Welt kommen, als Niemand sterben und zwischendrin auf Grund einer umfassenden Verwechslung uns für einen Jemand halten. Fühlende Wesen, wie Menschen, werden sich dagegen instinktiv wehren. Natürlich hinkt der Vergleich mit *Matrix* zum Teil, denn wir sind es ja selbst, und nicht die Maschinen, welche die Simulationen der Welt und des eigenen Ich erzeugen – keine fremde Macht hat also ihre Hände im Spiel oder steuert uns fern. Es sei denn, man sieht die Evolution als eine solche fremde Macht an. Sie ist es, die unsere emotionale Struktur bestimmt, die festlegt, was wir schön finden und welches soziale Umfeld wir uns schaffen. Allerdings ist Evolution ein zweckfreier, ein blinder Prozess, etwas, das einfach nur passiert. Die Evolution ist keine Macht im eigentlichen Sinne, ein Wille etwa, der mit Bewusstsein verbunden ist.

Unzweifelhaft bleibt, dass die Wissenschaft das traditionelle Verständnis vom Wesen des Menschen massiv in Frage stellt. Die Selbstmodell-Theorie der Subjektivität wird uns ebenso nachhaltig verändern, wie die Quantentheorie unser Weltbild verwandelt hat. Zwar wird es Zeitgenossen geben, welche der Meinung sind, die Menschen hätten vor Albert Einstein und Niels Bohr ihr Bierchen getrunken und würden dies auch nachher tun. Doch sind wir vermutlich besser beraten, über die Folgen nachzudenken, die sich aus diesem zweiten Zeitalter der Aufklärung ergeben, das die Menschheit im Begriff ist zu betreten.

Dazu zunächst einmal die Frage nach dem evolutionären Vorteil eines Selbstmodells. Wie, werden einige Kritiker skeptisch einwerfen, sollten wir überleben können, wenn das Gehirn ins Blaue hinein simuliert, illusioniert und täuscht? Ist nicht die Evolution die Nagelprobe für die Tüchtigkeit unserer Wahrnehmung, und existiert nicht das Geschlecht von Vormenschen, Urmenschen und Jetztmenschen seit mehr als sechs Millionen Jahren?

Diese Argumente sind richtig, stehen aber nicht im Gegensatz zur Idee des Selbstmodells. Denn, so lautet die Antwort, das Gehirn simuliert nicht willkürlich und ins Blaue hinein, sondern so, dass es unserem Überleben dienlich ist. Es lässt uns Essen finden, wenn wir hungrig sind, täglich den Arbeitsplatz aufsuchen, auch wenn wir erst am Monatsende Lohn bekommen (zumindest die Angestellten und Arbeiter), Kinder zeugen und unter Mühen großziehen, ein Netzwerk von Beziehungen pflegen und mit einiger Sicherheit freundliche Gesten unserer Mitmenschen von unfreundlichen unterscheiden sowie deren mögliche Ernsthaftigkeit prüfen. Kurzum: Tüchtigkeit im Alltagsleben und in der sozialen Gemeinschaft hat mit umfassender Erkenntnis der Wahrheit nicht unbedingt etwas zu tun.

Besonders robuste Egos gehören nicht zu den großen Denkern oder Aufklärern, aber sie haben Erfolg. »Evolutionärer Erfolg ist nicht das Gleiche wie Wahrheit: Falsche Meinungen können zum Fortpflanzungserfolg beitragen, etwa das Gefühl, dass man eine Frau unbedingt haben muss, dass Kinder dem Leben automatisch einen Sinn verleihen oder dass man mit Mitgliedern des anderen Geschlechts dauerhaft glücklich sein kann. Die Evolution favorisiert Wesen, die unangenehme Informationen über sich selbst, Kränkungen und Niederlagen mindestens vorübergehend verdrängen können«, bestätigt Metzinger.

Interessanter und schwieriger zu beantworten ist die Frage, warum im Laufe der Evolution das Selbstbewusstsein überhaupt erfunden wurde? Weil es offenbar nicht ohne ging, muss es Vorteile mit sich gebracht haben. Thomas Metzinger vermutet, dass es gleichsam eine Waffe war, die im Verlauf des kognitiven Wettkampfs halbwegs vernunftbegabter Affen in die Welt kam und im Lauf der Zeit immer mehr optimiert wurde.»Bewusstsein erhöht die Intelligenz eines Systems«, erklärt der Philosoph. Die Information, die ein Ich in seinem bewussten Arbeitsspeicher hält, zeichnet sich dadurch aus, dass sie mit vielen Modalitäten gleichzeitig verarbeitet werden kann, wenn auch nicht mit hoher Geschwindigkeit: riechend, sehend, greifend, vergleichend und assoziierend (unter Zuhilfenahme des Gedächtnisses), sprachlich beschreibend (und damit für die eigene Gruppe nachvollziehbar), logisch analysierend und sozial bewertend, also moralisierend. Der Inhalt des Bewusstseins ist global verfügbar und dies erhöht die Flexibilität einer Verhaltensantwort des Lebewesens in einer unbekannten Situation. Während eine Biene in hohem Grade das ausführt, was genetische Programme ihr vorgeben, muss sich der Mensch über das zu Tuende, das Gute, erst verständigen. Er besitzt mehr Entscheidungsmöglichkeiten.

Das klingt plausibel. Die Argumentation ist aber wohl mehr die nachträgliche Rechtfertigung einer bereits erfolgten Entstehung anstelle einer prüfbaren, ursächlichen Erklärung. Das Argument folgt mehr dem Gedanken: Wenn es das Selbstbewusstsein gibt, dann wird dieses schon irgendeinen Sinn für den Fortbestand der Art haben. Welchen nachweislichen Vorteil selbstbewusste Lebewesen gegenüber anderen haben, ist nicht klar belegbar, ebenso wenig wie der Zeitpunkt festzulegen ist, an dem es in die Welt trat. Es gab Versuche von Paläontologen, die Vorfahren des Homo sapiens gemäß des obigen Bienenbeispiels in Arten einzuteilen, die ein starres Verhaltensrepertoire an den Tag legten und solche, die flexibel reagierten. Zu ersteren zählte demnach der (junge) Neandertaler, zu letzteren der (ältere) Homo habilis sowie der moderne

Homo sapiens. Die Belege für eine solche Einteilung sind jedoch mehr als dürftig.

Der US-Psychologe Julian Jaynes untersuchte bis zu 3000 Jahre alte Schriftquellen, um mit dem Ergebnis aufzuwarten, dass in den Versen der *Ilias* weder ein Wort für »Willen« vorkomme, noch sich das Konzept für »freien Willen« aufspüren lasse. Die Krieger um Agamemnon, Achilles und Odysseus würden nicht bewusst planen und handeln, sondern tun, was die Götter ihnen einflüsterten. Die heutige Auffassung vom Bewusstsein, schloss Jaynes, sei eine relativ neue Entwicklung, nicht älter als die westliche Literatur. Wahrlich eine faszinierende These, aber natürlich weiß niemand, ob Homer und mögliche andere Autoren (die Quellenlage dazu ist nicht ganz klar – dies erschwert die Beurteilung zusätzlich) die Erzählperspektive der *Ilias* nicht »bewusst« ohne Bewusstseinsstrom angelegt haben. Zumal das große Thema dieses ersten europäischen Epos' gerade das Abwägen von Eigennutz gegen das Gemeinwohl ist, also das Ich und das Kollektiv.

Ein wichtiger Aspekt ist damit aber wohl angesprochen: Das Bewusstsein seiner selbst muss sehr eng mit der Bildung und der Konsolidierung sozialer Gemeinschaften zusammenhängen. »Der Besitz von immer besseren Selbstmodellen als einer neuen Art von ›virtuellen Organen‹ ermöglichte überhaupt erst die Bildung von Gesellschaften«, erklärt Philosoph Metzinger. Erst in einer Gruppe macht der Begriff »Ich« überhaupt Sinn und übernimmt hier eine doppelte Funktion. Er bezeichnet zugleich eine Abgrenzung und eine Zugehörigkeit.

Ein Ich-Sager definiert und behauptet einen Platz in einer Gesellschaft und nimmt sich auf diese Weise selbst wichtig, worauf der Berliner Philosoph Ernst Tugendhat verwiesen hat. Die Vorstellung vom Ich definiert das Verhältnis, das eine Person zu den herrschenden moralischen Vorstellungen und damit zu dieser Gesellschaft hat. So gesehen ist das Selbstbewusstsein gleichsam das für die Gesellschaft, was das Betriebssystem für einen Computer darstellt: Es bestimmt nicht nur die Benutzeroberfläche, es legt auch die moralischen Maßstäbe fest – in Schriftkulturen ein Gesetzbuch –, regelt, was erlaubt ist, unschicklich oder tabu. Wie groß die Spannbreite dessen ist, was in menschlichen

Gesellschaften als statthaft angesehen wird, zeigt schon ein kurzer Blick in die Bücher der Ethnologen: Blutrache und Polygamie (Islam), das Recht eines Adeligen, mit allen Mädchen der Sozialgemeinschaft als erster Sex zu haben (diesen Brauch gibt es nicht nur in entlegenen Gebieten der Erde, sondern bis in die Mitte des letzten Jahrhunderts auch in Süditalien, wie mir Freunde versicherten, W.S.), die Gehirne Verstorbener zu verspeisen (Papua-Neuguinea), ein festes Kastenwesen mit arrangierten Ehen, extrem eingeschränkten Aufstiegschancen und dem Verbot, Tiere zu verspeisen (Indien). Die sozialen Gebilde können sich auflösen und wieder neu zusammensetzen, und je nach sozialem und wirtschaftlichem Umfeld können sich ganz andere Formen des Zusammenlebens bilden mit jeweils anderen Tabus und Regeln, zum Beispiel die Polyandrie, die Vielmännerei, wenn die (weiblichen) Ressourcen knapp sind. Der Mensch kann, in der Computersprache, mit vielen verschiedenen Betriebssystemen laufen.

Mit der Bildung von Gesellschaften betritt ein neues, zuvor unbekanntes Element die Bühne des Bewusstseins und des Miteinanders. Ich-Sager müssen wohl oder übel anerkennen, dass auch andere »Ich« sagen und damit ebenfalls Besitzer von Wünschen, Meinungen, Emotionen und Absichten sind. So entsteht in menschlichen Beziehungen das, was in der Wissenschaft soziale Kognition genannt wird und deren Entstehung wir im Kapitel »Kleine Geschichte des Ichs« verfolgt haben. Die Selbstmodelle erzeugen Resonanz mit anderen Selbstmodellen, soll heißen: Wir empfinden Mitleid, können uns in die Perspektive anderer versetzen, imitieren andere, lernen und entwickeln Schuldbewusstein. Gleichzeitig entfaltet sich die moralische Kehrseite der sozialen Kognition, die Fähigkeit zur Lüge. Wir lernen, die Pläne und Absichten anderer zu durchschauen, zu manipulieren oder zu hintergehen. Täuschung, Heuchelei und Betrug kommen ins Spiel. Die biologische wird um die soziale Evolution erweitert und der Mensch wird zum kreativsten und begabtesten aller sozialen Wesen, der durchschnittlich mehr als 200-mal am Tag angelogen wird. Wann diese Entwicklungen eingesetzt haben, lässt sich kaum ermitteln, unzweifelhaft besitzt, wie Thomas Metzinger betont, »die Entwicklung des Selbstmodells eine lange evolutionsbiologische und eine (etwas kürzere) soziale Geschichte«.

Diese auf den ersten Blick unscheinbare Erkenntnis wirft ihrerseits ein Schlaglicht auf einen faszinierenden Aspekt des Selbstbewusstseins. Wenn die menschliche Kognition auf einer miteinander verschränkten Evolution von Biologie und Kultur beruht, welchen Ursprungs sind dann die oben bereits beschriebenen Qualia? Wäre es möglich, dass die Empfindung von Blau beim Anblick des Himmels, des Stiches, wenn eine Spritze die Haut durchdringt, des Geschmacks von Apfel beim Biss in die Frucht kulturelle Ideen sind wie etwa das Feuer und die Sprache? Womöglich ist der Mensch und seine Wahrnehmung viel stärker von Symbolen durchdrungen, als uns das bisher klar war. Erinnern wir uns daran, dass in der Selbstmodell-Theorie unser Bewusstsein mit der Benutzeroberfläche eines Computers verglichen wird. Diese präsentiert uns Symbole und nicht die komplizierten Informationen dahinter. Wir empfinden also das Symbol eines Baumes, das Symbol einer braunen Borke, das Symbol von Blättern im Wind, nicht den Baum, nicht die Borke und auch nicht die Blätter im Wind.

Symbole sind jedoch kulturelle Festlegungen, wie etwa die Tatsache, dass das treffende Wort für die holzige, hoch geschossene Pflanze im Wald im Deutschen »Baum« heißt, im Englischen »tree« und im Italienischen »albero«. Der Mensch wäre demnach eine durch und durch symbolische Spezies. Was bedeutet, dass seine (biologische und kulturelle) Evolution von der Erfindung und der Weiterentwicklung von Ideen und Symbolen geprägt war und ist. Nur um ein paar Beispiele zu nennen: das Symbol Blau für den Himmel oder das Meer, gesprochene und geschriebene Begriffe als sprachliche Symbole, das Parkverbotsschild als Symbol einer Handlungsvorschrift im Straßenverkehr, ein Computer als Symbol für Fortschritt, die Benutzeroberfläche als Symbol des Bewusstseins und so fort.

Nicht alle Wissenschaftler teilen diese Interpretation. Doch nach Ansicht von Daniel Dennett ist das menschliche Bewusstsein durchsetzt mit einer Ansammlung von Symbolen. Der einflussreiche Philosoph und Direktor des Center for Cognitive Studies der Tufts University in Boston ist überzeugt, dass kulturelle Informationen die Arbeitsweise unseres Gehirnes umfassend strukturieren. »Das menschliche Bewusstsein ist selbst ein riesiger Komplex von Memen«, so Dennett. Meme sind ein anderes Wort für Ideen, oder, wenn man so will, das kulturelle Gegenstück zu den Genen. Sie entstehen durch einen kreativen Zufall, breiten sich aus, verändern sich und stehen im Wettstreit miteinander. Ein gutes Beispiel für ein Mem ist ein Witz, eine kurze Erzählung mit Pointe. Dieser wird weitererzählt, wenn er gut ist, dabei jedoch verändert. Andere Beispiele für Meme sind die Kenntnisse davon, wie ein Kuchen gebacken oder ein MP3-Spieler gebaut wird. Es entstehen immer wieder neue, veränderte Generationen solcher technischen Geräte.

Was also ist der Mensch? Ein Niemand, der weder geboren wird noch stirbt. Nach allem, was die Wissenschaft herauszufinden vermag, ein gigantischer genetisch-memetischer Komplex, der den freien Willen, Selbstsucht, Angst, Enttäuschung, Habgier, aber auch Liebe, Freude, Hilfsbereitschaft, Fürsorglichkeit und das Vorhandensein eines eigenen Ichs nur vorspiegelt.

Dieses Wesen steht jetzt vor der unmöglich scheinenden Aufgabe, zu einer besseren, weil zutreffenderen Einsicht seines Selbst zu kommen und sich dabei nicht zu verlieren.

Kapitel 9
Himmel im Hirn
Die mystische Antwort auf das Ich-Problem

Als Douglas E. Harding eines Tages entdeckte, dass er keinen Kopf besaß, war das ein Ereignis, das ihn außerordentlich beeindruckte. Zu diesem Zeitpunkt hatte der damals 33-jährige Engländer schon mehrere Monate nach seinem Selbst gefahndet. Ihn quälte die immer gleiche Frage: »Wer bin ich?«

Er wanderte gerade durch den Himalaja, blickte über dunstige, blaue Täler, über die sich Schneegipfel erhoben, als plötzlich all sein Grübeln ohne erkennbaren Anlass stoppte: Vergangenheit und Zukunft fielen von ihm ab. Er erlebte nur das Jetzt. Er schaute. »Man brauchte nur hinzuschauen, nichts sonst«, erinnert er sich. »Und was ich sah, waren Hosenbeine aus Khaki, die nach unten in einem Paar brauner Schuhe endeten, Ärmel aus Khaki, die seitwärts in einem Paar rosiger Hände endeten, und eine Hemdbrust aus Khaki, das nach oben auslief, in – absolut nichts, aber auch gar nichts! Bestimmt nicht in einen Kopf.«

Dort, wo sein Kopf sein sollte, war nur noch klarer Raum und Leere. Und in dem Raum war die Welt. Harding erkannte, dass es gar keinen Unterschied zwischen innen und außen mehr gab. Dieser »endgültige Ort, wo sich das ›Ich‹ oder ›mein Bewusstsein‹ befinden sollte«, verpuffte in einem Nichts. Er hatte einen Kopf verloren, aber eine Welt gewonnen. Der englische Wanderer berichtete von einem Zustand tiefen Friedens und ruhiger Freude. Er hatte das Gefühl, dass ihm eine unerträgliche Bürde abgenommen worden war.

In den folgenden Jahren schrieb er mehrere Bücher über dieses größte Ereignis seines Lebens und lehrte interessierten Menschen in Seminaren und Workshops den neuen Weg der Kopflosigkeit. Dort empfiehlt er zum Beispiel folgendes Experiment: Zeigen Sie aus dem

Fenster, und beobachten Sie aufmerksam Ihren Finger und den Ort, wohin er zeigt. Zeigen Sie auf den Boden, und beobachten Sie aufmerksam, was Sie sehen. Zeigen Sie auf Ihre Füße und dann auf Ihren Bauch, beobachten Sie immer aufmerksam, was dort ist. Zeigen Sie schließlich auf sich selbst, und beobachten Sie aufmerksam, was Sie dort sehen. Führen Sie die Übung sehr konzentriert und langsam aus. Mit etwas Glück geht Ihnen dann ein Licht auf.

Natürlich reagieren die scharf denkenden, analytischen Philosophen des Geistes mit leisem Hohn auf die naiven Schilderungen Hardings. Sie machen sich lustig über seine kindliche Begrifflichkeit, bezeichnen ihn als erkenntnistheoretischen Solipsisten, also als jemanden, der seine Vorstellungen mit der Welt verwechselt. Die meisten Menschen, denen Harding von seiner Entdeckung berichtet, zucken entweder mit der Schulter – »So what?« – oder halten ihn für leicht verrückt. Womöglich kann Harding von Glück reden, dass er nicht in einer psychiatrischen Anstalt gelandet ist.

Und dennoch ist der auf den ersten Blick nur abstruse Bericht des britischen Exzentrikers von Bedeutung, wenn man ihn nicht als Beitrag zur philosophischen Debatte nimmt, sondern als Erlebnisbericht eines Menschen, der etwas Außergewöhnliches erlebt hat: Wenn dieser Bericht wahr ist, würde er zum einen bedeuten, dass Menschen die Nichtexistenz ihres Ichs aus eigener Anschauung unmittelbar erfahren könnten, ohne auf neurobiologische Befunde und komplizierte philosophische Analyse zurückzugreifen. Zum zweiten verspricht er, dass diese Erfahrung eine gute ist: Die Suche nach dem Selbst führt zwar in die Leere, doch das ist ein Weg der Befreiung. Es wäre die angenehmste Antwort auf die fröstelnden Deduktionen des Philosophen Thomas Metzinger, wie sie im Kapitel »Die Illusion, jemand zu sein« beschrieben wurden.

Alles in Buddha?

Neu ist diese These nicht. Bereits vor gut 2 500 Jahren kam der Inder Gautama Siddharta zu ganz ähnlichen Einsichten. Allerdings war sein Ausgangspunkt ein anderer. In erster Linie suchte er weder nach Erkenntnis wie die Philosophen und Neuroforscher, noch war er auf der Suche nach sich selbst oder dem Sinn des Lebens. Ihm ging es einzig und allein darum, wie man Erlösung vom Leiden findet. Diese Frage trieb ihn um, seitdem er, der gehätschelte Prinz des nordindischen Königreiches der Sakyas, bei heimlichen Ausflügen aus seinem goldenen Käfig dem Alter, der Krankheit und dem Tod begegnet war – so geht die Legende, die zumindest in ihren Grundzügen auch von der religionshistorischen Forschung bestätigt wurde.

Im Alter von 29 Jahren verließ Gautama Siddharta deshalb heimlich Palast, Frau und Kind in der Stadt Kapilavastu, um als Asket und Bettelmönch auf die damals übliche Weise nach Erleuchtung zu suchen. Sechs Jahre lang wanderte er durch das Gangestal, lauschte den großen religiösen Lehrern und erreichte als Yogi höchste Vollkommenheit. Als er sich fast zu Tode gehungert hatte, befand er allerdings, dass ihn die extreme Askese auch nicht weiterbrachte. Anders als etwa viele Anhänger der katholischen Kirche bis in die heutigen Tage konnte er in Schmerzen und Leiden keinerlei Sinn finden.

Als er 35 Jahre alt war, setzte sich Siddharta am Ufer des Flusses Neranjara unter einen Feigenbaum und begann zu meditieren. Anders als seine Yoga-Lehrer ihn gelehrt hatten, richtete er seine Aufmerksamkeit jedoch nicht mehr auf die himmlischen, jenseits des normalen Bewusstseins liegenden Sphären. Er meditierte vielmehr über die Geheimnisse von Tod und Wiedergeburt. Schließlich erlangte er am Ende der siebten Nacht die Erleuchtung, die ihn zum Buddha machte. In den dann folgenden Wochen arbeitete er eine Lehre aus, die es jedem Menschen ermöglichen sollte, in seinen Fußstapfen einen Weg ins Nirwana zu finden. Im Hirschpark bei Benares predigte er zum ersten Mal die vier Edlen Wahrheiten über die Ursachen und die Überwindung des Leidens, zu der sich trotz aller Aufspaltungen und Glaubenskämpfe immer noch alle Buddhisten bekennen.

Diese Lehre besagt, dass unser Leben letztlich leidvoll sei. Das schließt nicht aus, dass es schöne Momente und freudvolle Zeiten gibt, entscheidend ist, dass auch diese vergänglich sind. Die Ursachen des Leidens sind Gier, Hass und Verblendung. Nur wer sich von diesen Eigenschaften befreit, beseitigt auch sein Leiden. Dabei hilft der so genannte Edle achtfache Pfad, eine Art Anleitung für einen sittlichen

Lebenswandel, verbunden mit kritischer Reflexion und Meditation. Auf diesem einfachen Fundament gründet sich eine hoch komplexe Psychologie und Philosophie, die mehr als jede andere Religion auch Menschen mit einem naturwissenschaftlichen Weltbild anzieht und sogar beinharte, atheistische Neurobiologen neugierig macht.

Das liegt zum einen an der nahezu wissenschaftlichen Offenheit der ursprünglichen Lehre. Der Buddhismus ist die wahrscheinlich einzige Religion, in welcher der Religionsstifter selbst zum Zweifel aufruft. Nichts solle man ihm einfach nur glauben, sondern alles mit dem eigenen Verstand überprüfen.»Sollte die Wissenschaft abschließend nachweisen können, dass gewisse Behauptungen des Buddhismus falsch sind, müssen wir die Erkenntniss der Wissenschaft annehmen und überholte Anschauungen revidieren«, schreibt der Dalai Lama in seinem Buch *Die Welt in einem einzigen Atom* zum Verhältnis von Religion und Wissenschaft. Es gibt weder einen Schöpfergott noch eine unsterbliche Seele. Und auch die ethischen Regeln des Buddhismus sind keine Drohbotschaften, sondern Empfehlungen. Wer sie befolgt, tut sich selbst etwas Gutes. Die Erlösung wird einem nicht von einer transzendenten Instanz gewährt, sondern selbst erarbeitet. Das nämlich ist der zweite wichtige Grund für die Attraktivität des Buddhismus auch unter agnostischen und intellektuellen Menschen: Der Buddhismus verspricht mit der Meditation einen Weg zu Erleuchtung, der eben nicht von vornherein blinden Glauben verlangt – und sich womöglich sogar mit den Einsichten der modernen Neurophilosophie vereinbaren lässt.

Universität Zürich-Irchel an einem regnerischen Augusttag im Sommer 2005: Bereits eine Stunde vor Veranstaltungsbeginn staut sich eine lange Schlange von Studenten und Unimitarbeitern vor dem fensterlosen Auditorium maximum der vornehmen Universität. Durch die Gänge der Betonburg patrouillieren smarte tibetische Sicherheitsagenten in dunklen Anzügen, Knopf im Ohr, begleitet von bodenständigen Schweizer Polizisten, die immer ganz nervös werden, wenn ein Student einen zu großen Rucksack trägt. Auf einem »Neuroscience Symposium« soll das geistliche und politische Oberhaupt der tibetischen Buddhisten mit Spitzenforschern der Universität diskutieren, ob und wo sich östliche Weisheit und westliche Wissenschaft begegnen könnten. An den Wänden des nüchternen Vorlesungssaales hängen orangefarbene Stoffbahnen, Beamer projizieren Himalajalandschaften und – dummerweise seitenverkehrt – tibetische Schriftzeichen auf zwei Leinwände links und rechts vom Podium. Es wird trotz des überaus wohlwollenden Publikums eine über weite Teile nicht wirklich spannende Diskussion. Bis irgendwann gegen Ende eine Studentin aufsteht, das Mikrofon ergreift und den Dalai Lama fragt, ob er denn nicht auch manchmal Zweifel habe. Aber ja doch, »man braucht Zweifel«, antwortet dieser, kichert und tippt sich dann mit dem Zeigefinger an den Kopf. »Zum Beispiel sollten Sie sich die Frage stellen: Wo ist das Ich? Wo ist das Selbst?«

McLeod Ganj oberhalb von Dharamsala ist trotz Mopedabgasen und nie verstummenden Autohupen ein unverdrossen heiterer Ort, wo Betonhüttchen in spektakulärer Lage auf knapp 2000 Metern Höhe an steile Berggrate angekleistert sind; unter sich die flirrende, heiße, staubige Ebene Nordindiens, im Rücken die Eisflanken des Himalajahauptkamms, in den Wolken verschwindet gerade der Gipfel eines Eisriesen. Auf den Straßen mischen sich fröhlich schwatzende Mönche mit ihren Handys und westliche Traveller in T-Shirt und Bagpack auf Zimmersuche. Die Hotels locken mit schnellem Internetanschluss und Kursen in Reiki I und II. Über die Straße kriecht auf allen vieren ein lepröser, ausgemergelter Bettler. Da ihm die Hände schon längst abgefault sind, hat er sich ein schmutziges Leinensäckchen für die Almosen um den Hals gehängt. Die Moviehall zeigt heute *Shaolin Soccer* und um 5.15 p.m. *What the bleep do we know. It's time to get wise.*

Im Hörsaal der »Library of Tibetan Works and Archive« besteigt der ehrenwerte Lama Geshe Sonam Rinchen in roter Robe seinen Thron. Die etwa 80 Zuhörer meist westlicher Nationalität werfen sich fünfmal vor ihm auf den Boden nieder. Dann singen sie etwa zehn Minuten lang tibetische Sutren, bevor die Vorlesung beginnen kann, die aussieht wie ein Gottesdienst. Einige ziehen ihre MP3-Player mit Aufnahmefunktion, auf dass kein Wort verloren geht. Schließlich gilt Sonam Rinchen als einer der letzten lebenden alten Meister, der noch in Tibet seine Ausbildung erfahren hat.

Er kommentiert Nagarjuna, einen der wichtigsten buddhistischen

Philosophen. Das klingt erstmal christlich vertraut. »Mitgefühl ist die Wurzel aller Zufriedenheit, egal in welcher spirituellen Tradition. Gute Handlungen bringen gutes Karma«, übersetzt die Dolmetscherin aus dem Tibetischen, während der Lama im Lotussitz mit seinem Oberkörper hin und her wippt. Doch dann kommt die für viele Zuhörer schwere Kost: »Wir haben keine wahre Existenz. Es gibt kein abgetrenntes Selbst«, erklärt Sonam Rinchen. Kurz vor zwölf kommt er dann zum Höhepunkt der heutigen Vorlesung: »Wir sollten Erleuchtung anstreben – der Weg ist für alle offen.«

Wenig später im Café Nechung unterhalb der Tibetan Library sitzen dann ein paar westliche Endzwanziger beim Zitronentee und lassen sich von einem Mönchsstudenten der nahe gelegenen Klosteruniversität »Institute of Buddhist Dialectics« in holprigem Englisch die Sache mit dem Ich erläutern:

»Also, Ihr seid mit dem Bus nach Dharamsala gekommen, sagt mir: Was ist der Bus?«
Verständnisloses Schweigen.
Der Mönch fragt: »Sind es die Reifen?«
»Nein, natürlich nicht.«
»Sind es die Sessel und das Steuerrad?«
»Nein.«
»Die Karosse und der Motor?«
»Nein, dann würde er ja nicht fahren.«
»Was ist dann also der Bus?«
»Naja, alles zusammengebaut, wenn es fährt.«
»Seht Ihr, genauso ist es mit dem Ich beim Menschen: Aus vielen Teilen entsteht ein Ich, aber es hat keinen Kern. You can't catch it.«

Das ist eine Kerneinsicht des Buddhismus, die im Westen gar nicht so bekannt ist. Sie wird von all den Menschen beharrlich ignoriert, die sich in der fernöstlichen Religion auf die Suche nach ihrem Selbst machen. Die Begierde, von der man gemäß den vier Edlen Wahrheiten lassen soll, bezieht sich nämlich nicht nur auf konkrete Güter oder Leidenschaften, sondern auch auf das Ich. Der renommierte britische Buddhismus-Gelehrte Richard Gombrich von der University of Oxford formuliert das so: »Wir glauben, einen dauerhaften Wesenskern (manche nennen es Seele) zu besitzen, ein Selbst, das Subjekt unserer Erfahrungen ist. Aber, so sagt der Buddha, dieses so genannte Selbst ist nichts anderes als ein Bündel körperlicher und geistiger Bestandteile, die von der Begierde in Bewegung gehalten werden. Allein die Begierde führt zur Wiedergeburt, denn es gibt in Wirklichkeit kein Selbst, das wiedergeboren werden könnte, kein substanzielles Ganzes, das von einem Leben in ein anderes übergehen könnte.«

Wie genau dieses Nicht-Ich zu verstehen ist, darüber streiten die verschiedenen buddhistischen Schulen und deren Philosophen seit Jahrhunderten. Manche Autoren sehen im Ich primär ein epistemologisches Problem, glauben also nur, dass es nicht ohne weiteres erkennbar sei. Einige wenige Autoren beziehen die Position eines radikalen subjektiven Idealismus, vertreten also die Vorstellung, dass die ganze Welt nur Einbildung eines einzelnen Gehirns sei. Viele Schulen aber, gerade auch der tantrische Vajrayana-Buddhismus Tibets, ähneln auf den ersten Blick durchaus der Selbstmodell-Theorie Metzingers – und gehen sogar über ihn heraus. In der so genannten Shunyata-Lehre heißt es nämlich, dass alle Dinge einer Selbstnatur und Substanz entbehren, letztlich also nur Leere herrscht. Dennoch wird Metzinger immer ganz fuchsig, wenn Leute bei ihm anrufen, um ihm mitzuteilen, dass Buddha das alles auch schon gesagt habe.

»Natürlich wäre es toll, wenn die beste Idee der asiatischen Philosophie auf das größte theoretische Problem der westlichen Neurowissenschaften passen würde.« Aber um das herauszufinden, müsste man den Buddhismus erst mal auf die begriffliche Genauigkeit der modernen analytischen Philosophie des Geistes bringen. »Vieles, was da seit den siebziger Jahren immer wieder verzapft wird von wegen gegenseitiger Ost-West-Befruchtung, über eine angebliche Synthese von Religion und Wissenschaft, ist selbstverliebter Eso-Kitsch, der auf unhaltbaren Äquivokationen beruht – zum Beispiel auf dem Begriff der Leere in der Quantenphysik und im Buddhismus. Daraus, dass es da ein paar vordergründige Übereinstimmungen gibt, folgt philosophisch gesehen nichts Interessantes. Das meiste ist trivialer Stuss, der einem Bedürfnis nach der Romantisierung fremder Kulturen entspringt«, schimpft Metzinger. »Die Leute, die im Esoterikbuchladen nach Erbauungsliteratur suchen, sollten lieber selbst mal nach Indien fahren und sich wirkliche Klöster anschauen. In den meisten Fällen werden sie dort keine lebendige Spiritualität finden, sondern tiefsten Aberglauben wie im bayerischen Katholizismus.« Und überhaupt: Was soll all der Blödsinn mit dem Weihrauch und den Glöckchen, den Gesängen, den roten Roben und den Gebetsmühlen? Metzinger schüttelt sich leicht angewidert und greift zum Tee, einem der wenigen Produkte des fernen Ostens, das er wirklich schätzt.

Der Blick nach innen

Doch die rein begriffliche Philosophie ist ja eben nur die eine und nach Ansicht der meisten Religionswissenschaftler weniger wichtige Seite auf dem buddhistischen Erkenntnispfad. Es ist tatsächlich unwahrscheinlich, dass die Denker des Ostens so ohne weiteres bei der *Außenbetrachtung* des Bewusstseins mit dem Erkenntnisstand der westlichen Philosophie des Geistes mithalten können, schließlich sind sie bis heute weitgehend unvertraut mit dem rasant wachsenden Erfahrungsschatz der Neurowissenschaften und den Erkenntniskrisen der modernen Naturwissenschaften.

Ähnlich wenig bringt es wahrscheinlich, wenn umgekehrt westliche Physiker den esoterischen Pfad entdecken und etwas krampfhafte und häufig schlichtweg falsche Analogien zwischen quantenmechanischen Prozessen und fernöstlichen Weisheiten ziehen. Interessanterweise ist selbst der einstige New-Age-Guru Fritjof Capra (*Das Tao der Physik*) von seiner damals wirkungsmächtigen These abgerückt, wonach die moderne Physik lediglich alte Wahrheiten wiederentdeckt, die den östlichen Weisen seit Jahrtausenden bekannt seien. Heute sagt er, »dass es keine Synthese zwischen Wissenschaft und Mystik geben könne«; die beiden Ansätze seien »völlig verschieden« und im besten Falle »sich ergänzend«.

Die Stärke der buddhistischen Psychologie und Philosophie liegt in der Betrachtung der *Innenperspektive* des menschlichen Geistes, die bis heute von den westlichen Naturwissenschaftlern vernachlässigt wird – obwohl kaum ein ernst zu nehmender Forscher ihre

Bedeutung bestreiten wird. Sie macht nun einmal letztlich all unser Erleben, Fühlen und Denken aus, sie macht uns aus. Nur: Man kommt halt mit den objektiven, replizierbaren Methoden der westlichen Wissenschaft kaum an sie heran.

Wer aber deshalb als Forscher auf den Blick nach innen ganz verzichtet, handelt ähnlich vernünftig, wie jemand, der in der Nacht seinen verlorenen Schlüssel nur deshalb unter der Laterne sucht, weil dort das Licht ist. Wenn aber der Schlüssel im Dunklen liegt? Mit der Meditation haben buddhistische Mönche in den Klöstern Burmas, Sri Lankas und Tibets, Zen-Meister in Japan und China, Yogis in den Bergen des Himalajas über die Jahrhunderte und Jahrtausende ein Verfahren entwickelt, das eben diesen Blick nach innen ermöglicht, der einem letztlich die große Einsicht in das Wesen aller Dinge und des Ichs gewähren soll. Manche sagen dazu Erleuchtung.

Eher unwillig gibt Metzinger zu, dass auch er seit knapp 30 Jahren meditiert: »Ja, auch ich denke manchmal darüber nach, was die buddhistischen Philosophen wirklich mit dem Begriff ›Erleuchtung‹ gemeint haben könnten«, erklärt er dem Journalisten, um nach einem Zögern dann doch fortzufahren: »Immerhin heißt das europäische Projekt der Aufklärung auf englisch ›enlightenment‹, also Erleuchtung – so wie das asiatische Projekt der inneren Aufklärung.« Metzinger gießt sich Tee nach. »Natürlich könnte man überlegen, ob man mithilfe der Hirnforschung bessere Formen von Meditation entwickeln könnte, die in irgendeinem nicht trivialen Sinne zu besseren Bewusstseinszuständen führen könnten. Aber das ist alles wild spekulativ.«

Die Meditation ist trotz ihres religiösen Ursprungs im Buddhismus, Hinduismus und Sufismus sowie in einigen christlichen, jüdischen und islamischen Traditionen zunächst eine Methode zur Konzentration, die man bei Bedarf auch völlig weltlich betreiben kann. Ihre Essenz hat die britische Psychologin Susan Blackmore in fünf Wörtern zusammengefasst: »Sei aufmerksam und denke nicht.« All die komplizierten Sitzhaltungen wie etwa der bekannte Lotussitz dienen in erster Linie diesem Ziel und haben primär keine rituelle oder mysteriöse Bedeutung. Der Meditierende soll nicht angestrengt und nervös sein, aber eben auch nicht einschlafen.

Jeder, der es probiert, wird feststellen, dass es äußerst schwierig ist, seine Gedanken auch nur zehn Sekunden zum Stoppen zu bringen – und am schlechtesten klappt es, wenn man sie bewusst wegschieben will –, sie kommen dann ähnlich den bereits erwähnten Ohrwürmern erst recht wieder und nisten sich fest in der Aufmerksamkeit ein. Meditationslehrer empfehlen stattdessen eine Art teilnahmslose Betrachtung aller aufkommenden Gedankenfetzen und Gefühle.

Üblicherweise werden zwei große Richtungen beim Meditieren unterschieden. In der so genannten offenen Meditation versucht der Praktizierende sich aller Dinge bewusst zu sein, die passieren, ohne aber in Gedanken auf sie zu reagieren. Es ist die typische Haltung im Zen-Buddhismus, wobei man mit halb geschlossenen Augen absichtslos sitzt, häufig vor einer weißen Wand. In der zweiten Variante der Meditation dagegen geht es darum, sich auf eine Sache zu konzentrieren, ohne sich in irgendeiner Weise ablenken zu lassen. Viele Meditierende konzentrieren sich auf das Ein- und Ausatmen, andere auf ein Wort oder Mantra wie das bekannte »Om Mani Padme Hum« (»Oh du Juwel in der Lotusblüte«) oder auf eine bestimmte Emotion wie etwa das »große Mitgefühl«. Im tibetischen Buddhismus wiederum spielen Visualisierungen komplexer Gottheiten eine große Rolle.

Mönche in der Magnetröhre

Lange Zeit haben naturwissenschaftlich orientierte Psychologen Meditation als esoterischen Unsinn verdächtigt. Immer noch wird sie von vielen Menschen und Forschern als reine Entspannungsübung missverstanden. Dabei mehren sich die Hinweise, dass geübte Meditierende tatsächliche außergewöhnliche Hirnzustände erreichen. Wo früher methodisch fragwürdige Studien publiziert wurden, sind jetzt renommierte Vertreter des Fachs aktiv. Einer der Pioniere in der neurowissenschaftlichen Meditationsforschung ist der bekannte Psychiater Richard Davidson, der an der University of Wisconsin in Madison (USA) normalerweise im Rahmen der Psychotherapieforschung ergründet, wie Emotionen und Gemütskrankheiten auf Dauer das Gehirn verändern. In langen Versuchsreihen hatte sein Team festgestellt, dass sich aus der spezifischen Aktivität der Vorderhirnhälften der Gemütszustand eines Menschen ablesen lässt. Wenn die linke Hirnhälfte im Verhältnis zur rechten stärker arbeitet, deutet dies auf einen – so Davidson – »positiven affektiven Stil« hin. Eine relativ stärkere Rechtshirnaktivität hingegen verweist auf eine depressive emotionale Grundhaltung.

Als Davidson das erste Mal einen tibetischen Mönch mit einem funktionellen Magnetresonanztomographen (fMRI) untersuchte, war er erstaunt. Selbst im Normalzustand zeigte dessen Hirn ein höheres Links-Rechts-Verhältnis als alle zuvor untersuchten 150 westlichen Versuchspersonen – eine Erklärung für die Gelassenheit und Zufriedenheit, die viele praktizierende Buddhisten ausstrahlen?

Der Mimik- und Emotionsforscher Paul Ekman von der University of California untersuchte ebenfalls bei Mönchen den so genannten Startle-Effekt. So heißt das Phänomen, dass Menschen unwillkürlich mit einem bestimmten, klar nachweisbaren Gesichtszucken reagieren, wenn sie unerwartet einen lauten Knall hören. Bei einem meditierenden buddhistischen Lama tat sich praktisch nichts im Gesicht, selbst dann nicht, wenn er mit einem unerwarteten Lärm von der Lautstärke eines Pistolenschusses beschallt wurde. Vermeintlich gesichertem Wissen widersprachen auch die Ergebnisse von Experimenten, die ein Team um die australischen Forscher Olivia Carter und Jack Pettigrew von der University of Queensland bei trainierten Yogis im entlegenen Himalajahochtal von Zanskar im äußersten Norden Indiens durchführten: 76 Mönche erhielten spezielle Brillen, die dem linken und dem rechten Auge zwei unterschiedliche Bilder zeigten. Normalerweise springt die Wahrnehmung in solchen Situationen unentschieden zwischen diesen Bildern hin und her. Den geschulten Mönchen gelang es jedoch, sich bis zu zwölf Minuten auf ein Bild zu konzentrieren – eine Leistung, die bislang kein Wahrnehmungsforscher für möglich gehalten hatte.

Mystik unter dem Motorradhelm

Solche Kunststücke offenbaren zwar noch nicht das Geheimnis des Ichs, belegen aber, dass sich der Geist in ähnlicher Weise trainieren und disziplinieren lässt wie der Körper und dann eben auch mehr leisten kann als bei Durchschnittsmenschen. Auch die angeborene Disposition scheint eine Rolle zu spielen. Bereits 1974 plädierten die US-Psychologen Auke Tellegen und Gilbert Atkinson dafür, das Persönlichkeitsmerkmal »Absorption« einzuführen. Darunter verstehen sie die Fähigkeit eines Menschen, Zustände »totaler Aufmerksamkeit« zu erreichen, in denen er etwas dermaßen intensiv erlebt, dass er alle ablenkenden Reize ignoriert und die Realität als verändert wahrnimmt.

In guter Psychologenmanier haben die beiden Forscher eine Skala entwickelt, mit der sich die Absorptionsfähigkeit abschätzen lässt. Auf dieser Tellegen Absorption Scale (TAS) erzielt besonders viele Punkte, wer zum Beispiel stark und intensiv auf Musik, Lyrik oder Naturschauspiele wie Sonnenuntergänge oder das Spiel der Wolken am blauen Himmel reagiert. Überhaupt ist die Wahrnehmung eines TAS-High-Scorers sehr sensibel, manchmal glaubt er schon vor dem Öffnen der Tür zu wissen, wer draußen steht. Er neigt zur Synästhesie, kann also gut über die Sinne hinweg assoziieren – Töne erinnern ihn an Farben, Gerüche an Erinnerungen. In Kino oder Theater versetzen sich Personen mit hohen TAS-Werten dermaßen in das Geschehen hinein, dass sie kaum noch ansprechbar sind und alles um sich herum vergessen. Auch vergangene Erlebnisse, selbst Kindheitserinnerungen erscheinen ihnen sehr präsent. Bei Umfragen berichten sie am ehesten über mystische Erlebnisse.

Kein Wunder, dass sich auch die Wissenschaftler schon längst auf die Suche nach den für solche Fähigkeiten verantwortlichen Genen gemacht haben. Dean Hamer vom National Cancer Institute in Bethesda, Maryland in den USA brachte es im Herbst 2004 sogar auf das Titelblatt des Nachrichtenmagazins *Time* mit seiner Behauptung, er habe das »Gottes-Gen« gefunden. Tatsächlich hatte der Molekularbiologe bei über 1000 Personen ähnlich wie Tellegen mit einem ausführlichen Fragebogen versucht, deren spirituelles Potenzial zu ermitteln. Danach suchte er nach Auffälligkeiten im Erbgut der Probanden. Er wurde fündig bei einer Variante des Gens VMAT2, das bei der Steuerung von Botenstoffen wie Dopamin, Serotonin oder Noradrenalin beteiligt ist. Diese Stoffe spielen bei einer Reihe von Geisteskrankheiten eine große Rolle und können den Bewusstseinszustand – ähnlich wie halluzinogene Drogen – stark verändern. Hamer fand heraus, dass diese spezielle Genvariante bei exakt jenen Probanden auftrat, die im Spiritualitätstest die höchsten Punktzahlen erreicht hatten.

Hamer wurde zu Recht kritisiert, weil solche Korrelationen noch nicht notwendigerweise Kausalität bedeuten und komplexe psychische Eigenschaften aller Erfahrung nach nie von einzelnen, sondern in aller Regel durch Hunderte oder Tausende von Genen gesteuert werden. Dennoch deuten auch viele andere Studien unter Zwillingen und Verwandten darauf hin, dass die Fähigkeit zum spirituellen Empfinden oder zur Absorption wie oben beschrieben zu etwa 40 Prozent vererbt ist – also ähnlich wie bei anderen Persönlichkeitsmerkmalen (siehe das Kapitel »Baustelle Ich«). Und Evolutionspsychologen und Soziobiologen behaupten ohnehin seit langem, dass die Persistenz religiöser Vorstellungen über alle Zeitalter und Kontinente, häufig wider aller Vernunft, auf eine genetische Verankerung hinweise. Glauben muss einen evolutionären Überlebensvorteil bringen.

Einige so genannte Neurotheologen glauben sogar, dass sie die für religiöse Erfahrung notwendige Hirnstruktur bereits im vorderen Schläfenlappen des menschlichen Denkorgans ausgemacht haben. Wer etwa den kanadischen Neuropsychologen Michael Persinger in seinem Labor an der University of Sudbury besucht, kann sich von ihm einen umgebauten, gelben Motorradhelm aufsetzen lassen. Dieser feuert elektromagnetische Signale auf die Schläfenlappen und führt laut Persinger regelmäßig zu spirituellen Erfahrungen. »Einige sagen, dass sie ihren Schutzengel, Gott oder so etwas Ähnliches spüren, andere hören Stimmen, die ihnen Instruktionen erteilen und die sie mit Gott in Verbindung bringen«, erklärt der Forscher. Seiner Theorie nach erzeugt er mit seiner Maschine winzige epileptische Anfälle, von denen man vermutet, dass sie bei manchen Menschen das religiöse Erleben befördern.

Für diese These sprechen Experimente des bereits erwähnten Hirnforschers Vilaynur S. Ramachandran an der University of California in San Diego. Er zeigte Patienten mit Schläfenlappenepilepsie verschiedene Bilder und registrierte dabei den elektrischen Hautwiderstand, ein Maß für die psychische Erregung. Tatsächlich reagierten die Epileptiker am stärksten auf religiöse Bilder und weniger auf Darstellungen von Sex und Gewalt, die normalerweise für hohe Ausschläge auf den Messgeräten sorgen. Haben also Persinger und Ramachandran das »Gottesmodul« entdeckt?

Seltsamerweise nutzen Gläubige und Atheisten diese noch recht spärlichen Ergebnisse der Neurotheologie, um ihre Thesen zu vertreten. Siehe da, sagen die Frommen, jetzt ist es bewiesen: Gott in seiner unendlichen Güte hat das Menschenhirn so eingerichtet, dass jeder ihn erfahren kann. Welch ein Unsinn, antworten die Atheisten: Hier demaskiere sich endgültig die religiöse Halluzination als simples Spiel der Neuronen. Die wahrscheinlich bessere Folgerung ist jedoch, dass selbst der endgültige Nachweis einschlägiger Gene oder Hirnstrukturen die religiöse Frage nicht entscheidet, eben weil sie mit den beiden gegenläufigen Thesen völlig kompatibel sind. Sinnvoller wäre es dagegen, sich mit der Analyse der *Erfahrungen* zu beschäftigen, die manche Menschen unter Persingers Motorradhelm erreichen oder in der Meditation. Wahrscheinlich wäre die Untersuchung veränderter Bewusstseinszustände schon sehr viel weiter, gäbe es nicht immer diesen Ärger mit den Drogengesetzen, denn auch halluzinogene Stoffe bewirken ähnlicher Erfahrungen, lassen sich aber dank ihrer chemischen Natur leichter erreichen.

Helikopter ins künstliche Paradies

Der Kontakt war konspirativ, angebahnt über ein einschlägiges Internetforum. Treffpunkt sollte der belebte Vorplatz eines Kinos in der Dresdener Neustadt sein, Erkennungszeichen: ein Münchener Nachrichtenmagazin unter dem Arm. Der Informant wollte sich aus geschützter Position ein Bild machen. Wenig später in einem ruhigen Café berichtet der 40-jährige Angestellte, der hier Wolf Paszcensky heißen soll, von seinen Erfahrungen mit Ayahuasca, einer peruanischen Wurzeldroge, die unter Kennern zunehmend auch in Deutschland und der Schweiz kursiert. »Das ist ein Querschnitt durch die ganze Bevölkerung, auch Professoren sind dabei.« Fünfmal habe er an Zeremonien des wenig bekannten, notgedrungen im Untergrund agierenden deutschen Ablegers der ursprünglich brasilianischen Santo-Daime-Kirche teilgenommen, die den Genuss von Ayahuasca in das Zentrum ihres Kultes gestellt hat.

Die Wirkung der Droge beruht auf einer ausgeklügelten Zubereitung. In Peru kochen die Schamanen üblicherweise Lianenstücke zusammen mit Blättern des Chacruna-Krauts, die das in Deutschland verbotene starke Halluzinogen DMT enthalten. Normalerweise bleibt es ohne Wirkung, wenn es geschluckt wird – das körpereigene Enzym MAO baut den Wirkstoff ab. Doch der Lianenstoff Harmalin verhindert, dass der Körper MAO ausschüttet: Das Halluzinogen beginnt, im Hirn zu wirken.

Priester in einer Art weißen Uniform leiten die Zeremonie, das erste Glas Ayahuasca gibt es nach einem Vaterunser und einem Ave Maria. Bis zu acht Stunden singen, tanzen und meditieren die Teilnehmer. Viele berichten von farbenprächtigen Halluzinationen, von Schlangen und göttlich beseelten Dämonen. Und wieder: Das eigene Selbst wird unwichtig, die eigene Lebensgeschichte ist wie ausradiert, das Ich geht in den Elementen auf. »Ich sah mich als Wal im Ozean schwimmen. Einmal wollte ich als Adler durchs Fenster fliegen«, berichtet Paszcensky. Er ist sich sicher: »Ayahuasca hat meine Persönlichkeit weitergebracht.«

Tatsächlich bedauern mittlerweile auch viele Wissenschaftler, dass die ursprünglich vielversprechende Forschung mit psychoaktiven Drogen weitgehend eingestellt wurde, nachdem in den sechziger und siebziger Jahren einige Leute den Konsum übertrieben hatten und in der Folge auch Halluzinogene in den meisten Staaten verboten wurden.

Dabei hatte schon der große amerikanische Religionspsychologe William James (1842–1910) erkannt, dass ein künstlicher Rausch einem religiösen Erlebnis ähneln kann. Der Vorteil: Der substanzgebundene Rausch ließe sich problemlos reproduzieren, wohingegen es gar nicht so leicht ist, auf die Schnelle ein paar erleuchtete Mystiker oder auch nur gut trainierte tibetische Mönche zu organisieren, die ein hohes Meditationsniveau erreicht haben.

James hatte mit Lachgas (Distickstoffoxid) experimentiert, das damals Zahnärzte und Chirurgen zur Betäubung ihrer Patienten nutzten. Er berichtete bereits 1902 in seinem immer noch viel zitierten Hauptwerk *Die Vielfalt religiöser Erfahrung* von einem künstlichen, mystischen Bewusstseinszustand, der zur Erfahrung einer Versöhnung führte: »Es ist, als wenn die Gegensätze der Welt, die Widersprüchlichkeiten und Konflikte, die die Ursache unserer ganzen Schwierigkeiten und Sorgen sind, zu einer Einheit verschmelzen.« Und an anderer Stelle: »Es ist der Eindruck, dass unser normales Wachbewusstsein, das rationale Bewusstsein, wie wir es nennen, nur ein besonderer Typ von Bewusstsein ist, während um ihn herum, von ihm durch den dünnsten Schirm getrennt, mögliche Bewusstseinsformen liegen, die ganz andersartig sind. (...) Keine Betrachtung des Universums kann abschließend sein, die diese anderen Bewusstseinsformen ganz außer Betracht lässt.«

James' Beschreibung entspricht durchaus den Kriterien, die er im selben Buch zur Abgrenzung einer mystischen Erfahrung aufgestellt hatte.

- Sie entzieht sich weitgehend der Beschreibbarkeit mit Worten, deshalb kann die Erfahrung auch nicht wirklich mit anderen Menschen geteilt werden – zumindest nicht auf intellektuellem Wege.
- Die Erfahrung sei – so nennt es James – *noetisch*. Das heißt, sie beruht auf plötzlicher geistiger Einsicht oder Erleuchtung. Der Betroffene hat keinen Zweifel an ihrer Wahrheit.
- Sie dauert selten länger als eine halbe bis ganze Stunde, dann geht sie vorüber. Obwohl sie nicht klar erinnert werden kann, wird sie bei Wiederkehr sofort erkannt.
- Sie wird erfahren. Obwohl man über bestimmte Techniken wie die Meditation ihr Zustandekommen befördern kann, wird sie sich in der Regel nicht auf Knopfdruck auslösen lassen.

Während Lachgas nur wenige Minuten wirkt, haben die heute bekannten und zum Teil neu synthetisierten Drogen ein deutlich größeres Potenzial. Dabei geht es weniger um Angstlöser wie Alkohol oder Stimulanzien wie Kokain oder Amphetamine, noch weniger um Narkotika wie Heroin oder Morphium.

Für die Bewusstseinsforschung und insbesondere für die Frage nach dem Ich könnten vor allem die Halluzinogene interessant sein – Cannabis, Meskalin, Psilocybin und natürlich das synthetisch hergestellte LSD: Es wirkt in kleinen Dosen, macht nicht körperlich abhängig und schickt den Konsumenten auf einen bis zu zehn Stunden langen Trip, den manche als beglückende Reise mit tiefen spirituellen Einsichten, andere als Höllenfahrt des sich auflösenden Ichs erleben. »Das sind die Psychedelika, die unser normales Verständnis des Selbst bedrohen, und dort berühren sie am tiefsten meine wissenschaftlichen Interessen«, erklärt die bereits erwähnte Psychologin Blackmore, die bekannt wurde mit ihren Arbeiten zur Parapsychologie (die sie letztendlich verwarf) und zu Out-of-Body-Erfahrungen und als eine der Begründerinnen der Memetik gilt.

Die unkonventionelle Blackmore mit ihrer regenbogenfarbenen Punkfrisur, die bis vor kurzem an der University of Bristol lehrte, gehört zu den wenigen auch im akademischen Establishment anerkannten Forschern einer sonst eher esoterisch schillernden Szene. Sie gibt offen zu, dass sie seit Studententagen trotz aller ihr bewussten Gefahren aus Lust an der Erkenntnis regelmäßig Drogen konsumiert: »Ich kann ehrlich sagen, dass ohne Cannabis der größte Teil meiner wissenschaftlichen Forschung nie stattgefunden hätte und die meisten meiner Bücher über Psychologie und Evolution nie geschrieben worden wären.«

Sie ist immer noch beeindruckt von ihren ersten Joints, die sie gemeinsam mit Freundinnen an ihrem College in Oxford rauchte. Ein Erlebnis unter vielen ist ihr unvergessen: Sie hörten gerade beim gemeinsamen Kiffen entspannt Musik, als sie plötzlich das Gefühl bekam, durch einen langen, dunklen Tunnel raschelnder Blätter einem gleißenden Licht entgegenzustürzen. Heute weiß sie, dass diese Tunnel-Halluzinationen gut bekannt sind in allen Kulturen, die Drogen im Ritual, in der Magie oder zur Heilung nutzen. Nicht besonders mysteriös, reine Neurobiologie: Manche psychoaktiven Substanzen irritieren aus biochemisch nachvollziehbaren Gründen die Regelsysteme im visuellen Kortex des Hinterhirns, Neuronen beginnen zu feuern und erzeugen Kreis- und Spiralmuster, die das Bewusstsein als Tunnel interpretiert. Damals wusste Blackmore noch nichts davon.

Ein anderes Mal spielte sich die folgende Szene ab:
»Wo bist du, Sue?«, fragte eine Freundin.
»Mir fiel es schwer zu antworten«, berichtet Blackmore. »Dann klärte sich meine Verwirrung, und ich sah *von oben* auf die mir vertraute Szene.«
»Ich bin an der Zimmerdecke«, antwortete sie der Freundin. Sie fand das Gefühl ziemlich beeindruckend. Ihre Freundin setzte nach:
»Kannst du dich bewegen?«
»Ja.«
»Kannst du durch die Wände gehen?«
»Ja.«

Es sei ein wunderbares Gefühl gewesen, meint Blackmore heute, so ähnlich wie ein Flugtraum, nur sehr viel realistischer und intensiver. Mehr als zwei Stunden habe das Erlebnis gedauert, an das sie sich noch heute klar erinnere. »Irgendwann erschien es mir eher als eine Art mystische Erfahrung, in der Zeit und Raum ihre Bedeutung verlieren und ich mit dem Universum verschmelze.«

Es war ihr Antrieb für ein Forscherleben. Was ist das Selbst? Wie schafft das Gehirn im Kopf den Eindruck ein »Ich« zu sein, während es in die Welt schaut, und man weiß, dass hinter den Augen doch nur Milliarden Hirnzellen sind. Könnte es sein, dass diese Drogen die beängstigende Wahrheit enthüllen, dass es dieses Ich nicht gibt? Woher weiß ich, ob diese Einsicht stimmt?

Blackmore hat seit diesen ersten Drogenerlebnissen so ziemlich alles durchprobiert, was es auf dem Markt gibt: natürlich LSD, Meskalin, die magischen (Psilocybin-)Pilze, Ecstasy erstmals an einem norwegischen Fjord – gar nicht schlecht. Kokain war übel, Ketamin – damit betäuben Veterinäre Pferde – brachte eine interessante Out-of-Body-Erfahrung, war aber sonst fürchterlich, der Paralyse wegen – nie wieder. Irgendwann hat sie dann auch mal das alte Lachgas probiert, mit dem schon William James gespielt hatte. Da dachte sie für ein paar Momente: »Ja, ja, so ist das richtig, so hat es zu sein.« Komisch, dass ein Molekül philosophisch wirksam sein kann. Wieso wohl Lachgas so lustig macht, fragt sich Blackmore und kommt aus diesen Drogenerfahrungen zu ähnlichen Einsichten wie Thomas Metzinger. »Vielleicht ist es nur die Wahrnehmung eines wahnwitzigen kosmischen Witzes – dass wir nur wechselnde Muster in einem sinnlosen Universum sind.« Könnte es sein, dass die Drogen diese beängstigende Wahrheit enthüllen? Dass es kein Selbst gibt? »Die Mystiker würden das sagen«, meint Blackmore. Es sei die alte Frage: Führen Drogen und mystische Erfahrungen, wie man sie in der Meditation erreichen kann, zu ähnlichen Einsichten? Verhelfen Drogen auf eine Autobahn hin zur Erleuchtung? Blackmores Antwort ist salomonisch: »Drogen können dich wie ein Helikopter hoch hinaufnehmen und zeigen, was es dort zu sehen gibt, du kannst dort nicht bleiben. Letztendlich musst du den Berg selbst erklimmen, auf dem harten Weg.« Aber immerhin könnten einen die Drogen motivieren, sich auf den langen Weg zum Gipfel zu machen, resümiert Blackmore. Auch sie ist zu der Einsicht gekommen, dass Meditation der richtige Weg ist, den sie ohne religiöse Hintergründe eingeschlagen hat. Sie betreibt seit 20 Jahren Chan-Meditation, die chinesische Variante des Zen.

Drähte zur Erleuchtung

Nach 10000 bis 50000 Stunden Meditation in der Abgeschiedenheit des Himalajas sollte man sich dem Gipfel schon ziemlich genähert haben. So viel kontemplative Erfahrung hatten die acht handverlesenen tibetischen Mönchen in den letzten 15 bis 40 Jahren gesammelt, als sie der Dalai Lama Ende 2003 zu einem neuen Experiment in das Labor von Richard Davidson an der University of Wisconsin schickte. Zu ihnen gehörte auch Matthieu Ricard. Der 1946 geborene buddhistische Mönch französischer Abstammung lebt als geachteter Gelehrter und Französischdolmetscher des Dalai Lama am Shechen-Kloster in Katmandu. In einem früheren Leben war der Sohn des bekennenden atheistischen Philosophen Jean-François Revel Molekularbiologe am berühmten Institut Pasteur in Paris.

Die acht Athleten des Geistes sollten in der neuen Studie unter anderem Einwänden begegnen, die gegen die früheren fMRI-Versuche erhoben wurden. So wurden diesmal zehn bislang meditationsunerfahrene Studenten als Kontrollgruppe angeheuert, die nur eine kurze Einführung in die Technik erhielten. Außerdem maßen die Wissenschaftler diesmal nur die Hirnströme, das allerdings sehr exakt. Ricard war einer der ersten, über dessen Kopf die Labortechniker 256 Elektroden verteilten. Gekleidet in der roten Robe eines Nyingma-Mönches, versetzt er sich auf Bitten Davidsons in den meditativen Zustand des so genannten »bedingungslosen Mitgefühls«, das sich durch eine grenzenlose Bereitschaft auszeichnet, allen lebenden Wesen zu helfen.

Die Hirnsignale Ricards und der anderen Mönche unterschieden sich deutlich von der Kontrollgruppe. Diesmal erreichten sie eine sehr viel höhere Aktivität der so genannten Gammawellen, rhythmische Hirnströme mit Frequenzen um 40 Hertz. Bei einigen Mönchen war sie höher, als je bei einem gesunden menschlichen Wesen gemessen worden war. Und selbst nach der Meditation zeigten die Mönche noch gesteigerte Werte, was darauf hindeutet, dass sie ihre Hirnzellen daucrhaft neu geordnet haben.

Noch wichtiger war aber eine weitere Beobachtung im Experiment. Im Durchschnitts-EEG flackern die Gammawellen nur für kurze Augenblicke auf. Den Mönchen gelang es aber, die Wahrnehmung zu binden und synchron zu feuern. »Das zeugt von sehr hoher Konzentration. Diese Leute müssen extrem wach sein«, kommentiert beeindruckt der Psychologe Ulrich Ott von der Universität Gießen, einer der wenigen deutschen Meditationsforscher. »Vor allem die Werte von Matthieu Ricard waren jenseits von gut und böse.«

Der gar nicht esoterische Ott plädiert für eine etwas spekulative Deutung: »Wenn alle Neuronen im Gleichtakt feuern, wird alles eins. In diesem Augenblick unterscheidet das Bewusstsein weder Subjekt noch Objekt. Die Meditierenden erleben nur noch eine Einheit, während das Zeitempfinden erloschen ist.« Auf Nachfrage bestätigt der Forscher: »Ja, das war das, was man eine spirituelle Erfahrung nennt. Das war ein Aufwachen.« Ott bezweifelt allerdings, dass man zur religiösen Deutung greifen muss. »Ich glaube, Erleuchtung ist ganz normale Hirnphysiologie.« Der von Ricard, Davidson und seinen Mitarbeitern verfasste wissenschaftliche Aufsatz über das EEG-Experiment erschien denn auch Ende 2004 in der stocknüchternen, aber renommierten wissenschaftlichen Fachzeitschrift *Proceedings of the National Academy of Sciences (PNAS)* aus den USA.

Ozeanische Gefühle

Der Erkenntnisgewinn dieser Experimente liegt also vor allem darin, dass sie mit relativ harten Daten bestätigen, dass Menschen zum Beispiel über meditative Verfahren tatsächlich besondere Bewusstseinszustände erreichen können. Diese lassen sich zumindest in einigen Fällen theoretisch so interpretieren, dass die Meditierenden eine schwer zu beschreibende Einheitserfahrung machen, in der sich das Ich ähnlich wie in einer mystischen Erfahrung auflöst.

Aus der qualitativen Meditationsforschung sind solche Behauptungen ohnehin geläufig. Berühmt ist die Studie des US-amerikanischen Psychiaters Arthur Deikman, die dieser Anfang der sechziger Jahre durchführte. Er versammelte eine Gruppe von Freunden und Bekannten vor einer blauen Vase und bat sie, sich eine halbe Stunde lang so intensiv wie möglich auf das Objekt zu konzentrieren. Sie sollten sich jedoch keinerlei Gedanken über die Vase oder sonstige Dinge machen, sich nicht von anderen Ideen oder Wahrnehmungen ablenken lassen. Bereits nach wenigen Sitzungen berichteten die Versuchsteilnehmer über erstaunliche Erlebnisse. Die blaue Vase erschien plötzlich lebendiger, reicher oder leuchtender. Einige hatten gar den Eindruck, mit der Vase zu verschmelzen, beziehungsweise dass ihr Körper die Formen der Vase aufnahm. Wieder einmal lösen sich die Grenzen zwischen Ich und Umwelt auf.

Deikman nannte den Effekt dieser fokussierenden Meditation eine »Deautomatisierung«. Unsere Wahrnehmung würde von Kindheit an so gedrillt – automatisiert –, dass wir lernen, Objekte zu separieren, einzuordnen und in Beziehung zu setzen. So erwerben wir zwar die Fähigkeit, abstrakt zu denken und zu analysieren, würden aber den Blick für das Ganze verlieren und unsere Wirklichkeitserfahrung begrenzen.»Denn es führt dazu, dass wir die Welt als Ansammlung getrennter Objekte betrachten, von denen wir selbst eines sind.«

Eine im Sommer 2005 wiederum in den *PNAS* publizierte Studie scheint ebenso zu bestätigen, dass unsere Wahrnehmung tatsächlich auch kulturell geprägt ist. In dem Experiment wurden die Augenbewegungen von 45 amerikanischen und chinesischen Studenten aufgezeichnet, während sie verschiedene Bilder betrachteten, die jeweils ein auffälliges Objekt im Vordergrund und einen komplexen Hintergrund zeigten, zum Beispiel ein Tiger vor einem Wald. Die Amerikaner fixierten schneller und länger den Tiger, wohingegen die Chinesen mit ihrer fernöstlichen kulturellen Prägung primär den Hintergrund und das Gesamtbild betrachteten. Mit der absichtslosen Meditation ließe sich, so Deikman, unser Blick wieder weiten: »Spirituelle Entwicklung dagegen findet statt, wenn man das Ego aufgibt, jenes kleine ›Selbst‹, das sich ständig um sein Leben sorgt und sich als getrennt von den anderen empfindet.«

Einheit im Nichts

In solchen Einsichten findet sich tatsächlich eine überraschend große Übereinstimmung zu den religiösen Mystikern aller Kulturen und Zeiten – von Meister Eckhart (circa 1260–1328) und Teresa von Avila (1515–1582) im Christentum, Sankara im Hinduismus (vermutlich 788–820) bis zu Nagarjuna (2./3. Jahrhundert) im Buddhismus. Religionsgeschichtler und Theologen verwenden zwar bis heute viel Schweiß und Speicherplatz auf der Computerfestplatte darauf, um die feinen Unterschiede festzumachen und natürlich, um im Christentum den Gottesbegriff zu retten. Doch ist das wirklich der personale und handelnde Gott der Bibel, wenn Eckhart die *Unio mystica* – die Vereinigung mit ihm – wie folgt beschreibt? »Du sollst allzumal entsinken deiner Deinesheit und sollst zerfließen in seine Seinesheit und soll dein Dein in seinem Mein ein Mein werden also gänzlich, dass du mit ihm verstehest ewiglich seine ungewordene Istigkeit und seine ungenannte Nichtheit.«

Kein Wunder, dass Wissenschaftler wie die Fundamentaltheologin

Katharina Ceming aus Paderborn bei einem Vergleich der mystischen Theologien des Christentum, des Hinduismus und des Buddhismus letztlich eine »Einheit im Nichts« konstatieren. Sie wolle zeigen, »dass das Christentum gleichermaßen wie der Buddhismus und der Hinduismus von der Unbestimmbarkeit der letzten Wirklichkeit ausgeht«, schreibt sie in ihrer Habilitationsschrift. »Das Göttliche/Absolute/Transzendente entzieht sich – im Gegensatz zu seinen offenbarten Manifestationen – allen Bestimmungen. Es ist weiselos, ohne Eigenschaften und niemals auf gedankliche Weise zu erkennen, weil das menschliche Denken immer nur mit Kategorien und Bestimmungen operiert. (...) Nichts, was in der Welt existiert, besteht aus sich selbst.«

Die Gemeinsamkeiten zwischen den Religionen sind groß, sobald man etwa im Christentum Gott nicht mehr als personalen, strafenden Schöpfergott, sondern als eine Chiffre für das allein mit dem Verstand nicht zu Erkennende und allein mit Worten nicht zu Beschreibende, aber dennoch Existierende sieht. Ceming zitiert den französischen Benediktiner Henri Le Saux, der Zuflucht im Hinduismus suchte: »Um Gott wirklich zu finden, muss er [der Mensch] in jene Tiefen seines Selbst hinabsteigen, wo er nichts anderes ist als ein Abbild Gottes, dort wo das Selbst verschwindet und nur noch Gott ist.«

Die Besonderheit fernöstlicher Religionen läge dann – neben den eher kulturell und sozialen Eigenheiten von Kirche und Katechismus – eher darin, dass sie die meditativen Techniken, mit denen man dieses Ziel erreichen kann, besser ausgebaut und gepflegt haben als das Christentum. Wichtig wäre es dann allein, zur Erleuchtung zu gelangen, weil dies den besten zu erreichenden Bewusstseinszustand in einem menschlichen Leben darstelle. Unwichtig wäre es, ob man an eine irgendwie geartete Transzendenz glaubt oder die Ansicht der bekennenden Atheistin Blackmore teilt, wonach die tiefsten, mystischen Einsichten völlig kompatibel mit den Naturwissenschaften seien: »Das könnte man so zusammenfassen: Es gibt nur ein Universum, das eigene Selbst ist eine Illusion, Unsterblichkeit liegt nicht in der Zukunft, sondern im Jetzt, alles ist, wie es ist, und nichts muss getan werden.«

Das erinnert ein wenig an die bekanntesten Sätze des österrei-

chischen Philosophen Ludwig Wittgenstein. »Es gibt allerdings Unaussprechliches. Dies zeigt sich, es ist das Mystische«, hatte dieser in seinem wahrscheinlich wichtigsten Werk *Tractatus logico-philosophicus* geschrieben. Er endete mit den Worten. »Wovon man nicht sprechen kann, darüber muss man schweigen.«
Was aber sollen wir tun?

Kapitel 10
Was aber sollen wir tun?
Leben mit der Ich-Krise

Wir befürchten, dass wir nicht auf dem Wege der Meditation zur Erleuchtung gelangen werden, obwohl wir interessiert allen derartigen Bemühungen zuschauen. Wir wollen nicht mit Psilocybin aus Zauberpilzen oder LSD die Funktionstüchtigkeit unserer Hirne aufs Spiel setzen, so interessant Drogenerfahrungen auch sein mögen. Wir wollen uns nicht durch Alkohol betäuben oder durch das Fahren von Autos mit zu viel PS. Und auch die vom traurig-genialen texanischen Songwriter Townes Van Zandt in seinen Liedern immer wieder besungene Lösung lehnen wir ab: Wir wollen uns nicht selbst zu Tode bringen. Aus Gründen, denen wir nachgehen sollten, lieben wir das Leben.

Beunruhigt aber sind wir schon.

Blaue Stunde

Wir fragen uns, wie wir in unserem Alltag reagieren sollen auf die Fülle der Erkenntnisse, auf die wir in unseren Recherchen gestoßen sind und die wir in diesem Buch vorgestellt haben. Wir wollen nicht so tun, als wäre nichts passiert. Es ist etwas passiert: Unser Ich ist beschädigt.

Um es noch einmal zusammenzufassen: Das Ich ist zerbrechlich, lehren uns die Neurologen und Psychiater. Kleinste Unfälle im Hirn oder in seiner Umwelt können unsere Identität binnen Millisekunden zerstören. Die klassisch-westliche Vorstellung vom Selbst, das im Laufe seines Lebens seine Bestimmung entdeckt und verwirklicht, haben die Entwicklungs- und Persönlichkeitspsychologen infrage gestellt. Die Soziologen beschreiben, wie die Menschen an ihrer Identität basteln, um im Markt der Moden mitzuhalten. Gedächtnispsychologen belegen, wie wir unsere intimsten Erinnerungen im Nachhinein zurechtfälschen. Neurowissenschaftler stellen die Autonomie unserer Gefühle, Gedanken und Handlungen infrage, analytische Philosophen des Geistes wie Thomas Metzinger bezweifeln gar die Existenz des Ichs. 3000 Jahre lang haben große Denker und Dichter nach unserem Ich gefahndet, jetzt sind sie im Nichts gelandet. Ihre Erkenntnis: Wir finden uns nicht, sondern wir erfinden uns.

Viele der neuen Erkenntnisse lassen jeden frösteln, der über sie nachdenkt. Metzinger sagt: »Mein Modell hat metaphysische Konsequenzen: Es bindet alles Erleben an das Gehirn, der Begriff der unsterblichen Seele spielt für die Wissenschaft keine Rolle mehr.« Er unterbricht kurz, trinkt Tee und seufzt: »Glauben Sie bloß nicht, dass ich selbst das immer gut finde.«

So kommt es, dass der Philosoph in seinen blauen Stunden nachdenklich wird: »Da könnte etwas kommen, was uns wehtut. Viele Menschen wollen an Gott und Seele glauben. Die Wissenschaftler werden belohnt, wenn sie alles kaputtmachen. Aber wir müssen uns auch fragen: Wer räumt eigentlich hinterher auf?«

Natürlich kann jedes Ich weiter behaupten, ganz gut so zu leben, wie es lebt. Dann das Ich-Gefühl existiert ja unbestritten. Dieses subjektive Ich muss sich nicht darum kümmern, wenn Forscher und Philosophen behaupten, dass es seinen Kern objektiv nicht gibt. Es muss auch nicht anerkennen, dass sich die Erde um die Sonne dreht, dass der Mensch vom Affen abstammt und dass wir sterben werden, ohne dass es das geringste Indiz für ein wie auch immer geartetes Weiterleben gibt. Es besitzt das Glück der Ignoranz.

Wir aber wollen uns um Aufrichtigkeit bemühen.

Wir glauben, dass die von uns beschriebene Krise des Ichs auch Entwicklungen anstoßen kann, die uns das Leben leichter machen, die uns befreien können. Vor allem zwingen sie uns zu Konsequenzen. So sollten wir zum Beispiel aufhören, nach dem Ich zu suchen. Diese Mühe wird ohne Lohn bleiben, wie die des Hundes in der Karikatur, der hinter der Wurst herläuft, die an dem Wagen hängt, den er selbst zieht. Die Suche nach dem Ich ist eine Verschwendung von

Zeit und Energie. Die Mühen wäre besser investiert, begännen wir stattdessen mit dem Versuch, die Kränkung zu akzeptieren, die uns die Wissenschaft zugefügt hat. Der ganz einfache Satz dazu lautet: Nimm dein Ich nicht so wichtig, aber nimm dein Leben ernst.

Leben ohne Ich

Denn gerade, wenn wir von einem sterblichen Geist ausgehen, der nur eine Funktion der menschlichen Hirnzellen ist, gewinnen die Jahre seines Lebens an Bedeutung. Manche sagen: So gewinnen sie überhaupt erst an Bedeutung. Unsterblichkeit verführt zu Trägheit, denn: Wieso heute erledigen, was man auch in 1000 Jahren machen kann? Mann muss sich Götter als gelangweilte Wesen vorstellen. Hier liegt eine der größten Gefahren von Religionen. Tragisch etwa ist das Schicksal von Muslimen, die per Selbstmordattentat zu den Jungfrauen ins Paradies wollen oder von Christen, die ein Leben lang Verzicht üben in Hoffnung auf Belohnung im Paradies.

Hübsch formuliert hat diesen Gedanken Michael Schmidt-Salomon, Geschäftsführer der freidenkerischen Giordano-Bruno-Stiftung: »Die Erde und die Menschen sind zeitlich begrenzte Phänomene in einem sinnleeren Universum, das irgendwann den Kältetod sterben wird. Wenn ich weiß, dass es keinen Sinn an sich gibt, bin ich dazu ermächtigt, den Sinn aus mir selbst zu schöpfen. Wenn ich weiß, dass ich endlich bin, werde ich dieses einzige Leben, das ich habe, auch wirklich leben und genießen. Ein unendliches Leben wäre unerträglich.«

Man mag in einer solchen Haltung einen gewissen Zweckoptimismus sehen, denn wir haben vollstes Verständnis auch für diejenigen, die angesichts des immer nahenden und stets möglichen Todes in tiefe Melancholie verfallen. Ontologischer Pessimismus ist logisch absolut okay. Die Frage ist: Was spricht eigentlich dagegen, nach dem Glück zu suchen? Schmidt-Salomons Haltung führt zumindest zur bestmöglichen Konsequenz, nämlich: die Gegenwart ernst zu nehmen.

Gerade, weil wir dank der Wissenschaft wissen, dass da wenig in uns ist, was verwirklicht werden muss, können wir freier atmen.

Wir ahnen, dass wir gerade deshalb mehr spielen dürfen mit neuen Lebensentwürfen. Es muss ja nicht gleich die Tauchschule in Thailand oder der Olivenanbau in der Toskana sein. Gerade weil uns Verhaltensbiologen und Evolutionspsychologen aufdröseln, wie sehr uns unser Ego, unsere Karriereziele und Statusbedürfnisse durch eine biologische Evolution eingeimpft wurden, die auch dafür sorgt, dass sich Schimpansen prügeln, können wir etwas gelassener mit diesen Dingen umgehen.

Obwohl wir wissen, dass unsere Sicht der Wirklichkeit immer durch die 1,3 Kilogramm schwere graue Masse zwischen den Ohren vermittelt ist, ja, dass sogar unser Ich-Gefühl ein Produkt des Gehirns ist, nehmen wir unsere Bewusstseinszustände ernst. Sie sind das einzige, was wir haben. Gerade deshalb werden wir uns bemühen, unsere Umwelt etwas achtsamer wahrzunehmen, also nicht nur dem nächsten Ziel nachzurennen, sondern das Jetzt intensiver auszuleben, denn die Zukunft bringt uns eh nur näher an den Tod. Das heißt nun nicht, dass man seine Rentenzahlungen stoppen, sondern dass man den einzelnen Moment mehr ausschöpfen soll. Ja, wir wissen, dass diese Erkenntnis nicht sonderlich originell ist. Wir haben aber vielleicht ein paar neue Argumente dafür gegeben.

Außerdem plädieren wir dafür, auch die anderen Bewusstseinszustände ernster zu nehmen. Der durchschnittliche Deutsche verbringt zwei bis drei Jahre seines Lebens im Traum, gegenüber 13 Jahren seines Wachbewusstseins vor dem Fernseher. Wenn sowieso alle Erfahrung eine Hirnsimulation ist, was spräche eigentlich dagegen, das Traumerleben zu kultivieren? Keine Angst, wir halten die Unterscheidung von (wie auch immer vermittelter) Wirklichkeit und Traum oder Halluzinationen für extrem wichtig. Aber: Neurowissenschaftler gehen davon aus, dass der Schläfer die REM-Phasen genauso real erlebt wie im Wachbewusstein, dafür sprechen Hirnscanner-Untersuchungen und natürlich subjektive Berichte. Mit etwas Training und Begabung könnte fast jeder seine Traumerinnerung stärken oder sogar den Ablauf des Geschehens beeinflussen oder steuern. Dies ist möglich im so genannten luziden oder Klartraum, in dem der Schläfer sich bewusst ist, dass er träumt.

Seine Bewusstseinszustände und sein Ich ernst zu nehmen

beinhaltet aber noch mehr. So deuten die buddhistischen Erfahrungen und die ersten entsprechenden wissenschaftlichen Untersuchungen darauf hin, dass Meditation oder ein irgendwie geartetes Training des Geistes diesen weiterbringen kann. Es wäre die Aufgabe einer modernen Bewusstseinskultur, hier anzusetzen. Ähnliches gilt für die Erkenntnisse über die andauernde Plastizität der Persönlichkeit. Eine moderne Psychologie würde nicht nur Seelenleiden lindern, sondern auch Ratschläge geben, wie man an seinem Charakter arbeiten kann.

Obwohl wir da auch Bedenken haben. Das könnte in Stress ausarten: Stell dir vor, es ist Feierabend, und du musst nicht nur ins Fitness-, sondern auch noch zum Psycho-Studio – auf dass sich in den Büros und Fußgängerzonen nur noch angenehme Persönlichkeiten begegnen. Jeder wäre noch viel mehr für seine schlechte Laune verantwortlich als heute schon. Wir aber wollen nicht perfekt werden, sondern glücklich.

Die Entdeckung des Wir

Wir wollen hier nicht all die klugen Ratschläge aus den Glücksratgebern wiederholen. Aber da dies ein Buch über das Ich ist, möchten wir nicht enden, ohne zum Wir zu kommen. Es ist frappierend, dass von verschiedenen Disziplinen eine gemeinsame Erkenntnis kommt: Der Mensch ist ein durch und durch soziales Wesen. Er hat es im Spiel des Miteinanders zu einer wahren Meisterschaft gebracht.

Der Aufstieg des Menschen war nur in einer funktionierenden Gemeinschaft möglich, in der kulturelle Errungenschaften von Generation zu Generation weitergegeben wurden. Sprache war und ist nicht etwa dazu da, Selbstgespräche zu führen oder vom Lautsprecher des Fernsehers berieselt zu werden. Sie verbessert den Austausch von Information, stärkt die Zusammengehörigkeit einer Gruppe und ermöglicht Lernen. Erst die Erfindung einer differenzierten Kommunikation erlaubte es dem Homo sapiens, sich zwischen Äquator und den Polen auf 6,5 Milliarden Individuen weltweit zu vermehren.

Kinder zeigen vom ersten Tag an eine Vorliebe für alles Menschliche, das ist ihnen eingebaut. Schon sehr früh entwerfen sie Theorien über die Absichten anderer und sind Experten darin, deren Handlungen und Ziele zu erkennen. Im Austausch mit Mutter, Vater und anderen Betreuern lernen sie ihre eigene Geschichte zu erzählen und entwickeln so das Gefühl vom Ich. Spätestens seit der Entdeckung der bereits erwähnten Spiegelneuronen weiß man, dass Empathie für andere Menschen sogar in den Nervenzellen angelegt ist.

Das individuelle Gedächtnis dient dem Zweck, ein Individuum in einer Gemeinschaft zu verankern. Im sozialen Kontext ist es manipulierbar – was jedoch nur derjenige so nennen würde, der der Überzeugung ist, der Speicher im Kopf habe die Aufgabe, die Wirklichkeit getreu abzubilden. Richtig ist, dass sich das Gedächtnis im jeweiligen sozialen Kontext immer neu bildet.

Auch der allein Nutzen maximierende, egoistische Homo oeconomicus der klassischen und neoliberalen Wirtschaftstheorie ist eine Vereinfachung. Die Neuroökonomen haben bei ihrem Rückgriff auf Biologie und Hirnforschung gezeigt, dass Menschen ein Grundvertrauen gegenüber anderen Menschen angeboren ist. Trotz Individualisierung und Traditionszerfall bleibt der Mensch also ein zutiefst soziales Tier. Ohne Zugehörigkeit zu einer Gruppe wird er selten glücklich. Seine Identität entsteht, indem er mit anderen Menschen kommuniziert. Gerade darin ist der Homo sapiens besonders weise.

Eines sollten wir nie vergessen, und dies ist für uns eine Gewissheit nach dieser wissenschaftlichen und gleichzeitig persönlichen Reise zum Menschen: »Ich« zu sagen macht nur in einer Gemeinschaft Sinn. Nur noch »Ich« zu sagen ist eine Perversion, ein sich selbst auflösender Akt. Das Ich ist nur denkbar im Wir.

Literatur

Kapitel 1: Das zerbrechliche Selbst

Paul Broks: *Ich denke, also bin ich tot. Reisen in die Welt des Wahnsinns.* München: Beck, 2004

Annegret Eckhardt-Henn / Sven Olaf Hoffmann (Hg.): *Dissoziative Bewusstseinsstörungen. Theorie, Symptomatik, Therapie.* Stuttgart: Schattauer, 2004

Todd E. Feinberg: *Altered Egos. How the Brain Creates the Self.* New York: Oxford University Press, 2002

Todd E. Feinberg / Julian P. Keenan: *The lost Self. Pathologies of the Brain and Identity.* New York: Oxford University Press, 2005

Heinz Häfner: *Das Rätsel Schizophrenie. Eine Krankheit wird entschlüsselt.* München: Beck, 2000.

Tilo Kircher / Anthony David: *The Self in Neuroscience and Psychiatry.* Cambridge: Cambridge University Press, 2003

Albert Newen / Kai Vogeley (Hg.): *Selbst und Gehirn.* Paderborn: Mentis, 2000

Christian Scharfetter: *Allgemeine Psychopathologie. Eine Einführung.* Stuttgart: Thieme, 2002

Kapitel 2: Kleine Geschichte des Ichs

Christophe Boesch / Michael Tomasello: »Chimpanzee and Human Cultures«. *Current Anthropology* Vol 39 (5), Dec. 1998

Christophe Boesch: »Is Culture a Golden Barrier Between Human and Chimpanzee?«. *Evolutionary Anthropology* 12:82-91 (2003)

Richard Byrne: »Evolution of Primate Cognition«. *Cognitive Science* Vol 24 (3) 2000, pp 543-570

Frans de Waal: *Der gute Affe. Der Ursprung von Recht und Unrecht bei Menschen und anderen Tieren.* München: Hanser, 1997

Richard G. Klein: *The Human Career. Human Biological and Cultural Origins.* Chicago: University of Chicago Press, 1999
William Noble, Iain Davidson: *Human Evolution, Language and Mind. A Psychological and Archaeological Inquiry.* Cambridge: Cambridge University Press, 1996
Friedemann Schrenk: *Die Frühzeit des Menschen. Der Weg zum Homo sapiens.* München: Beck, 1997

Kapitel 3: Wissenschaftler in Windeln

Gisa Aschersleben, Tanja Hofer, Annette Hohenberger: »Die Bedeutung der Eltern-Kind-Beziehung für die kognitive Entwicklung von Säuglingen und Kleinkindern«. *Kinderärztliche Praxis, Sonderheft Frühe Gesundheitsförderung und Prävention.* Mainz: Kirchheim, 2005
Alison Gopnik, Patricia Kuhl, Andrew Meltzoff: *Forschergeist in Windeln. Wie Ihr Kind die Welt begreift.* München: Piper, 2003
Gerald Hüther, Inge Krens: *Das Geheimnis des ersten neun Monate. Unsere frühesten Prägungen.* Düsseldorf: Patmos, 2005
Katherine Nelson: »Erzählung und Selbst, Mythos und Erinnerung«. *Bios* 2/2002, 241 – 263. Leverkusen: Leske und Budrich
Sabine Pauen: »Vor dem Sprechen«. *Gehirn&Geist.* Heidelberg: Spektrum, 1/2003

Kapitel 4: Baustelle Ich

Jens B. Asendorpf: *Psychologie der Persönlichkeit.* Berlin: Springer, 2003
Paul Baltes: *Wisdom as Orchestration of Mind and Virtue.* (Download unter: www.mpib-berlin.mpg.de/dok/full/baltes/orchestr)
Erik H. Erikson: *Identität und Lebenszyklus.* Frankfurt: Suhrkamp, 2003
Francis Fukuyama: *Das Ende des Menschen.* Stuttgart: DVA, 2002
Klaus Grawe: *Neuropsychotherapie.* Göttingen: Hogrefe, 2004
Werner Greve: *Psychologie des Selbst.* Weinheim: BeltzPVU, 2000
Todd F. Heatherton / Joel L. Weinberger (Hg.): *Can Personality change?* Washington: American Psychological Association, 1997
Jürgen Hennig / Petra Netter: *Biopsychologische Grundlagen der Persönlichkeit.* München: Elsevier, Spektrum Akademischer Verlag, 2005

Kapitel 5: Ich kann auch anders

Ulrich Beck / Elisabeth Beck-Gernsheim: *Riskante Freiheiten. Individualisierung in modernen Gesellschaften.* Frankfurt: Suhrkamp, 1994
Judith Butler: *Das Unbehagen der Geschlechter.* Frankfurt: Suhrkamp, 1990
Richard van Dülmen: *Die Entdeckung des Individuums 1500 – 1800.* Frankfurt: Fischer, 1997
Alain Ehrenberg: *Das erschöpfte Selbst. Depression und Gesellschaft in der Gegenwart.* Frankfurt/New York: Campus, 2004
Rolf Eickelpasch / Claudia Rademacher: *Identität.* Bielefeld: Transcript, 2004
Peter Gross: *Ich-Jagd. Im Unabhängigkeitsjahrhundert.* Frankfurt: Suhrkamp, 1999
Heiner Keupp u. a.: *Identitätskonstruktionen. Das Patchwork der Identitäten in der Spätmoderne.* Reinbek: Rowohlt, 1999
Lothar Krappmann: *Soziologische Dimensionen der Identität. Strukturelle Bedingungen für die Teilnahme an Interaktionsprozessen.* Stuttgart: Klett-Cotta, 2005
Susanne Schröter: *FeMale. Über Grenzverläufe zwischen den Geschlechtern.* Frankfurt: Fischer, 2002
Richard Sennett: *Der flexible Mensch. Die Kultur des neuen Kapitalismus.* Berlin: Berlin Verlag, 1998
Charles Taylor: *Quellen des Selbst. Die Entstehung der neuzeitlichen Identität.* Frankfurt: Suhrkamp, 1996

Kapitel 6: Erfundene Erinnerungen

Antonio Damasio: *Descartes' Irrtum. Fühlen, Denken und das menschliche Gehirn.* Berlin: Ullstein, 2004
Elizabeth Loftus, Katherine Ketcham: The Myth of Repressed Memory. False Memories and Allegations of Sexual Abuse. New York : St. Martin's Griffin, 1994
Malcolm Macmillan: An Odd Kind of Fame. Stories of Phineas Gage. Cambridge: MIT Press, 2002
Hans-Joachim Markowitsch: *Dem Gedächtnis auf der Spur. Vom Erinnern und Vergessen.* Darmstadt: Primus, 2002
Hans-Joachim Markowitsch/Harald Welzer: *Das autobiographische Gedächtnis. Hirnorganische Grundlagen und biosoziale Entwicklung.* Stuttgart: Klett-Cotta: 2005

Harald Welzer: *Das kommunikative Gedächtnis. Eine Theorie der Erinnerung.* München: Beck, 2002.

Harald Welzer, Sabine Moller und Karoline Tschuggnall: *Opa war kein Nazi. Nationalsozialismus und Holocaust im Familiengedächtnis.* Frankfurt: Fischer, 2003

Kapitel 7: Der automatische Mensch

Daniel C. Dennett: *Freedom evolves.* London: Penguin Books, 2004
Christian Geyer (Hg.): *Hirnforschung und Willensfreiheit. Zur Deutung der neuesten Experimente.* Frankfurt: Suhrkamp, 2004
Malcolm Gladwell: *Blink! Die Macht des Moments.* Frankfurt/New York: Campus, 2005
Robert D. Hare: *Gewissenlos. Die Psychopathen unter uns.* Wien / New York: Springer, 2005
Benjamin Libet: *Mind Time. Wie das Gehirn Bewusstsein produziert.* Frankfurt: Suhrkamp, 2005
Julian Nida-Rümelin: *Über menschliche Freiheit.* Ditzingen: Reclam, 2005
Michael Pauen: *Illusion Freiheit. Mögliche und unmögliche Konsequenzen der Hirnforschung.* Frankfurt: Fischer, 2004
Dai Rees / Steven Rose (Hg.): *The New Brain Sciences. Perils and Prospects.* Cambridge: Cambridge University Press, 2004
Gerhard Roth: *Aus Sicht des Gehirns.* Frankfurt: Suhrkamp, 2003
Henrik Walter: *Neurophilosophie der Willensfreiheit. Von libertarischen Illusionen zum Konzept natürlicher Autonomie.* Paderborn: Mentis, 1998
Daniel M. Wegner: *The Illusion of Conscious Will.* Bradford Book, 2003

Kapitel 8: Die Illusion, jemand zu sein

Susan Blackmore: *Consciousness. An Introduction.* Oxon: Hodder and Stoughton, 2003
Jonathan Cole: *Pride and a Daily Marathon.* Cambridge: MIT Press, 1995
Antonio Damasio: *Ich fühle, also bin ich. Die Entschlüsselung des Bewusstseins.* München: List, 2000
Joseph LeDoux: *Das Netz der Persönlichkeit. Wie unser Selbst entsteht.* Düsseldorf: Patmos, 2003
Gerald Edelman: *Das Licht des Geistes. Wie Bewusstsein entsteht.* Düsseldorf: Patmos, 2004
Gehirn&Geist: *Auf der Suche nach dem Bewusstsein.* Heidelberg: Spektrum 1/2002

Christof Koch: *Bewusstsein - ein neurobiologisches Rätsel.* Heidelberg: Spektrum, 2005

Thomas Metzinger: *Being No One. The Self-Model Theory of Subjectivity.* Cambridge: MIT Press, 2003

Vilaynur S. Ramachandran: *A Brief Tour of Human Consciousness.* New York: Pearson, 2004

Vilaynur S. Ramachandran, Sandra Blakeslee: *Die blinde Frau, die sehen kann. Rätselhafte Phänomene des Bewusstseins.* Reinbek: Rowohlt, 2002

Ernst Tugendhat: *Egozentrik und Mystik. Eine anthropologische Studie.* München: Beck, 2003

Kapitel 9: Himmel im Hirn

Heinz Bechert / Richard Gombrich: *Der Buddhismus.* München: Beck. 2000

Katharina Ceming: *Einheit im Nichts. Die mystische Theologie des Christentums, des Hinduismus und Buddhismus im Vergleich.* Augsburg: Edition Verstehen, 2004

Dalai Lama: *Die Welt in einem einzigen Atom. Meine Reise durch Wissenschaft und Buddhismus.* Berlin: Theseus, 2005

Peter Gäng: *Was ist Buddhismus?* Frankfurt/New York: Campus, 1996

Dean Hamer: *The God Gene. How Faith his hardwired into our Genes.* New York u.a: Doubleday, 2004

Jeremy Hayward: *Die Erforschung der Innenwelt. Neue Wege zum wissenschaftlichen Verständnis von Wahrnehmung, Erkennen und Bewusstsein.* Frankfurt: Insel, 1996

John Horgan: *Rational Mysticism. Dispatches from the Border between Science and Spirituality.* Boston / New York: Houghton Mifflin Company, 2003

William James: *Die Vielfalt religiöser Erfahrung.* Frankfurt: Insel, 2002.

Andrew Newberg / Eugene D'Aquili / Vince Rause: *Der gedachte Gott. Wie Glaube im Gehirn entsteht.* München: Piper, 2003

Christian Scharfetter: *Das Ich auf dem spirituellen Weg.* Sternenfels: Wissenschaft und Praxis, 2004

Francisco J. Varela / Jonathan Shear: *The View from within. First-person approaches to the study of consciousness.* Bowling Green: Imprint Academic, 2002

Peter Widmer: *Mystikforschung zwischen Materialismus und Metaphysik. Eine Einführung.* Freiburg: Herder, 2003

Register

Absorption 278 f.
Abstraktionsvermögen 66
Adrenalin/Noradrenalin 99, 146–148, 279
Aktionspotenziale 139
Alien Hand Syndrome (AHS) 14–16
Altruistisches Bestrafen 182
Alzheimerkrankheit 21, 23, 141 f., 168, 235
Amputationswünsche 16 f.
Amygdala 148, 166 f., 220
Andersen, Michael 157
Androgen Insensitivity Syndrome (AIS) 120 f.
Antons Syndrom 13
Arbeitsgedächtnis 135
Aristoteles 131
Aschersleben, Gisa 62 f., 68 f.
Asendorpf, Jens 69, 78, 83, 87, 101
Ausgetauschte Personen/Doppelgänger 21–25
Authentizität 106, 109, 121, 171
Autobiographisches Gedächtnis 74, 76 f., 129, 134, 166, 170, 202

Baars, Bernard 208
Baltes, Paul 96 f.
Bancel, Pierre 60
Baron-Cohen, Simon 82
Beauvoir, Simone de 118
Bewusstseinsphilosophie 198, 200, 205 f.
Big Five 80 f., 95, 99, 181
Binokularer Wettbewerb 229
Biokulturelle Evolution 53
Bistabiles Perzept 213, 228
Blackmore, Susan 257, 275, 283–285, 289
Blinder Fleck 210 f.
Blitzlicht-Erinnerung 146
Body Integrity Identity Disorders (BIID) 17
Boesch, Christophe 35–41, 44
Borderline-Syndrom 29, 188
Braun, Anna Katharina 84 f.
Breen, Nora 24 f.
Buddha 92, 268 f., 273
Buddhismus 269–277, 285, 288 f., 295

Caplan, Arthur 142
Capgras-Syndrom 21–24
Capra, Fritjof 274
Caspi, Avshalom 87 f.
Ceming, Katharina 289
Charakterfestlegung 78 f., 81
Churchland, Patricia 237

Claparède, Edouard 133
Cotard-Syndrom 26
CREB-Protein 140f.
Crick, Francis 212, 215, 236
Cyberspace 122

Dalai Lama 270f., 285
Damasio, Antonio 179
Davidson, Richard 276f., 285–287
Dawkins, Richard 198
Deautomatisierung 287
Defoe, Daniel 111
Deikman, Arthur 287
DelVecchio, Wendy 81
Dennett, Daniel 188, 265f.
Depression 26, 85, 88, 91, 99, 124
Descartes, René 27, 29, 206
Dissoziative Identitätsstörung 32f.
Dopamin 85, 99, 146, 279
Döring, Nicole 121f.
Dritte Person Perspektive 203, 215
Dualismus 206, 208f.
Dülmen, Richard van 109–111
Dunbar, Robin 51

Eccles, John 206, 209
Eco, Umberto 202
Egozentrik 201f.
Ehrenberg, Alain 124
Eickelpatsch, Rolf 107
Ekman, Paul 277
Eltern-Kind-Kommunikation 74
Emotionale Erregung 148f., 167
Epilepsie/Epileptiker 14f., 32, 188, 216, 235, 238, 242, 279f.
Erfahrungsgedächtnis 179
Erinnerungen 12, 126f., 131, 146, 151f., 154, 156, 161f., 165, 169f.
– falsche 157–164, 168f.
– leidvolle 141f., 144f., 148, 154
Erinnerungsverlust 126f.
Erklärungslücke 204f.
Erleuchtung 269, 275, 286
Erste Person Perspektive 200, 256

Faktengedächtnis 134
False Memory Syndrome
 Foundation (FMSF) 161
Fehr, Ernst 182
Feinabstimmung des Gehirns 72f.
Feinberg, Todd E. 13, 21f.
Feminismus 118
Ferchhoff, Wilfried 112
Fischbacher, Urs 182
Fisher, C. Miller 15, 18
Flashback 149
Formatio reticularis 217f.
FOXP2 (Sprach-Gen) 58f.
Frégoli-Syndrom 24
Freud, Sigmund 23, 78, 161f., 252
Fukuyama, Francis 99
Funktionelle Kernspintomographie
 (fMRI) 33, 157, 277, 286
Furmark, Tomas 89

Gabrieli, John 157
Gage, Phineas T. 178
Gedächtnis 128–137, 152–156, 165f., 169–172, 235
– Gliederung 133–135
– molekularbiologische
 Grundlagen 137–142, 154
Gedächtnisbildung 157–159, 220
Gedächtnisschubladen 135f.
Gefühle 66, 69, 126, 134, 145–148, 165f., 178–180, 193, 203–205, 231f., 254f.

Gehirnausgestaltung 47, 70–73, 77, 89, 219–222, 242–244
– materielle Veränderungen 138 f.
– Plastizität 79, 89
Gehirngröße 46 f., 53
Gen-Umwelt-Interaktionen 87 f.
Gender-Crossing 118 f.
Geschlechtsbedingte Persönlichkeitsunterschiede 82 f.
Geschlechtliche Identität 118–121
Geshe Sonam Rinchen, Lama 271 f.
Gesichterwahrnehmung 18–21, 23
– bei Kindern 65 f., 69 f., 74
Gesichtsblindheit 19–21
Globalisierung 103, 105 f.
Goethe, Johann Wolfgang von 110–112
Goldstein, Kurt 16
Goodall, Jane 41 f., 48
Gopnik, Alison 64 f.
Gott 206, 251, 270, 280, 289, 292
Gould, Stephen Jay 39
Gourmand-Syndrom 10
Gladwell, Malcolm 180
Grammer, Karl 116
Grawe, Klaus 89–91
Greve, Werner 81, 91, 93 f.

Haare als Ausdruck der Identität 114–117
Halluzinationen 27, 32, 280 f., 294
Halluzinogene 279–281, 283
Hamer, Dean 278 f.
Harding, Douglas E. 267 f.
Hebb, Donald 136 f.
Heim, Christine 85
Helmholtz, Hermann von 212
Hering, Ewald 165
Hippocampus 148, 153, 157, 220, 235

Hirstein, William 22 f.
Hobbes, Thomas 183
Hologramm-Theorie 136
Homo oeconomicus 181, 296
Homo sapiens 54–59, 214 f., 219 f., 262 f.
Hormone 146–149, 182 f., 220

Ich-Bewusstsein 29, 70, 74, 256–258
Identität 10 f., 24, 31, 106–109, 114–117, 121–124, 129 f., 169, 291, 296
Identitätsaufspaltung 31
Identitätsstörung 17, 27, 32
Implicit Association Test 180
Individuum, Herausbildung 110 f.
Innenperspektive 258 f., 274
Innerer Informationsfluss 255
Intentionalität 258
Intentionsgedächtnis 135
Interaktion von Mutter und Kind 62 f., 73, 84
Intermetamorphose 25
Intuition 178–180

Jackson, Frank 207 f.
James, William 281 f., 284
Jaynes, Julian 263

Kandel, Eric 100, 137–141, 144, 166
Kanisza-Täuschung 213, 223
Kellaris, James 174
Keppler, Angela 169
Keupp, Heiner 96
Kinderentwicklung durch Beschäftigung 72 f., 75
Kindliche Amnesie 74

Kleiderordnungen 111 f.
Klein, Richard 57 f.
Kleist, Karl 134–136
Koch, Christof 212, 215 f., 221, 230, 236
Kognitive Fähigkeiten 22, 40, 52, 57, 82, 215
Kommunikatives Gedächtnis 170
Kompatibilismus 191, 193
Körpergefühl 17
Korsakow-Syndrom 132 f.
Kortex 149, 157, 167, 184, 219–223, 230 f., 234–236, 242, 284
Kosmetische Neurologie 142, 148
Kraemer, David 174
Kuhl, Patricia 64 f.
Kulturelle Identität 103, 109
Kurzzeitgedächtnis 135, 138, 236
Kulturelle Wahrnehmungsprägung 288

Lachgas 282, 284 f.
Langzeitgedächtnis 135, 138, 149, 152 f., 236
Leafhead, Kate M. 26
LeDoux, Joseph 152–154, 170
Le Saux, Henri 289
Lewandowsky, Stephen 150 f.
Libet, Benjamin 186 f.
Limbisches System 85, 148, 203
Loci-Methode 130
Loftus, Elizabeth 159–163
Logothetis, Niko 228–231
Lombroso, Cesare 184
LSD 239, 283 f., 291

Madonna 107–109, 112
Malsburg, Christoph von 234
Markowitsch, Hans 128, 130, 133, 135, 149, 166 f.

Maturana, Humberto 212 f.
McHugh, Tommy 9–11
McNally, Richard 164
Medikamentöse Gedächtnisbeeinflussung 141–144, 154
Meditation 269 f., 275–277, 280–282, 285–289, 291, 295
Meltzoff, Andrew 63–65
Meme 265 f.
Memory Talk 74 f., 169
Metzinger, Thomas 26, 34, 194, 202, 216, 232, 251–254, 256, 258 f., 262–264, 268, 273–275, 285, 292
Milieuauflösung 112 f.
Missbrauch in Kindheit 30 f., 73, 84, 87, 159–161
– psychische Störungen 84–86
Missidentifikation 21, 23 f.
Monismus 207–209
Montaigne, Michel de 110
Morrison, Jim 107 f., 112
Moscovitch, Morris 156
Multiple Persönlichkeitsstörung (MPS) 32, 161
Musil, Robert 171
Mystik/mystische Erfahrung 274, 278, 282, 284 f., 287–289

Nader, Karim 152–154, 170
Nagel, Thomas 198 f.
NCC (neuronal correlates of consciousness) 216, 228, 230
Neandertaler 53–55, 262
Neglect-Patient 13 f.
Nelson, Katherine 74–77
Nemeroff, Charles 84 f.
Neugeborene, Wahrnehmung 63–65, 82

Neuralrohr 70
Neurolinguistisches Programmieren
 (NLP) 91
Neuronenkoalition 229–231, 237,
 239, 253, 259
Newsome, Bill 227
Nishida, Toshisada 41

Ödipuskomplex 23
Ohrwürmer 174 f.
Ott, Ulrich 286
Out-of-Body-Erfahrung 283 f.

Pääbo, Svante 40 58 f.
Parnas, Josef 27 f.
Patchwork-Lebenskonstellation 112
Patino, Maria 120 f.
Pauen, Michael 187, 191 f.
Pauen, Sabine 67 f.
Penfield, Wilder 242 f.
Persinger, Michael 279 f.
Persönlichkeitsbildung 78 f., 81,
 84, 86–88
– Gene 86–90
– Umweltfaktoren 81, 86–89
Persönlichkeitsveränderung 81, 88,
 90–96
– durch Psychopharmaka 99–101
– Rückmeldung der Umwelt 94 f.
Perspektivübernahme 48
Perzeptuelles Gedächtnis 134
Phänomenales Holon 232
Phänomenales Selbst 199–201, 253
Phantomempfindungen/-
 schmerzen 17 f., 244–246,
 248 f., 255
Pheromone 176–178
Phyletisches Gedächtnis 134
Piaget, Jean 64

Plotsky, Paul 84
Popper, Karl 206
Positronen-Emissions-Tomographie
 (PET) 33, 89, 182
Priming-Gedächtnis 133
Propriorezeptoren 241, 246 f., 255
Prosopagnosie 19–21
Proust, Marcel 146
Prozedurales Gedächtnis 134, 175
Psychopathische
 Persönlichkeit 184 f.
Psychopharmaka 89, 99 f.

Quale/Qualia 200, 207 f., 231, 265
Quantum change 92

Radebold, Hartmut 145
Rademacher, Claudia 107
Raine, Adrian 184
Ramachandran, Vilaynur S. 22–24,
 210, 244–246, 248, 280
Ramanujan, Srinivasa 179
Rasmussen, Theodore 242 f.
Regard, Marianne 10 f.
Reinders, Simone 33
Rekonsolidierung 153 f.
Rentrop, Michael 24
Ricard, Matthieu 285–287
Roberts, Brent 81
Roth, Gerhard 185
Rutter, Michael 85 f.

Saimeh, Nahlah 183 f.
Schizophrenie 23, 27–29, 235
Schläfenlappen 148, 157, 167,
 279 f.
Schönheitsindustrie 116 f.
Schumann, Siegfried 181
Schwarz, Hubert 92 f.
Seele 251, 270, 273, 292

Selbstbewusstsein 199f., 205, 253, 256, 259, 262f., 265
— bei Kindern 69f., 74
Selbstdesign 117
Selbsterfindung 108, 122
Selbstmodell/Selbstmodell-Theorie 252–258, 261, 264f., 273
Selbstwahrnehmung 27, 29
Selbstwertgefühl 124, 252
Selektive Optimierung mit Kompensation (SOK) 96f.
Selektive Wahrnehmung des Gehirns 212–215
Selektives Vergessen 157
Sensible Fenster 73
Serotonin 85, 99, 146, 184, 279
Shacter, Daniel L. 154f., 168
Sherrington, Charles 136
Siegl, Sabine 94
Singer, Wolf 185, 215
Sipos, Valerija 30
Somatische Marker 179f.
South Omo Research Center (SORC) 103f.
Soziale Identität 103f., 109, 169
Soziale Kognition 264
Soziale Phobie 88f.
Spitzer, Robert 93
Spracherwerb bei Kindern 73f.
Sprachfähigkeit bei Urmenschen 55f., 59f.
Startle-Effekt 277
Staudinger, Ursula 94f., 97
Storch, Maja 179f.
Symbole/Symbolisches Denken 55–57, 265f.

Tellegen Absorption Scale (TAS) 278
Thalamus 218, 221, 233
Theory of Mind 49
Tier-Ball-Paradigma 67
Titchener-Bild 225
Tugendhat, Ernst 263
Tully, Tim 140–142
Tulving, Endel 133, 135
Tunnel-Halluzinationen 283

Verhaltenstherapie 89, 91
Virtuelle Identität 121f.
Visuelle Wahrnehmung 209–215, 222–231
Volkmann, Laurenz 108
Vomeronasalorgan (VNO) 176

Wahrnehmungssteuerung im Gehirn 212–237, 242–244, 248–250, 253–255, 259
Walter, Grey 188
Walter, Henrik 186, 192–194
Wegner, Daniel M. 173, 189f.
Weisheit 97f.
Weitergabe von Wissen bei Menschenaffen 37–39, 43, 45
Welzer, Harald 168–170
Whiten, Andrew 41, 43
Willensfreiheit 174, 185–187, 190–193
Wissen-Gegenwissen-Ebenen 202
Wittgenstein, Ludwig 290

Young, Andrew W. 26

Zeki, Semir 226, 234, 236

Malcolm Gladwell
BLINK!
Die Macht des Moments
2005 · 264 Seiten
Gebunden
ISBN 3-593-37779-9

Die Macht der Intuition

Jeder kennt sie: Momente, in denen wir denken, ohne zu denken. Wir nennen sie Intuition oder Bauchgefühl. Malcolm Gladwell erklärt in *Blink!* die Macht dieser Augenblicke und zeigt, wie wir unsere verborgene Intelligenz trainieren und besser nutzen können.

2006 · 2 CDs · Ca. 140 Min.
ISBN 3-593-37980-5

»Gladwell ist weder Managementexperte noch Werbepapst, sondern eine Art Trüffelschwein für wissenschaftliche Studien und interessante Fragen.« *Welt*

»Ein Phänomen.« *Die Zeit*

Gerne schicken wir Ihnen unsere aktuellen Prospekte:
vertrieb@campus.de · www.campus.de